Caça ao judeu

Tuvia Tenenbom

Caça ao judeu

Tradução
Vera Ribeiro

martins fontes
selo martins

© 2018 Martins Editora Livraria Ltda., São Paulo, para a presente edição.
© Tuvia Tenenbom
Esta obra foi originalmente publicada em inglês sob o título
Catch the Jew!, em 2015.

Publisher Evandro Mendonça Martins Fontes
Coordenação editorial Vanessa Faleck
Produção editorial Carolina Cordeiro Lopes
Preparação Lucas Torrisi
Revisão Ubiratan Bueno

Dados Internacionais de Catalogação na Publicação (CIP)
(Andreia de Almeida CRB-8/7889)

Tenenbom, Tuvia
Caça ao judeu / Tuvia Tenenbom ; tradução de Vera Ribeiro. – São Paulo : Martins Fontes – selo Martins, 2018.
460 p.

ISBN: 978-85-8063-356-6
Título original: Catch the Jew!

1. Jornalistas – Narrativas pessoais 2. Israelenses – Narrativas pessoais 3. Israel – Descrição de viagens 4. Conflito Árabe-israelense I. Título II. Ribeiro, Vera

18-1767   CDD 956.94054

Índices para catálogo sistemático:
1. Israel – Descrição de viagens – Narrativas pessoais

Todos os direitos desta edição reservados à
Martins Editora Livraria Ltda.
Av. Dr. Arnaldo, 2076
01255-000 São Paulo SP Brasil
Tel.: (11) 3116 0000
info@emartinsfontes.com.br
www.emartinsfontes.com.br

Este livro é dedicado à minha mulher e parceira, Isi Tenenbom, que nunca teve medo de me acompanhar para onde soprasse o vento, com ou sem segurança, sempre compartilhando comigo as ideias mais brilhantes e me oferecendo o mais encantador dos sorrisos.

Elogios a *Caça ao judeu*

RESENHAS SOBRE A EDIÇÃO HEBRAICA DE *CAÇA AO JUDEU*

"Uma sensação na literatura."

– *Haaretz*

"Um livro brilhante."

– *Maariv*

"O livro mais importante que li nos últimos cinco anos."

– *Canal 2*

"O melhor livro das livrarias!"

– *Galei Zahal*

"O humor de *Caça ao judeu* é afiado como uma navalha, sumamente intelectual e tão engraçado que traz lágrimas aos olhos. [...] Tuvia é curioso como um gato, matreiro como uma raposa, amistoso como um labrador e também um homem de sensibilidades sismográficas."

– *Mida*

"Um dos livros mais engraçados que li em anos – e um dos que mais cortam o coração. Aqui está o conflito do Oriente Médio como você nunca o tinha vivenciado. Tuvia Tenenbom é um satirista brilhante e um repórter extraordinário. Cuidado: este livro é como um queijo francês de odor pungente – somente para especialistas na verdade."

– *Yossi Klein Halevi*, membro sênior, Instituto Shalom Hartman

"Um livro fascinante e pitoresco, de um autor pitoresco."

– *Yedioth Ahronoth*

"Uma documentação engraçada, chocante e deprimente sobre o antissemitismo e a autodepreciação."

– *Makor Rishon*

"Corra à livraria mais próxima e pegue um exemplar. [...] Fazia muito tempo que eu não dava tantas gargalhadas altas. [...] Este livro é leitura obrigatória para quem quer formular uma opinião independente sobre a realidade desta região."

– *Israel Hayom*

"Fazia muito tempo que um livro não me afetava tão profundamente."

– *Walla*

ELOGIOS AO TRABALHO ANTERIOR DE TUVIA TENENBOM

"Uma sátira sem papas na língua. [...] Emocionalmente explosivo [...] irresistivelmente fascinante [...] sedutor [...] cativante."
— *New York Times*

"Imensamente divertido, terrivelmente engraçado, sarcástico, cativante, poderoso, acusatório, crítico, ótimo!"
— *National Review*

"Toda palavra saída da pena de Tenenbom é capaz de incendiar o mundo."
— *Forward*

"Tuvia Tenenbom é Michael Moore e *Borat* num só."
— *Die Welt* (Alemanha)

"Tenenbom guia o fio da navalha... e vai até o fim."
— *Amsterdam News*

"A risada de Tenenbom nos toca a alma em lugares a que o mero intelecto nunca poderia chegar."
— *Die Zeit* (Alemanha)

"Uma força da natureza [...] provocador, satírico, intelectual."
— *La Repubblica* (Itália)

"Ele vê e ouve. Exatamente como a coisa é."
— *Frankfurter Rundschau* (Alemanha)

"Corajoso [...] sem pejo."
— *Newst* (Israel)

"Um anarquista."
— *Stern* (Alemanha)

"Tenenbom ousa."
— *La Razon* (Espanha)

"Brilhante."
— *Deutschlandradio* (Alemanha)

"A miscelânea de política, fanatismo e gêneros literários em Tenenbom é inédita e audaciosa."
— *The Village Voice*

"Um provocador místico."
— *Le Monde* (França)

Tuvia Tenenbom é dramaturgo e jornalista político. Seus artigos e ensaios têm sido publicados em jornais que incluem o *Die Zeit*, da Alemanha, o *Corriere della Sera*, da Itália, e o *Yedioth Ahronoth*, de Israel, bem como em vários *sites* da internet. Além disso, Tuvia é colunista do *Zeit Online* e do *Forward*. Com diplomas de pós-graduação em belas-artes e em ciências, Tuvia é também fundador e diretor artístico do The Jewish Theater of New York [Teatro Judaico de Nova York].

SUMÁRIO

Reconhecimento e agradecimentos XVII

Introdução 1

Despedida e boas-vindas 5
    Munido da piscadela e do sorriso de uma bela jovem turca, inicio minha jornada à Terra Santa

Portão 1 11
    O que acontece quando o lado feminino de Deus, o filho de Deus e o mensageiro de Deus conhecem uma alemã sensual que ajuda os árabes por amar os judeus?

Portão 2 32
    Você já experimentou cerveja islamita? Gostaria de receber a bênção do rabino de Auschwitz? Gostaria de ter um encontro com uma judia talibã? Como um rabino saberia que sua mulher está menstruando?

Portão 3 48
    Você gostaria de se juntar a milhares de judeus mortos, guardados por um convertido alemão?

Portão 4 58
    Fatos: nunca existiu aqui um Estado judaico. Os judeus devem bancar os árabes durante cinco anos de formação musical. A Palestina foi fundada há quatorze mil anos

Portão 5 75
    Um judeu norte-americano gosta tanto de sua mãezinha idosa que quer vê-la sem teto

Portão 6 78
    Um soldado israelense detém o presidente Barack Obama

Portão 7 83
    Judeuzinho branco não quer casar-se com judiazinha negra. Adolescentes alemães não se incomodam por ver judeus apedrejados. Um soldado dirige durante nove horas para se encontrar com o colega morto

Portão 8 91
    Uma judia norte-americana descobre a libido judaica, e uma especialista israelense em estudos bíblicos não consegue se lembrar do Livro de Isaías

Portão 9 94
    Um homem que inventou três palavras, Na Nach Nachman, modifica um país

Portão 10 100
    Deus está nu e é gay

Portão 11 103
    O que um ministro alemão está fazendo entre cachorros de rua? Por que soldados israelenses se assustam quando crianças árabes atiram pedras em moças judias? Por que a Catalunha tem gasto milhões com uma senhora idosa?

Portão 12 113
    Um judeu descobre o "DNA racista judaico"

Portão 13 120
    Os palestinos descobrem "Nossa Senhora da Palestina" e mais 368 mil colonos sionistas

Portão 14 128
    Alemães na Terra Santa: mortos e vivos

Portão 15 132
    Você está cordialmente convidado a assistir a três dias de danças românticas de inspiração alemã, na Jordânia, apresentadas por alemães que amam a paz e os árabes

Portão 16 143
    Gatos, a ONU e os Escolhidos Dourados

Portão 17 149
    Patrocinados pela Comissão Europeia, adolescentes italianos vêm à Terra Santa tirar fotografias de palestinos sem teto.

Portão 18 155
    Ordenado por Deus e pelos anjos, um rabino salvará você de se transformar numa jumenta

Portão 19 158
    A Comissão Europeia vem cordialmente convidá-lo para uma missão de investigação, conduzida por um ex-judeu que o levará ao Museu do Holocausto, em Jerusalém, e desvendará a verdadeira face dos judeus mentirosos, brutais, assassinos e sifilíticos, mortos e vivos

Portão 20 162
    Conheça o homem mais carismático da Palestina, um genial chefe do serviço secreto, um líder enfurecido, bondoso, sério, engraçado e implacável, e descubra como um judeu – Tobi, o Alemão – se tornou um príncipe saudita.

Portão 21 174
    Palestinos sem teto estacionam seus utilitários esportivos Range Rover em frente aos seus condomínios fechados

Portão 22 178
    Um piloto judeu com uma missão: caça aos judeus!

Portão 23 185
    Homens armados à procura de doces e alemães

Portão 24 190
    A Universidade do Ponto de Ônibus está viva e passa bem na terra de Israel

Portão 25 194
    Andando com os leões da Palestina e tomando sorvete em sinal de solidariedade a Adolf Hitler, bendita seja sua memória

Portão 26 203
    Legisladores: da neta de um líder sionista acusado de colaborar com os nazistas à neta de uma modelo perseguida que sobreviveu aos nazistas

Portão 27 217
    O que fazem os jornalistas estrangeiros humanistas quando um civil sírio semimorto fica caído perto deles?

Portão 28 222
    Como a gente se torna rabino dos direitos humanos internacionais? De que uma sionista cristã gosta mais: de homens ou de uvas?

Portão 29 229
    Será que uma árabe instruída e linda se apaixonará por um judeu?

Portão 30 232
    Seguindo o conselho de meus gatos vira-latas, faço uma viagem ao norte para ver como as pessoas se preparam para saudar os mais novos mísseis superpotentes made in the USA.

Portão 31 246
    Mapa para a paz: pinte uma suástica e vença uma competição internacional de direitos humanos.

Portão 32 259
    Mapa para a paz 2: torne-se um diplomata europeu e espanque soldados israelenses

Portão 33 270
    Hora de relaxar: seja mimado por damas da noite ou observe donas de casa fiéis no jardim zoológico

Portão 34 278
    Ajudem, por favor: diplomatas europeus correm para ajudar beduínos que gostariam de ter alemãs nuas correndo entre suas cabras

Portão 35 290
    Paz e estupro

Portão 36 294
    "Temos muita sorte por Hitler não haver recrutado judeus alemães para a ss.*" – Yehudah, um judeu polonês que sobreviveu a Auschwitz*

Portão 37 299
    Sozinho entre beduínos: o que acontece se você entrar numa casa de beduínos e passar a mão na mais atraente das moças de hijab que vir?

Portão 38 323
    Médicos Sem Fronteiras e um rabino morto sem trens

Portão 39 329
    Por que os europeus gastam somas exorbitantes para ver um soldado judeu urinar?

Portão 40 342
    O embaixador da União Europeia gostaria de lhe explicar tudo

Portão 41 347
    Ao ver os olivais de seu vizinho, você os deixa em paz ou põe fogo neles?

Portão 42 354
    Uma sessão de abertura do Knesset

Portão 43 359
    Experimentando a guerra: dentro de um navio de guerra israelense no meio do mar

Portão 44 364
    Os judeus são bárbaros

Portão 45 368
    Um professor conhece os verdadeiros judeus: os árabes

Portão 46 371
    Dê um palpite: que país investe mais verbas em campanhas contra Israel?

Portão 47 377
    Ali onde Jesus Cristo alimentou os pobres, um monge alemão alimenta os visitantes com suas reflexões mais profundas sobre os judeus

Portão 48 380
    Aqui viveu Jesus Nazareno, porém nenhum outro judeu tem permissão para morar neste local

Portão 49 383
    Quem sou eu? Serei um direitista ofensivo ou um encrenqueiro esquerdista?

Portão 50 387
    Um encontro com a história: reis, professores e um banheiro

Portão 51 395
    Um encontro com os Bons Europeus: o quanto eles são bons?

Portão 52 397
    O sistema legal: o parlamento israelense em ação – ganha quem grita mais alto

Portão 53 401
    O sistema legal 2: pode um membro do Knesset responder às perguntas de alguém quebrando seu iPhone?

Portão 54 411
    Hora do show: jornalistas juntam-se a ativistas dos direitos humanos num protesto organizado que envolve bombas incendiárias e gritos reiterados de morte aos judeus

Portão 55 423
    Fim: Cruz Vermelha versus Estado judaico. Como vans brancas com cruzinhas vermelhas circulam por estas terras, numa cruzada para fazer com que todos seus judeus caiam fora

Epílogo 439

Nota do autor 441

Reconhecimento e agradecimentos

Muito obrigado a todos os que me abriram as portas para os recantos ocultos de seus corações e mentes, ajudando-me a navegar pelo labirinto de ruelas e estradas intermináveis da Terra Santa: líderes espirituais e prostitutas, catedráticos e milagreiros, guerreiros e contadores de histórias, gente de falar e gente de agir, racistas e enamorados, pacifistas de toda sorte e políticos de todos os matizes, pessoas de fé e pessoas de dúvida, buscadores da verdade e vendedores de mentiras, mulheres de muitas opiniões e homens de muitas cores, jovens e velhos, ricos e pobres.

Entre eles se incluem os gatos vira-latas do meu jardim, Jibril Rajoub e Moshe Feiglin, David Batsri e Lars Faabord-Andersen, o irmão Josef e Amos Oz, Ahmad Tibi e Ayelet Shaked, Zeev Elkin e Gideon Levy, Hanah Ashrawi e Nir Barkat, Michael Ben Ari e Aluf Benn, Shlomo Sand e Meir Porush.

Também agradeço à minha dedicada equipe de vídeo – Debbie Meininger, Jan Sulzer e Florian Krauss –, que me seguiu com suas lentes a qualquer hora do dia ou da noite; e à dra. Illa Sanger, que passou muitos dias lendo o texto e teve a gentileza de oferecer seus comentários; e também a David Mills, por suas observações esclarecedoras. Um agradecimento especial vai para a melhor sogra com que se pode sonhar, a incrível Isa Lowy, que está sempre aqui para ajudar e esbanja bondade em todos os presentes.

Introdução

Meu nome é Tuvia. Sou nascido e criado em Israel, numa família antissionista ultraortodoxa, e cresci no bairro mais elitista da ultraortodoxia da época. Meu pai era rabino, assim como muitos de nossos vizinhos, e éramos aqueles que representavam Deus para o resto da humanidade. Meu avô se recusou a vir para Israel porque não queria conviver com sionistas, e os nazistas o recompensaram, assim como a quase toda sua família, com sepultamentos *in loco*. Meu outro avô fugiu de sua pátria pouco antes da chegada dos nazistas, mas os que ficaram para trás nunca mais deram as caras.

Minha mãe era sobrevivente do Holocausto, meu pai era refugiado e, não fosse por Adolf Hitler, eu não existiria. Venho de uma longa linhagem de rabinos europeus e fui preparado para também me tornar rabino. Esse plano básico funcionou por alguns anos, nos quais me destaquei em todos os atos imagináveis contra os infiéis, ao passar dia e noite estudando as leis de Deus e O protegendo zelosamente de Seus inimigos terrenos.

Mas depois, como afirmam meus ex-companheiros de fé, Satã apoderou-se de mim e resolvi que Deus tinha força suficiente para cuidar de Si sem a minha ajuda. Há trinta e três anos, troquei Israel pelos Estados Unidos, na esperança de dedicar minha vida à busca da ciência e da arte, ambas as quais me tinham sido totalmente proibidas no meu antigo bairro. Nos quinze anos seguintes, frequentei várias universidades e estudei várias disciplinas, da matemática e da ciência da computação ao teatro e à literatura. Duas décadas atrás, fundei o Teatro Judaico de Nova York, que dirijo e administro com minha mulher, Isi.

Além de dramaturgo, sou também jornalista e colunista de vários meios de comunicação nos Estados Unidos e na Alemanha.

Em 2012, a Suhrkamp Verlag publicou meu livro *Allein unter Deutschen*, que veio a se tornar o campeão de vendas da *Spiegel* durante quatro meses. *Allein unter Deutschen* é um estudo ambulante de quatro meses pela Alemanha de hoje, observando seu povo e suas ideias mais íntimas. Foi publicado nos Estados Unidos com o título *I Sleep in Hitler's Room*[1].

Meu dedicadíssimo editor na Suhrkamp, Winfried Hörning, perguntou-me, no ano passado, se eu gostaria de fazer um estudo semelhante sobre Israel e seu povo. Passar seis meses em Israel, país que eu havia deixado tantos anos antes e só tinha visitado em ocasiões muito esporádicas, para estadas brevíssimas, era um desafio e uma oportunidade estimulante. Perguntei a Winfried quanto a Suhrkamp me pagaria para fazer esse trabalho e ele me deu uma cifra de que não gostei; depois, deu-me outra cifra, da qual gostei.

Estou indo para Israel.

Com exceção de encontrar uma casa que me sirva de base, não planejei nada. Que os ventos me levem para onde quer que soprem. Farei o melhor possível para deixar que os fatos e realidades se revelem a mim e para ser objetivo a respeito do que encontrar. Gostando ou não do que vir, relatarei o que tiver visto, não o que me agrada. Mas compartilharei com você, meu leitor ou leitora, o que eu pensar e sentir nas várias ocasiões.

Meu nome, como eu disse antes, é Tuvia – mas isto fica só entre nós. Tuvia é um nome hebraico que significa "Bondade de Deus" e que nem sempre é seguro. Para me proteger, pode ser que, em alguns momentos, eu dê aos entrevistados uma pronúncia diferente, digamos, ou uma versão dialetal do meu nome, mas eles sempre saberão que sou escritor e jornalista e que o que me disserem poderá aparecer no espaço, um dia, e ficar congelado no tempo.

Antes de ir para Israel, terra internacionalmente conhecida como a de uma força de ocupação, resolvi passar uns dias em outra terra ocupada, a fim de ter uma entidade com que pudesse fazer comparações posteriores. Adoro montanhas, cujo simples tamanho me torna humilde, e frequento o Tirol Meridional, um pedaço de terra ocupado pela Itália em 1918 e nunca mais devolvido. Como o resto do Tirol, ele é um dos lugares mais deslumbrantes

---

1. Os títulos poderiam ser traduzidos como *Sozinho entre os alemães* e *Durmo no quarto de Hitler*. [N. T.]

da Terra, e sua ocupação italiana é absolutamente impecável: ninguém sabe que ele é ocupado. Os italianos assinaram tratados e acordos a torto e a direito e resolveram toda e qualquer questão legal já surgida. Até deram aos residentes alguns direitos extras, para eles calarem a boca, e não tardou para que os tiroleses do sul, que falam alemão, passassem a se chamar de italianos. Até aí, tudo muito bom, tudo muito bem.

Será que isso também funcionaria em Israel?

Dediquei um tempo a comer e beber com alguns nativos do Tirol e, após três copos de "leite com água" (cerveja) e duas das mais deliciosas porções de "*Hitlerschmarrn*"[2], eles começaram a gritar que tinham sido tapeados pelos desgraçados dos italianos.

Acho que ocupação não funciona.

Peguei minhas *Lederhosen*[3] e as pus na mala, para o caso de precisar de um lembrete, e agora estou pronto para partir.

Venha comigo na viagem, *bitte*, e esperemos todos que ela seja realmente empolgante e esclarecedora.

---

2. Típico da culinária austríaca, o *Kaiserschmarrn* ou *Kaiserschmarren* é uma espécie de panqueca de frigideira e forno, cortada em pedacinhos, coberta de açúcar de confeiteiro e comumente acompanhada de compotas de amoras, maçãs etc. Tenenbom brinca com o nome, substituindo o *Kaiser* (imperador) por Hitler. [N. T.]

3. Calças de couro típicas do Tirol, entre outras regiões. [N. T.]

Despedida e boas-vindas

Munido da piscadela e do sorriso de uma bela jovem turca, inicio minha jornada à Terra Santa

É em Hamburgo, no aeroporto, que me despeço da Alemanha e sua cultura. Estou no balcão da Turkish Airlines, onde acabo de aparecer com minhas malas. Surpresa, surpresa: tenho mais de dez quilos acima do limite. Digo à bela jovem do balcão, pessoa que nunca vi antes e de quem nem sei o nome, que certo famoso ator turco, chamado Mehmet, é grande amigo meu.

– O senhor o conhece mesmo?

Que pergunta! Sou diretor dele!

A jovem me dá uma calorosa piscadela e um sorriso turco e me deixa passar, sem nenhum custo adicional nem qualquer outra punição.

– Prometa que não vai contar a ninguém que eu o deixei passar com tantos quilos a mais!

Tente entrar de fininho, com dez quilos acima do limite, na AirBerlin, dizendo que a Sra. Merkel é sua maior amiga, e você verá o que é uma cara amarrada.

Sim, posso ainda estar na Alemanha, mas estou saindo dela.

A Turkish Airlines, a propósito, é uma excelente companhia aérea. Eles não são exatamente pontuais – poucas empresas o são, hoje em dia –, mas seus aviões são impecáveis e a comida, turca de verdade, é puro deleite. Não admira que todos sorriam em todo o trajeto, até o Aeroporto de Istambul.

Aeroporto de Istambul. Adoro esse lugar!

Olhe só: seis moças de *niqab*[1] vencem o calor de seus trajes lambendo um sorvete turco de aspecto delicioso. É encantadoramente sensual, pode acreditar. Os homens, essas loucas criaturas da natureza, vão para uma pequena área chamada Terraço, para dar tragadas em seus cigarros em posturas corporais extasiadas. Os não fumantes, com ou sem *niqab*, bebericam um café a cinco dólares por unidade, enquanto levas infindáveis de mulheres, com *hijabs*[2] de todas as cores, ocupam-se na compra de mercadorias de que nunca souberam que precisavam.

É hora de embarcar para Tel Aviv, mas há apenas umas dez pessoas sentadas no salão de embarque. Acho que li sobre essa situação em jornais israelenses: os cidadãos de Israel boicotam a Turkish Airlines porque, nos últimos anos, o líder turco, Erdogan, tem criticado Israel constantemente. Eu jamais acreditaria que os israelenses viessem um dia a boicotar alguma coisa turca, mas agora entendo. A mídia israelense, dá para perceber, é de uma precisão incrível.

Vejo à minha frente três sujeitos travando uma conversa animada e me sento perto deles. Calculo que esses caras se conheçam, então, por que não devo conhecê-los também?

Qual é a primeira coisa que devo fazer ao chegar a Israel?, pergunto-lhes.

Michel, um arquiteto católico casado com uma judia israelense, fica muito empolgado com a ideia de partilhar suas ideias comigo:

– Você quer saber qual é a primeira coisa que deve fazer ao aterrissar em Israel? Compre uma passagem de avião e saia de lá!

Obrigado, mas tenho que ficar lá. O que devo esperar ver?

– Calor!

Há também Zaki, um bahaísta que me diz que sua família mora em Israel há mais tempo do que Israel existe. Cento e cinquenta anos, para ser exato. Os bahaístas, ele me ensina, não podem viver em Israel – é contra sua religião –, mas a família dele vive. Seu trisavô foi cozinheiro de Bahá'Allá! Que honra.

---

1. Véu utilizado por algumas mulheres islâmicas que cobre todo o rosto e a cabeça e deixa apenas os olhos descobertos. [N. E.]

2. Véu utilizado por algumas mulheres islâmicas que cobre a cabeça e o pescoço, deixando apenas o rosto descoberto. [N. E.]

Com eles está Hamudi, que significa "docinho"[3] em hebraico, um árabe israelense e muçulmano.

– "Hamudi" – ele me corrige – não quer dizer doce. É uma abreviatura de Muhammad.

Talvez eu também deva arranjar um apelido para mim. Que tal Tobi?

Agora vem em volume alto o anúncio de que o portão já vai fechar. Sigo para lá, mas os três homens que estão aqui não se mexem. No portão, que estranho, há um zilhão de pessoas em fila. Como foi que todos esses judeus se infiltraram aqui? E o que estão fazendo em Istambul, para começar? Não estavam boicotando esta cidade? Talvez a mídia israelense não seja tão incrivelmente precisa, afinal.

Ao embarcar no avião, parece-me que a aeronave inteira está prestes a explodir, com tanta gente do Povo Escolhido dentro dela. Eu nunca soube nem mesmo que existiam tantos judeus.

O avião está lotado, exceto por umas duas poltronas, e, quando suas portas estão prestes a fechar, entram os três mosqueteiros do salão de embarque, meio desajeitados. Há um assento vago a meu lado, um atrás de mim e um à minha frente. Adivinhe onde os três se sentam! Eles me olham com uma expressão perplexa, como se eu fosse um agente da CIA que soubesse desde sempre qual seria a disposição dos passageiros nos assentos deste avião.

Hamudi se dirige a mim, como homem importante que sou:

– Israel não trata muçulmanos e judeus igualmente no aeroporto. Os muçulmanos são detidos e interrogados quando pousam em Israel.

Acho que ele está se preparando para ser puxado de lado ao aterrissar.

O avião pousa pouco depois das três horas da madrugada, e o pessoal da segurança israelense só para um passageiro para lhe fazer perguntas. Não, não é o moreno Hamudi, mas uma moça loura.

Hamudi e eu nos entreolhamos, e percebo que ele fica bastante desapontado. Tinha-se preparado para todas as perguntas possíveis que o pessoal da segurança viesse a lhe fazer, e a única coisa por que eles se interessam é uma jovem loura.

Saio do aeroporto e faz frio lá fora. O calor que eu esperava tomou o mesmo rumo da moça loura: desapareceu.

É uma sensação bem estranha aterrissar no país em que a gente nasceu. Ouço hebraico, não alemão ou inglês, e escuto os sons da minha infância.

---

3. Ou "benzinho", "amoreco", ou outros termos afetivos similares da linguagem coloquial. [N. T.]

Num instante, transformo-me num bebê e vejo minha vida como um clipe curto do YouTube. Bebê, menino, adolescente: a pessoa que fui um dia e os anos que se passaram são reproduzidos.

Aos poucos, desperto para a realidade e vou procurar um táxi que me leve à minha casa pelos próximos seis meses. Meu destino: uma casa dos templários na Colônia Alemã de Jerusalém.

Eu soube dessa casa quando estava em Nova York. É uma casa antiga, construída por templários alemães que chegaram à Terra Santa há muito tempo, na esperança de saudar Jesus Cristo pessoalmente. Gosto de histórias assim e aluguei a casa.

Da Alemanha para a Colônia Alemã. Parece meio estranho, eu sei.

Ao chegar à minha nova casa, largo as malas, descanso um pouco e saio para andar pelo chão que deixei há tantos anos.

Numa parede de uma rua próxima, vejo esta nota: "Com licença, Deus está satisfeito com sua roupa?". Como é que eu vou saber? Depois, vejo este cartaz: "Misericordiosa nação de Israel, por favor, reze para meu pai se livrar do iPhone e da internet, para que nossa família permaneça inteira".

Pego meu iPhone e o uso para fotografar esse pôster.

Aqui não é Hamburgo nem Istambul; esta é uma Cidade Sagrada. Sim, esta é Jerusalém. *"Yerushalayim"* é como os judeus a chamam em hebraico, "Al-Quds" é como a chamam os árabes em árabe, e "Jerusalém" é o que dizem quase todos os outros.

Quando saí de Israel, há mais de três décadas, minha primeira parada foi no Bairro Vermelho de Amsterdã. Agora, voltando aqui, vou para a Cidade Velha.

Portão 1

O que acontece quando o lado feminino de Deus, o filho de Deus e o mensageiro de Deus conhecem uma alemã sensual que ajuda os árabes por amar os judeus?

"Não se preocupe, seja judeu" e "Libertem a Palestina" são duas das muitas camisetas contraditórias que vejo numa loja de suvenires e roupas, quando chego ao outro lado das muralhas da Cidade Velha, construídas por Solimão, o Magnífico, um sultão otomano, sobre as muralhas arruinadas de períodos anteriores.

Dentro das muralhas, à medida que ando, fica o *souk*. O que é *souk*? A maioria dos dicionários ingleses traduz a palavra por "mercado", mas isto é porque os tradutores ingleses não têm uma imaginação vívida e sadia. Se você é falante da língua inglesa, uma tradução melhor seria "*shopping mall* da Antiguidade". Sim. Mas, por favor, não venha para cá se estiver procurando um biquíni cor de rosa ou um iPhone, porque este não é o melhor lugar para comprar tais artigos. Você deve vir se estiver à procura de uma Virgem Maria feita de madeira virgem de oliveira (não me pergunte o que quer dizer isso), ou se estiver com vontade de cheirar temperos que, em geral, só costumam ficar disponíveis no paraíso.

A arquitetura desse *souk* vai captar sua atenção e lhe fazer acreditar em lendas e mitos, o que pode ser-lhe muito benéfico. Esse *souk* é meio escuro, feito de antigas pedras sagradas, com arcos por toda parte, e, se os comerciantes não cobrassem preços imaginativos por tudo que a gente vê, daria para pensarmos que estamos no paraíso.

Por falar nisso, um Bairro da Luz Vermelha cairia muito bem aqui. Posso imaginá-lo vividamente. De verdade.

Alguns passos à minha frente, vejo um grupo de homens e mulheres que não se mexem. Parecem turistas, com máquinas fotográficas e mapas, e me aproximo deles. Não faço ideia de onde planejam ir, mas presumo que, como pagaram por essa excursão, ela deve valer alguma coisa, e me misturo ao grupo.

Seu plano logo me fica claro. Eles querem fazer um passeio pelos túneis adjacentes ao Muro Ocidental, um remanescente do mais sagrado templo judaico da história. Também conhecido como Muro das Lamentações, esse é o lugar em que a *shekinah*, a Presença de Deus, tem residido nos últimos dois mil anos. O que é a Presença de Deus? Isto não é inteiramente claro, embora se costume fazer referência a ela como o Lado Feminino de Deus. Alguns místicos vão um passo adiante e dizem que esta é a Esposa de Deus.

Um homem, o guia de turismo, creio, leva-nos a trilhas arqueológicas em torno do Muro, bem abaixo da superfície.

Estamos no Har Habayit (monte do Templo), onde um dia se ergueu o Templo judaico, bem no alto. Inimigos dos judeus destruíram o Templo duas vezes, diz-nos o homem, mas primeiro ele gostaria de nos contar a história da montanha em si, uma história que precedeu o período do Templo por milhares de anos.

✧ ✧ ✧

Sendo o gênio que sou, percebo imediatamente: isto não é a Times Square. Estou num mundo diferente. Total e absolutamente diferente, pois o "show" que estou prestes a ver não é um musical da Broadway.

Diz o homem:

– Tudo foi criado a partir daqui. O universo foi formado a partir de uma pedra desta montanha, e foi aqui que Deus testou Abraão, ao lhe pedir que sacrificasse seu único filho.

O Jardim do Éden bíblico é aqui, e foi aqui que o primeiro ser humano, Adão, perambulou sem rumo, até Deus fazê-lo adormecer e criar uma mulher de um de seus ossos. E foi aqui que Adão e Eva andaram nus, fizeram amor durante o dia e a noite inteiros e deram início à humanidade. Foi nesta

Montanha Sagrada que os hormônios sexuais começaram a ficar ativos. Se você pensar bem, foi aqui que começou o primeiro Bairro da Luz Vermelha da história.

Num sentido mais sério, foi aqui que a sua cultura e a minha tiveram início. Quer você ou eu acreditemos ou não em Deus, foi aqui que começou a base de nossa cultura mútua. Não fosse exatamente esta montanha e não fosse exatamente esta terra, não haveria judaísmo, nem cristianismo, nem islamismo, nem cultura europeia, nem cultura norte-americana, nem cultura ocidental como a conhecemos, e não haveria cultura oriental tal como é hoje praticada. Não fosse esta montanha, bem como o que está em cima e embaixo dela, Buda ainda poderia ter passado a existir e os canibais ainda poderiam ter existido, mas você e eu seríamos adoradores fanáticos do elefante, da pedra, do vento ou do sol.

Estamos no começo do túnel, e o homem, que é mesmo guia de turismo, usa pedacinhos de madeira à sua frente e é auxiliado por vídeos animados atrás. Explica-nos tudo, enquanto imagens do Templo destruído vão aparecendo numa tela e numa mesa com sua versão em maquete. O guia nos fala do Segundo Templo, destruído pelos romanos em 70 d.C., que fora erguido sobre as ruínas do Primeiro Templo (destruído pelos babilônios em 586 a.C.):

– O Templo, bem aqui, foi destruído, inteiramente queimado.

A tela mostra as chamas consumindo o Segundo Templo.

– O Templo foi construído pelo rei Herodes, que empregou um número incontável de operários qualificados para criar uma estrutura gigantesca, magnífica, colossal.

O Templo desaparece aos poucos no vídeo, desfazendo-se em pedaços – exceto por uma parede. O guia pega uma pequena estrutura de madeira, uma mesquita, e a coloca sobre as ruínas.

– Muitos anos depois, os muçulmanos construíram uma mesquita bem em cima do Templo destruído.

Sim, isto aqui não é a Broadway. Trata-se, quando muito, de uma apresentação off-off-off-Broadway. Mas isto não é um espetáculo. As imagenzinhas exibidas por esse guia fizeram milhões e milhões de pessoas perderem a vida, no passado, e é sumamente provável que muitos outros milhões deem continuidade a essa tradição, no futuro.

Um homem vestindo uma camiseta que diz "Paz" está escutando atentamente. Um turista adolescente boceja; deve estar com saudade de seus amigos do Facebook.

– Alguma pergunta? – indaga o guia.

Quando eu era um garoto religioso, ficava intrigado com duas estátuas bíblicas, os querubins, postadas numa parte do Templo conhecida como o Santo dos Santos. As estátuas são totalmente proibidas no judaísmo; então, por que existiam no Templo, a própria casa de Deus?

Pergunto ao guia, que agora está usando pedaços de madeira semelhantes a estruturas que existiram há dois mil anos, se por acaso ele também tem maquetes em miniatura dos querubins.

O turista da "Paz" gosta da minha pergunta.

– De onde você é? – ele quer saber, como se houvesse acabado de descobrir o homem mais incrível do mundo.

Da Alemanha, respondo.

Sim, tenho este hábito estranho: gosto de brincar com nacionalidades. Por um acaso da natureza, tenho um sotaque não identificável e, milagrosamente, as pessoas acreditam quando lhes digo que sou austríaco, búlgaro, chinês, ou oriundo de seja qual for o país que me agrade naquele momento. Recentemente, vi uma pesquisa internacional afirmar que a maioria das pessoas entrevistadas acredita que a Alemanha é o melhor país da Terra. Por que eu não deveria ser alemão, hoje em dia?

Mas o sr. Paz me olha com ar totalmente decepcionado. Não gosta da Alemanha, percebo, e fico realmente ofendido.

E você, de onde você é?

– Da Grã-Bretanha – responde ele com orgulho, afastando-se deste alemão horroroso.

É uma pena que nós, alemães, tenhamos perdido a Segunda Guerra Mundial.

Bem, não sou da Alemanha, sou de Israel, e me amarro em querubins. Mas o guia não tem querubins. Desculpe. Talvez os querubins, que, segundo a narrativa bíblica, são uma espécie de criaturas aladas, simplesmente tenham voado para longe.

✧ ✧ ✧

O guia nos conduz numa caminhada por túneis intermináveis e continua a falar das incríveis habilidades com que o rei Herodes construiu o lugar. Fala de Herodes como se Herodes ainda existisse: "Herodes decide" e "o rei Herodes constrói" e "o rei Herodes quer" – no presente. O rei Herodes, ele também nos diz, é um gênio da geometria e um megalomaníaco: quer construir o templo mais espetacular que já existiu.

À medida que os túneis vão ficando mais esquisitos – aqui não há sol nem lugar para se parar e tomar um café na Starbucks ou na Jacobs –, somos informados de que Herodes também é um homem muito mau. Mata quase todos os rabinos que há por perto. "Quase" quer dizer que deixa vivo um rabino, mas não sem antes lhe arrancar os olhos.

Um bom sujeito, sem dúvida.

Passamos por uma parte do Muro que é feita de uma pedra enorme, com 13,3 metros de comprimento e peso de 580 toneladas. Naqueles tempos não havia guindastes, e não consigo nem imaginar como o rei Herodes conseguiu fazer isso.

Extensão do Muro Ocidental, incluindo as partes que só podem ser vistas daqui: meio quilômetro. Incrível mesmo. Por que o rei Herodes, um não judeu, se deu o trabalho de construir uma coisa tão grande?

– Ele era judeu.

Foi por isso que matou todos os rabinos, com exceção do que ele cegou?

– O rei Herodes converteu-se ao judaísmo!

Essa é uma resposta importante: os judeus natos não arrancam os olhos dos outros, só os gentios fazem isso.

Por que um assassino de rabinos e arrancador de olhos haveria de construir um templo?

– Essa é uma longa história.

Conte-me!

O guia me atende, satisfeito.

Depois de fazer o que fez com os rabinos, o rei Herodes se disfarçou de homem simples, passou pelo rabino que jubilosamente cegara e lhe fez uma pergunta: o rabino concordaria com ele, esse simplório, que o rei Herodes era um homem terrível e, por isso, não deveria ser obedecido? O rabino cego respondeu: o rei Herodes é nosso rei e temos que lhe prestar obediência.

Impressionado e comovido, ele perguntou ao rabino o que o rei Herodes deveria fazer para ser absolvido das coisas terríveis que tinha feito com os rabinos. O rabino respondeu que, se o rei reconstruísse o Templo, seria perdoado.

O rei Herodes entrou em ação prontamente (o rei Herodes reconstruiu o Segundo Templo, que ficou pronto em 516 a.C.).

É uma boa história, tenho que admitir.

Ao terminar a excursão, falo com Osnat, uma das turistas.

Diga-me numa frase: o que é "Israel"?

– Ah, essa não é uma pergunta simples. Tenho que pensar.

Não pense, só dispare!

– Os israelenses cuidam uns dos outros.

Nas outras nações, digamos, os alemães, eles não cuidam uns dos outros?

– Não.

Só os judeus têm essa qualidade?

– Sim.

Antes que eu saísse da Alemanha, um alemão famoso me deu esta dica: "os israelenses são as únicas pessoas do mundo que não se incomodam com as outras pessoas. Quando estiver lá, procure descobrir por quê". Ele e essa mulher seriam um par perfeito, acho.

Fora do túnel fica o Muro Ocidental que todos conhecemos, aquele que você vê em inúmeras fotografias: um muro em que os judeus rezam. Ficam lá parados, deslumbrados com a *shekinah*, e rezam a Deus: "Que o Senhor construa logo o Templo, durante nossa vida. Amém". Torço para que ninguém precise ficar cego para isto acontecer.

Outras pessoas, mais sofisticadas, também escrevem bilhetes e os enfiam entre as pedras do Muro. Se você quiser enviar uma carta a Deus, isso é melhor do que o FedEx, porque a *shekinah* d'Ele entregará diretamente sua carta.

Na praça do Muro Ocidental, um grupo de judeus norte-americanos passa por mim. Eles adoram falar hebraico – seu estilo de hebraico. Dê uma escutada neste, falando com o amigo: "Vamos encontrar-nos ontem à noite. *Okay*?".

❖ ❖ ❖

O Muro Ocidental é apenas uma pequenina parte de um enorme complexo, hoje conhecido como al-Aqsa, assim chamado por causa da mesquita de al-Aqsa, no al-Haram as-Sharif (o que os judeus chamam de "monte do Templo"), que foi inicialmente construída, mais ou menos em 679 d.C., como o terceiro lugar mais sagrado do islamismo, ao qual rendo minhas homenagens no dia seguinte. Foi desse lugar que o Mensageiro de Deus, o profeta Maomé, voou para os céus, depois de chegar lá num animal celeste, vindo de Meca. Eu chego de táxi.

O taxista tenta falar comigo em hebraico, achando que sou judeu, mas eu lhe informo que ele não poderia estar mais longe da verdade. O homem passa imediatamente para o árabe e pergunta se eu quero saltar "no portão". Não faço ideia de qual portão ele tem em mente, mas não pergunto nada e apenas digo que sim.

Minutos depois, chegamos a uma rua na parte leste de Jerusalém, e ele me diz que chegamos. Cadê o portão? Alá sabe, com certeza, mas eu não. Caminho pela rua e, de algum modo, encontro um portão, ou qualquer coisa parecida.

Por que o taxista me deixou diante do portão? Não sei. O que sei é isto: no portão há policiais, policiais israelenses.

– O senhor é muçulmano? – pergunta um deles.

Sou!, respondo sem hesitar.

– Conhece o Alcorão?

É claro!

– Mostre.

Como diabos hei de lhe mostrar? E por que deveria? Mas ele está armado, e eu não. Assim, digo: *Ashahdu al-la Allah illallah uAshahdu an Muhammad-ar rasulallah* ("Atesto que não existe outro Deus senão Alá e que Maomé é Seu profeta"). Esta é uma declaração de fé e, segundo a lei islâmica, se um homem disser isso, torna-se muçulmano – caso já não o seja.

Isso deveria satisfazer o cara armado, mas o problema é que os policiais não são imames, e a lei religiosa não é a seara deles.

– Diga a Fatiha – vocifera um deles, como se eu fosse um cão judeu.

Faz muito tempo que estudei o islamismo e não me lembro exatamente da oração, a não ser pelo comecinho.

Mesmo assim, eu tento, dizendo: *Bismillah ar-rahman ar-rahim, al-hamdu lillahi rabil alameen* ("Em nome de Alá, o clemente, o misericordioso, louvado seja Alá, o Senhor dos mundos").

Deve ser o bastante, penso. Mas o policial diz:

– Continue!

Quem ele pensa que é: Alá? Por que devo rezar para ele?

Não rezo, e ele fala com o colega, discutindo por que me porto desse jeito tão estranho. Os dois falam, falam, falam e, por fim, decidem:

– Você é cristão. Não pode entrar.

Mas quero rezar para Alá!

Bem, dizem eles, se eu quiser tanto rezar, devo entrar na mesquita pela entrada para judeus e cristãos. Mas a entrada dos infiéis, protesto, fecha às 11 horas, daqui a 55 minutos.

Os policiais não se impressionam. Daqui a caminhada só leva vinte e nove minutos, diz um deles, e aponta para a rua por onde devo ir.

Olho para o nome da rua. Via Dolorosa.

Tenho que andar pelo caminho daquele antigo judeu, Cristo.

Ando, ando, ando. Os vinte e nove minutos logo passam e não há nenhuma entrada dos infiéis à vista.

Vejo uma outra entrada só para muçulmanos, a poucos metros de distância. Juro minha aliança ao Profeta, alto o bastante para ser ouvido pelo primeiro-ministro israelense no lado oeste de Jerusalém, mas é óbvio que o policial da entrada é surdo, e grita comigo:

– Fatiha!

De novo!

Tento mais uma vez, recitando depressa o começo da al-Fatiha, como fazem alguns judeus chassídicos nas sinagogas com as orações, recitando em voz alta só o começo delas, mas acontece que esse guarda não conhece os judeus chassídicos, e diz:

– Não pare, continue!

Eu o encaro, como se ele houvesse acabado de ofender meus mais preciosos sentimentos religiosos.

Ele olha para mim, sem saber direito que espécie de criatura sou eu, e vai discutir o assunto com seu colega em hebraico. Os dois debatem sobre quem seria eu, e concluem: metade muçulmano, metade cristão. Apontam o caminho para mim. A Via Dolorosa.

Mas eu sou muçulmano, dos dois lados da família!, protesto, rogando por minha vida como Jesus deve ter rogado pela dele aos governantes romanos.

– Mostre o seu passaporte – abranda-se o guarda.

Não tenho passaporte.

– Via Dolorosa!

Dou uma breve respirada para pensar um pouco.

Isto aqui não é o Tirol Meridional, digo a mim mesmo. Os israelenses não são italianos, e os árabes não são tiroleses. Aqui, os ocupados, os árabes, ditam as ordens aos ocupantes, os judeus, para que eles, os judeus, protejam os árabes de seus irmãos, os outros judeus, e dos cristãos.

PORTÃO 1

Estou na praça. À minha direita há uma construção prateada e, à esquerda, a construção de cúpula dourada. Abordo um muçulmano e lhe pergunto, em árabe, qual das duas é al-Aqsa. Ele me pergunta se sou muçulmano e respondo que é claro que sim! Russo?, indaga ele. Não, alemão. Seus olhos se iluminam. Seja bem-vindo! Al-Aqsa, diz ele, é a construção prateada, e a dourada é a Cúpula de Pedra [Mesquita de Omar]. A pedra sob a cúpula, penso agora, lembrando o que nos disse ontem o guia judeu, é onde o mundo começou.

Sigo em frente e vou andando pela praça e pelas áreas circundantes. Isto aqui parece o paraíso. A cada meia dúzia de passos há uma placa, apenas em árabe, lembrando aos fiéis que aqui é proibido cuspir. Não sei bem por que são necessárias tantas placas proibindo as cusparadas, mas acho que o pessoal do lugar gosta de cuspir. Não sei. Logo passamos das 11 horas e consigo escapar da polícia israelense, que, a esta altura, já tirou os infiéis da área. Lentamente, abro caminho para rezar um pouco – pelos árabes, pelos cristãos e pelos judeus. Quando chego à Cúpula, um árabe me alcança:

– Seu horário acabou! – grita. – Fora daqui!

E, antes que esse cara também me mande recitar a al-Fatiha, decido que já chega, e dou uma guinada de 180 graus.

Vou saindo, atravessando caminhos de magnífica beleza. Noto que, sem querer, começo a me aproximar de outra entrada da mesquita. Um garoto árabe de uns seis anos, talvez, me detém.

– Você é muçulmano? – pergunta.

Sim. Agora vou ter que recitar a Fatiha para um guri.

Vá cuidar do Facebook, eu o xingo no fundo do coração, mas não digo nada. Esta é uma cidade santa e pode ser que esse garoto seja um profeta. A última coisa de que preciso na vida é arrumar briga com um profeta.

Continuo andando, até avistar um café frequentado por muçulmanos locais. Também sou do lugar, um templário alemão na Terra Santa, à espera do Messias; e, enquanto Ele não chega, preciso de um café para conservar minha energia.

Tomo uma xícara de café atrás da outra. O café árabe, permita-me dizer-lhe, é muito melhor do que qualquer um da Starbucks ou da Jacobs, ou qualquer variedade italiana que eu já tenha provado.

Tomo tanto café que, naturalmente, vem um chamado da natureza. Pergunto ao garçom onde é o toalete.

– O senhor é muçulmano? – pergunta ele.

Sim, sou, por Alá!

Hoje estou declarando minha fé islâmica mais do que o mais devoto dos talibãs no Afeganistão.

— Vá à al-Aqsa.

Já estive lá, mas a polícia judaica acha que só sou meio muçulmano. Ela me irrita!

— Mostre seu passaporte.

Não está comigo.

— Então, o senhor tem que ir ao Muro dos judeus.

Saio do café em direção ao Muro dos judeus e vejo grafites árabes numa parede árabe, do lado de fora do café: "Al-Quds logo estará livre!"

"Al-Quds" (que significa "a santa") é Jerusalém. "Livre" significa livre dos judeus.

E eu me pergunto: quem vai proteger as mesquitas de gente como eu, quando os judeus tiverem ido embora? Só Alá sabe.

Três meninas, talvez de uns cinco anos, passam por mim. São lindas como anjinhos, e as três usam *hijab*. Tão pequenas, e já são consideradas uma tentação sexual.

Preciso de um toalete e preferiria não ir a igrejas, muros judaicos nem muros árabes. Deve haver um toalete aqui, em algum lugar; nem todas as pessoas desta cidade urinam na morada de seu Senhor.

Estou decidido a achar um toalete num lugar não religioso. Continuo andando, até passar por uma casa com um homem sentado do lado de fora, e me parece que ele a está vigiando. Se ele está guardando o lugar, suponho, deve ser um bom lugar, com um bom banheiro lá dentro.

Simples lógica, não é?

Acompanho um homem que tem camaradagem com o guarda, como se o homem e eu fôssemos da mesma família, e entro.

✧ ✧ ✧

Nada ainda de toalete, mas há uma palestra. Uma placa na parede me diz que esta é a Universidade de Al-Quds. Uma universidade deve ter banheiro, penso, mas não há ninguém a quem eu possa perguntar pelo banheiro, já que todos estão assistindo a uma palestra.

Bem, terei que esperar o fim da palestra, e por isso me sento. A palestra, parte de uma série financiada por europeus, é muito interessante. Aqui ouço falar da intifada, da ocupação, da dignidade, da "experiência palestina de negação de seus direitos fundamentais", tudo entusiasticamente ensinado por especialistas europeus na Palestina. Durante um breve intervalo na aula, um dos professores, um inglês, me diz que na verdade é palestino, nascido na Galileia. Isso o tornaria israelense, não?, pergunto. Não, diz ele. Inglês? Também não. Ele vive na Grã-Bretanha, pago pelos europeus, e sua missão é libertar a Palestina. Mas, antes de ele libertar a Palestina, preciso de um toalete.

Vocês têm um toalete aqui, professor?

– Sim, suba, e você o verá.

Ótimo. Eu subo.

O toalete é limpo e posso usá-lo sem que me peçam para recitar a Fatiha ou pôr um quipá na cabeça. Terminando, volto à aula. Há alguns professores, além de comida e bebida – tanto quanto a pessoa quiser, tudo amorosamente pago por europeus generosos.

Número de palestinos que participam da aula: dois. É a única aula do mundo em que cada aluno tem alguns professores só para ele.

Há na parede um quadro retratando uma oliveira, com uma legenda: "Não partiremos".

Um *laptop* e um projetor são usados. O palestrante fala em árabe, e os *slides* aparecem em inglês. Tal como com o guia do Muro Ocidental, a tecnologia é muito importante para contar uma boa história. Há também uma câmera de vídeo aqui, que parece muito cara, mas hoje não está sendo usada. Amanhã, talvez.

Não há nenhum ser humano no assento a meu lado, apenas um livro – um livro de direito da autoria de Raja Shehadeh, publicado pelo Instituto de Estudos Palestinos, em Washington. O título do livro é *Occupier's Law: Israel and the West Bank*[1].

Abro esse livro norte-americano. Foi editado, diz ele, pela Comissão Internacional de Juristas, em Genebra, na Suíça. Não se trata de um árido livro de direito, como eu havia esperado, mas apenas de um livro muito interessante sobre a brutalidade israelense para com os palestinos, os maus-tratos impostos aos prisioneiros árabes, o assédio aos estudantes palestinos, as demolições de casas e toda sorte de outras coisas que não combinam muito com café, salgadinhos e doces.

---

1. *A lei do ocupante: Israel e a Cisjordânia*. [N. T.]

Na cadeira vazia seguinte há outro livro: *The Cambridge Companion to Hannah Arendt*[2]. Como foi que ela entrou aqui?

Não havendo praticamente nenhum aluno, eclode uma discussão animada entre os professores convidados, que falam uns com os outros, já que os dois estudantes presentes não estão interessados em nada, sobre a ocupação e o sofrimento. Eles não me parecem muito sofredores, mas que sei eu? Só entrei aqui para urinar e, por acaso, topei com esses homens e mulheres doutos.

Para acrescentar recursos visuais à discussão em que entraram os professores, brilha na parede a imagem projetada de mulheres de *hijab* e de um homem. Se bem entendo a conversa intelectual aqui, as mulheres cobertas pelo *hijab* são feministas inflamadas.

E eu sou mórmon.

Por que a Comissão Europeia, patrocinadora deste evento, haveria de enviar professores europeus a Jerusalém para debaterem entre si em vez de, digamos, hospedá-los no Tirol Meridional, é um grande mistério para mim.

Entro no escritório ao lado, para descobrir exatamente de que tipo é esta universidade que tem dois alunos por turma. Um homem sentado diante de sua escrivaninha responde com prazer às minhas perguntas:

– A Ocupação – diz, falando dos israelenses – tem expulsado os residentes muçulmanos de suas casas no leste de Jerusalém e colocado judeus no lugar deles.

Quando? Agora?

– O tempo todo!

Quantas casas?

– Muitas!

Quantas?

– Em toda parte.

Quantas?

– Trinta!

Trinta?

– Trinta.

Há quanto tempo eles, os ocupantes, estão aqui? Digo, se contarmos desde 1967, então...

– Não, desde 1948!

---

2. Compêndio da Cambridge University Press sobre Hanna Arendt. [N. T.]

Ele está falando da criação do Estado de Israel.

Tudo bem, 1948. Trinta casas desde 1948: isso dá menos de meia casa por ano...

– Não podemos consertar nossas próprias casas aqui, eles não deixam!

O lugar me parece bem agradável e todo consertado.

– Olhe para cima! Está vendo a tinta descascando?

Estou. É do tamanho de meia página. Vocês não podem pintar por cima?

– Não! Os ocupantes não deixam!

A esta altura, entra uma moça loura e o homem perde o interesse em mim. Imediatamente.

A jovem beldade da Suíça me diz que veio para esta região a fim de ajudar os israelenses e os palestinos. Faz parte de uma organização cristã defensora dos direitos humanos, a EAPPI – Ecumenical Accompaniment Programme in Palestine and Israel[3] –, e ficará trabalhando aqui como voluntária nos próximos cinco meses de sua vida, para ajudar os judeus e os árabes.

O que você planeja fazer nesses cinco meses?

– Estudar árabe.

O nome dessa jovem encantadora é Anna Maria, e ela está pagando oitocentos dólares por um curso intensivo de árabe. Não apenas ajuda os judeus, como também está gastando dinheiro com eles. Talvez isso não faça sentido para você, mas nem todos os suíços sempre fazem sentido para o resto de nós.

Estou com fome, e a professora Asma, coordenadora da série de palestras, se dispõe a me levar ao melhor restaurante da região e a me apresentar à autêntica comida palestina.

No caminho, noto uma folha de Relações Públicas com data de ontem, que anuncia que uma contribuição da União Europeia e da ONU foi feita a este mesmo prédio, no montante de 2,4 milhões de euros, para "preservar a herança cultural palestina" e "salvaguardar a herança cultural da Cidade Velha de Jerusalém". O texto acrescenta: "O programa contribuirá para o desenvolvimento e a proteção do patrimônio cultural palestino", que inclui "Hammam al-Ayn e Hammam al-Shifa".

Qual é a natureza exata de todos esses maravilhosos termos?, pergunto. Asma diz que mais tarde me mostrará sua natureza exata.

---

3. Programa Ecumênico de Acompanhamento na Palestina e em Israel, em português. [N. T.]

✧ ✧ ✧

Almoçamos num restaurante chamado al-Buraq. A professora Asma, como todos podem ver, não usa *hijab*. Como é possível?

— Na época do Profeta, os homens se aproveitavam das mulheres, moças eram assassinadas, e foi por isso que o Alcorão recomendou que as mulheres usassem o *hijab*, "para sua proteção". Mas veja o que acontece hoje: se eu usar o *hijab* na cabeça ao passar por um posto de controle israelense, eles me assediarão. Quando vou assim, não.

Olhamos para o cardápio, e ela me diz:

— Meu marido queria casar-se com outra mulher, além de mim. Eu disse "não!", e, agora, estou divorciada.

O cardápio parece bom, e a professora fala um pouco mais:

— Na época, eu achava que os intelectuais israelenses de esquerda nos aceitavam, a nós, palestinos, mas hoje percebo que não. Quando estive na Alemanha, senti que os alemães eram apaixonados por nós, que se importavam conosco.

Por que você acha que os europeus os ajudam?

— Quando os europeus vêm aqui, nós os levamos aos lugares onde Jesus viveu e onde os israelenses o crucificaram, e é por isso que eles nos apoiam.

Os "israelenses" crucificaram Jesus? Como foi que chegaram lá, dois mil anos atrás?

Escrevo o que ela disse, e o leio em voz alta, para ter certeza de que entendi direito. Ela aprova.

Comemos um *kebab* excelente, tomamos um café árabe e, ao terminarmos, ela me leva ao local em que os 2,4 milhões de euros serão gastos.

Um *hamam*. Um banho turco.

Pois é.

Tinham-me dito antes que os judeus não deixam a Universidade de Al-Quds pintar um pedacinho do teto, mas permitem que eles reconstruam um *hamam* por milhões de euros. Ou os israelenses são idiotas, ou os árabes são mentirosos.

Seja qual for o caso, a questão mais interessante é a motivação dos europeus aqui. Por que é tão importante para os europeus provar que os árabes viviam aqui, a ponto de se disporem a gastar milhões num *hamam*? A esperança é que, em algum ponto dos próximos seis meses, eu obtenha uma resposta. Talvez, apenas talvez, os europeus sonhem com árabes nuas, e por isso paguem por um *spa* muçulmano.

Enquanto isso, a professora e eu andamos de um lado para outro no labirinto dos belos cômodos do *hamam* que será reconstruído, e em seguida ela me leva ao terraço dele, de onde me mostra as casas, não muito longe de al-Aqsa, que diz terem sido confiscadas pelo governo israelense.

Peço-lhe que me fale de al-Aqsa, e ela me atende:

— De Kubet as-Sakhra [a Cúpula de Pedra], ali à nossa frente, o profeta Maomé se elevou ao céu, onde se encontrou com Deus, e onde Deus lhe ensinou o que o povo muçulmano devia fazer e o que devia rezar.

Essa é a famosa Viagem Noturna do Profeta Maomé, aquela em que ele voou de Meca para "Masjid al-Aqsa" num animal celeste conhecido como al-Buraq e depois voou de lá ao paraíso, para se encontrar com Alá.

Ao escutá-la, tudo me volta à lembrança. O Muro Ocidental costumava ser chamado de Het al-Mabka, Muro das Lágrimas ou das Lamentações, pelos árabes locais, em deferência aos judeus, que choravam ao ver seu Templo destruído. Com o advento do sionismo, entretanto, os árabes trocaram o nome do muro por Het al-Buraq, Muro de al-Buraq. A história dos judeus chorando foi apagada da memória coletiva e substituída por outra: quando

Maomé voou para o céu, amarrou seu animal celeste justamente a esse muro, para ter certeza de que ele não fugiria.

✧ ✧ ✧

Aparece outro professor, Omar. É um bom sujeito, muito caloroso, sociável e simpático. Hoje está empolgado, ele me diz, porque um repórter do *Süddeutsche Zeitung* virá entrevistá-lo. Omar tem certeza de que o repórter alemão escreverá muito bem a seu respeito, e mal pode esperar pela entrevista. Vai contar a verdade ao alemão, em benefício dos leitores alemães que se interessam pelos problemas daqui.

Qual é a verdade? Ele a compartilha comigo: os israelenses se certificam de que, por ser palestino, ele não possa ser proprietário de uma casa. Digo que isso é mesmo terrível, e lhe peço que me fale mais de si. Ele simpatizou comigo e me conta. Antes de mais nada, orgulha-se em me dizer, ele é não apenas um homem da mente, mas também um homem de posses: é dono de uma casa em Jerusalém Oriental e ainda possui outra num lugar chamado Shuaffat.

Existem alcoólatras e existem pessoas em recuperação do alcoolismo, o que significa que pararam de beber. Sucede-me ser um intelectual em recuperação, de modo que recorro ao meu eu anterior para compreender esse intelectual. Logicamente, é impossível um homem que não possua nada também possuir duas casas. Mas, "intelectualmente", pode-se explicar quase tudo.

O professor Omar gosta do fato de eu aceitar tudo o que me diz sem o questionar. Pergunta se eu gostaria de ver um filme muito interessante, que logo será exibido no *hamam* da Universidade de Al-Quds, o que será reformado com dinheiro da UE.

Eu adoraria.

O professor e eu voltamos ao *hamam*, e acho uma pedra para me sentar. A meu lado senta-se uma dupla de jovens alemães. Estão aqui, segundo me dizem, porque querem ajudar o povo palestino.

Converso com uma das voluntárias alemãs.

O que a fez oferecer-se como voluntária em prol dos palestinos?

— Três anos atrás, eu servi como voluntária em Israel, e me apaixonei pelo povo judeu.

E foi por isso que resolveu voltar?

— Sim.

Há três anos, você se apaixonou pelos judeus, e é por isso que agora está ajudando os palestinos?

Ela me lança um olhar incrédulo, muito aborrecida:

– O que está tentando dizer?

Eu deveria ter recorrido aos meus anos de intelectual antes de aborrecer essa beldade. Graças a Deus, o filme começa. Título: *A terra fala árabe*.

Usando imagens de diversas fontes, fotografias e filmes, aliados a intermináveis narrações em *off* por outro professor, o filme assevera que os "sionistas" chegaram a esta parte do mundo sem nenhuma razão óbvia, e cometeram inúmeros massacres de palestinos inocentes, como a matança de milhares de civis adormecidos, no meio da madrugada. Os que eles não mataram, expulsaram.

E foi assim que se criou o Estado de Israel, no ano de 1948.

Terminada a exibição, o professor nos explica, para o caso de o filme não ter sido suficientemente claro, a essência do sionismo:

– O sionismo é uma ideologia colonialista e racista. Não há outra maneira de explicá-lo.

Graças às verbas generosas da União Europeia, que patrocina quase tudo por aqui, hoje aprendi duas coisas: que os israelenses crucificaram Jesus e que os judeus são criaturas brutais.

Amanhã, decido ali mesmo, vou procurar os cristãos da Terra Santa, os ancestrais espirituais dos financiadores europeus de hoje.

✧ ✧ ✧

O Santo Sepulcro. Aqui Jesus Cristo, o Filho de Deus, foi sepultado, e foi aqui que ele ressurgiu dos mortos.

Há quatorze estações pelas quais Jesus passou na Via Dolorosa, e agora estou nas últimas delas; pelas outras passei na minha ida a al-Aqsa.

Escreveram-se livros sobre este Santo Sepulcro, amplamente conhecido como Igreja do Santo Sepulcro, muitos deles discutindo as múltiplas denominações cristãs que brigam continuamente pelo controle desta área. Os membros das várias denominações, alguns deles monges, usam roupas diversas, mas realmente não sei dizer a diferença entre elas, a não ser pelo corte elegante desses hábitos.

Ando para lá e para cá e não demoro muito a me perder. Vejo uma porta, atrás da qual senta-se um homem com um hábito sagrado, e entro.

— Isto aqui é um escritório – diz-me, num inglês quebrado, um homem barbudo, que parece um bispo. Em outras palavras: saia! Mas eu sou um menino burro, e não entendo o que ele diz. O senhor fala hebraico?, pergunto.
— Não.
Fala árabe?
— Não.
Fala espanhol?
— Não.
Sorte minha, porque também não falo uma palavra de espanhol. O senhor fala...?
— Falo grego. Só.
Falo grego tão bem quanto espanhol, de modo que experimento uma mistura de inglês e árabe, com sotaque grego. Talvez ele entenda alguma coisa.
Quero fazer entrevista para jornal, jornal grande. Na Alemanha.
Ele sorri.
Shu esmak (como é seu nome)?
— Asimo – diz ele.
Fotografia sua?
— Não.
Fotografia senhor e eu, aperto de mão, *a la* Rabin e Arafat?
— Está bem. Mas só uma fotografia.

✧ ✧ ✧

Desço um andar e me sento num canto, para logo ser perturbado por padres que passam queimando incenso. Um deles entra, depois sai em silêncio. Vem outro com umas sinetas e para em certos pontos, nos quais as balança. Calculo, embora não tenha certeza, que esses certos pontos tenham uma espécie de ligação sem fio com certas entidades celestiais. Esse padre se retira e entra outro. O novo sujeito faz um pouco mais de barulho com outras sinetas.
Se não estou enganado, este é o lugar em que foram originalmente inventados os telefones celulares, e cada um desses padres está usando um aplicativo diferente.
Torno a subir. Ao Gólgota, onde Jesus foi crucificado. O Novo Testamento diz que Jesus foi crucificado fora dos muros da cidade, mas, se o professor Omar pode inventar histórias, por que não o fariam os cristãos?
Vou ver o túmulo de Jesus.

Uma longa fila, que imagino ter entre um milhão e seis milhões de pessoas, alinha-se para entrar no túmulo, talvez na esperança de também voltar à vida depois da morte. Há um ponto de entrada de um lado do túmulo e uma salinha do outro.

Na salinha eles vendem papel para os que querem escrever cartas pessoais a Jesus, o que muitos aqui querem. Terminada a redação, eles jogam seus bilhetes no túmulo para que Jesus os leia. Não sei direito para que fazem isso, especialmente uma vez que Jesus saiu vivo do túmulo, há muito tempo, e só Deus sabe por onde anda hoje. Os judeus que escrevem cartas para Deus são um pouco mais espertos: depositam as cartas com Sua Esposa, não no túmulo vazio de Seu Filho.

Alguns escritores de cartas também incluem dinheiro nelas, obviamente por acharem que Jesus está precisando de uma grana. Não tenho completa certeza de como o dinheiro chega finalmente a Jesus, mas percebo que os monges gregos o coletam fielmente para Ele.

Há outras coisas sagradas acontecendo aqui, além do dinheiro vivo.

Um monge mais velho se aproxima de uma mulher atraente e, tocando na cabeça e no peito ao falar, diz-lhe estar muito feliz porque ele traz Jesus na mente e no coração. Acrescenta, dirigindo-se à mulher:

— Vejo que Jesus também está na sua cabeça e no seu coração.

Chega mais perto da moça, encosta os lábios no rosto e no peito dela, exatamente onde Jesus reside, e beija os dois com paixão.

É nesse exato momento de Santa Pornografia que sinto necessidade de intervir. Esse monge é mais interessante do que o homem que conheci antes e que parecia um bispo.

Também está vendo Jesus na minha mente e no meu coração?, pergunto-lhe.

— Sim.

Tem certeza?

— Sim!

Importa-se de também me beijar? Na cabeça e no coração, onde vive Jesus?

O monge me lança um olhar rancoroso, mas insisto em que beije Jesus. Ele se recusa. Elevo a voz, em honra ao Senhor, e lhe juro que não vou sair de lá enquanto ele não beijar meu corpo apaixonadamente, "como fez com o da moça".

A moça ouve nosso diálogo e, na mesma hora, exige que ele me beije.

Ele beija. Os monges obedecem às moças.

A mulher, que diz chamar-se Olga, dá uma gargalhada. Peço beijos mais apaixonados, enquanto Olga lança um olhar severo ao monge.

Quando ele aproxima os lábios da minha cabeça, pronto para me dar um beijo caloroso, passa uma mocinha loura. O monge vira a cabeça para a nova mulher do pedaço enquanto me beija. Só posso imaginar o que não faria com a loura, se não estivesse ocupado me beijando, por ordem de Olga.

Os desejos sexuais dos monges que guardam túmulos são um assunto muito interessante, que eu gostaria de explorar com mais profundidade. Faço uma anotação mental para travar conhecimento com mais monges durante minha viagem a esta terra sagrada. Por ora, no entanto, apenas bato papo com algumas das pessoas ao meu redor. Curiosamente, uma delas me diz que este lugar aqui não contém realmente o túmulo de Jesus. O verdadeiro túmulo, sou informado nesse momento, fica num lugar chamado "Túmulo do Jardim".

Deixo a Cidade Velha e ando até o Túmulo do Jardim. Que lugar aprazível! Um jardim de verdade, com árvores e trilhas impecavelmente limpas, me dá as boas-vindas na chegada. Aqui não há nenhum monge, apenas Anne, a encarregada do lugar. Anne é uma mulher encantadora, cujo marido, que perdeu a fé, deu-lhe uma escolha: ou ele, ou Jesus. Anne escolheu Jesus.

Jesus está enterrado aqui?
— Jesus ressurgiu dos mortos e está com o Pai.
Quem está enterrado aqui?
— Uns dizem que ele foi enterrado no Santo Sepulcro, outros, que tudo aconteceu aqui.
E o que você acha?
— Eu digo: que diferença faz? Jesus está vivo, e isso é a única coisa que importa. Ele saiu vivo de sua sepultura, está vivo e está no céu com Deus. Nada mais importa.

⋄ ⋄ ⋄

Saio do jardim e dou uma olhada na Cidade Velha, à minha frente. Os cristãos têm seu Filho de Deus; os muçulmanos, seu Mensageiro de Deus; e os judeus, sua Esposa/Presença de Deus. O Filho foi sepultado aqui, o Mensageiro voou daqui, e a Esposa ainda está aqui. Acaso é de admirar que as três religiões monoteístas briguem até a morte umas com as outras por este pedaço de terra? Sua própria vida espiritual depende de um punhado de pedras na Terra Santa, e cada uma quer o bolo inteiro.

Mas será que essa é apenas uma luta religiosa? A julgar pelos europeus, muitos dos quais são ateus e ficam empolgadíssimos ao restaurar um *hamam* aqui, é evidente que Jerusalém também é a capital dos irreligiosos. Por que outro motivo seus líderes gastariam um centavo num *hamam* a milhares de quilômetros de suas casas?

Para compreender melhor a mentalidade laica, resolvo procurar alguns ateus, agnósticos e quem mais houver no meio. Por sorte, o Festival de Cinema de Jerusalém está começando hoje à noite. Atores, diretores e produtores israelenses não são conhecidos como grandes seguidores de Deus; vou juntar-me a eles.

Antes disso, porém, compro uma comida israelense e vou comê-la na minha casa de templário. Já experimentou comida israelense? Se você é uma daquelas pessoas que comem não apenas para sobreviver, mas também por prazer, pegue um avião e venha para cá. Que comida maravilhosa! Comece por um queijo *labane*, aquele que é feito de leite de cabra, mas tome cuidado ao pôr na boca uma colher, porque pode ser que sua alma se derreta com extremo prazer. Queijo *cottage*, já ouviu falar? Esqueça qualquer outro queijo que já tenha comido; todos eles são falsos.

Portão 2

Você já experimentou cerveja islamita? Gostaria de receber a bênção do rabino de Auschwitz? Gostaria de ter um encontro com uma judia talibã? Como um rabino saberia que sua mulher está menstruando?

No quintal de minha casa, um quintal muito bom, com uma variedade de árvores de cores múltiplas, reparo nuns gatos vira-latas que me olham por trás dos troncos. Acho que têm medo de mim. De alguma forma, farejam que não sou daqui. Os gatos vira-latas da Terra Santa não gostam de europeus e norte-americanos, acho. Mas me dói olhar para eles, porque parecem estar mortos de fome. O que devo dar-lhes? Não tenho nenhum osso, só queijo e leite. Leite *kosher* de cabra. Você acha que eles gostariam?

Veja só como gasto meu tempo na Terra Santa: com túmulos e gatos. Mas os queijos e o leite, pode acreditar, já valem a viagem!

◊ ◊ ◊

A Noite de Abertura do Festival de Cinema de Jerusalém implica ouvir longos discursos, antes da exibição de qualquer filme.

Sento na minha poltrona e procuro escutar.

O que posso dizer? Se isto pode servir de prova, as pessoas laicas são muito burras.

Quando enfim se apagam as luzes, começa o filme de abertura. É sobre um grupo de vovôs velhotes que planejam assaltar um banco.

É uma ideia interessante, mas, quando a trama se adensa, percebo que os verdadeiros ladrões são os cineastas: estão roubando meu tempo.

Será essa a extensão da imaginação dos laicos?

O festival é produzido pela Cinemateca de Jerusalém, situada acima do vale de Gai bin Inom, onde, nos velhos tempos, as pessoas sacrificavam seus filhos a alguns deuses, não muito longe do Monte do Mau Conselho, onde foi tomada a decisão de prender Jesus Cristo. Do outro lado do vale fica o monte Sião, onde está localizado o Túmulo do Rei Davi, bem como a Basílica da Dormição, de onde a Mãe de Deus subiu aos céus.

Espero que o Festival de Cinema de Jerusalém ofereça um ou dois filmes que tenham pelo menos metade do fascínio da paisagem desta cidade.

Vou assistir a outro filme: *10% – O que faz um herói*, um documentário de Yoav Shamir. As luzes tornam a se apagar, as imagens aparecem na tela da sala escura e vejo Hamburgo.

Não. Não a Hamburgo que deixei há poucos dias, com sua bela funcionária da Turkish Airlines. Não. A Hamburgo que nos mostram aqui é a de 1936. Uma Hamburgo diferente. Em vez da turca risonha que era fã de um ator chamado Mehmet, o que vemos aqui são bandos de alemães fazendo a saudação de Hitler. A câmera logo dá um *zoom* nos que saúdam, e ali, bem no meio deles, há um único homem que não ergue o braço.

Justamente esse homem, diz-nos uma voz, desencadeou na mente do diretor do filme, que é também seu personagem principal, o interesse em saber o que leva um homem solitário, numa enorme multidão, a não seguir a multidão e a correr tamanho risco. Em suma: o que faz de um homem um herói?

O filme prossegue e, como se poderia esperar, os alemães tornam a aparecer. Vemos, por exemplo, as filhas de Georg Alexander Hansen, um homem executado pelos nazistas por seu envolvimento numa tentativa de assassinar Adolf Hitler. São elas Dagmar e Frauke, uma loura, a outra, não. Elas tentam falar inglês, meio de pé quebrado, mas a história que contam na tela, com lágrimas rolando pelas faces, não precisa de palavras em língua alguma.

O filme se arrasta, mas, no final, chegamos a ver sua conclusão: quem é o heroico anti-Hitler de nossos dias e quem é o atual equivalente dos nazistas.

O herói é Jonathan Shapira, pessoa de quem nunca ouvi falar, mas que esse filme explica. Jonathan vem de uma ilustre família israelense, foi um piloto celebrado na Força Aérea de Israel, querido por todos, mas, num dado ponto de sua vida de sucesso, resolveu abandonar tudo. Atualmente, tem a pior opinião possível sobre Israel e declara que o país comete crimes contra a humanidade. E, como se trata de um filme, no qual as meras palavras não bastam, as imagens nos mostram o exército israelense jogando latas de gás lacrimogêneo no que parece ser uma passeata pacífica perto da cidade de Bil'in, na Cisjordânia. O efeito do gás, especialmente visto em *close*, não é bonito. Para Jonathan, essa demonstração do gás lacrimogêneo espreme dele "a última gota de sionismo" que ainda havia em seu coração.

Adivinhe quem é o Hitler de hoje? Como é bastante óbvio, o nazista-chefe da nossa geração não é ninguém menos do que o exército israelense, a FDI – Força de Defesa de Israel.

Se esse filme tivesse sido produzido fora de Israel, muitos diriam que o cineasta era antissemita, mas o filme é criação de um israelense, um judeu.

Quando os créditos vão rolando na tela, noto que o filme foi financiado por companhias de países como Alemanha e Suíça. O rosto de um judeu, o bolso de um alemão: quem cria quem?

Para ter uma imagem melhor do filme e de seu pessoal, vou ao encontro de Yoav.

Por que alemães e suíços financiaram esse filme?

– Vivemos num mundo globalizado, e as entidades internacionais colaboram. A gente faz filmes aqui [em Israel] e tenta arranjar parceiros. Parceiros da HBO, às vezes.

A HBO é norte-americana, e é evidente que Yoav está tentando me dizer que não são só "os alemães" que fazem essas coisas, que os americanos também as fazem. E os norte-americanos, como todos sabemos, adoram os judeus.

Você já recebeu financiamentos da HBO em sua carreira?

– Eu não, mas outros, sim. Mas, em outros filmes que fiz, entramos em parcerias com empresas internacionais como a ZDF.

ZDF. Também alemã. Esse homem, os alemães e os suíços se relacionam bem, parece.

O seu filme começa pelos nazistas e termina com a FDI.

– Aqueles eram soldados, e estes são soldados. Aqueles obedeciam, e estes obedecem.

A imagem que você faz de Israel me leva a achar que este país chegou ao fundo do poço. Está certo?

– Abaixo do fundo do poço.

Digo a Yoav que gostaria de entrevistar Jonathan e também gostaria de ir a Bil'in. Será que ele poderia ajudar-me? Yoav responde que será um prazer.

Ótimo.

Encerrada a entrevista, vou novamente à Cinemateca.

Como é de praxe nos festivais, os artistas comparecem para se encontrar com outros artistas e com as redes de televisão. Perto de mim há um diretor que vem lutando para conseguir financiamento para seu próximo filme. Pergunto-lhe por que não procura financiadores alemães ou suíços. Bem, retruca ele, isso não é muito fácil:

– Se você quiser financiamento alemão ou suíço para seu filme, tem que criticar Israel, e aí eles patrocinam.

Será a isso, aliás, que se vai referir este festival: a uma crítica política a Israel? Se for, prefiro gastar o tempo que reservei para o Festival de Cinema de Jerusalém saindo para me encontrar com antissionistas da vida real, e talvez do tipo não secular. O mais famoso deles não mora longe daqui, no bairro *haredi* (ultraortodoxo) de Meah Shearim, logo na saída da antiga Cidade Velha.

✧ ✧ ✧

Ao entrar nesse bairro *haredi*, reparo na "*Yeshiva* do rabino de Auschwitz", um seminário rabínico do rabino de Auschwitz. Auschwitz?, pergunto a pessoas chassídicas paradas na entrada do seminário.

– Sim – dizem eles. – Por que não? Auschwitz era uma cidadezinha judaica.

Posso entrar, eles sugerem, e o rabino de Auschwitz, que está no céu com o rei Davi, me mandará uma bênção. Caio na gargalhada, achando, por alguma razão, que essa é a melhor piada que já ouvi, e eles me acompanham de imediato na risada. Posamos juntos para fotografias, só de farra, e fico bolando um jeito de mandar essas fotos para Adolf Hitler no inferno. Ele também precisa de uma risada.

Continuo andando pelas ruas de Meah Shearim e uma ideia se infiltra na minha cabeça. Como é que essas pessoas são tão engraçadas, e os cineastas seculares são tão chatos?

Seja qual for a razão dessa pequena diferença, tenho uma necessidade mais premente neste momento: uma Coca *diet* com gelo. Existe vida depois dos fornos de Auschwitz, e eu quero viver. O problema é que não sei onde achar uma Coca-Cola por aqui, num bairro com muitos estabelecimentos religiosos, mas nenhum ponto de venda visível de Coca-Cola. Avisto dois trabalhadores não residentes e falo com eles:

Como é seu nome?
— Yekhezkiel — diz um.
E você?, pergunto ao outro.
— Israel.
Eles não me parecem ser Yekhezkiel e Israel, dois nomes muito judaicos. Vocês não precisam fazer brincadeiras comigo. Quais são seus nomes verdadeiros?
— Muhammad.
E você?
— Muhammad também.
É um prazer conhecê-los. Meu nome é Tobi, e sou alemão.
Você tinha que ver a luz que se acendeu nos olhos de Yekhezkiel e Israel! Eles adoram este alemão aqui e têm prazer em lhe apontar a loja que vende a magia negra gelada conhecida como Coca-Cola.
Saciada a sede, vou ao encontro dos dois maiores rabinos do bairro. Não é tarefa simples, permita que eu lhe diga.
O primeiro rabino que quero encontrar não está. Aonde foi?
— Está nos Estados Unidos, num hotel — dizem-me seus seguidores.
O segundo rabino, que surpresa, também não está. Está onde?
— Num hotel austríaco.
Os santos homens estão de férias. Não fazem filmes, sua vida é um filme: paisagens deslumbrantes e refeições deliciosas. As pessoas deste bairro, que são proibidas de estudar qualquer coisa além dos livros sagrados, não têm emprego, e a maioria delas é muito pobre. Como podem os rabinos bancar o preço de hotéis caros no exterior? É o que pergunto a um dos seguidores, que aponta para o céu ao responder:
— Aquele que criou o céu e a terra sabe arranjar um hotel para os íntegros!
Se Yoav tivesse algum senso de humor, teria feito um filme sobre essa gente.
Enquanto os homens santos tiram férias em lugares como o Interalpen-Tyrol, as criancinhas de sua comunidade ficam em Meah Shearim para estudar o alfabeto, e eu vou ao encontro delas. A seus olhos, se bem me lembro dos meus anos de infância no mundo *haredi*, um homem vestido como me visto atualmente deve ser um bicho do zoológico local, um sionista desgraçado, um gói amaldiçoado, um gentio ou um fugitivo que escapou de um hospital psiquiátrico.

Um bando de crianças, umas vinte ou trinta, congrega-se em volta deste estranho, no instante em que ele entra, e o cumula de carinho. Escolheram a opção do zoológico, dá para perceber; acham que sou um urso encantador.

– Quem é você? – perguntam.

Respondo em iídiche, uma língua que eles nunca imaginaram que criaturas como eu falassem: e quem são vocês? Eles adoram este urso. Devo ter vindo de um zoológico *kosher*.

O professor conversa comigo e me diz que é antissionista, "assim como você".

Como descobriu isto a meu respeito, tão depressa?

– Você não teria vindo nos visitar se fosse sionista!

Rimos. E as crianças também riem. Todos tentam tocar-me, uma graça de urso de duas pernas, e vão gritando de prazer.

O professor e as crianças se comunicam em iídiche, uma língua que é 80% alemão, e ele lhes ensina a Língua Sagrada, o hebraico.

Sento-me com eles e vejo como aprendem a reconhecer as letras. Isso me faz retroceder muitos anos no tempo, até os alicerces do meu conhecimento, e fecho os olhos.

Alef. Beis. Gimmel. (A. B. C.)

As letras são imagens; o A parece com isto, o B parece com aquilo. As letras são criaturas estranhas e não têm a menor estética. Por que não podem ser mais pitorescas? As letras são criaturas frias, ásperas, antiquadas, que de algum modo sobreviveram aos campos de concentração. As letras são poderosas, cruéis, manipuladoras e muito espertas. Quero controlá-las, não quero que elas me controlem.

Alef! Beis! Gimmel!

O professor me desperta do meu devaneio. Eu gostaria de ver suas criaturas angelicais brincarem?, pergunta.

É uma maravilha para os olhos e os ouvidos. Enquanto elas brincam, peço-lhes que cantem. Não sei como vão reagir ao meu pedido, mas as crianças e o professor acham a ideia hilariante e desandam prontamente a cantar. Têm a aparência e o som de anjos. Muito inspirador!

O que acontecerá com essas doces criaturas quando elas crescerem?, pergunto a mim mesmo. Uma pista da resposta eu vejo do lado de fora, na rua.

"Às mulheres que passam por nosso bairro", diz um grande cartaz na rua, "pedimos o favor de não passarem em trajes despudorados." As partes da carne de uma mulher que não se exige que sejam cobertas são o rosto e os dedos. Algumas mulheres daqui, como vejo e mal posso acreditar, levam o "pudor" um pouco mais longe: não mostram um pingo do corpo, nem mesmo os olhos, e, quando andam pela rua, parecem enormes sacos de lixo pretos em movimento. Será que são as talibãs judias?

Na minha época, não existiam mulheres assim. Jerusalém ficou mais santa, acho.

Devo tentar o Festival de Cinema de Jerusalém, outra vez, só por desencargo de consciência? Mais tarde, talvez; agora, preciso de uma cerveja.

Saio de Meah Shearim e vou instalar-me em Uganda.

✧ ✧ ✧

O Bar Uganda.

Já me falaram desse Bar Uganda, e mais do que eu realmente queria saber, mas hoje ele será meu refúgio dos sacos de lixo andantes, dos nazistas judeus e dos velhotes que assaltam bancos.

É no Uganda, dizem os entendidos, que se pode conseguir cerveja palestina e o melhor *homus*. Eu quero os dois.

Uma das primeiras coisas que vejo, ao entrar no Uganda, não é uma garrafa de cerveja com um logotipo "Alá", como havia esperado, mas o refrigerante alemão Bionade. Pergunto a Jula, a *bartender*, por que eles importam essa marca específica.

As pessoas ao redor reconhecem prontamente que sou um novato, e por isso me explicam os pontos fundamentais: quase todos os estrangeiros que frequentam este bar, cujo nome foi escolhido em homenagem à aceitação, por Theodor Herzl, da proposta britânica de instalar judeus europeus na África, são da Alemanha, sobretudo berlinenses.

Além do Bionade, há outras duas imagens que captam minha atenção: uma fotografia de Theodor Herzl, do lado esquerdo, e o barril de Taybeh, à direita.

– Você tem que experimentar a Taybeh – recomenda um homem mais velho. – É uma cerveja palestina!

O que ele quer dizer com palestina: ela foi feita por um palestino, ou vendida por um palestino?

– Feita! Feita!

Que tipo de palestino: muçulmano?

– Sim! O que mais seria?

Tem certeza?

– Cem por cento de certeza!

Não é proibido aos muçulmanos tomar bebidas alcoólicas?

– Ah. Vai ver que ele é cristão.

Sento-me para tomar uma Taybeh e o Alon, um amigo do dono e freguês assíduo daqui, começa a conversar comigo:

– Não sou judeu, sou hebreu – declara, enquanto ainda está sóbrio.

É também "músico, e tenho uma banda chamada 'Mujahedim'", o que significa pessoas engajadas no *jihad*.

– Sou pós-sionista. Não, apague isto. Sou pós-pós-sionista. Eu me vejo como um israelita, como na Bíblia. Hebreu, não judeu. Você precisa entender: o judaísmo, tal como o conhecemos, só se desenvolveu há uns quatrocentos anos, e sou contra ele. Há umas dez pessoas no mundo, talvez, que pensam como eu, mas não tem importância. Para mim, o judaísmo de hoje é igual ao islamismo e ao cristianismo, nenhum dos quais me agrada.

Há pessoas de quem Alon gosta particularmente, ele me diz. Quem são? Os alemães. Por quê?

– Os alemães são as melhores pessoas da Europa.

Digo-lhe que sou alemão de Berlim, e ele se apaixona por mim no mesmo instante.

Como é fácil fazer as pessoas felizes.

Bebo mais cerveja – afinal, sou alemão – e desfruto de toda a confusão deste país. Com a cerveja na boca e na barriga, olho para todos eles com certo distanciamento: eles são judeus, eu sou alemão, e, desculpe que o diga, sou o melhor dos dois.

Levanto-me, e o alemão em mim resolve conquistar esta terra com verdadeiro orgulho germânico. Não, não sou da Alemanha de antigamente, aquela que gostava de conquistar as terras de outros povos com tanques; sou um novo alemão, o alemão bom, um alemão contemporâneo, que é um benfeitor. Vou conquistar esta terra ensinando a seus habitantes um caminho melhor. Quem sabe, talvez eu até ressuscite o projeto de Uganda e liberte os palestinos do seu eterno sofrimento, explicando aos judeus que Uganda seria melhor para eles. Aprendi muito com a história – minha própria história –, e o senso moral que adquiri imporá uma nova ordem a esta parte do mundo. Serei o mensageiro da paz e da mudança, da paz e amor.

Quando inicio minha conquista, do lado de fora do Uganda, recebo um recado do pessoal da Cinemateca. Eu gostaria de ir a Yad Vashem amanhã? Esse convite, também enviado a outros frequentadores do Festival, atinge de um modo muito profundo e muito pessoal a minha alma alemã recém-descoberta. Yad Vashem é o Museu do Holocausto de Israel, e não é preciso ser um gênio para imaginar o que posso encontrar por lá: meus avós. "Alemanha de antigamente" é uma coisa remota; avós são coisa pessoal.

Basta esse recadinho da Cinemateca para que minha superioridade moral despenque para o fundo das profundezas de meu ser. Ser alemão, que tristeza, não é divertido.

Respondo que irei. Minha conquista do país acabou de terminar.

De volta à casa, os gatos vira-latas de meu quintal me lançam olhares ressentidos. Não gostam de mim. Não sei se acham que sou alemão, árabe, judeu, ou seja lá o que for. O resumo da história é que eles me odeiam. Mas estou decidido a não me deixar atingir por nenhuma das confusões por que passei hoje, e saio para comprar doces. Em Israel eles têm os *rugelakh*, e eu compro quatro. *Rugelakh* são uns bolinhos e, quando os como, sei que também sou uma pessoa religiosa: um seguidor do Rugaleh (singular de *rugelakh*). Acredito nos *rugelakh*, e estou disposto a matar qualquer um que não me deixe cultuá-los.

✧ ✧ ✧

Yad Vashem.

Um representante do museu cumprimenta as pessoas do festival e compartilha alguns dados estatísticos conosco. Antes da Segunda Guerra Mundial, havia dezoito milhões de judeus no mundo; agora há 13,5 milhões.

O Yad Vashem tem a forma de um triângulo que representa metade da estrela de Davi. A outra metade, a metade que falta, representa os judeus que foram mortos. Eles já não existem, nem tampouco o segundo triângulo.

Passamos pelas fotografias terríveis dos judeus mortos, e só consigo pensar nisto: algumas pessoas que estão ali são – foram – parentes meus, e foi assim que terminaram a vida.

Não quero ver isso. Prefiro assistir a um filme na Cinemateca.

✧ ✧ ✧

Minutos depois, estou no Festival de Cinema de Jerusalém, na Cinemateca. Filmes oferecidos hoje: *O louco de Hitler*. *A mais longa viagem: Os últimos dias dos judeus de Rodes*. *Gabinete 06* (o gabinete que lidou com o processo contra Adolf Eichmann).

Droga. Será que eles não têm mais nada? Ei, você aí: A Guerra Acabou! Ah, mas existe um filme que não é sobre o Holocausto: *O jardineiro*, um filme que se passa nos Jardins de Bahá'í, em Haifa. É o que vou ver.

O filme começa com uma moça jovem, branca e bonita fazendo rituais. Anda de um lado para outro, saltitando entre árvores verdes e flores vermelhas e amarelas, grama nova e pedras brancas, e murmura orações de amor e paz. Então, depois da moça branca de tez pálida, é a vez de um negro, o jardineiro africano. Ele não usa os trajes macios e flutuantes da moça branca, mas uma roupa de trabalhador. É bruto e está sujo, mas sua boca é cheia de paz, e suas mãos acariciam amorosamente as flores.

O filme é de uma chatice extrema, não tendo o menor enredo. Mas as pessoas à minha volta, um pessoal laico, estão molhadas de prazer. Se esse filme representa a essência do secular, digo baixinho a mim mesmo, fico feliz por ser um Rugaleh religioso.

Na sala ao lado, a Cinemateca oferece uma entrevista coletiva com o diretor do filme, Mohsen Makhmalbaf, que tenta instilar o amor pelo Irã no coração dos judeus.

– O povo iraniano adora os israelenses – diz ele, entre outras pérolas semelhantes.

Seu país, pelo menos de acordo com os relatos ocidentais, logo terá capacidade para fabricar reluzentes bombas atômicas, e as pessoas aqui presentes, muitas das quais são jornalistas alemães, aplaudem entusiasticamente esse diretor. Deus sabe por quê.

Terminada a entrevista coletiva, encontro-me com Alesia Weston, diretora executiva deste festival. É uma boa oportunidade para solucionar um quebra-cabeça que não tenho a menor ideia de como decifrar sozinho.

Diga-me, Alesia, quantos filmes do festival foram produzidos com a cooperação alemã?

Ela demora um pouco, pensando no assunto, e, por fim, diz:

– É uma pergunta interessante. Prometo dar-lhe uma resposta sobre isso.

De que filme você mais gostou no festival?

– *O jardineiro*.

Do que você gosta nele?

– Do seu modo incrivelmente brincalhão de abordar algumas das nossas questões mais sérias. Eu nunca havia pensado na interação entre a natureza, os seres humanos e a religião por um prisma tão delicado, ao mesmo tempo que enérgico, e na maneira como eles se refletem e causam impacto uns nos outros.

Fale-me de um momento do filme que melhor descreva o que você disse.

– Uma frase dele.

Diga-me qual foi a frase!

– Vou parafraseá-la, se você não se incomoda.

Vá em frente.

– A flor pode julgar o caráter de um homem e reagir a ele.

Uau.

Mais uma vez, preciso que pessoas religiosas me deem uma folga da alta sociedade laica, estonteante e desprovida de humor. Ouvi dizer que, numa outra parte desta cidade, estudantes rabínicos estão fazendo hoje suas provas finais. Talvez eu deva levar um papo com um ou dois futuros rabinos. Talvez seja agradável.

Saio e pego um táxi.

✧ ✧ ✧

Mahmoud, o motorista, diz para eu pôr o cinto de segurança. Respondo que os cintos são contra a minha religião. Ele desiste, e falamos de religião, de uma coisa e outra, e então lhe digo que quero saber tudo que for possível sobre o cavalo celestial do Profeta, al-Buraq.

Mahmoud:
– Não, não. Al-Buraq não era cavalo.
Não era cavalo?
– Não. Não era cavalo.
O que era?
– Camelo.
Camelo normal?
– Camelo celestial!
Ótimo. Aceito. Então, o Profeta chegou aqui a al-Quds com o camelo, e depois, pouco antes de voar para o céu...
– Com o anjo Jibril!
Sim, é claro. Eu estava tentando informar-me sobre o camelo. Ao que eu me lembre, o Profeta amarrou o camelo naquela parede, o Muro al-Buraq, o mesmo que os judeus dizem ser parte de sua santa...
– Os judeus cavaram fundo, bem fundo na terra, durante anos, durante muitos anos, para provar que tinham estado aqui antes, e não encontraram nada!
Os judeus nunca estiveram aqui, mas o camelo esteve?
– Sim.
Afora isso, está tudo bem?
– Onde?
Em Jerusalém. Como é que vocês, árabes e judeus, se entendem entre si?
– Agora mesmo, hoje, ainda há pouco, duzentos judeus irromperam em al-Aqsa, enfurecidos, e profanaram a mesquita sagrada!
De que você está falando?
– Está em todos os noticiários. No rádio.
Hoje? Agora?
– Sim, sim! O governo israelense os mandou!
Checo as notícias no meu iPad – *sites* norte-americanos, israelenses e europeus –, mas não encontro nada sobre al-Aqsa. Esse homem deve estar sonhando. Não tomar bebidas alcoólicas pode levar um sujeito a alucinar.
Desço de seu táxi e penso na história do camelo. A verdade é que, de acordo com o *hadith* autorizado, o *Sahih al-Bukhari*, al-Buraq não é cavalo

nem camelo. Quando o profeta Maomé estava deitado, num dia qualquer, consta que teria dito que, "de repente", alguém se aproximou dele e cortou seu corpo, da garganta até o pênis, tirou e lavou seu coração, repôs o coração em seu corpo, "e um animal branco, menor que uma mula e maior que um burro, foi trazido a mim".

Bingo.

A despeito disso, na arte visual islâmica, e como observa o autor Timothy Insoll em *The Archeology of Islam*[1], "A representação estabelecida de al-Buraq compõe-se de uma cabeça coroada, não raro de uma jovem, ligada a um cavalo alado".

⟡ ⟡ ⟡

À minha frente, bem diante da porta de entrada de um enorme centro de convenções, há uma porção de livros sacros judaicos dispostos sobre mesas. Os livros versam sobre mulheres na menstruação. Leio: "É tradição das Filhas de Israel verificarem sua vagina, usando duas testemunhas, uma para ele, e uma para ela. As recatadas, entre as judias, usam uma terceira testemunha. Deve a mulher verificar com seu marido se está menstruando? Não. Ele poderia, incrivelmente brincalhão, amedrontar-se e não dormir com ela".

Sinceramente, esse material é por demais profundo para um intelectual em recuperação, como eu, especialmente logo depois da história do camelo e do pênis.

Pergunto ao homem que parece ser o encarregado aqui: será que daqui a pouco teremos mulheres nuas, vindo ilustrar melhor essa questão?

– De onde é o senhor?

Estados Unidos, Alemanha e Arábia Saudita.

Realmente, não sei como foi que meus lábios enunciaram essas palavras, mas o sujeito gosta do que ouviu, seja por que razão for, e me ensina sobre mulheres, menstruação, sangue, sexo e vaginas. Não exatamente nesta ordem, mas quase. As mulheres são proibidas de manter relações sexuais com os maridos durante a menstruação, e esses livros versam sobre a grande pergunta: o que é menstruação? Como verificá-la? Como reconhecê-la?

Fico confuso. Esses judeus religiosos, em particular, começam a me fazer lembrar aquela gente laica estonteante e, em pouco tempo, as imagens e

---

1. *A arqueologia do Islã.* [N. E.]

experiências que tive até agora nesta terra misturam-se em minha cabeça, e pergunto a mim mesmo: o que acontecerá se uma mulher menstruada, montada num camelo, entrar no Jardim de Bahá'í, onde duzentos colonos, cinco monges gregos e três bebedores alemães de Taybeh estejam à sua espera? Será que o rei Herodes mandará construir para ela um belo castelo, feito de uma única pedra enorme?

A melhor maneira de responder a essa pergunta, muito provavelmente, é eu mesmo me tornar rabino. Vou até a sala de exame, decidido a fazer a prova e me tornar um grande rabino de uma enorme comunidade em plena menstruação.

Um homem da segurança barra minha passagem. Ninguém pode prestar prova se não tiver os papéis certos; ele quer que eu lhe mostre meus papéis. Não tenho papéis, só um iPad, e vou embora.

Circulo pela cidade de Jerusalém, a fim de encontrar uma pessoa douta que discuta questões elevadas comigo, como homens rabínicos e mulheres menstruadas, e por acaso entro numa livraria local, onde presumo encontrar pessoas eruditas. Vejo Tirtsa, a gerente da loja.

– Acho – ela me diz, mal abro a boca – que todas as pessoas são fascistas: direitistas, esquerdistas, todo mundo.

O que está acontecendo com ela? Estaria menstruando?

Tirtsa é uma dama laica e não lhe posso fazer essa pergunta. Em vez disso, digo-lhe que duzentos colonos, obviamente todos fascistas, invadiram al-Aqsa há algumas horas. Ela me olha, admirada:

– Escutei o noticiário, mais cedo, e não ouvi nada sobre isso. Se uma coisa dessas tivesse acontecido, todos os veículos de comunicação estariam falando dela.

Parece muito razoável e, sendo assim, checo mais uma vez o meu iPhone. Entro no *site* da Al-Jazeera, aquele que é escrito em árabe, e, dito e feito, vejo-a bem ali. No topo das notícias. Dezenas de colonos, diz o texto, sem dar um número exato, atacaram al-Aqsa hoje, mais cedo. A notícia tem até uma foto de al-Aqsa com uns cinco homens, aparentemente não muçulmanos, em primeiro plano. Mostro-a a Tirtsa, que fica totalmente não impressionada:

– São cinco pessoas – conta. – Onde estão as centenas?

Esta terra é passional demais para mim. Até agora, só estive em Jerusalém, porém ela é mais passional do que a totalidade dos Estados Unidos da América. Preciso comer alguma coisa, antes que eu caia.

Seguindo uma dica de um guia turístico, vou ao mercado Makhne Yehudah, a um restaurante chamado Makhneyidah. Muito criativo. Sento-me e consulto o cardápio.

Há um prato chamado *shikshukit*. O que é isso?, pergunto ao garçom.

– Carne moída com *tahine* e iogurte. É bom para a saúde, bom para a salvação, cura câncer, é bom para ter filhos varões e vem com tomates assados.

Acho que a Al-Jazeera deveria contratar esse cara como seu principal correspondente. Experimento o *shikshukit*. Não é tão promissor quanto eu esperava, mas é melhor que camelos voadores, rabinos menstruados e amor iraniano.

Que país! Que personagens!

Jerusalém.

Foi aqui que a Bíblia se formou, uma cidade que o Deus de Israel chamava de lar, e foi aqui que se formou o judaísmo. Foi aqui que Jesus morreu e voltou à vida e onde nasceu o cristianismo. Daqui Maomé voou para a Casa de Alá, diretamente acima, onde Alá lhe deu a instrução de que os muçulmanos devem rezar cinco vezes por dia. E é aqui que cineastas laicos tentam contar uma história, com financiamento alemão e suíço, mas fracassam de forma lamentável.

Vacilando entre o santo e o sagrado, ganho uma enorme dor de cabeça. Vou para casa dormir. Tomara que os gatos não me mordam.

Portão 3

Você gostaria de se juntar a milhares de judeus mortos, guardados por um convertido alemão?

Ao acordar, na manhã seguinte, resolvo não ver mais nenhum filme. Chega de histórias e pessoas inventadas; para mim, só a vida real e gente viva. Meu único dilema é este: onde encontrar as mais vivas de todas as pessoas? Considerando-se que isto é Jerusalém, não Nova York nem Hamburgo, vou a um cemitério, para encontrar as mais vivas dentre todas as pessoas.

Monte das Oliveiras.

Francamente, hoje não é o melhor dia para ir ao Monte das Oliveiras. Hoje é a primeira sexta-feira do Ramadã, que se traduz, em Jerusalém, em Dia da Raiva: perturbações, pedras atiradas, balas voando e uma longa lista de outros acepipes possíveis. Mas vou, assim mesmo, ponderando que ninguém vai dar tiros num cemitério; é tarde demais para isso.

Não é fácil chegar lá.

O Monte das Oliveiras tem vista para al-Aqsa, e o acesso a ele revela-se meio difícil.

Durante um mês inteiro, as pessoas jejuam de dia e se empanturram até morrer à noite, e seu ponto alto é ir rezar em al-Aqsa. Para onde quer que eu olhe, vejo policiais e o pessoal da guarda das fronteiras. Estão nas ruas às centenas, se não aos milhares. Muitas ruas estão bloqueadas para o trânsito, há cerca de um milhão de muçulmanos ou mais nas ruas, um zepelim voa no céu, vigilante, e há helicópteros também, e todo policial judeu por aqui está tenso. A meu ver, eu não poderia pedir um momento mais perfeito: enquanto os muçulmanos vão ao local em que Maomé voou para o céu, vou a um lugar em que as almas do céu logo voarão para a terra, a fim de se reunirem com seus cadáveres nas sepulturas.

Talvez você ache que perdi a cabeça, mas não perdi.

Quando o Messias chegar, primeiro ele virá aqui, ao Monte das Oliveiras. Caminhará pela montanha, onde há um número incontável de mortos confinados, e ressuscitará todos eles, um por um. Ressuscitará todos os mortos, pelo menos os judeus, em qualquer cemitério em que estiverem enterrados, em qualquer lugar do planeta, mas é no Monte das Oliveiras que vai começar.

Você não sabia?

É por isso que um jazigo aqui custa mais que uma mansão em muitas outras partes do mundo. Sejamos francos: se você soubesse que existe um lugar onde é garantido ser o primeiro a sair da sepultura, não quereria ser enterrado lá? É por isso que os judeus mais ricos e famosos estão sepultados aqui. Este é o cemitério judaico mais caro da história, um cemitério cinco estrelas.

No entanto, embora ser enterrado neste lugar sagrado esteja reservado para os ricos e famosos, morar nele é outra história. E, sim, há pessoas que vivem entre os mortos. Duas famílias, para ser exato.

Apareço na residência delas.

✧ ✧ ✧

Uma dessas famílias é a de Tziporah e Rechavia Piltz, cujo quintal é povoado por mortos. O meu quintal é povoado por gatos, o deles, por mortos. Essa família, muito viva, gosta de ter os mortos por vizinhos. O único problema que têm é com os vivos. Do outro lado da rua, em frente ao cemitério, há um bairro de pessoas vivas que, por acaso, são muçulmanas, e os muçulmanos têm a sólida opinião de que só judeus mortos deveriam ser permitidos nesta área. Para manter os Piltz vivos, o governo israelense gasta somas enormes em dinheiro. Além da segurança fornecida pelo Estado, o governo contrata segurança particular, para se certificar de que a família Piltz não acabe embaixo de uma lápide.

Os Piltz têm nove filhos, a quem deram nomes que combinam com sua fé. Entre eles se incluem: Bat Zion (Filha de Sião), Sar Shalom (Ministro da Paz), Tiferet (Glória) e Geulah (Redenção).

Do lado de fora de sua janela, diz Tziporah, fica "a parede sudeste do Monte do Templo. Aqui você pode rezar como reza no Muro Ocidental. Esse muro é do período do Segundo Templo".

Você mora no meio de um cemitério, com os túmulos encostados na sua casa. Vive entre os mortos. Isso não a assusta?

– Acabei de ouvir alguém dizer uma coisa, esta semana, de que realmente gostei. "Não devemos temer os mortos, devemos temer os vivos."

Muito legal, mas não dá medo morar aqui?

Ela me leva a outra janela, desta vez a de seu quarto:

– Olhe! Está vendo aquele túmulo ali? É Menachem Begin (ex-primeiro-ministro). E ali fica Eliezer Ben-Yehudah (originador do hebraico moderno). Shai Agnon (um agraciado com o Prêmio Nobel). O rabino Sonnenfeld (grão-rabino de Jerusalém).

Tziporah, por que aqui?

– Eu sempre quis, sempre quis morar na zona leste de Jerusalém.

Por quê?

– Jerusalém é a cidade mais sagrada do mundo, e não posso aceitar o fato de que a cidade mais sagrada seja dividida, metade habitada por judeus, metade por árabes.

Por que aqui?

– Arieh King, que trabalha para o Irving Moskowitz [um magnata norte-americano], falou-me deste lugar. Irving compra propriedades árabes e as vende a judeus, e Arieh me disse que eles estavam procurando gente para se mudar para esta casa.

Por que aqui?

– Antes de nós, uma família árabe morava aqui. Eles arrancavam lápides de túmulos judaicos do cemitério e as punham no piso daqui. Toda vez que quebrava alguma coisa na casa, eles iam lá fora, arrancavam umas lápides, e as punham aqui.

Vocês são felizes, morando aqui?

– Muito. É um privilégio morar aqui. Para qualquer lugar, se eu me mudar daqui, será um passo atrás.

Tziporah vai para a cozinha, cozinhar. O sabá começa daqui a algumas horas, e até lá a comida tem que estar pronta (os judeus ortodoxos não cozinham nem assam nada no sabá). Ela tem onze bocas para alimentar, e o preparo da comida é uma incumbência e tanto.

Tiferet, de oito anos – uma beldade, por qualquer padrão usado –, conversa comigo no jardim da frente, o único lugar em que os filhos de Tziporah têm permissão de ficar sozinhos fora de casa, por óbvias razões de segurança. Pergunto-lhe se ela gosta de morar entre os judeus mortos e os árabes vivos.

– Eu gostaria de morar em outro lugar – ela me diz –, com mais lugar para passear.

O que você quer ser quando crescer?

– Atriz.

O som do aplauso combina mais com essa menina do que o som do muezim que, neste momento, faz-se ouvir bem alto, provavelmente até pelos mortos.

Tento imaginar Tiferet como atriz em *O jardineiro*: uma colona no filme de um diretor iraniano. Será que os jornalistas alemães ainda aplaudiriam?

Fora do cemitério, milhares de muçulmanos, que acabaram de terminar de rezar em al-Aqsa, caminham pelas ruas na volta para casa. Para dar um intervalo aos mortos, eu me misturo aos árabes jejuadores e, vinte minutos depois, paro em Gat Shmanim (que se corrompeu no termo "Getsêmani", o lugar em que Jesus rezou antes de ser crucificado). Tomo um pouquinho de água gelada, e um homem grita comigo, imediatamente:

– Ramadã! Não beba!

Qual é o problema dele?

– Aqui, nunca se sabe – diz um policial israelense que está parado ali perto. – Uma pessoa diz uma coisa, ou joga uma pedrinha, e uma região inteira se inflama. É assim que as coisas funcionam por aqui.

Continuo a andar, andar e fumar. Posso ter saído do cemitério, mas milhares de sepulturas ladeiam a rua em que estou andando, muitas delas apenas com lápides parciais em cima, com uma linha, uma palavra ou uma letra. O resto foi quebrado, em nome da profanação, ou roubado, a bem de uma parede ou um piso melhores. Olho para os túmulos quebrados e me pergunto: quanto ódio você teria que abrigar no coração, ou quão pobre teria de ser, para fazer isso com os mortos?

Volto à casa de Tziporah. Ela sugere que eu conheça seus vizinhos, seus únicos vizinhos vivos, e juntos vamos falar com a família Gans.

Gilad, pai de seis filhos, fica contente ao conhecer novas almas.

Tomando seu café alemão Jacobs, o homem conversa comigo. Embora sua língua materna seja o alemão, que combina bem com o Jacobs, ele também fala inglês e hebraico. Criado em Hamburgo, uma das cidades mais ricas da Alemanha, sentiu que faltava alguma coisa em sua vida:

– No fundo – diz –, o alemão médio não superou o antissemitismo. Isso está muito profundamente enraizado.

Tendo pai judeu e mãe não judia, essa sensação que ele tinha não facilitava sua vida na Alemanha, e, um dia, ele partiu para Israel.

Gilad e sua família amam Israel e este cemitério. Em sua opinião, este cemitério é muito mais agradável do que Hamburgo. Não concordo, mas gosto não se discute. Eles me oferecem um bolo, feito apenas com ingredientes naturais, garantem, e aceito uma fatia. Depois, outra fatia. E mais outra. E outra. Não sei por quê, mas comer bolo num cemitério é realmente especial.

✧ ✧ ✧

Fora do cemitério, a apenas alguns minutos de caminhada, fica o bairro palestino de Ras al-Amud. E bem ali, no coração de uma comunidade muçulmana, Irving Moskowitz comprou terras de árabes, e uma fundação judaica providenciou a construção de complexos habitacionais para judeus: Maale Zeitim e Maalot David.

É em Maale Zeitim que mora Arieh King. Gosto de seu nome. A tradução seria "Rei Leão". Você viu *O Rei Leão – O musical*? Eu o vi, imagine só, em Hamburgo.

Arieh King lida com magnatas judeus que não podem comprar sozinhos aquilo que querem, a saber, propriedades pertencentes a árabes. Irving Moskowitz é um de seus clientes, e ele tem vários outros.

Apesar da pouca idade, Arieh King é bem conhecido nesta terra, especialmente em alguns círculos, e há muitas pessoas que lhe desejam o que há de pior.

Estou sentado em sua sala, e conversamos.

Arieh, o que você gostaria que o mundo soubesse a seu respeito?

– O mínimo possível.

Resposta brilhante! Mas continuo a insistir: o que você gostaria que o mundo soubesse sobre o que você faz?

Arieh fica sério:

– Faço tudo que posso por Jerusalém, porque o futuro de Jerusalém afetará a sobrevivência dos judeus.

Por quê?

– Desde a época em que os judeus foram expulsos de Jerusalém, não somos mais o que éramos.

Como assim?

– Não temos a capacidade de adorar a Deus como adorávamos.

Você se refere à matança de animais no Templo? É isso que você quer?

Arieh não gosta da palavra "matança", e me corrige:

– "Oferendas" a Deus, como está escrito na Torá. Também não temos o Sinédrio (o Sinédrio era a mais alta corte religiosa na época do Templo).

Israel tem uma Suprema Corte; isso não é bom o bastante para você?

– Nosso problema é *justamente* esse! A Suprema Corte se baseia no direito inglês.

Nos velhos tempos do Sinédrio, a mulher que traísse o marido seria apedrejada. É isso que você quer?

– O Sinédrio deve decidir, e o que ele decidir, eu aceito.

Nos velhos tempos, o sistema judiciário do Sinédrio funcionava em uníssono com o sistema do Templo. Você está planejando que o Templo seja reconstruído?

– Estou fazendo o melhor possível.

O que você está fazendo?

— Tento convencer as pessoas, tantas quantas posso, de que o Templo é importantíssimo. É a única maneira de chegarmos à paz. Quando nossos inimigos virem o bem que virá do Templo, acabarão gostando dele. O Terceiro Templo lhes dará a oportunidade de adorarem a Deus, já que o Terceiro Templo será um local de culto para todas as nações, como está dito em Isaías, 56:17: "Minha casa será chamada uma casa de oração para todos os povos". E, antes disso, Deus diz: "Também os levarei ao meu santo monte, e os alegrarei na minha casa de oração, e os seus holocaustos e sacrifícios serão aceitos no meu altar".

Esse homem, o corretor de imóveis mais sigiloso do mundo, um homem cuja vida corre riscos a qualquer momento, não consegue parar de falar:

— Você conhece alguma outra religião que faça algo assim? Você não tem que se converter à minha religião, pode conservar a sua, e, mesmo assim, suas orações serão aceitas pelo *meu* Deus! Uma coisa assim, a mensagem do Templo, é que a felicidade e a riqueza serão compartilhadas por todos os povos.

Já ouvi o bastante de sua erudição bíblica; quero que o corretor que há nele venha à tona. Como você compra propriedades árabes?

— Quase todo dia, chegam à minha mesa uma a três propostas de árabes, em Jerusalém e outros lugares.

Qual é a questão na compra de propriedades dos árabes, por que isso é tão complexo?

— Vinte anos atrás, os líderes religiosos árabes israelenses promulgaram uma *fatwa*[1]: "O árabe que for encontrado vendendo terras a judeus será morto".

Quantas mortes houve até hoje?

— Nos últimos dezessete anos, ninguém foi morto.

Como é possível?

— Usamos alguns procedimentos para ocultar a identidade do verdadeiro vendedor, ou damos ao vendedor uma boa história para acobertar a coisa: que ele vendeu a outro árabe, e não a um judeu. Às vezes, subornamos funcionários da Autoridade Palestina, em todos os níveis de governo, para que eles não criem caso. Outras vezes, temos de esperar três a cinco anos, para dar ao vendedor tempo suficiente para inventar histórias sobre o que aconteceu com a terra.

---

1. Pronunciamento jurídico emitido por um jurista douto na lei religiosa islâmica. [N. E.]

Até agora, com quantas propriedades você se envolveu?
— Em Jerusalém, dezenas. No resto de Israel, centenas.
Quando começou a fazer isso?
— Em 1997. Ras al-Amud foi minha primeira.

Arieh possui um lar acolhedor, um enorme apartamento num prédio residencial, guardado vinte e quatro horas por dia por homens armados de metralhadoras e jipes do exército que patrulham a área. Uma varanda impressionantemente ampla dá para o Monte do Templo, que os muçulmanos chamam de Haram al-Sharif, e para a Mesquita de al-Aqsa, entre outros tesouros de Jerusalém. O homem leva uma vida confortável. Deus cuida de Seus corretores e provê bem para eles.

Quanto vale seu apartamento?
— Um milhão e meio de *shekels*. Em 2003, eram oitocentos mil.
Qual é o seu título oficial?
— Fundador e diretor do Fundo de Terras de Israel.
Você também dá início a alguma negociação?
— Sim! Sim!

Os negócios, esse tipo de negócios, significam ter inimigos. Seu inimigo mais ferrenho, segundo ele me diz, não é ninguém menos que o primeiro-ministro de Israel, Benjamin Netanyahu ("Bibi").

— O atual governo israelense vem implementando uma política antissemita na capital da nação judaica. Os judeus não têm permissão de construir em Jerusalém há vinte e quatro anos e meio. Árabes, muçulmanos e cristãos têm permissão. Isso é uma política do primeiro-ministro Benjamin Netanyahu.

Afora isso, tudo vem correndo bem.
Na verdade, não.
— Posso entrar no Vaticano carregando meus livros sagrados judaicos, mas, na minha própria terra santa, não me permitem fazer isso. Os judeus só têm um único lugar sagrado no mundo, o Monte do Templo, e, quando você passa pela segurança israelense, eles verificam se está carregando livros sagrados. Se estiver, eles os tiram de você.

Quem é seu maior inimigo: Bibi ou Abu Mazen [o presidente palestino Mahmoud Abbas]?
— Que espécie de pergunta é essa? É claro que Bibi!

Na verdade, diz Arieh, ele se entende melhor com seus vizinhos árabes do que com Bibi.

— Os árabes daqui gostam de mim, adoram-me. Eles me chamam de "Assad" [leão].

Arieh tem histórias, e nunca sei dizer quais delas são reais, quais não são. E, antes que eu me despeça, ele diz que quer compartilhar outra comigo.

Por favor!

— Um alemão, filho de um dos Justos entre as Nações [um não judeu que ajudou a proteger judeus dos nazistas], veio aqui, há alguns anos, e resolveu ajudar-nos. Fundou uma igreja, legalmente (no papel), mas não na realidade, por meio da qual adquire propriedades dos árabes. Os árabes gostam dos alemães e, quando uma igreja alemã os aborda, sentem-se à vontade para lhe vender imóveis.

As propriedades pertencem à igreja, ou...

— Pagamos os advogados da igreja.

O que quer dizer?

— Os advogados da igreja são nossos advogados, na verdade.

Os cineastas israelenses têm seus alemães, e Arieh tem os dele.

Os militantes da paz passam a vida inteira tentando falar com os árabes, e Arieh mora com eles.

Deixo Arieh e sigo adiante, caminhando entre os residentes árabes de Ras al-Amud.

Do outro lado da montanha, em frente ao ponto em que me encontro agora, dois jovens palestinos esfaquearam um judeu que voltava a pé do Muro Ocidental para casa. De onde estou, não posso ver o local, mas leio sobre isso no meu iPad. O *Haaretz* informa que o judeu, com ferimentos médios a graves, foi levado para um hospital. A reportagem também menciona outro esfaqueamento, ocorrido no ano passado bem onde estou: em Ras al-Amud.

Em outro lugar, leio esta matéria do *New York Times*: "Esta semana, a União Europeia promulgou diretrizes que, pela primeira vez, proíbem o financiamento e a cooperação com instituições israelenses em territórios ocupados durante a Guerra de 1967". Ela aconteceu há quase cinquenta anos. O que houve, agora, para levar a União Europeia a se ocupar dessa história? Não sei. Continuo a ler a reportagem: "Hanan Ashrawi, membro do comitê executivo da OLP – Organização pela Libertação da Palestina –, acolheu de bom grado essa decisão".

Hanan Ashrawi. Quero falar com essa senhora. Ela será um belo complemento para Arieh King.

É hora de deixar Jerusalém, sede do governo israelense, e entrar em Ramallah, a sede do governo palestino.

Portão 4

Fatos: nunca existiu aqui um Estado judaico. Os judeus devem bancar os árabes durante cinco anos de formação musical. A Palestina foi fundada há quatorze mil anos

Hanan é a "face humana" da OLP e tem sido a "face humana" dos palestinos há muitos anos. Seu cartão de visitas diz: Hanan Ashrawi, PHD, Membro do Comitê Executivo da OLP, Ministério de Cultura e Informação.

Quando chego a seu escritório, o prédio da sede da OLP em Ramallah, ela ainda não chegou, mas lá está sua secretária, Maggie, uma bonita palestina loura. Maggie me diz que seu marido alemão, que é "muito honrado e preciso", trabalha na GIZ (Deutsche Gesellschaft für internationale Zusammenarbeit)[1], e que a Alemanha investe somas enormes na construção do Estado palestino.

Sentada diante de sua escrivaninha, com um mapa da "Palestina de 1948" (ou seja, um mapa sem Israel) às suas costas, ela é cheia de sorrisos e energia. Pergunta-me se quero um café árabe.

Aqui não é o cemitério, e não se vê café Jacobs em parte alguma, apenas o puro café árabe, de qualidade e sabor celestiais.

É bom Maggie ser cristã. De outro modo, neste mês do Ramadã, eu seria recebido apenas com um sorriso e um mapa.

---

1. Agência Alemã de Cooperação Internacional, órgão do governo federal alemão para a cooperação econômica e o desenvolvimento no âmbito internacional. [N. T.]

A televisão da sede da OLP está ligada. No ar, neste momento, está uma variação da *Vila Sésamo*.

— Ah, isso é para o garotinho aqui. A mãe dele o trouxe com ela — diz Maggie, referindo-se a outra funcionária.

Enquanto passa esse programa *Vila Sésamo*, a TV Al-Jazeera, a mais poderosa emissora árabe, telefona para o escritório de Hanan. Será que eles poderiam vir, perguntam, para uma entrevista de alguns minutos com ela?

— Serão apenas cinco minutos — Maggie me promete.

Enquanto espero Hanan, olho para Maggie Kharta.

Kharta significa "mapa", em árabe, e, na gíria hebraica, significa falso ou imaginado. A gíria do hebraico tem origem, creio eu, nesse próprio mapa, no qual não existe nem mesmo a cidade de Tel Aviv. Digo "creio" porque não muitos israelenses falam árabe, e não há muitos a quem perguntar. Meses atrás, por exemplo, Benjamin Netanyahu fez um discurso em que falou sobre a singularidade de Israel. Mencionou a palavra "*dugri*", que quer dizer algo como "reto" ou "honrado", e disse que nenhuma outra cultura tem essa palavra, apenas a hebraica. Os israelenses, ele estava assinalando ao mundo, são o povo mais honrado do planeta, e é por isso que têm uma palavra adicional para "reto". Ah, se ele ou seus ouvintes soubessem que *dugri* vem do árabe *durgri*, que significa, que surpresa, reto.

Preciso de um cigarro. Estive tentando fumar antes de chegar à sede da OLP, mas as pessoas das ruas de Ramallah não quiseram deixar. Vez após outra, fui instruído por transeuntes a apagar imediatamente meus cigarros. "É o Ramadã!", gritavam comigo. Compartilho meu problema com Maggie, e ela me mostra onde posso fumar um cigarro escondido. Vou até lá, devoro três cigarros, um atrás do outro, e então Hanan aparece e vou a seu encontro.

O gabinete de Hanan tem uma decoração agradável e enxuta. Ela tem um prato de frutas e legumes cortados, com muitas cores do arco-íris, no centro de sua escrivaninha. Há alguns quadros pendurados na parede, todos de bom gosto, mas não consigo localizar em nenhum deles a ubíqua Mesquita de al-Aqsa, símbolo da Palestina. Hanan é cristã, e talvez seja por isso que não quer uma mesquita em seu gabinete.

Trocamos um aperto de mãos, eu me sento, e a equipe da Al-Jazeera entra, justo quando eu me preparava para abrir a boca.

Essa equipe da Al-Jazeera é a mais profissional que já vi, em longuíssimo tempo. Leva menos de um minuto para instalar seu equipamento caro, e então fica pronta e em ação num estalar dos dedos. Eles sabem o que Hanan pensa, mas o que querem é um pequeno vídeo com uma frase de impacto. Todos entrevistam Hanan, então, por que não a Al-Jazeera? O correspondente dá risadas, risinhos e sorrisos. E o mesmo faz Hanan. Parecem conhecer-se e se estimar.

Os sorrisos terminam pouco antes de começar a entrevista, quando os rostos se tornam sérios. Eles me fazem lembrar atores nos camarins antes da hora do espetáculo. Agora é hora de agir com seriedade. Depois, com uma expressão tristonha no rosto, além da aparência de seriedade, Hanan fala de como Israel é mau, e a entrevista se encerra rapidamente.

À velocidade da luz, a equipe da Al-Jazeera desembarca e sai.

✧ ✧ ✧

Agora somos Hanan e eu. Como a senhora gostaria de se apresentar e apresentar o povo palestino ao resto do mundo?

– Como povo, é provável que sejamos iguais a todos os outros povos do mundo. Temos as mesmas aspirações; queremos viver em paz e com dignidade, e com respeito aos direitos humanos. O problema é que, como povo, temos sido historicamente impedidos de fazer isso. Assim, embora vivamos num contexto que é visto de maneira sombria, e que é, na verdade, um contexto trágico de expropriação, dispersão e exílio, ou de viver sob o jugo da ocupação militar, por assim dizer.

"Também gostamos de viver; amamos a vida. Gostamos de criar" – ela prossegue. "Gostamos de escrever, de ler poesia e de pintar e dançar, e de ter festas na Palestina. Há uma pressão constante no sentido de que é preciso resistir à ocupação, é preciso lidar com as questões do exílio e da dispersão, mas, ao mesmo tempo, também é preciso manter a humanidade e manter o compromisso com um objetivo maior, com o fato de fazermos parte da comunidade humana."

"Assim" – continua –, "esse tem sido um constante sentimento de exclusão para nós, como palestinos. Fomos excluídos da comunidade humana, porque fomos rotulados, fomos estereotipados e fomos descritos por nossos adversários, e não por nós mesmos. Por isso, creio eu, somos também um povo como o velho marinheiro, sabe, temos uma história para contar, temos uma narrativa que desejamos apresentar. Essa narrativa tem estado ausente do discurso humano e estamos tentando torná-la reconhecível. Ela é autêntica, é nossa narrativa, e não queremos que o resto do mundo lide conosco através da percepção, e do discurso e da dicção, digamos, de um controle político como este, da ocupação israelense."

Hanan me surpreende. Ao vê-la na televisão ou ler sobre ela, sempre tive a impressão de que se tratava de uma mulher dura, uma pessoa que vive meio distante, e uma mulher de personalidade fria. Mas, sentado defronte dela, sentindo o calor de sua voz, não posso deixar de ser tocado por ela e de respeitá-la. Ela é inteligente e bem-falante. Ao contrário de Arieh King, usa frases longas e tem um vocabulário rico, e, como me ocorre, não é corretora de imóveis. Caso tentasse vender-me uma casa, enquanto respondia com suas frases longas a todas minhas perguntas, é muito provável que eu a convidasse para um café com bolo e passasse mais alguns anos em minha casa velha.

Talvez eu deva ser mais preciso em minhas indagações, e ver se ela consegue dar-me respostas mais curtas.

Antes que eu tenha uma chance de interromper, entretanto, Hanan tem mais ideias para compartilhar:

— Para mim, o assustador é os palestinos terem vivido em sua terra, historicamente, por centenas e milhares de anos, e, de repente, serem informados de que têm que abrir mão da maior parte de sua terra, e de que outro Estado será criado.

Centenas e milhares de anos são uma novidade e tanto para mim, e fico contente por ela me informar.

— Israel foi vítima, digo, não Israel em si, mas os judeus da Europa foram vítimas de um dos piores capítulos da história humana. Quer dizer, estamos falando do Holocausto; aquilo é a pior coisa que a mente humana foi capaz de criar, em termos de crueldade. Portanto, em certo sentido, nós nos tornamos vítimas daqueles que foram vítimas do antissemitismo europeu.

Ela vai falando, falando, falando, como se desse uma aula a centenas de estudantes.

— Somos um povo da terra. Somos vítimas de um mito, o mito de uma terra sem povo para um povo sem terra, de modo que, durante a vida inteira, tentamos provar que existimos, que somos o povo da terra.

Interrompo.

A senhora estava falando de uma cultura de centenas e milhares de anos, muito anterior a Israel. Dê-me uma ideia da Palestina de antes...

— A Palestina sempre foi pluralista e nunca foi excludente. Na condição de cristã, eu me vejo como a expressão da mais longa tradição cristã do mundo. Por isso, não preciso provar-me a ninguém.

Hanan é uma pessoa educada, erudita, e devo vê-la por esse ângulo. Isso me leva de volta a meus tempos de universidade, e tento avaliar a argumentação dela de acordo com os padrões acadêmicos. Ela está tentando me provar os direitos palestinos a esta terra, afirmando que eles são o povo da "mais longa tradição cristã do mundo". Seria um belo argumento, se fosse realidade, isto é, se os cristãos fossem a maioria do povo palestino. Mas não é o caso. Quando as forças israelenses saíram de Ramallah, li em algum lugar, os cristãos compunham vinte por cento dos habitantes. Levo esse dado à sua atenção.

Quantos cristãos existem: vinte por cento?

– Eles caíram de vinte por cento para um e meio ou dois, por uma variedade de razões.

Opa. Isso quer dizer que, depois da retirada de Israel, foram os muçulmanos que chutaram longe os cristãos, os verdadeiros palestinos. A tese que ela construiu contra Israel vai desmoronando de uma só vez. Sim, ela falou numa "variedade de razões", mas não se estendeu sobre isso. Começo a pressionar.

Por quê?

– Não quero disc...

Ela para no meio da palavra. Minha professora está-se perdendo.

– É esse o assunto? – resmunga, visivelmente irritada por eu ter levantado essa questão.

A coisa não parece boa, e ela sabe disso, mas recupera prontamente a compostura:

– Em primeiro lugar, a ocupação. Em segundo lugar, a baixa taxa de natalidade. Em terceiro lugar, as ligações com as famílias de fora.

Mas a maioria deles foi embora, certo?

– Acho que sim. Em Ramallah, pode-se dizer que sim.

De vinte para um e meio por cento. Em quantos anos?

Hanan faz uma pausa. Uma expressão apreensiva surge em seu rosto. Ela preferiria falar de outras questões, não dessa. Mas, sendo a profissional que é, recupera a compostura, manobra um pouco aqui e ali e se esforça para recuperar minha confiança.

– Somos o resultado de inúmeras culturas e tribos. É provável que existam judeus entre meus antepassados.

E então, ela me diz esta frase:

– A Palestina é aberta, é acolhedora.

Tão acolhedora, eu lhe assinalo, que hoje gritaram comigo, quando fumei na rua.

– É mesmo?

✧ ✧ ✧

Hanan, a Erudita, sabe o que aconteceu aqui há milhares de anos, mas não o que está acontecendo hoje, ou, pelo menos, isso é o que ela transmite, e, assim, tento discutir história com ela. Será que ela poderia indicar-me a data exata da criação da Palestina, não apenas "há centenas ou milhares" de anos?

– As pessoas dizem que estávamos aqui quando os judeus chegaram (nos tempos bíblicos) e mataram os palestinos.

Em seguida, com bastante rapidez, ela abranda essa afirmação, antes que alguém possa acusá-la de aceitar qualquer direito judaico histórico a esta terra:

– Havia tribos judaicas aqui – ela me diz –, mas não, você sabe, um Estado.

Havia um templo judaico aqui?

– Não faço ideia. Não sou arqueóloga.

Já pensou nisso, alguma vez?

– Não faço julgamentos. Se um arqueólogo me disser que havia, muito bem. Se um arqueólogo me disser que não havia, muito bem. Esta terra não é uma cebola; esta terra tem tantas camadas. Quando se descasca uma cebola, chega-se ao núcleo, e não sobra nada.

Adoro cebolas, na verdade, e acho que a entendo. Finalmente. Há muitos milhares de anos, embora ela não forneça a data exata, existiu um Estado pluralista chamado Palestina, e tribos judaicas chegaram e trucidaram seus cultos residentes. O Israel bíblico nunca existiu, não importa o que diga a Bíblia cristã de Hanan, e ninguém jamais provou, tampouco, que aqui houvesse existido um Templo judaico. Pena para Arieh King, que fala em termos de um Terceiro Templo, como se o Primeiro e o Segundo houvessem realmente existido.

Em seguida, ela me afirma:

– O que eu digo é: se seu Deus lhes disse que vocês são os escolhidos, nosso Deus não nos disse.

Hanan foi uma das principais arquitetas de várias negociações de paz entre israelenses e palestinos, e levanto essa questão.

Haverá paz aqui, em algum momento de nossa vida?

– Não sei. Fiz uma promessa à minha filha, quando iniciamos o processo de paz e minha filha pequena disse: "emprestei minha mãe à paz, ao processo de paz, às negociações, para que ela possa firmar a paz e passar mais tempo comigo", e não só não firmamos a paz, como minha filha perdeu a infância, os anos da adolescência, e, agora, na idade adulta, como mulher e como mãe, eles [Israel] lhe tiraram sua carteira de identidade, de modo que não posso ficar com meus netos.

Ela está com a voz embargada, lutando para conter as lágrimas.

– Lutei pela paz a vida inteira. Fiz promessas que não pude cumprir. Por isso, não sei lhe dizer. Mas acho que, em algum momento, terá que haver paz.

E, agora, Hanan está chorando, cobrindo o rosto com as mãos.

Onde mora sua filha, agora?

– Nos Estados Unidos.

Em que parte dos Estados Unidos? Nova York?

– Não.

Estranhamente, Hanan se recusa de modo categórico a me dizer em que estado vive sua filha.

Bem, se não posso obter nenhuma informação sobre a Filha da Hanan, tentarei obter alguma sobre o Filho de Deus.

A senhora acredita em Jesus?

– Se acredito que ele existiu? Sim, acredito que existiu.

Como uma divindade, como Deus?

– Não.

A senhora acredita em Deus?

– Não penso muito nisso, para ser franca.

A senhora é ateia?

– Haaaa. Eu... eu não me rotulo.

A senhora é ateia?

– Realmente não sei. Realmente não sei. Por que o senhor quer rotular-me?

Não quero rotulá-la. Foi ela quem afirmou os direitos dos palestinos a esta terra, dizendo que os palestinos são da "mais antiga tradição cristã do mundo", mas ela não acredita na única coisa com que se relaciona o cristianismo: a divindade de Jesus. Além disso, ela, que culpa Israel por todos os males de sua sociedade, recusou-se a apontar um único dedo acusador contra os muçulmanos que expulsam os cristãos desta terra. Hanan tem essa capacidade intelectual de evitar os fatos, tal como o professor Omar, da Universidade de Al-Quds, só que é mais poética do que ele em sua linguagem.

Quando me despeço, ela ordena a seu pessoal que me ponha em contato com outros palestinos interessantes. Presumo que seu gabinete me apresentará a pessoas que a deixem orgulhosa, e não a extremistas palestinos, e fico muito grato. Antes de eu sair, um funcionário do gabinete de Hanan me pergunta se eu gostaria de visitar o Mausoléu do *rais* [presidente] Yasser Arafat, o primeiro presidente palestino, enterrado no complexo de Muqataa, não muito longe daqui, e respondo que seria uma honra.

Acho que, até o momento, tenho-me saído muito bem nesta parte do mundo, indo de um morto a outro: do Monte das Oliveiras ao Túmulo de Arafat.

Chega um homem e me leva da *Vila Sésamo* ao *rais* Arafat, onde deixo minhas condolências.

Fico pensando no que diriam, pensariam ou fariam os soldados que estão em posição de sentido aqui, se soubessem quem eu sou. De minha parte, digo-lhes que sou alemão.

– Bem-vindo à Palestina – dizem eles a este alemão, e tiram algumas fotos comigo.

✧ ✧ ✧

Tiradas as fotos, ando pelas ruas de Ramallah, uma cidade deslumbrantemente bonita e rica, e meus olhos captam uma casa interessante: o Edifício Dar Zahran do Patrimônio Cultural.

Entro. Zahran, que é o fundador e proprietário deste museu particular, coloca-se à disposição para me guiar numa exposição da vida palestina nos últimos duzentos anos. Serve-me uma xícara de café e me conta a história.

– Alguém quis despejar todos os cristãos do Oriente Médio, para mostrar que o mundo árabe é uma comunidade fechada, a fim de que o mundo ocidental não apoiasse a Palestina.

Quem é esse alguém?

– A ocupação.

Quem são eles?

– Israel.

Como Israel fez isso?

– Eles fizeram propaganda, espalhando a história de que os habitantes locais estavam sendo mortos pelo governo. As pessoas ouviram isso, ficaram com medo e foram embora.

Faz muito sentido. Mas por que os cristãos se foram, e os muçulmanos ficaram? Os muçulmanos ficaram, não foi?

Zahran se aborrece muito comigo por eu fazer essa pergunta. Um jornalista do rádio o entrevistou, um dia desses, ele me diz, e não lhe fez esse tipo de pergunta.

De onde era o jornalista?

– Alemanha. ARD.

Não conheço esse repórter, mas talvez ele seja um dos jornalistas alemães que estavam aplaudindo na coletiva de imprensa de *O jardineiro*. As perguntas que faço a Zahran são perguntas que qualquer jornalista, usando padrões elementares de jornalismo, deveria fazer. Mas eles não as fazem.

Está ficando tarde e tenho que voltar para Jerusalém. Ramallah é bem perto de Jerusalém, mas primeiro terei de passar pelo posto de controle para entrar em Israel e, de acordo com muitas reportagens dos veículos de notícias, isso pode levar horas.

Quando chego ao posto de controle, consulto a hora em meu iPhone, para determinar o número exato de horas. Levo exatamente dois minutos e quatorze segundos.

Chego em casa, ignoro os gatos e vou dormir.

✧ ✧ ✧

Graças ao gabinete de Hanan, vou-me encontrar com o "porta-voz do governo" na próxima sexta-feira, e com mais uma ou duas pessoas. Fico feliz em aceitar.

Ir de Jerusalém a Ramallah numa sexta-feira do Ramadã é uma experiência. Quando chego à estação rodoviária central árabe, numa área que os árabes chamam de Bab al-Amud; os judeus, de Sha'ar Shkhem; e a maioria das outras pessoas, de Porta de Damasco, não há ônibus algum na estação.

Onde estão os ônibus?, pergunto aos transeuntes.

– Logo adiante.

A estação rodoviária central mudou-se para um ponto da rua mais adiante, por causa do Ramadã.

Vou andando pela rua, andando e andando. Um garoto e seu papai passam por mim. O garoto segura um enorme rifle de plástico. Presente do papai, suponho.

Continuo a andar.

Outro menino, carregado nas costas do papai, segura uma sacola de plástico. Da sacola sai a ponta de uma escopeta, também de plástico. Assim espero, pelo menos.

Continuo a andar e vejo uma grande barraca onde um homem vende artigos singulares para férias: toneladas de revólveres, espingardas, escopetas e pistolas de plástico.

Momentos depois, transpondo um fluxo interminável de pessoas, subo num ônibus para Ramallah.

Com a ajuda de Alá, chego a Ramallah e entro em segurança no escritório do dr. Ehab Bessaiso, "porta-voz do governo", Ministério da Informação, Estado da Palestina. Após uma votação de 2012 na Assembleia Geral da ONU, que reconheceu a condição palestina de Estado, a "Autoridade Palestina" trocou oficialmente de nome, passando a chamar-se "Estado da Palestina", como me explica o dr. Ehab.

Ele tem outras toneladas de informações que gostaria de partilhar comigo.

Os palestinos são como qualquer outra nação do mundo, diz ele. Têm milhares de anos de história.

Quando foi fundada a Palestina?

Durante o período cananeu, responde ele.

Quando seu povo evoluiu dos cananeus para os palestinos?

— Isso o senhor terá que verificar com historiadores especializados em história antiga.

O senhor tem algum historiador aqui?

— Não numa sexta-feira.

Ehab pode não entender de história, mas entende de "Informações". E, neste dia de jejum, esse porta-voz do governo está pensando em comida.

— Os israelenses tomaram o *falafel* e o *homus* como alimentos deles. Existe *homus* na Polônia? Os israelenses pegaram nossa comida e a chamam de comida israelense!

Falafel me faz lembrar cultura, não sei por quê. Peço ao dr. Ehab, que foi professor antes de integrar esse ministério, que defina para mim a cultura palestina.

— A tolerância e a coerência definem a cultura palestina.

Nesse meio tolerante, eu lhe pergunto, como é que cristãos como eu não podem fumar durante o Ramadã?

— Isso tem a ver com respeito.

Esse respeito existia em Ramallah, há dez ou vinte anos?

— Sim.

A dra. Hanan Ashrawi, que conhece Ramallah melhor do que nós dois, ficou muito surpresa ao saber que eu não pude fumar na rua.

Isso o abala, pois implica que ou ele ou Hanan estão mentindo.

Ele não faz ideia de como sair desse probleminha e se perde. Fica mal-humorado. Torna-se agressivo. Fica transtornado, muito transtornado. Entra em longos monólogos sobre assuntos sem a menor relação, não me deixa interrompê-lo e, no final, deixa claro para mim que não sei nada, e que o Ocidente não passa de um bando de gente arrogante.

✧ ✧ ✧

Graças a Deus, o gabinete de Hanan providenciou para que eu conhecesse mais uma pessoa, caso contrário, este seria um dia totalmente perdido.

Momentos depois, num café ao lado do Ministério, conheço uma famosa cantora palestina, que aqui chamarei de Nadia. Ela está sentada a uma mesa com um grande amigo seu, um homem chamado Khaled, um poeta de Gaza que está passando uma temporada em Ramallah.

Durante o Ramadã, há um pequeno número de restaurantes que fica aberto em Ramallah para os infiéis, quase todos turistas, é claro, sob a condição de que a comida lhes seja servida longe dos olhos do povo e de que a entrada do restaurante dê a impressão de que ele está fechado. É num café desse tipo que nos sentamos. E Khaled conversa comigo.

— A história da Palestina remonta a quatorze mil anos atrás, num lugar chamado Tulelat al-Rasul, situado entre Jerusalém e Jericó. Se você diz que Moisés chegou aqui em 1200 a.C., sobram onze mil anos antes de Moisés. Quem estava aqui nesses onze mil anos? Palestinos! Josué, filho de Num, ocupou Jericó em 1200 a.C., e quem estava aqui naquela ocasião? Palestinos. É claro! Na própria Torá há um relato de guerras entre israelenses e palestinos, e o texto usa, literalmente, a palavra *palestinos*. A BBC, antes de 1948 e em todos os noticiários, chamava esta terra de Palestina, e chamava seu povo de palestinos.

Fico feliz por alguém finalmente poder apontar datas exatas da história palestina. Mas vejamos um verbete da *Encyclopaedia Britannica* sobre o assunto: "Em 132, o imperador Adriano decidiu construir uma colônia romana, Élia Capitolina, no sítio de Jerusalém. [...] A província da Judeia recebeu o novo nome de Síria Palestina (depois chamada Palestina, simplesmente) e, segundo Eusébio de Cesareia (*História eclesiástica*, Livro IV, capítulo 6), a partir daí, nenhum judeu teve permissão de pôr os pés em Jerusalém ou no distrito circundante".

Khaled escreveu as letras do CD de Nadia. Ela as toca em seu *smartphone* e eu lhe peço para cantar junto. As letras são em árabe, e ela assim as traduz para o inglês:

> A noite me leva,
> E a Estrela Polar.
> Estou mais forte e muito longe
> E não vou voltar.
> Vejo céus e luas em fogo
> E a luz que brota da dor.
> A noite me leva.

— Formalmente, pelo passaporte, sou uma palestina israelense, mas eu me chamo de "palestina das terras ocupadas de 1948".

Aos olhos do governo israelense, você é árabe israelense, certo?

— Sim.

Nadia, segundo suas próprias palavras, estudou assistência social na Universidade Hebraica de Jerusalém, durante dois anos e meio. Não concluiu o curso, fez uma pausa e, depois, "estudei música por cinco anos na Academia de Música e Dança de Jerusalém, onde me formei em música, com especialização em voz". Nadia me conta que sua professora de música, uma judia alemã, foi "minha mãe", mas que, depois de se formar na universidade, não teve mais contato com essa mulher.

Por quê?

— Ela é ocupante.

É notável a capacidade de Nadia de descartar uma mulher a quem chamou de "mãe", durante cinco anos, no exato momento em que não precisou mais dela.

Faço-lhe a pergunta mais importante que alguém já fez ou jamais fará aqui: alguma vez você se apaixonou por um israelense?

— Não. Eu não poderia.

Por quê?

— Sou palestina. Seria o mesmo que uma judia se apaixonar por um oficial nazista alemão.

Você gostaria que palestinos e israelenses solucionassem seu conflito, dividindo a terra em dois Estados, Palestina e Israel?

— Não. Sionismo é racismo. Tão simples quanto roubar meu país, minha terra, e se atrever a achar desculpas para isso, fazendo todo o possível para me apagar. Israel roubou a roupa da minha mãe; chama essa roupa de "israelense". Eles roubaram minha comida; chamam minha comida de "israelense".

Que diabo está acontecendo hoje com essa história de *falafel*?

Nadia, que vive em Jerusalém, é cidadã israelense e tem passaporte israelense, diz-me que "a vida na ocupação" é terrivelmente ruim e que os judeus "quase mataram minha filha".

O que aconteceu?

Bem, o que aconteceu foi isto. Nadia estava voltando da Cisjordânia, um dia desses, e os ocupantes haviam instalado um bloqueio na estrada, antes da entrada em Israel. Ela estava na primeira fila de uma fileira de carros, lembra, num dia muito quente de agosto. Estava com a filha recém-nascida e a neném queria comer, isto é, ser amamentada. Nadia implorou aos soldados que a deixassem seguir em frente, mas eles disseram: "não, isto é um bloqueio". A neném estava chorando, e ela não teve alternativa senão a amamentar no carro.

Como é que isso se traduz em assassinato, ou quase assassinato, ultrapassa minha capacidade de compreensão.

Espere um segundo: você recebeu educação superior gratuita durante Deus sabe quantos anos, certo? Você, como cidadã israelense, tem assistência médica, também gratuita ou por um preço simbólico, é uma cantora famosa...

– Os ocupantes têm que pagar o preço por sua ocupação: têm que pagar as despesas médicas, a alimentação e o ensino superior dos ocupados – ela me interrompe.

Não sei ao certo qual é o livro de direito que decreta que um Estado, seja qual for sua natureza, tem que pagar cinco anos de aulas de música, além de mais de dois anos de estudos sociais, a seus cidadãos não judeus (os judeus não têm ensino universitário gratuito em Israel), mas, se é isso que se chama Ocupação, eu gostaria de ser ocupado pelo resto da vida.

Nadia, que é cristã e casada com um muçulmano, culpa os israelenses por outra coisa. Seus filhos, ela me diz, estão sendo criados como muçulmanos, porque essa é a lei israelense. Os ocupantes ditaram que uma cristã casada com um muçulmano deva criar seus filhos como muçulmanos.

Sabendo que sou um turista alemão, ela me serve tudo que imagina que um alemão como eu teria estômago para digerir neste dia de jejum. Mas eu nasci aqui, não na Alemanha. O que ela afirma ser uma lei israelense é, na verdade, a lei islâmica, mas não a questiono. Ela já falou com jornalistas ocidentais antes e, se eu a questionasse, poderia duvidar de minhas raízes arianas.

Seu ódio aos israelenses é imenso, como o do dr. Ehab. Por que o gabinete de Hanan haveria de me apresentar a esses dois é um mistério para mim. Meu palpite é que essa dupla é considerada "moderada" na sociedade palestina. Se esses são os moderados, eu me pergunto, quem seriam os extremistas?

❖ ❖ ❖

A noite não tarda a cair, e a alimentação é permitida. Peço a Nadia a indicação de um bom restaurante palestino, e ela me conduz em seu Opel à região central de Ramallah. Aponta um edifício do outro lado da rua e me diz que há um restaurante no quinto andar que eu deveria experimentar.

Assim faço.

É um desses lugares de bufê livre com preço fixo. Preço? Oitenta e nove *shekels*, diz-me o garçom. É um preço ótimo, mas eu lhe digo que é caro demais para um homem como eu. Ele percebe de imediato que sou palestino, na verdade, e baixa o preço para quarenta e cinco.

Sento-me, começando por uma deliciosa canja fria – é a primeira vez que me dou conta de que se pode tomar canja fria – e passo para o restante da comida. Como todo bom muçulmano, passei o dia inteiro em jejum, e preciso de toda a comida que houver no planeta.

Recebo-a toda aqui.

Homens, mulheres e crianças abarrotam o lugar. As pessoas, inclusive senhoras de *hijab*, fumam narguilé e cigarros, enquanto um cantor entoa músicas árabes maravilhosas. Quando ele atinge notas agudas, o que é frequente, os clientes fumantes soltam sons altíssimos de aprovação. Batem palmas, cantam junto e gritam. Ah, eles gritam!

É simplesmente lindo.

E, se é essa a cultura palestina, eles devem ter um orgulho danado de si.

◇ ◇ ◇

Depois de consumir alguns pratos requintados, volto a Jerusalém.

Na *van* para Jerusalém, há mais pessoas do que assentos, mas ninguém diz nada. O preço, no entanto, é o mesmo.

Duas damas palestinas de *hijabs* absolutamente magníficos também estão nesta *van*. Olho para elas e me pergunto como pode esse traje fazer as pessoas parecerem tão atraentes. Sim, estou falando sério: essas moças são perfeitas beldades.

Isso me faz pensar: gosto dos palestinos. Não, não é bem isso. Adoro os palestinos. Droga, é verdade. Posso não concordar com o que eles dizem, mas, como pessoas, simplesmente os adoro. Vejo-os nesta *van* e me dou conta de como são próximos uns dos outros, mesmo que esta seja a primeira vez que se encontram. Há uma irmandade aqui, calor humano, amizade, sentimento de união. E, Deus do céu, o *hijab* palestino é mesmo lindo. De verdade. As turcas deveriam aprender com as palestinas a fazer *hijabs*.

É sexta-feira, o que significa que estamos no sabá (no calendário judaico, o dia começa ao anoitecer). O transporte público não funciona, e as lojas ficam fechadas.

Leva apenas alguns minutos para se ir da capital *de facto* da Palestina para a capital *de facto* de Israel, mas elas são dois mundos distintos. Isso é imediatamente sentido ao passarmos de uma para a outra. Atmosfera diferente. Espírito diferente. Cultura diferente. Num país, Deus não gosta que consumamos alimentos, no outro, não gosta que compremos alimentos. E, se você acha que essa diferença não é uma questão de vida ou morte, é melhor pegar o primeiro avião e sair daqui.

Existe um sujeito branco chamado John Kerry – marido de Teresa Heinz, da H. J. Heinz Company, a fabricante de *ketchup* mundialmente famosa –, que é o atual secretário de Estado norte-americano[2]. Ele acabou de anunciar que israelenses e palestinos deverão retomar as conversações de paz daqui a uma semana, em Washington. Depois de Washington, ele tornará a vir aqui e a se deslocar de um lado para outro entre os dois vizinhos, hospedado num hotel de luxo aqui e num hotel de luxo lá, sem que jamais lhe falte a possibilidade de fazer compras ou comer em certos dias ou certos horários, e ele nunca aprenderá que o Oriente Médio é feito de Ariehs e Nadias, e não de *ketchup* e maionese.

Kerry, é claro, não é o único a buscar a paz da humanidade. Os judeus que moram nos Estados Unidos também fazem isso. Alguns são como Irving Moskowitz, enquanto outros se colocam do lado oposto. Está na hora de conhecê-los.

---

2. Convém lembrar que "secretário de Estado", denominação que se consagrou entre nós, é o equivalente norte-americano do ministro das Relações Exteriores, no Brasil e em várias outras nações. [N. T.]

Portão 5

*Um judeu norte-americano gosta tanto de sua mãezinha idosa
que quer vê-la sem teto*

Toby, uma gentil senhorinha criada nos Estados Unidos e que vive agora na colônia alemã, convida-me para fazer a refeição do sabá com ela em sua casa. Nunca recuso comida, e lá me vou.

Toby é a mamãe de um judeu norte-americano que anda muito ocupado em angariar fundos para a Adalah ("justiça"), uma organização de direitos humanos pró-Palestina. Eu gostaria que ele angariasse fundos para mim, mas acho que isso não vai acontecer. Ele só os angaria para causas dignas, sou informado, e a Adalah é uma causa digna. Que diabo é Adalah? Nunca ouvi falar em Adalah, e gostaria de saber. Se ela é tão boa assim, talvez eu deva arranjar um lugar em sua diretoria.

Tento fazer Toby me explicar o que é a Adalah, mas Toby não me diz grande coisa. Será uma organização secreta? A simples ideia de que possa ser uma organização secreta me deixa muito curioso, querendo mais informações sobre ela. Graças a Deus, Steve Jobs existiu e inventou o mágico iPad, que carrego comigo.

Faço uma consulta sobre a Adalah no aparelho de Steve e descubro uns artigos intrigantes sobre ela. De acordo com o *Haaretz*, o diário israelense de inclinação mais esquerdista, as iniciativas legais da Adalah incluem a abolição da identidade judaica do Estado de Israel, a abolição da Lei do Retorno (que permite a judeus da diáspora imigrarem para Israel) e a institucionalização do Direito de Retorno (que permitirá aos "palestinos da diáspora" imigrarem e reivindicarem terras).

Em suma, milhões de judeus fora, milhões de palestinos dentro.

Nada mal para um judeu norte-americano que não tem nada melhor para fazer. O único problema é este: se ele for bem-sucedido, sua querida mãezinha ficará sem teto.

Devo levantar essa questão com Toby? Ainda não sei. Primeiro, deixe-me ver como evolui a refeição.

Renée, grande amiga de Toby, também está sentada à mesa. As duas observam o sabá, só comem alimentos *kosher*, frequentam a sinagoga e rezam diariamente.

A comida na mesa de Toby é do gênero "saudável": natural e sem gosto. Para mim, em geral isso é sinal de que meus anfitriões são intelectuais. Será que ela é? O tempo dirá. Enquanto isso, faço um esforço para engolir a gororoba. Os gatos de meu quintal, posso garantir, me dariam uma mordida dos diabos se eu tentasse dar-lhes esta comida.

Enquanto batalho com os alimentos, Toby inicia uma conversa. Pergunta-me pelas pessoas que conheci até agora. Devo falar-lhe de Arieh? De Tziporah? Não. O filhinho dela adora os palestinos, e eu lhe falo dos dois palestinos que acabei de conhecer: Nadia e Khaled.

Ela me pede para lhe contar o que eles me disseram. Eu conto.

– Talvez você tenha conhecido muçulmanos fanáticos e sem instrução.

Digo-lhe que Nadia não é muçulmana, muito menos muçulmana fanática, e que recebeu uns bons anos de instrução superior.

– Não pode ser verdade. Eles não falam assim em Ramallah.

Devo dizer-lhe que Nadia é de Jerusalém, na verdade, e que é cidadã israelense? Toby teria um infarto, por isso não acrescento nenhum detalhe.

Ao ser trazida outra porção de comida, fico sabendo que essas duas senhoras têm altas realizações acadêmicas, e me parece que não têm o hábito de ter suas opiniões contestadas. Quando digo a Toby o que o dr. Ehab me disse, e ela volta a repetir que "não pode ser verdade", retruco com rispidez.

Toby, eu lhe digo, os intelectuais que se recusam a reconhecer a realidade são piores do que os idiotas.

Nem acredito que minha boca acabou de enunciar essas palavras. Toby também não acredita, e me lembra que sou apenas um convidado aqui.

Eu deveria entender o recado e calar a boca. Mas não o faço.

Sou um intelectual em recuperação, Toby. Venho de onde você veio, da universidade, e acho que nenhuma ideia ou evidência deve ser abandonada antes de se expressar e ser submetida a um exame. Foi isso que nos ensinaram no meio acadêmico, não foi?

O que é um "intelectual em recuperação"?

Toby não entende, mas Renée dá grandes risadas. Também nunca tinha ouvido essa expressão, segundo me diz, mas a acha realmente, realmente genial.

Toby continua a não entender.

Renée tenta explicar:

– É como um "alcoólatra em recuperação".

Toby:

– Em Ramallah, as pessoas não falam assim! O que o senhor está dizendo é uma generalização. O senhor está generalizando!

Por que "Em Ramallah, as pessoas não falam assim!" não é uma generalização, não sei. É perda de tempo discutir com ela, mas não posso resistir a lhe fazer mais uma pergunta.

Toby, quando foi a última vez que você visitou Ramallah?

– Nunca.

Ao deixar sua casa, penso com meus botões: existiam pessoas como Toby no Israel da minha época? Como é que não me lembro delas?

Portão 6

Um soldado israelense detém o presidente Barack Obama

O gabinete do presidente de Israel, informa meu iPad, acaba de expedir um comunicado empolgante. "O presidente Shimon Peres", diz ele, oferecerá em sua residência "um jantar Iftar, para quebrar o jejum do Ramadã. Comparecerão ao jantar ilustres figuras muçulmanas de Israel, inclusive imames, líderes comunitários, embaixadores, prefeitos municipais, voluntários do serviço nacional e ativistas sociais.

"No jantar, o presidente Peres pronunciará um discurso em que fará uma saudação pelo Ramadã aos muçulmanos de Israel e do mundo inteiro. Durante seu discurso, o presidente Peres abordará a retomada das conversações de paz entre Israel e os palestinos."

Naturalmente, um homem como eu tem que se misturar com ilustres figuras muçulmanas e embaixadores estrangeiros.

Chego à residência do presidente o mais rápido possível.

Quando se entra na residência do presidente e se passa para a sala onde é feita a inspeção de segurança, veem-se, logo abaixo do aparelho de ar refrigerado, fotografias de Obama e Peres penduradas na parede. É possível vê-los caminhando juntos, olhando juntos para alguma coisa no alto, ou parados juntos ao lado de um carro. Eu me pergunto se Obama pendura as mesmas fotos nas paredes da Casa Branca.

Passo por essa sala e vou juntar-me às ilustres figuras muçulmanas presentes. O fim do jejum, no dia de hoje, diz um funcionário a membros da imprensa, é às 19h41. Isso me faz lembrar judeus ortodoxos contando os minutos para o fim do jejum no Yom Kippur. É claro, esta é a residência do presidente de Israel, e aqui estamos falando de Ramadã, não de Yom Kippur.

O pessoal da imprensa tem lugares previamente designados. Todos os outros são bem-vindos às mesas onde lhes será servido um jantar presidencial.

Olho em volta e me pergunto a que mesa devo dirigir-me furtivamente, sem que ninguém me diga para me levantar. À minha esquerda há uma mesa com pessoas idosas; à direita, uma mesa com comandantes militares – ou é o que penso que são, pelo menos: um grupo de homens de aparência saudável, usando uniformes com pedaços de metal reluzente nos ombros.

Devo sentar-me com os homens da força ou com os da sabedoria?

Grande dilema.

Não. Não me pergunte por que penso que os idosos são sábios; isso é algo que me ensinaram quando eu era bebê e, de algum modo, nunca me saiu da cabeça.

Vem interferir no meu processo de pensamento uma novidade repentina: um cádi¹ decretou, segundo nos dizem, que o Iftar em Jerusalém é às 19h49min. Uau.

Esse cádi deve ser de Meah Shearim. Eles gostam de tudo mais sagrado.

Às 19h49min, horário em que é permitido comer, decido sentar-me com os comandantes. Sábio é bom, mas poderoso é melhor.

Peres discursa em hebraico:

— Esta casa também é sua — diz. É uma gracinha esse nonagenário, penso comigo mesmo. Nunca se cansa, sempre risonho.

E então fala das conversações de paz:

— Sei que há quem diga que disto não sairá nada, mas afirmo que sim. Os terroristas que nos querem ferir ferem a si mesmos. Quero louvar os dois líderes que resolveram reiniciar as conversações. Meu amigo Mahmoud Abbas... e o primeiro-ministro de Israel.

Curiosamente, ele só usa o termo "amigo" para se referir ao palestino.

— Aqui somos todos adultos, e sei que haverá momentos difíceis... mas não temos outra alternativa senão a paz.

Adultos, não: comandantes!

— Fomos todos criados à imagem de *Elokim* [sic].

É interessante que Peres usa a forma ortodoxa de fazer referência a Deus. Para os ortodoxos, mencionar Deus é proibido. Enquanto Deus é *Elohim*, em hebraico, eles trocam o н por к. Por quê? Só Deus sabe.

Peres continua a falar. Eis uma de suas grandes frases:

— Não há outra verdade senão a verdade da paz.

✧ ✧ ✧

Todos à minha volta estão comendo. Afinal, este é um jantar presidencial. Converso com os figurões sentados à minha mesa. À minha esquerda, descubro, está um médico da prisão de segurança máxima de Megido. Ao lado dele há um "prefeito" de uma pequena cidade. Os outros são basicamente a mesma coisa e, com uma exceção, todos a esta mesa são circassianos, não árabes. O único árabe aqui, um homem em trajes civis, é um especialista em segurança de computadores.

Troco algumas palavras com ele. Os árabes e os judeus têm-se entendido neste país?

---

1. Juiz muçulmano que julga segundo a charia, lei canônica do islamismo. [N. T.]

— De jeito nenhum.

Ele deve estar brincando. Há aqui "ilustres figuras muçulmanas", embora não a esta mesa, e, se árabes e judeus não se entendem, por que estão aqui?

Vergonhosamente, não consigo reconhecer os líderes importantes que se acham presentes, e peço a outras pessoas que me apontem os principais muçulmanos e os embaixadores. Elas não sabem. Se há alguma ilustre figura muçulmana aqui, não tardo a concluir, são os circassianos à minha mesa.

As pessoas aqui reunidas, muitas das quais se conhecem, dirigem comunidades do tamanho da casa da Tziporah no cemitério. E, mesmo com esse tamanho de comunidade, nem todas as mesas do recinto estão ocupadas.

Circulo pelo grupo. Deve haver algo mais no que meus olhos estão vendo, digo a mim mesmo. Aproximo-me de um rapaz de terno e puxo conversa com ele.

Como é seu nome?
— Obama.
Perdão?
— Vim em busca da paz — ele me repreende —, mas fui detido num posto de controle.

Quem foi que o presidente Peres convidou para esta festa? Esse sujeito deve ser um iludido ou um comediante, embora possa ser as duas coisas. Ao ser indagado, responde-me que é "o único comediante árabe" que existe.

De volta à minha mesa, torno a conversar com o árabe.
A vida é mesmo tão ruim aqui?
— Não quero falar, mas é.
O senhor gostaria de sair deste país?
— De jeito nenhum! Eles [os judeus] querem forçar-me a sair, mas não irei embora!
E se eles quisessem que o senhor ficasse?
— Eu partiria no primeiro avião que levantasse voo!

Ele me diz que quer ter liberdade como a que têm os europeus, e ir de um país para outro como fazem os europeus. Pergunto-lhe se ele estudou história e se está lembrado de quantos rios de sangue correram por lá nos últimos cem anos.

Eu lhe digo: se vocês, as pessoas desta área, houvessem derramado tanto sangue quanto derramou a Europa, muito recentemente, não existiria um único ser humano no Oriente Médio, a esta altura. Ele me olha com enorme assombro, enquanto todos os outros muçulmanos cravam os olhos em mim.

Está lembrado, eu lhe pergunto, de que, pouco antes de 1989, os civis não podiam passar de um lado de Berlim para o outro?

Faz-se silêncio na mesa.

Após uma aparente hesitação, o especialista em computadores quebra o silêncio:

– Nunca pensei nisso, mas o senhor tem razão.

Vou até Shimon Peres para cumprimentá-lo e lhe dizer que ele discursou bem. O que mais eu poderia dizer?

– Como foi que você aprendeu um hebraico tão bom? – ele me pergunta.

Quando começo a me retirar, penso: nem mesmo durante esta semana específica, quando há conversações de paz em andamento, nem mesmo esse judeu internacionalmente admirado conseguiu fazer com que líderes árabes mais importantes do que "Obama" comparecessem a seu jantar.

No jardim do presidente está em exposição um fragmento de pedra decorada da "entrada sul do Monte do Templo", datado do "século I a.C.".

A dra. Hanan não está aqui para vê-lo, tampouco Ehad ou Khaled. Só Obama.

Que aconteceu com este país enquanto estive fora? Até seu presidente é um homem iludido.

Tenho uma ideia: recolher ossos das mesas para os gatos vadios. Volto para procurá-los, mas já tiraram as mesas.

Portão 7

*Judeuzinho branco não quer casar-se com judiazinha negra.
Adolescentes alemães não se incomodam por ver judeus
apedrejados. Um soldado dirige durante nove horas para
se encontrar com o colega morto*

Agora que peguei um gostinho da política israelense, desloco-me para o norte, para Haifa e imediações. Primeiro me detenho em um vilarejo para jovens órfãos, Yemin Orde, perto de Haifa. Eles devem ser menos iludidos que o presidente israelense, espero.

Para começar, conheço Chaim Peri, o presidente e fundador da Iniciativa Educacional Yemin Orde. Os pais de Chaim eram judeus alemães, "*yekkes*". Sua mãe estava colhendo maçãs nos campos da Palestina durante a Segunda Guerra Mundial, em 1941, e só depois de Chaim nascer foi que tomou conhecimento do que havia acontecido com sua família na Alemanha. Isso lhe causou um colapso nervoso do qual ela nunca se recuperou.

Se você quer saber o que é um *yekke*, eis um exemplo:

— Minha avó, pelo lado paterno, que era de Berlim e era chamada de "*die blonde schikse mit die lange fiss*"[1], usava o alemão para se lembrar das palavras em hebraico. Por exemplo, *toda rabba*, que é o equivalente hebraico

---

1. "A *schikse* loura de pernas longas". *Schikse*, em iídiche, é um termo pejorativo usado em referência a uma mulher não judia. [N. T.]

a "obrigado", minha avó decorou como *toter Araber*. *Toter Araber* significa árabe morto.

Yemin Orde é um colégio interno não tradicional; mais parece uma aldeia que uma escola, mas é um internato. Eles não o chamam de internato, diz Chaim, porque esse nome implica um mundo fechado. O colégio imita a vida real, a vida não institucionalizada, na qual uma parte é a escola, e outra é a casa. As crianças estudam na escola e vão "para casa", como fazem as crianças que têm pais, e, em casa, podem conversar sobre a escola, até reclamar dela. Em sua maioria, as crianças daqui são etíopes e russas, as mais novas comunidades imigrantes de Israel.

Chaim é um homem religioso, mas, como se poderia esperar de um filho de *yekkes*, tem sua própria maneira de ver as coisas. De acordo com ele, "as pessoas mais tementes a Deus são os ateus". Vá entender.

Essa aldeia é uma grande ideia, eu lhe digo. Uma pergunta: se você não fosse filho de *yekkes*, teria as mesmas grandes ideias e a mentalidade que tem hoje?

— Deixe-me dizer-lhe o seguinte: tudo que se iniciou nesta sociedade foi iniciado por judeus alemães.

Rakheli, uma jovem etíope que faz parte do corpo docente daqui, é uma moça inteligente e vivaz que adora falar *dugri* (sem rodeios). Ao lhe ser perguntado se existe racismo na sociedade israelense, ela responde:

— Sim, existe. Não é o mesmo racismo com que os Estados Unidos vêm lidando, não há negros sendo mortos aqui, mas, decididamente, o racismo existe em nossa sociedade.

Como você lida com isso?

— Digo a meus alunos: nossa cor negra não vai mudar. A cor branca deles não vai mudar. Fisicamente, nós parecemos diferentes. Não importa o que vocês façam para causar uma mudança na sociedade, as cores não mudarão. Vivam com isso.

Esse pequeno discurso ajuda?

— Eu digo a meus alunos: o dia tem vinte e quatro horas. Ninguém lhes dará mais horas num dia e ninguém tirará de vocês nenhuma delas. Essas vinte e quatro horas pertencem a vocês, para fazerem com elas o que puderem. Se quiserem gastá-las reclamando, vocês pagarão o preço. Vocês podem fazer de si mesmos o que quiserem, mas têm que fazê-lo.

Encontro um garotinho, neto de um dos voluntários brancos daqui, e brinco com ele. Gostamos um do outro e fazemos piadas juntos. Depois de algum tempo, eu lhe faço umas perguntas idiotas. Uma delas é esta: quando você crescer, gostaria de se casar com uma etíope? Eu poderia arranjar-lhe uma, quer que eu faça isso?

– Não.

Por quê?

– Não.

Por quê?

– Porque não.

O que você acha: as pessoas pretas são boas?

– Não.

O que as torna ruins?

O garoto avista o irmão mais velho, que está gesticulando para ele calar a boca, e ele se cala.

Sempre me admira ver como é difícil um povo não discriminar outro.

✧ ✧ ✧

Hora de seguir adiante, rumo a Haifa. O filme *O jardineiro*, um filme politicamente correto, tão politicamente correto quanto se possa ser, joga com os mesmos conceitos de discriminação que acabo de encontrar: branco e preto. Nele vemos a branca manteiga-derretida e o preto meio bronco, num filme feito por um iraniano apaixonado por Israel. *O jardineiro* foi rodado no Jardim de Bahá'í, em Haifa, que é minha primeira parada na cidade.

Jardim de Bahá'í.

Caminho pelos jardins encantadores e sigo para a escada que leva ao santuário. Ele está fechado, no momento, e há quatro jovens sentados nos degraus junto ao portão. São Mo, Selina, Birte e Marvin. Dois acabaram de terminar o curso médio, dois se formaram na universidade, e todos são alemães.

Estão numa viagem de duas semanas a Israel, visitaram Jerusalém e Tel Aviv e agora se encontram em Haifa. Em Jerusalém, viram árabes atirando pedras em judeus, na Cidade Velha, durante aproximadamente duas horas, segundo recordam, e depois a polícia israelense chegou "com armas e cavalos". Foi um comportamento brutal dos israelenses, dizem, porque os policiais deveriam ter "falado com eles", em vez de chegarem na força bruta. Curiosamente, eles não têm uma única palavra de crítica aos que atiravam as pedras.

Algum de vocês mudou de opinião a respeito de Israel, agora que estão aqui?

Mo me diz ter visto "mais agressividade do lado judaico" do que havia pensado.

O que você quer dizer?

– Soldados judeus armados em locais de culto!

O que teria acontecido com os judeus, se não houvesse aparecido nenhum policial armado?

– Não sei.

Independentemente do que pudesse acontecer com os judeus, como serem feridos ou mortos, dizem eles, os judeus deveriam aceitar as pedradas.

Pelo menos ele é sincero.

Selina achava, no passado, que o conflito entre árabes e judeus era mais fácil de resolver, era preto no branco para ela, mas, estando aqui, ela se dá conta de que não é tão simples.

Birte acha que "não se pode simplesmente entrar num país e jogar o povo para fora", que foi o que os judeus fizeram, e ela sentiu isso aqui. Acho que está falando de 1948, quando o Estado judaico foi fundado, muito antes de ela nascer e, muito provavelmente, antes de seus pais nascerem. Como é que ela consegue "sentir" isso?

– Tive uma boa professora na escola, e ela me ensinou tudo sobre o assunto.

Vim ver brancos e pretos e encontrei alemães.

✧ ✧ ✧

A Universidade de Haifa fica a uma corrida de táxi de distância, e é para lá que vou.

Fania Oz-Salzberger, a filha do famoso escritor israelense Amos Oz, é professora de história na Faculdade de Direito da Universidade de Haifa.

Senhora de boas maneiras, Fania pede uma bebida gelada para seu convidado na cantina da universidade e, assim que ambos acendemos nossos cigarros e inalamos a fumaça para os pulmões, começamos a discutir questões de extrema importância. Por exemplo: quem é judeu?

Legisladores israelenses tentam resolver essa questão há décadas, mas ainda não têm a menor pista. Fania tem.

– A nossa linhagem, digo, a dos judeus, não é de sangue, e sim uma linhagem de texto.

Essa é a definição mais importante de ser judeu?

— Sim.

Como entram os palestinos nessa equação? Não tenho ideia de por que faço essa pergunta. A palavra *palestino* foi martelada tantas vezes em meu cérebro, desde que cheguei aqui, que tenho que descarregá-la em alguém. Surpreendentemente, Fania responde minha pergunta como se fosse a mais lógica que existe.

— Não entram; eles são como qualquer outra nação.

Fania se orgulha de seu povo e de sua cultura:

— Israel é o maior exportador de sentido que há no mundo, e temos feito isso desde os tempos de Jesus. Esta terra prova que tamanho não importa.

Fania não para aí, mas prossegue:

— Este lugar funciona como um ímã e também é radioativo, espalhando-se. Chame-o de místico. Não sei o que é. Pense nos cruzados: por que os cavaleiros montaram em seus cavalos e vieram para cá? Por que o profeta Maomé veio para cá, para subir aos céus de Jerusalém? Por que os judeus voltaram para cá? Há forças em ação aqui, chame-as de magnetismo e radioatividade. Este lugar atrai e dissemina energia.

Fania tem uma voz vibrante, concorde-se ou não com ela, e eu a escuto.

— Este lugar é o mais denso do mundo em termos de palavras. A dez quilômetros daqui fica o Armagedom. Cada lugar deste país tem uma biblioteca embutida. A profusão da textualidade é o significado deste lugar.

— Judeus e árabes estão se matando — ela continua. — Árabes e árabes estão se matando. Mas judeus e judeus não se matam, eles gritam uns com os outros. É que os judeus são feitos de palavras, palavras que estão nos livros e que estiveram em livros por dois mil e quinhentos anos.

Isso não é uma verdade exata. O ex-primeiro-ministro Yitzhak Rabin foi morto por uma bala disparada por um assassino judeu. O líder sionista Haim Arlozorov deve ter sido morto, com toda probabilidade, pelas mãos de assassinos judeus. O jornalista e erudito Jacob Israël de Haan foi assassinado pela Haganah (uma organização judaica paramilitar, prévia à criação do Estado, que depois veio a se transformar na Força de Defesa de Israel), provavelmente por ordem de David Ben-Gurion, o primeiro primeiro-ministro de Israel. E, é claro, existe o Caso Altalena, no qual dezenove judeus foram mortos por outros judeus.

No entanto, esses números são diminutos, comparados aos de outras nações.

E Fania continua a traçar seu caminho:

— Gosto mais de alguns livros gregos da Antiguidade que da maioria dos livros judaicos. Mas nenhuma outra nação, exceto os judeus, "forçou seus filhos a irem à escola aos três anos de idade".

Eu nunca havia pensado nisso, embora devesse. Quando Fania o diz, transporta-me magicamente para meus anos da primeira infância. Comecei a estudar o judaísmo na tenra idade de três anos.

Deixo Fania, uma dentre os poucos intelectuais com quem estive que me fizeram pensar, e ando pelas ruas de Haifa, uma cidade pacificamente povoada por árabes e judeus. Haifa me causa a impressão de uma cidade despreocupada, uma cidade aprazível e calma, porém quente demais. Sinto saudade do clima de Jerusalém. Não, não saudade: necessidade. Tomo um ônibus para a capital dos judeus ou dos árabes e me sento no único lugar vazio, ao lado de um soldado com uma submetralhadora.

❖ ❖ ❖

Apresento-me a ele como um homem chamado Tuvia. Ele gosta do nome e se abre.

Recebeu autorização para deixar sua base por um dia e meio e está a caminho de casa, em Jerusalém, onde sua mãe e seu pai mal podem esperar para vê-lo e mimá-lo. Ele está lotado na fronteira libanesa e faz algum tempo que se encontra na estrada. Para ser exato, nove horas. Seu dia e meio, se você descontar as viagens de ida e volta e acrescentar o tempo para dormir, consiste, na realidade, numas poucas horas.

Antes de ir para a fronteira libanesa, ele esteve lotado em Hebron.

Pergunto-lhe se alguma de suas opiniões políticas se modificou, depois de ter estado em Hebron ou na fronteira libanesa.

— Sim. Eu me tornei mais direitista. Ficar num posto de controle não é fácil. Todo dia, quase todo dia, eles [os palestinos] obrigam seus filhos de dez anos, às vezes até menores, a chegarem perto do posto de controle e jogarem pedras em nós. O que é que se pode fazer com uma criança? Não dá para combater as crianças. Os pais ensinam os filhos (e às vezes eu chegava a ouvir as lições na escola vizinha) a odiar os judeus. Não é culpa das crianças, mas são as crianças que atiram as pedras. Eu vi e ouvi, e agora me aproximei da direita. Quando você fica parado num posto de controle, mais cedo ou mais tarde muda de opinião, se era esquerdista. Você vivencia o ódio e sabe que não existe chance de paz.

Presumo que você seja um sionista orgulhoso...

— Não sou sionista. Quando terminar meu serviço no exército, penso em sair de Israel e ir para o Brooklyn. Tenho parentes nos Estados Unidos.

Então, por que está servindo o exército?

— Quando eu era garoto, crescendo em Israel, alguém me protegeu. Agora, é minha vez de proteger as crianças.

Como é a vida na fronteira?

— Maçante. Perigosa.

Vocês dormem em barracas?

— Barracas?? Se morássemos em barracas, estaríamos mortos.

Descreva suas condições de vida.

— Moramos numa fortaleza, sem janelas em parte alguma. É quente. Quente. Quente. Fico com três ventiladores ligados, só para ter um pouco de ar.

O que você faz quando não está na fortaleza?

— Não sei se tenho permissão para falar com o senhor.

Sim, você tem permissão!

Ele faz uma pausa. Pensa. Eu lhe sorrio, e ele continua.

— Na fronteira. Nós olhamos para eles, eles olham para nós, e não acontece nada. Às vezes, sinto saudade de Hebron, porque lá sempre acontecia alguma coisa, mesmo que não fosse uma experiência agradável. A garotada árabe com as pedras, ou os adultos esquerdistas. Eles também vêm e xingam os soldados. Alguns são judeus, outros não. Mas, pelo menos, não ficamos escondidos no escuro, como na fronteira libanesa, sem saber o que vai acontecer nem se vai acontecer alguma coisa.

Sim, é verdade, isso também é uma experiência. Pessoas de todas as camadas sociais dividem a mesma fortaleza e os mesmos quartos. Fiz amizades no exército que, de outro modo, não teria feito. Etíopes, russos, todo mundo. Ricos e pobres, instruídos e não. Aprendemos a conhecer uns aos outros em situações muito difíceis e nos tornamos irmãos. Estar no exército nos ensina que somos todos iguais. Fico muito feliz com isso.

Quanto você ganha no exército?

— Estou numa unidade de combate, e nós ganhamos mais do que os outros.

Ao todo, ele ganha 150 euros por mês.

Esse enorme pagamento, "mais do que os outros", ele gasta em cigarros e bebidas.

– Quando tenho um dia de folga, eu saio para beber. Só para desanuviar a cabeça. Sem isso, é muito difícil.

Na chegada do ônibus a Jerusalém, eu o escuto falando ao celular com um amigo ou um parente:

– Eu vou ao cemitério de manhã.

Quando desliga o telefone, eu lhe pergunto quem morreu. Um soldado que era seu colega de unidade, ele responde. Faz uma pausa de um minuto, olha bem para mim e diz:

– Na verdade, não sei se vou sair deste país. Acho que não.

Ele estivera falando comigo sobre bebida, e, se não fosse o telefonema, eu não saberia sobre o soldado morto. Ele fez todo aquele percurso para se encontrar com o amigo morto. Chama-se Ariel. E Ariel nunca deixará para trás seu amigo soldado falecido. Não se pode carregar um cemitério na bagagem.

Portão 8

Uma judia norte-americana descobre a libido judaica, e uma especialista israelense em estudos bíblicos não consegue lembrar-se do Livro de Isaías

Agora que me aventurei a sair das capitais *de facto* de Israel e da Palestina, indo a Haifa, é hora de enfrentar Tel Aviv, a capital cultural de Israel.

Fora de meu quarto de hotel, fica a praia. Olho para lá e vejo enormes cartazes proclamando que não há salva-vidas no local, e que nadar ou tomar banho são proibidos. Fico maravilhado com o que vejo na praia: centenas de pessoas, todas ignorando os cartazes.

Quanto a mim, vou ao encontro de Ran Rahav, que é o mais renomado relações públicas de Israel, representa as pessoas mais ricas e famosas do país e, além disso, por si só, é uma personalidade muito célebre da televisão. Tem um escritório maravilhoso, com as paredes repletas de quadros caros e o piso coberto por obras de arte de valor inestimável, e batemos um papo. Ran me diz que o motor que impulsiona o povo israelense é este:

– Sobrevivência.

Ran, que é "Cônsul Honorário das Ilhas Marshal em Israel" – não me pergunte como arranjou este título –, conhece seu povo muito melhor do que muitos.

Sobrevivência.

Com esse único objetivo em mente, os judeus deste país plantaram árvores no deserto, erigiram arranha-céus sobre pântanos e construíram do nada um dos exércitos mais poderosos do mundo. Este lugar, quer se chame Israel ou Palestina, era uma mistura de desertos e charcos, antes que os *Musulmänner*[1] de Auschwitz-Birkenau aparecessem em suas praias. Judeus de Israel cujo lar tinha sido um campo de concentração conseguiram mudar-se para o quadragésimo nono andar de prédios de luxo em Tel Aviv. Essas pessoas, que se mantiveram vivas tomando um copo de água suja por dia em Treblinka, hoje tomam os mais deliciosos sorvetes ao pôr do sol. Essas pessoas, que foram os autores da Bíblia, são hoje os autores da tecnologia mais avançada que existe.

Quando me sentei para jantar com uma senhora judia norte-americana, ela me disse haver acabado de descobrir o sentido oculto de Israel. Qual é? Sexo. Sim. Ela notou, segundo diz, que, toda vez que vai a Israel, depara com uma "tensão sexual" no ar. Não tenho certeza, mas acho que um israelense flertou com ela e a deixou toda acesa.

Saio para conferir as criaturas sensuais de Tel Aviv.

Caminho até a rua Rothschild, onde os asquenazes liberais ricos jantam, recebem convidados e trabalham. Ali é possível encontrar restaurantes que oferecem drinques saudáveis, apropriados ao paladar e à filosofia dos amantes judeus da paz, em geral por preços exuberantes. Para mim, ao caminhar, é interessante ver que os esquerdistas desta terra são também seus habitantes mais ricos. Como isso funciona, e por quê, é um enigma para mim.

✧ ✧ ✧

Quando eu vivia nesta terra, o professor Yeshayahu Leibowitz, um judeu ortodoxo que estudou nas universidades de Berlim e Basileia e lecionou na Universidade Hebraica, era o esquerdista que eu conhecia e a cujas aulas assistia. Ele possuía a língua mais afiada e a mente mais brilhante de que eu tinha conhecimento, e me pergunto se os esquerdistas israelenses de hoje são iguais.

Na noite seguinte, sento-me com alguns desses intelectuais de esquerda, professores universitários e similares, para jantar num restaurante bastante caro, e converso com aquela que tem a melhor aparência no grupo, e que leva o título de "psicóloga política". A primeira coisa que ela me diz é esta:

---

1. Termo alemão que significa, literalmente, "muçulmanos", e era a gíria depreciativa que designava os semimortos de fome e exaustão nos campos de concentração nazistas, já resignados à morte iminente. [N. T.]

— Sou liberal, superliberal, e sou ateia.

Quando chega o garçom, ela pede um café expresso com espuma de leite, mas, sendo a intelectual que é, não pode apenas pedir o *latte* sem o deixar sem sabor. O seu *latte*, diz ela ao garçom, deve conter café descafeinado e leite desnatado, e ser servido num copo transparente.

Sua especialidade, ela me informa, são os extremistas religiosos, principalmente colonos. Os colonos, ela declara com autoridade e certeza, são uns idiotas. E, quando lhe pergunto se leu algo da literatura deles, só para se certificar de que eles são "malucos de carteirinha", ela me responde que não tem que fazê-lo, já que leu muitos dos detratores deles, que os citam, e isso é mais do que suficiente.

Além de sua especialização em colonos, ela me diz ser também perita em judaísmo, o qual classifica como uma "religião pagã". Pergunto se algum dia estudou o judaísmo, indagação que a fez levantar a voz, com raiva. Durante anos e anos e mais anos, grita ela com este agressor de sua estatura elevada, ela estudou o judaísmo, vezes sem conta. Acendo um cigarro, inalo e exalo, olho para ela e pergunto: pode-me dizer, por favor, qual é a "Visão de Isaías"? É a pergunta mais básica que se pode formular, e qualquer estudioso do curso elementar de judaísmo seria capaz de respondê-la dormindo, mas essa senhora erudita não faz ideia. Que visão? Que Isaías?

Fico perplexo com sua falta de conhecimento, mas todas as pessoas à mesa asseveram, fora de qualquer dúvida, que me falta capacidade mental para compreender conceitos superiores. Eles me cumulam de palavras superinteligentes e sem sentido e, enquanto beberico meu Chivas Regal, relembro um de meus rabinos favoritos dos velhos tempos, um gênio, avaliado por qualquer padrão. "Quem não sabe explicar sua tese em palavras simples é quem não tem tese."

Pois é. Esses professores não são Yeshayahu Leibowitz; não são dignos nem mesmo de serem seus criados.

Portão 9

*Um homem que inventou três palavras, Na Nach Nachman,
modifica um país*

Há nesta terra pessoas que conhecem o livro de Isaías, além de muitos outros livros, e, na manhã do dia seguinte, resolvo passar umas horas com elas. São o povo ultraortodoxo de uma cidade chamada Beit Shemesh, formado, segundo me dizem, pelos mais honrados entre os Casais Escolhidos. As mulheres também são conhecidas como "talibãs", por usarem roupas mais "recatadas" que as mais devotas entre as sauditas. As mulheres "saco de lixo" que vi em Meah Shearim moram aqui, na verdade, ao que me informaram.

Chego lá mais rápido que uma águia.

No que me parece ser a rua principal de Beit Shemesh, encontro um grupo de judeus chassídicos, todos com aspecto bastante entediado.

Você é casado?, pergunto a um deles.

– Sim.

Sua esposa é uma excelente mulher?

– Ah, sim.

Pode compartilhar comigo duas coisas negativas no caráter dela, das quais você realmente não goste?

– Minha mulher só tem virtudes.

E quanto à sua mulher?, pergunto a outro homem, como se isso fosse de minha conta.

– Ela só tem um defeito: não possui uma única qualidade.

Dou uma gargalhada.

Como é que esses judeus têm um senso de humor tão fantástico, enquanto o resto da sociedade de Israel, por comparação, é desprovido de humor?

Ando mais um pouco e encontro Yoel, membro de uma seita conhecida como os Reb Ahrelakh (seguidores do rabino Aharon), que usa o singular casaco prateado de sua comunidade e conversa comigo sobre a política atual.

O que você acha das conversações de paz (entre árabes e judeus)?

– Você tem que perguntar aos rabinos, eu não tenho opinião.

Não lhe estou pedindo um veredicto religioso, estou perguntando o que você pensa delas.

– O que eu penso? O que há para pensar? De acordo com a lei judaica, os judeus não devem lutar com os gentios. Não devemos combater os árabes! Mas paz? Nunca haverá paz. Os gentios não gostam de nós, e jamais gostarão. Que paz? A paz é um sonho.

Deixe-me fazer-lhe outra pergunta: vim aqui ver as talibãs judias, mas não as vejo. Elas moram aqui ou não?

– Aqui temos apenas umas vinte. Elas não moram no mesmo lugar, mas se reúnem e fazem o que querem. Os rabinos as reprovaram.

Por causa da burca/*niqab*?

– Não, não. Se elas querem vestir-se todas de preto, que seja; não é esse o problema. O problema é que elas decidem sozinhas o que é permitido e o que é proibido fazer, e não obedecem aos maridos. Para elas, um marido significa apenas uma "coisa", e isso contraria o judaísmo. As mulheres devem obedecer aos maridos.

Esse sujeito, embora tenha procurado bancar o humilde comigo, na verdade é professor na comunidade.

Talvez eu possa fazê-lo ensinar-me uma ou duas coisas, penso com meus botões. Há uma coisa em que estive pensando, uma coisa singular em Israel, uma peculiaridade que não vi em outros países nem no Israel de meu passado. Em todo o país, e repito, em toda parte, há uma placa em hebraico que é exibida em quase todas as paredes disponíveis: *Na Nach Nachma Nachman Me'Uman*, o que se refere ao rabino Nachman de Breslev, falecido há uns duzentos anos.

– Os nanaches não são chassídicos de verdade, são só *meshugehners*. São preguiçosos que não gostam de estudar. Em vez disso, passam os dias e as noites dizendo às pessoas para serem felizes o tempo todo e dançarem o dia inteiro. Isso não é normal, não é real.

Nanaches é uma palavra que estou ouvindo pela primeira vez; *meshugehners* significa idiotas em hebraico/iídiche.

Como começou esse movimento *nanach*?

– O senhor não sabe?

Não.

– Começou há muitos anos, talvez trinta, com um bom sujeito, não parecido com os *nanaches*. Ele tinha um problema: era um homem doente, triste o tempo todo, e ninguém podia ajudá-lo. Um dia, um amigo dele resolveu fazer alguma coisa a esse respeito. Pegou um pedaço de papel e escreveu: "Aquele que disser estas palavras, *Na Nach Nachma Nachman Me'Uman*, será feliz e saudável". Depois, acrescentou uma frase ao lado: "Este papel caiu do céu". Pôs o papel dentro de um livro que sabia estar sendo lido pelo doente e foi embora.

"Mais tarde, quando o doente abriu o livro e viu o papel, acreditou que lhe tinha sido realmente enviado pelos céus. Obedeceu ao que o céu havia sugerido, disse esse *nanach* o dia inteiro, e isso o ajudou a ser feliz e saudável para sempre. É essa a história."

Os norte-americanos inventaram o McDonald's e a Coca-Cola, os israelenses inventaram os *chips* de computador e os *nanaches*. Alguém se admira por esses dois países se darem bem?

⋄ ⋄ ⋄

Normalmente, quando chego a um lugar novo, tento provar a comida que sua gente come, o que é exatamente o que quero fazer agora, só que deparo com um grande problema: nada de restaurantes. Os *haredim* de Beit Shemesh não frequentam restaurantes, porque acreditam que os restaurantes são coisa do diabo. Afinal, nos restaurantes, homens e mulheres podem encontrar-se, e então os homens, Deus nos livre, poderiam ter uma ereção ao morderem uma coxa de galinha, olhando para uma talibã.

Além da política Sem Restaurantes, essas pessoas têm seus próprios ônibus, nos quais os homens sentam na frente, e as mulheres, atrás. É por meio dessa divisão setorial, obviamente revelada a eles por Deus, que os homens não ficam olhando para as criaturas tentadoras conhecidas como mulheres e não alimentam pensamentos pecaminosos.

O Egged, sistema de transporte público da maior parte de Israel, também funciona nesta cidade, mas não divide seus ônibus em setores.

Estou dando uma volta à procura de um biscoito, em vez de uma refeição num restaurante, quando avisto mais adiante um carro de polícia, bloqueando o trânsito da rua.

O que aconteceu?, pergunto a um judeu chassídico que vai passando.

– Ah, aquilo? Um ônibus do Egged foi apedrejado do outro lado da rua.

Por quê?

– Foi apedrejado. Às vezes acontece.

Por um palestino?

– Não. Em Beit Shemesh não temos árabes. Aqui há somente judeus.

Por que o ônibus foi apedrejado?

– Porque o ônibus, que não é o nosso ônibus *kosher*, pertence ao governo sionista – ele responde, como se isso fizesse todo o sentido.

A coisa me parece estranha e vou até o carro da polícia, dentro do qual os policiais estão sentados, tomando café e brincando com seus *smartphones*. Ordenam que eu vá embora, e eu lhes mostro minha credencial da imprensa. O policial chamado Liran não se impressiona:

– Não lhe devo nada, não vou dizer-lhe nada. Dê o fora daqui!

É assim que você deve falar com a imprensa?

– Quê? O que foi que eu disse? Eu não falei nada.

Isso é grosseria, acho, e uma mulher chassídica que vai passando me diz:

— Escreva isso! O povo precisa saber como os policiais sionistas falam e se comportam. O povo não sabe. Eles nos vivem humilhando. Não haverá ônibus por aqui durante horas. Eles nos castigam pelo ato de um maluco. Escreva isso!

Telefono para o inspetor-chefe Micky Rosenfeld, o porta-voz da polícia, e lhe pergunto se essa é uma conduta normal. Como bom profissional que é, o homem levanta a voz para mim, enraivecido:

— Vocês não deixam ninguém falar. Só escutam a vocês mesmos! Por que não podem escutar os outros?!

Não consigo nem imaginar qual é a fonte da raiva dele, mas o homem continua:

— De onde você é?

Nasci neste país, se o senhor quer mesmo saber.

— Não, não, não. De onde você é?

É óbvio que ele quer que eu diga outro país, e assim o faço.

Da Alemanha.

— Logo se vê!

Consulto meu iPad, que talvez saiba melhor do que eu o que está acontecendo, bem embaixo de meu nariz. A máquina de Steve me diz: no ônibus do Egged, um religioso aproximou-se de uma mulher que estava sentada na frente e lhe pediu que passasse para trás. Ela se recusou. Começou uma briga, que se tornou violenta, alastrou-se, e, em pouco tempo, outros três ônibus foram apedrejados pelos devotos.

Judeus com tesão, imagino. Viram uma mulher que não era talibã, sentiram o cheiro de sua carne tentadora e ficaram violentos.

Tribo maluca.

Por sorte, também há pessoas cultas nesta terra, com quatorze mil anos de cultura, e não são fanáticas, são tolerantes. Desde, é claro, que você não acenda um cigarro no Ramadã.

Hoje faz calor, como eu esperaria que acontecesse no meio do verão. Pergunto a um judeu chassídico de chapéu de pele, casacão preto pesado e *tsitsis* de lã (uma peça de roupa com franjas) como ele consegue aguentar sua roupa, neste dia de calor escaldante. Ele me olha, nota meu rosto molhado e responde:

— Você está transpirando, eu percebo, e não está de casaco nem chapéu. O que *você* vai fazer a esse respeito: vai-se livrar de seu rosto? Não. Pois comigo é a mesma coisa. Minha roupa é um uniforme judaico com o qual estou muito acostumado, que faz parte de meu corpo. O verão é sempre quente, para você e para mim. Você não vai substituir seu rosto, vai? Minha roupa, este uniforme, poupa-me de cometer pecados. Com esta roupa, nenhuma garota me quereria. Isso é bom, porque é mais fácil lutar com a tentação quando as mulheres não nos desejam. Você compreende?

Muito bem colocado, meu bom homem. Mas, se você conhecesse história, ou tivesse lido antigos textos judaicos, saberia que sua roupa não tem nada a ver com coisa alguma que seja judaica. Moisés não a usou. O rei Davi não a usou. Nenhum rabino do Talmude jamais a usou. É uma roupa europeia, da Europa antiga, e sua obsessão com mulheres tentadoras também não é judaica. É católica, meu caro. Você também vai glorificar a Virgem Maria?

E, quanto a seu uniforme "judaico": ele é uma combinação de roupas que eram usadas por austríacos, cossacos, húngaros, poloneses e outros do gênero, quando vocês, judeus, viviam entre eles e sob seu jugo. Quando eles entravam em suas comunidades para matá-los, por vocês serem judeus, vocês viam a roupa deles e ficavam com inveja. Depois que eles iam embora, se por acaso o sujeito fosse um dos felizes sobreviventes, copiava os modos e o gosto deles.

Digo isso a ele em meu coração, não usando a boca. De nada adianta discutir com um fanático, assim como não faria sentido discutir com um intelectual, já que *intelectual* é só uma palavra mais agradável do que *fanático*.

Portão 10

Deus está nu e é gay

Nem todos gostam de peles no verão. Os *gays*, por exemplo, não são chegados a usar mais e mais roupas.

Dentro de poucas horas, eles planejam desfilar pelas ruas de Jerusalém. Reúnem-se no Jardim da Independência, em Jerusalém, para uma Parada do Orgulho *Gay*, e quero juntar-me a eles. As paradas do orgulho *gay* tendem a incluir inflamados monossexistas seminus e, depois de passar algum tempo com judeus que não mostram um só pedaço de pele, mereço ver uns judeus nus.

Depois que Liran e seu bando desobstruem o trânsito, vou até os Judeus Nus.

O orgulho *gay* não é exatamente aquilo por que Israel é conhecido, mas um homem a quem paro para bater um papo me diz que o grão-rabino anterior de Israel "é homo".

Como você sabe?

– Está de brincadeira? Todo mundo sabe! Há muitos *gays* na comunidade *haredi*. Você não sabia?

Não seria engraçado se constatássemos que o homem que tentou forçar uma mulher a passar para a parte de trás do ônibus, em Beit Shemesh, na verdade era *gay*, e ficou fulo da vida porque a mulher do ônibus estava bloqueando sua visão de outros homens?

Passo algum tempo por perto no jardim, ouvindo discursos sobre os problemas dos homossexuais, sobre isto ou aquilo, e então os manifestantes, umas quatro mil pessoas, iniciam seu desfile. Não há nus de verdade, mas os cartazes com nus são abundantes. Na frente da parada, há um grande cartaz em hebraico, árabe e inglês: "Jerusalém marcha pelo orgulho e pela tolerância". Há *gays* norte-americanos e israelenses, mas não consigo localizar um único árabe.

Apesar de não estarem nus, eles mostram, sim, um pouco do corpo. E a maioria me parece ateia. O que é revigorante, depois de Beit Shemesh.

Uns trinta minutos após o início da parada, alguém no telhado de um prédio por onde estamos passando atira bombas fedorentas em nós. Elas fedem mesmo. Um homossexual chassídico, creio eu, ficou excitado e não soube combater seus desejos.

Em sua maior parte, o trajeto da parada, conforme aprovado pelas autoridades locais, passa por ruas sem construções. Os residentes desta Cidade Sagrada ficariam ofendidos, ou com tesão demais, se um *gay* passasse por eles. Muitos dos que desfilam vêm em unidades masculinas e femininas. Alguns são casais que se identificam com a causa *gay*, outros são realmente *gays* que têm amigos do outro gênero; para eles, a sensação deve ser a de levar o cachorro para passear, o que é um conceito interessante.

Jerusalém não é Tel Aviv, recentemente eleita a melhor cidade *gay* do mundo. Isso, pelo menos, é o que me diz um casal de *gay* e hétero que moram juntos. Eles também dizem que 30% dos moradores de Tel Aviv são *gays*.

A característica interessante dessa parada é um grupo de *gays* ortodoxos, que cantam alegremente: "Hei, hei, hei, Messias é o rei, hei, hei, hei!" e "Deus do céu, nós te amamos!". Se entendi bem, eles acham que Deus é um homem nu. *Gay*, é claro, e é por isso que não tem filho.

Eles são barulhentos.

Seria bom se umas lésbicas talibãs também aparecessem aqui.

✧ ✧ ✧

Este é Israel, uma terra de contrastes em que, por uma estranha força da natureza, não há duas pessoas com permissão para se unirem em pensamento. Sim, aqui há uma abundância de seguidores e hordas, mas até eles se dividem em tantas partes que já é impossível contá-las. Quem são essas pessoas, os judeus? Como vieram a existir? Talvez seja hora de eu visitar o Primeiro Judeu, aquele que descansa há séculos numa antiga caverna e espera que seu filho perdido, eu, vá render-lhe homenagens.

Quando o sol despontar na Terra Santa, amanhã, irei a Hebron.

Portão 11

O que um ministro alemão está fazendo entre cachorros de rua? Por que soldados israelenses se assustam quando crianças árabes atiram pedras em moças judias? Por que a Catalunha tem gasto milhões com uma senhora idosa?

Sim, Hebron. É claro, como é de praxe nesta parte do universo, Hebron é como a chamamos em inglês. É *Hevron* em hebraico, e *al-Halil* em árabe.

Hebron, a cidade sobre a qual um bilhão de jornalistas e autores escreveram e falaram; a famosa Hebron em que um casal de colonos judeus vive em meio a quinhentos mil árabes e domina o terror na cidade inteira. É em Hebron que se ergue uma estrutura que é a segunda mais sagrada para os judeus e a quarta mais sagrada para os muçulmanos. E, sim, tal como sua famosa irmã em Jerusalém, a estrutura foi inicialmente santificada pelos judeus, depois os cristãos vieram e fizeram uma bagunça, e os muçulmanos ergueram um lugar sagrado em cima dela. Como se poderia esperar, nem todos concordam com este breve resumo; o que é dia para um, é noite para o outro.

Chego a Hebron em pleno dia e, no momento em que chego, sinto o poder da alucinação. Talvez seja o sol inclemente que me cozinha o cérebro, talvez seja a multidão de soldados em constante deslocamento por aqui, talvez seja a quietude das ruas, talvez sejam os sons ensurdecedores de várias orações, e, sim, talvez seja apenas eu com urgente necessidade do líquido chamado Coca-Cola.

Hebron é uma cidade bíblica. Aqui estão sepultados os criadores do judaísmo e suas esposas: Abraão, Isaque, Jacó, Sara, Lea e Rebeca. Os judeus chamam o cemitério de Mearat ha-Machpelá (Gruta dos Patriarcas), os muçulmanos o chamam de al-Haram al-Ibrahimi (Santuário de Abraão). Os judeus dizem que os mortos são deles, os muçulmanos os reivindicam como seus. Esquerdistas europeus e norte-americanos, que nem ao menos acreditam que Abraão e os outros existiram, tomam o partido dos muçulmanos. Os direitistas desses países, que acreditam que todos os judeus não seguidores de Jesus estão condenados a morrer quando Cristo chegar, protegem ferrenhamente o lado judaico.

Hebron é também o local de dois massacres. Em 1929, os árabes se enfureceram contra os judeus e trucidaram 67. Apenas porque sim. Em 1994, um médico judeu chamado Baruch Goldstein entrou no local sagrado e massacrou vinte e nove muçulmanos. Apenas porque sim.

Um lugar alegre, sem dúvida. Não é exatamente a Noruega, mas a Noruega demonstra enorme interesse por este lugar.

É uma norueguesa, Christine Fossen, que chefia uma interessante missão de observadores internacionais aqui, chamada TIPH – Temporary International Presence in Hebron[1] –, cujos carros podem ser avistados patrulhando a parte judaica de Hebron, obviamente em busca de judeus malcomportados.

Os judeus só podem morar num setor de Hebron, conforme decidido pelos políticos há muito tempo. Qual é o tamanho desse setor? Muito pequeno: 3% da cidade. Sei disso porque há placas nas ruas dando informações aos visitantes. Os 3% são uma cifra importante, por uma razão muito simples: por ordem do exército israelense, os judeus não têm permissão de circular fora do espaço que lhes foi destinado. Quanto ao Porquê e ao Como desta cidade, o sujeito precisaria de doutorado em política e psicologia, processo que levará anos de estudos feitos com afinco.

Para aqueles de vocês que não se disponham a passar dez anos no mundo acadêmico, apenas para entender as fórmulas complexas que governam este lugar, eis o que podem aprender dando uma simples volta a pé: em algum momento, alguns anos atrás, quando todos podiam ir aonde quisessem e nenhuma cerca fora erguida, os moradores árabes adquiriram o hábito de atirar nos judeus, isto é, nos colonos que moravam aqui. O exército israelense, provavelmente em decorrência de sua incapacidade de acalmar a situação,

---

1. Presença Internacional Temporária em Hebron. [N. T.]

fechou as lojas pertencentes a árabes nesta área, o que fez a maioria dos proprietários transferir seus negócios para os outros 97% da cidade e levantar cercas ao redor dos judeus.

A divisão nas áreas árabe e judaica requer múltiplos doutorados em misticismo, filosofia, engenharia e, talvez, também hinduísmo, apenas para ser compreendida. Trata-se de um labirinto. Cercas de cimento, cercas de arame farpado e qualquer outro tipo de barreira separam os dois lados. Às vezes, se estou enxergando direito, uma casa fica dividida em duas, uma parte aqui, outra ali.

Em volta dessas fronteiras complexas, uma governada por Israel, a outra pelos palestinos, pode-se ver uma enorme massa de lixo e destruição. Parte do lixo foi deixada pelos árabes; parte, pelos judeus. O exército israelense expulsou árabes e judeus de locais diferentes, e os que partiram não se importaram e continuam a não se importar com a aparência do local.

Estou em Hebron para passar o sabá com os judeus.

A primeira alma que encontro é um homem chamado Eldad, que se dirige a mim:

– Somos um microcosmo da sociedade israelense. Quinhentos judeus em meio a 170 mil árabes. Exatamente como o próprio Israel: alguns milhões de judeus cercados por bilhões de muçulmanos.

Dou uma volta pelo museu local, uma casa velha com quadros velhos, onde é retratada a vida judaica em Hebron antes do sionismo. Por pura coincidência, uma residente de Jerusalém chamada Hana, uma senhora de oitenta e nove anos, que morou em Hebron muito antes de Israel nascer, também está visitando o pequeno museu. Olha para as fotos daquele período ali exibidas e aponta para uma garotinha numa delas. É ela, no ano de 1927.

Hana se lembra da história de 1929, quando tinha cinco anos.

Os árabes gritaram o nome de seu pai:

– "Haskel, Haskel!" Mas Haskel não estava em casa na hora, estava em Jerusalém, e eles tentaram derrubar a porta da casa, que estava trancada, e então os soldados britânicos vieram e tiraram a família de lá. Eles nos mandaram para Jerusalém.

Talvez ela não soubesse disso na ocasião, mas foi uma garotinha de sorte. Se sua família estivesse na Europa naqueles anos, em pouco tempo ela teria ficado igual às cinzas do meu cigarro, num piscar de olhos.

◆ ◆ ◆

Caminho até um posto de controle, um dos muitos nesta área.

Os policiais de fronteira que cuidam do posto de controle, um aparelho de segurança feito de policiais e pessoal do exército, perguntam-me se sou israelense; nesse caso, não me deixariam passar. Digo que não sou. Eles me perguntam se sou judeu. Pergunto-lhes se estão planejando exigir que eu arrie as calças, só para lhes mostrar. Eles repetem a pergunta: o senhor é judeu? Não, respondo; sou um fiel seguidor cristão do Messias. O senhor entende hebraico?, perguntam. Eu lhes digo: e árabe também.

Pedem para ver meu passaporte. Digo que não o trago comigo. Eles concluem que sou judeu. Sou muito, muito desagradável com eles. Eu sou alemão, grito. Será que não enxergam, pelo amor de Deus?! Ah, agora eles decidem que sou da B'Tselem, uma ONG israelense pró-palestinos. Isso é muita burrice, eu lhes digo: como poderia um alemão como eu ser um esquerdista judeu israelense?

É uma lógica alemã bem convincente, e, assim, um homem da polícia de fronteira entra em contato com o comando, para que o ajude neste dilema: há um sujeito aqui, ele lhe diz, que não parece judeu, tem uma credencial da imprensa, mas não tem passaporte, e parece entender hebraico. Essa criatura é judia ou não? Escuto essa conversa bizarra, e digo ao rapaz que ele é *shater* demais para mim. Ele rebate: o senhor entende *mesmo* hebraico, acabou de me chamar de *shoter* (policial)! Um árabe que vai passando diz ao rapaz: não, ele não disse *shoter*, disse *shater* (inteligente, em árabe).

Que reconfortante: um árabe me defende, um judeu me acusa. Qual lado devo escolher? Não sei. O que sei é isto: uma discussão absurda continua entre o pessoal da segurança pelo rádio, tudo na tentativa de descobrir que espécie de criatura eu sou: judeu ou alemão?

Talvez Fania Oz devesse vir aqui ajudá-los.

Isso prossegue por algum tempo. Os moradores palestinos desse gueto judaico, que entram e saem como lhes apraz, olham, admirados, e não conseguem parar de rir. Mas, finalmente, chega-se a uma decisão: não sou judeu e posso ir à Palestina.

– Mas, se os árabes o matarem – diz um soldado nascido na Rússia, quando atravesso –, não volte aqui para reclamar que o deixamos passar.

Ele é um dos milhões de russos, ou mais, que emigraram para Israel depois da queda da Cortina de Ferro, e entende uma ou duas coisas de fronteiras.

Idriss, um árabe que sorria e dava gargalhadas com os soldados israelenses, minutos antes, como se eles fossem seus melhores amigos, cruza a fronteira comigo e começa imediatamente a contar uma história bem distinta, assim que nos vemos no lado palestino. Abre a boca, tira a dentadura inferior e diz:

— Foi isto que os judeus fizeram comigo. Eles me espancaram dentro de minha casa, queriam que eu deixasse minha casa. Eu não quis sair, nunca deixarei minha casa.

Acendo um cigarro, e Idriss me diz para não andar na rua com um cigarro aceso no Ramadã:

— Hebron não é Ramallah. Se o senhor fumar aqui, a polícia vai detê-lo e enfiá-lo na cadeia.

Hebron, do lado árabe, é cheia de vida. Lojas por toda parte, paisagens e prédios cativantes, e gente de todas as idades caminhando pelas ruas.

Tento compará-lo com o lado judaico, do qual acabei de chegar. Não há comparação. O lado judaico não é só pequeno, diminuto, mas também sem vida. Lixo demais, destruição demais, e aqueles prédios desertos.

✧ ✧ ✧

Será que estou no mesmo planeta? Torno a atravessar para o lado judaico, só para me certificar de que não sonhei com aquela parte. Não. Não sonhei.

Os judeus daqui não apenas vivem no meio da destruição, como também a pior parte é esta: eles moram num gueto. Não podem sair deste monstrengo de lugar. Estão enterrados nele. Não há saída, a menos que peguem seus carros, ou um ônibus, e saiam de vez desta área. Mas o que os circunda, a região imediata que os cerca, é proibida para eles. Paro algumas pessoas que vão passando, as poucas que se dispõem a parar, e peço que me expliquem esta cidade fantasma que elas chamam de lar.

— Aqui era um lugar muito agradável — elas me dizem. — Podíamos entrar e sair, andar por onde quiséssemos. Fazíamos compras nas lojas árabes, e eles costumavam vir aqui. Era uma cidade só, e nós a amávamos. Mas, então, tudo acabou, num dia só, acabou tudo.

O que aconteceu?

— Irrompeu a paz.

O quê?

— Os acordos de Oslo, o processo de paz, destruíram nossa vida em comum, destruíram a cidade.

Eu nunca tinha ouvido essa expressão, "irrompeu a paz". As guerras irrompem, mas a paz??

Em Hebron, foi o que ocorreu.

✧ ✧ ✧

Sou convidado por uma família judia, religiosa como são todas aqui, para uma refeição do sabá, a primeira de três, nas vinte e quatro horas seguintes, que as famílias religiosas celebram juntas, todo sabá.

E conversamos. Pais, filhos e amigos dos filhos. Quero que eles me expliquem o que significa ser judeu. Faço essa pergunta porque passei de judeu a não judeu, ou vice-versa, em questão de minutos, poucos momentos atrás.

Eles respondem dizendo que o judeu é um ser único, um ser preferido, um ser escolhido, um ser que nasce com uma "alma judaica".

Isso não se alinha mais ou menos com a ideia que Hitler fazia do alemão? Não se diz a um judeu, seja lá o que "judeu" significa, que ele é hitlerista esperando que concorde. As pessoas sentadas a essa mesa do sabá acham que perdi o juízo, ou, melhor ainda, que sou um esquerdista psicótico.

A verdade, e devo admiti-la, é que há uma enorme diferença entre eles e Adolf. Se eu dissesse a Adolf Hitler que ele é igualzinho aos colonos de Hebron, um judeu direitista, acho que ele não continuaria a me alimentar. E me daria como alimento aos animais; aqui, porém, recebo alguns animais como alimento: uma galinha excelente, por exemplo. Como a galinha e continuo a pressionar meus anfitriões, até levá-los ao desespero, e eles me dizem para comer mais.

É uma grande diferença. Sim.

Mas eu me mantenho firme e continuo a pedir respostas. O judeu, eles finalmente reagem à minha pergunta anterior, não tem um sangue diferente, como dizia Hitler sobre seus amigos arianos, mas uma alma diferente.

De que diabo vocês estão falando?

– Todo ser humano tem alma. O senhor não sabe disso?

Judeus e não judeus?

– Sim, é claro.

E a alma não judia é igual à dos animais, digamos, dos cães, mas a alma judia é divina. Certo?

– Não dissemos isso. Dissemos que os judeus, por um desígnio divino, têm uma alma diferente.

Desculpem. O que quer dizer isso?

– Se o senhor não sabe o que é alma, não há nada para conversar.

Bem, talvez vocês possam explicar-me o que é.

– Alma, o senhor não sabe o que é alma?

Sinceramente, não.

Isso cria uma nova discussão, esotérica na linguagem, absurda no raciocínio e totalmente incompreensível para mim. Ouço as palavras voarem pela mesa e não faço ideia de seu significado. Em suma: estou perdido.

Digo-lhes: Vocês podem, por favor, parar de sobrevoar a realidade e começar a se comunicar comigo através do uso da comunicação humana?

– Experimente o bolo de chocolate – eles sugerem.

Assim o faço. É uma delícia.

– Esta foi a melhor refeição de sabá que já fizemos – anuncia o filho de meus anfitriões aos convivas reunidos, e me agradece profusamente por tê-los desafiado. – Não esqueceremos esta noite, e ela nos fará pensar – declara, dando-me um aperto de mão agradecido.

✧ ✧ ✧

Essa é uma faceta de Hebron sobre a qual aprendo por estar com estas pessoas. Por comer com elas, em vez de falar sobre elas com um guia de turismo. Quando se anda pelas ruas aqui, é possível ver os guias e ouvi-los. Em sua maioria, são ativistas de esquerda cujo objetivo é mostrar ao mundo que os judeus que vivem aqui são ocupantes implacáveis. Esses guias devem ter, para usar o jargão das pessoas daqui, uma alma esquerdista.

Convivendo com os judeus de Hebron, ainda que por apenas um dia, percebo que a vida deles é a dos condenados, muito mais do que eu já havia suposto. Nenhuma casa nova lhes é permitida na zona de 3%, e as que existem não têm autorização para ser ampliadas. Os árabes, e existem árabes nestes 3%, podem construir ou ampliar o quanto quiserem.

Vou até essas casas árabes e vejo uma coisa estranha: as residências árabes que estão sendo reformadas e construídas, evidentemente por um custo na casa dos muitos milhões de euros, não são construídas pelos próprios árabes. Não. Os árabes, ou seja, os palestinos, não empatam um centavo. É tudo dado a eles. Sei disso porque sei ler. Há placas nos muros das mansões, isso mesmo, mansões, que denotam quem as fez existir, quem as criou.

Quem são os tios e tias generosos que construíram as mansões daqui?

Europeus. Uma casa magnífica pela qual vou passando neste momento, por exemplo, foi construída pelos catalães. Bato à porta dela, perguntando-me quem viverá lá dentro.

– Eu moro aqui – diz uma senhora árabe idosa, convidando-me a entrar. – Minha filha está na Alemanha.

Onde na Alemanha?

– Não sei. Ela está na Alemanha, é só o que eu sei.

Isso a faz sentir-se bem, ela me diz, porque sua filha está com amigos. Sim.

Ouço um barulho alto na rua, perto de um antigo cemitério, e vou até lá para ver.

CENA: garotas judias andam na rua. Dois garotos árabes atiram pedras nelas.

Chegam soldados e policiais.

Um bando de garotos árabes é detido no cemitério.

Soldado em uma torre de vigia do outro lado da rua é solicitado a identificar entre eles os atiradores de pedras.

Soldado identifica dois, um de camiseta preta, um de camiseta vermelha.

Aparece um homem árabe, dizendo ser o pai dos garotos, e nega que seus filhos tenham feito alguma coisa errada.

Aparece uma mulher que diz ser a mãe dos meninos. Também nega que os filhos tenham feito algo errado.

Soldado da torre de vigia é solicitado a aproximar-se e identificar os acusados em pessoa.

Entra o soldado.

A esta altura, há uns quinze soldados e oficiais da polícia de fronteira no local.

Soldado identifica garotos em pessoa.

O pai esbofeteia os filhos no rosto, com bastante força.

Um soldado lhe pede que pare. Outro diz ao primeiro soldado que é melhor ser o pai a esbofetear seus filhos do que qualquer dos soldados.

De algum lugar no interior do cemitério, surgem um homem e uma mulher com uma câmera de vídeo.

Soldado informa outros soldados sobre a presença da câmera.

Soldados se deslocam, com as crianças, para o perímetro do cemitério.

Soldados e pais conversam e discutem em duas línguas diferentes, árabe e hebraico, e transparece que nenhum entende o que o outro está dizendo.

Sujeito que segura a câmera de vídeo chega mais perto. Os soldados, junto com os garotos, saem do cemitério para a área judaica, onde os que gravam o vídeo não podem entrar.

Mais policiais são chamados.

Outro homem, árabe de fora do gueto judaico, aparece no cemitério. Fica parado à beira de uma cerca de pedra, depois pula para o lado de fora – com ou sem permissão. Afirma que é o pai.

Aparece um policial de alta patente, que gesticula para me indicar que eu devo sair dali, e diz:

– *Shalom, chaver*[2] (as palavras que o presidente Bill Clinton proferiu em seu encômio ao primeiro-ministro Rabin, e que logo se transformaram numa frase reconhecível da esquerda). Ele me vê como um encrenqueiro esquerdista, e quer que eu vá embora.

Eu fico.

Soldados e policiais recebem ordens de liberar as crianças e se retirarem.

O cemitério e suas imediações são esvaziados de árabes e judeus.

Apenas os mortos e os cães, muitos cães vadios, permanecem.

✧ ✧ ✧

Quando penso no homem e na mulher que apareceram, saindo de um cemitério com uma câmera de vídeo, e caminharam entre as sepulturas tirando fotografias, começo a acreditar que Jesus ressuscitou mesmo dos mortos, e que Maomé subiu mesmo aos céus. Tudo é possível nesta terra.

Lamento, mas, até aqui, os judeus não provaram nada sobre sua religião.

Jipes do exército e um grande número de soldados armados até os dentes deslocam-se constantemente e circulam pelo lugar, numa impressionante demonstração de força nesta parte de Hebron. Mas é só demonstração, vejo agora, uma impressionante demonstração de coisa nenhuma. Basta uma câmera de vídeo para derrotar todos eles.

As duas pessoas com a câmera, pelo menos a julgar pelo *hijab* que a mulher usava, são árabes. Não me lembro de palestinos carregando câmeras, em minha época. Quando começaram a fazer isso? Alguém lá fora, começo a desconfiar, poderia estar por trás deles. Quem são essas pessoas?

---

2. "Adeus, amigo", ou "adeus, companheiro", ou "fique em paz, amigo". [N. T.]

Terei que descobrir.

Agora que os seres humanos se foram, mais cachorros aparecem. Ficam agitados e, rapaz, como latem! Nunca vi tantos cachorros num lugar só e não sei o que eles estão esperando. Talvez algumas meninas feridas, ou novas sepulturas.

Penso nos gatos vira-latas de meu quintal. São muito mais gentis. Eu deveria ser gentil com eles.

Enquanto redijo este texto, vejo um dos verdadeiros poderes do lugar aqui: um carro da TIPH, que está patrulhando a área. Esses parecem ser os verdadeiros reis daqui. Circulam pela região como se fossem donos do lugar.

Consulto meu iPad e leio mais sobre a TIPH. "Ministro federal alemão [Dirk Niebel, ministro federal de Cooperação Econômica e Desenvolvimento] visita Hebron", anuncia a TIPH, orgulhosamente. É frequente eu ver alemães na Terra Santa, sem saber muito sobre eles, porém agora sei ao menos sobre um.

Tomo um ônibus, despedindo-me desta cidade sagrada. Alá é grande, grita o muezim quando vou saindo, e Maomé é seu verdadeiro mensageiro.

Os europeus descrentes investem milhões para manter viva nesta cidade a mensagem do profeta Maomé. Pago dez *shekels* ao motorista do ônibus e salto.

⋄ ⋄ ⋄

Tenho pena dos judeus de Hebron, prisioneiros por sua própria obra e por obra do Estado. No entanto, sei que ouvi apenas um lado, e que seria no mínimo justo conhecer seus adversários, talvez até seu maior adversário. Quem seria? Um nome me vem à cabeça: Gideon Levy. Gideon é um colunista do *Haaretz* que, durante anos, tem dedicado seu tempo e seus textos à defesa dos palestinos e ao ataque à direita, ao governo israelense, ao exército israelense e – sendo estes seus inimigos mais ferrenhos – aos colonos.

Alá é grande, e é Gideon quem me interessa.

Portão 12

Um judeu descobre o "DNA racista judaico"

Tenho que me acostumar com Tel Aviv, uma cidade que cresceu muito mais rápido que eu. Enquanto, antigamente, havia aqui um bom número de sinagogas, e a Grande Sinagoga, com seus quinhentos lugares, era um local desejado pelos fiéis, hoje a Grande Sinagoga recebe umas quinze almas, e as casas de oração foram substituídas por casas de moda, arte e artigos de luxo. Tel Aviv nunca foi uma cidade realmente religiosa, só que hoje o é ainda menos. Algumas de suas ruas têm mais lojas de roupas, calçados e outras butiques de moda do que seres humanos. Não exatamente, mas quase. Sem falar nos cafés, restaurantes e todas as outras variedades de pontos de venda de alimentos e bebidas.

Gideon está em seu escritório do jornal em Tel Aviv, onde acabo de chegar para me encontrar com ele.

Seu pai, ele me conta, veio dos Sudetos, e ele falava alemão quando pequeno.

Mas Gideon não se importa com os Sudetos, importa-se é com A Ocupação. Nem sempre foi assim, mas, quando começou a trabalhar para este jornal, "quanto mais compreendi que a ocupação é brutal, criminosa, mais radical me tornei".

Você acha que a nação israelense é brutal por natureza?

– Não, de modo algum. As outras são a mesma coisa. Mas há algo que é diferente das outras nações, e que é o DNA da mentalidade israelense, a crença em que eles são o Povo Escolhido, o que é uma visão racista, e isso é algo muito profundo no DNA de Israel, dos judeus, a ideia de que somos melhores do que qualquer um, de que merecemos tudo, o tipo de crença que tinha a primeira-ministra Golda Meir, de que os judeus podem fazer o que quiserem, tudo isso somado à ideia de que somos as maiores vítimas da história. Essas são justamente as ideias que nos fazem crer que temos direitos que os outros não têm, e que, portanto, podemos fazer qualquer coisa. Vem dessas coisas a demonização dos palestinos.

Poderíamos dizer que os israelenses e os nazistas são a mesma coisa?

– Não.

Por que não?

– Você poderia fazer uma comparação com os nazistas da década de 1930. Porém isso é o máximo que você pode fazer, nada mais. Aqui não há planos de aniquilar outras nações, nem planos de dominar o mundo, nem campos de concentração. Prefiro comparar Israel à África do Sul durante o *Apartheid*.

Algum dia isso vai mudar?

– Só se Israel pagar. Somente havendo pressão sobre os israelenses, em termos econômicos, ou, Deus nos livre, pelo derramamento de sangue.

Você acha que os judeus sempre foram assim, com esse DNA racista?

– Com certeza.

Nesse tipo de ambiente, pergunto-lhe, por que ele simplesmente não faz as malas, pega um avião, e deixa o país?

– Sou um patriota israelense – ele responde. Israel lhe é muito importante, este é o lugar dele, e, além disso, ele pergunta, retoricamente: – O que vou fazer noutros lugares: escrever sobre turismo?

A Europa, via de regra, toma mais o partido dos palestinos, enquanto os Estados Unidos ladeiam mais com os israelenses. Qual você acha que é a razão disso?

– A Europa é muito mais ideológica, complexa, intelectual. Os Estados Unidos são rasos, tudo em preto e branco, e submetidos a uma lavagem cerebral.

Nos termos da Regra da Generalização dos intelectuais, Gideon deveria ser despojado do seu direito de falar em público. Isso jamais acontecerá, é claro, porque Gideon Levy é, na prática, a melhor fonte de informações para todos os intelectuais que têm até o mais ínfimo interesse em Israel.

Por que, em sua opinião, os europeus se interessam tanto por esta terra?

– Muito complexo. Para começar, não se pode ignorar o passado. Em alguns países europeus, tenho certeza, e estou falando de sentimentos que eles têm em seu sub-subconsciente, existe este pensamento: "se nossas vítimas estiverem praticando atos horrendos, talvez não seja tão ruim o que fizemos com elas". Isso faz os europeus se sentirem melhor, e compensa seus sentimentos de culpa. Mas também é verdade que a Europa é mais sensível que os Estados Unidos às violações dos direitos humanos em geral.

Continuamos a conversar, e Gideon me diz que não fala árabe. Pergunto-lhe como pode escrever sobre as coisas horríveis que Israel vem perpetrando contra os palestinos, o que ele faz constantemente, se não entende a língua de seus entrevistados.

Gideon responde que sua equipe inclui falantes de árabe para os entrevistados que não falam inglês nem hebraico. Menciono-lhe que as pessoas daqui falam duas línguas, uma entre elas, e uma com os estrangeiros, e que, se o sujeito não conhecer a língua materna delas, elas lhe contarão histórias falsas. Até a Al-Jazeera vem fazendo isto, fornecendo dois pontos de vista muito diferentes, um para os "irmãos", em árabe, e um para os ocidentais, em inglês. Mas Gideon, que não entende uma palavra de árabe, afirma que não é assim. E, quando lhe pergunto se ele também faz matérias sobre as violações de direitos humanos pelos palestinos, ele responde que o que os palestinos fazem não é de sua conta.

Não faço ideia de como ele pode escrever sobre abusos de um lado, se nem se importa com os abusos do outro. Afinal, muitas vezes a violência vem em círculos: um atira, e o outro revida atirando, mas, se você deixa de mencionar a primeira bala, e informa apenas sobre a segunda, o segundo atirador se transforma num simples assassino por sua penada, e não por realmente o ser.

O que ele pensa dos colonos de Hebron?

– Esses são os piores. Não há dúvida.

Seu problema não são apenas os colonos.

– Acho – ele me diz – que o palestino médio quer mais a paz do que o israelense médio. Não tenho dúvida disso.

No entanto, apesar de seu amor pelos palestinos, ele não os conhece de verdade. E admite isso:

– Todos os meus amigos são israelenses. Não tenho um único amigo palestino.

É triste. Faz muitos anos que Gideon defende a causa palestina, mas nem um único palestino fez amizade com ele, que tampouco se tornou amigo de algum palestino. É óbvio que, a despeito do que possam sugerir seus artigos, ele não se importa realmente com os palestinos, apenas com os judeus. Não é um patriota israelense, como me disse. Ele quer que seu Israel, seus judeus, sejam sobre-humanos e respondam a tiros com beijos. Em suma: ele quer que todos os judeus sejam Jesus e morram crucificados.

Só pode haver uma razão para Gideon querer que eles sejam Jesus Cristo: dentro do coração desse homem, nos recônditos mais escuros, esse Gideon é o pior tipo de racista judaico que já existiu. Os judeus devem portar-se como seres sobre-humanos porque o são. E, enquanto não se portarem como uma raça superior de Cristos, ele os odiará. Gideon é o tipo mais estranho que se pode encontrar de judeu que abomina a si mesmo.

Conversamos mais e mais sobre uma coisa e outra, e, quando a entrevista vai chegando ao fim, faço-lhe uma última pergunta: você se importaria se eu o acompanhasse em sua próxima excursão à Palestina?

Por ele, tudo bem, vem a resposta, e ele sugere que nos mantenhamos em contato para combinar os detalhes.

Estou ansioso pela próxima semana. Gideon vai ao encontro de Árabes Sofredores uma vez por semana, já faz anos, e verei um falante alemão nato, um judeu super-racista, comunicar-se com árabes em hebraico. Se isso não é um grande teatro, não sei o que é.

⟡ ⟡ ⟡

Enquanto ainda estou em Tel Aviv, a cidade esquerdista de Israel, vou encontrar-me com Udi Aloni.

Udi se apresenta a mim como cineasta e escritor que leva no bolso um prêmio do Festival Internacional de Cinema de Berlim, o Berlinale, que lhe foi conferido pelo ministro alemão de Cooperação Econômica e Desenvolvimento, Dirk Niebel. Dirk outra vez, o homem que cuida do desenvolvimento.

Udi se orgulha muito desse seu prêmio do Berlinale, e não compartilha comigo a informação de que o recebido por ele não foi o Berlinale normal, mas não levanto essa questão em nossa conversa.

Udi é filho de uma ex-membro do Knesset, Shulamit Aloni, a matriarca da esquerda em Israel, e o filme feito por ele, *Arte/Violência*, será lançado em breve em múltiplas salas de exibição da Alemanha, como ele me diz com orgulho. Shulamit, que hoje sofre de demência e é cuidada pelo filho, foi uma líder influente, da qual ainda me lembro com clareza.

– Ela era o máximo –, diz Udi ao seu respeito, e concordo.

Ao nos sentarmos para um café num dos inúmeros cafés de Tel Aviv, Udi relembra outro lugar, nostalgicamente:

– Morei em Jenin durante um ano, e durante dois em Ramallah. – Brilha uma luz em seus olhos, como se ele houvesse acabado de mencionar duas mulheres de seus sonhos.

Udi é um brilhante exemplo da nova esquerda de Israel: a esquerda extremista. Trata-se de uma esquerda que não conheço, uma esquerda tão distante quanto a mão esquerda pode alcançar. Gideon não está sozinho. Ele, Gideon e a "psicóloga política" que conheci antes são membros de um novo clube.

– As pessoas de Tel Aviv não acreditam em Deus, mas acreditam que Deus lhes prometeu a terra.

É assim que Udi descreve a esquerda não radical. Sua esquerda é diferente. Ele está na vanguarda da campanha para boicotar Israel e os produtos israelenses, como me informa com um prazer extasiado.

Se sua campanha de boicote tivesse êxito, ele, como israelense, sofreria muito. Se Israel não pudesse vender seus produtos no exterior, e se nenhuma outra nação lhe vendesse nenhum produto, o país iria à falência, e o povo morreria de fome. É isso que ele busca?

De certa maneira, sim.

– No fim, deve haver um único Estado aqui, com um voto por indivíduo – é assim que ele diz.

Nesse caso, e já que é provável que os palestinos sejam a maioria nesse Estado único, o Estado judaico poderia deixar de existir, correto?

– Eu sonho com isso!

Além de seu sonho, ele também tem pesadelos:

– Para mim, a ideia de um dia acordar e não haver palestinos ao meu redor é um pesadelo.

Você fala árabe?

– Não.

É atordoante, para mim, ver como pessoas que dizem gostar tanto dos palestinos, e dedicar sua vida à preservação da identidade e da cultura palestinas, nem sequer pensam em estudar essa cultura. Elas conhecem Kant, conhecem Nietzsche, conhecem Sartre, conhecem Aristóteles, mas não conhecem o Alcorão, nem os *hadith*, nem o árabe.

Estudei o Alcorão, estudei os *hadith* e estudei árabe. Udi é um amante dos árabes. O que sou eu?

Udi não me parece ser um judeu autoabominador do tipo Gideon Levy. Não é um "patriota" israelense; não quer um Israel "de Jesus", não quer um Israel. Udi é a pessoa autoabominadora normal. Gosta dos palestinos não pelo que eles são, já que não os conhece realmente, mas pelo que eles não são: não são judeus, são os inimigos dos judeus, e isso os torna pessoas fantásticas.

✧ ✧ ✧

Algumas horas depois, vou a um restaurante georgiano e me sento à mesa com uma erudita israelense. Ela é esquerdista até a alma e adora os palestinos. Tanto que me fica repetindo – como se eu já não o tivesse ouvido dez vezes, em menos de uma hora – que dormiu durante anos com um palestino. Eles não estavam saindo, não realmente, mas tinham relações sexuais. Um intelectual de esquerda que está sentado conosco fica muito satisfeito e lhe faz a seguinte observação:

– Fico feliz por ouvir isso; agora sei que você é legal.

Ela não sabe coisíssima alguma sobre a cultura dos palestinos, mas andou dividindo a cama com um deles. Isso é respeito, não é?

Sinceramente, esses judeus me dão saudade dos palestinos. Talvez eu deva visitá-los, só para desanuviar a cabeça.

Belém, a terra natal de Jesus, seria agradável. Faz décadas que não vou lá. Então, vamos!

Portão 13

Palestinos descobrem "Nossa Senhora da Palestina" e mais 368 mil colonos sionistas

Tenho um problema, sim. Quem ou o quê vou visitar em Belém, uma cidade em que não conheço vivalma?

Bem, eu poderia encontrar-me com a ministra palestina de Turismo e Antiguidades, Rula Ma'ayah; ela conheceria pessoas, lugares, tesouros e muitas histórias.

Vou procurá-la.

Na porta do ministério está escrito, como na do dr. Ehab: "Estado da Palestina".

– Nasci em Jerusalém, vivi em Ramallah a vida inteira e, depois do casamento, mudei-me para Belém – ela me diz, quando me sento em seu escritório. Rula, uma mulher muito atraente, é cristã. Percebo isso por haver em sua parede um quadro de "Nossa Senhora da Palestina". Eu nunca soube que houvesse uma Nossa Senhora da Palestina, mas não conheço muitas outras senhoras e santas cristãs.

Quantos cristãos vivem nesta cidade?

– A população cristã total na Palestina é de 1,5%.

Por que tão pouco?

– Os cristãos foram embora no ano 2000.

Por quê?

— Creio que a razão é que muitos cristãos são de classe média, e partiram por causa da ocupação.

Quantas almas residem nesta cidade e nas áreas circunjacentes?

— Na área de Belém vivem umas 180 mil pessoas, das quais 3.500 são cristãs.

Não estou disposto a entrar de novo na história do êxodo cristão da Palestina; tratei disso com Hanan Ashrawi e sei que, sejam quais forem os fatos, a "ocupação" será sempre a culpada. Mudo de assunto.

O que você acharia se Gideon Levy viesse aqui? Um homem que luta pelos direitos dos palestinos.

— Acho que ele não nos ama. É um esquerdista que luta contra seu governo, não por nós.

A paz que está sendo negociada entre os israelenses e os palestinos é uma boa?

— Minha avó morava em Jafa, lá construiu a casa dela. Acho que não é justo a pessoa ser forçada a deixar seu país. E, mesmo que tenhamos um acordo com Israel, não é justo.

Ela está falando de 1948. Está falando da injustiça, tal como a vê, de os judeus viverem em qualquer parte daqui. Tento fazê-la ser mais precisa em sua colocação.

Você está sugerindo que os judeus fujam daqui?

Ela evita essa mina.

– Estamos negociando a paz neste momento – diz, em tom seco.

Mas você preferiria que os judeus se fossem?

– Estamos negociando a paz.

Você preferiria que os judeus que vivem aqui desaparecessem?

Ela não se disporia a responder diretamente a isso, a não ser para repetir suas declarações anteriores.

Chego mais perto, dou uma batidinha em sua testa, como se batesse numa porta, e cochicho aforismos em seu ouvido: eu sou um anjo. Você está dormindo em sua cama. Eu me aproximo, toco em sua testa e digo: Rula, Rula, Rula, o que você gostaria que eu fizesse com os israelenses? Diga-me seu desejo, e eu o realizarei. Farei o que você quiser. Fale comigo, fale com seu anjo. Diga-me: gostaria que eu mandasse todos os judeus de volta para a Europa?

Rula não consegue se controlar e cai na gargalhada, rindo alto.

E, depois que se acalma, diz:

– Você não é jornalista, você é político.

Não, eu sou um anjo! Um anjo de verdade. Fale comigo, Rula, e eu lhe concederei seu desejo.

Ela torna a rir. Olha para mim, com a boca quase se mexendo, mas não sai som algum.

Qual é o problema, Rula?

– Sou ministra. Não posso responder a isso.

Peça ao seu anjo o que você quiser, e diga-o em suas próprias palavras.

– O que posso dizer é isto: não há solução justa. – Ela me dá um sorriso, um sorriso entendido, com olhos que também sorriem, e acrescenta: – Você sabe interpretar isto, sabe o que eu penso.

Sim, eu sei. Ela quer todos os judeus fora, inclusive Gideon e Udi. Talvez até pudesse realizar seu desejo, e visse Jafa ficar livre dos judeus, mas ninguém sabe prever se, como cristã, ela teria uma casa.

✧ ✧ ✧

Estamos nos divertindo juntos, Rula e eu, e rimos muito. Ela gosta de alemães como eu, Sr. Tobias, e eu gosto dela. Aqui eu preferi Tobias, e não

Tobi, por achar que seria mais sensual para as damas, e acho que está funcionando muito bem. Mas o tempo corre, e tenho que partir. Quero ver a cidade. Rula designa uma moça chamada Sakhar para me acompanhar num passeio por Belém.

Primeiro vamos ao centro da cidade. Lá, entre a Basílica da Natividade e a Mesquita de Omar, em torno da Praça da Manjedoura, há um prédio chamado Centro da Paz de Belém. Entro. Adoro paz. No interior, como você pode imaginar, há "informações sobre a paz". Esta, por exemplo: os israelenses, ou, como são chamados aqui, "judeus asquenazes", não são judeus de verdade. Antes, são uma espécie de criatura que passou por uma conversão em massa ao judaísmo, alguns séculos atrás. Essa informação, para assegurar que ninguém deixe de recebê-la, é fornecida em línguas diferentes.

Caso você tenha perdido essa importante informação que lhe é fornecida de graça pelo Estado da Palestina, há mais informações sobre os israelenses do lado de fora.

Sim, do lado de fora, no centro da praça, há um grande setor chamado "Guia Turístico da Ocupação". Eu tinha apanhado um exemplar impresso do guia no Centro da Paz e, neste momento, sento-me para dar uma olhada nele, porque a Sakhar quer que eu saiba tudo. O guia afirma que, no fim da Segunda Guerra Mundial, "368 mil colonos sionistas emigraram para a Palestina", massacraram palestinos e "plantaram pinheiros, que crescem depressa", para encobrir seus crimes.

Há até uma lista de fontes fornecida no guia, dentre as quais algumas das mais destacadas são plenamente judaicas ou financiadas por judeus.

Vale a pena assinalar que esses judeus, netos dos *Musulmänner*, optaram por descrever seus avós, que fugiram dos fornos do racismo europeu, como um bando de animais selvagens.

Não posso ficar preso nisso; preciso continuar andando.

Nos muros ao redor da praça avisto cartazes que enaltecem e celebram os *shahids*. Os *shahids*, mártires, são retratados com fuzis de assalto. Em geral, são pessoas que foram mortas depois de matarem "plantadores de pinheiros".

✧ ✧ ✧

Vou rezar para Jesus.

Na entrada da Basílica da Natividade, vejo a polícia do turismo. Não sei ao certo quais são sua natureza e missão exatas, mas noto que os policiais seguram papel e caneta, em vez de fuzis e munição.

Um grupo de turistas está prestes a entrar na igreja, mas um guarda de turismo os detém.

A polícia do turismo, Sakhar me diz, está aqui para colher dados estatísticos.

– De onde vocês são e quantos são? – pergunta um policial.

– Somos do Japão e estamos num grupo de sete – responde um dos turistas.

– Está bem. *Markhaban*, sejam bem-vindos.

Um homem do grupo aproxima-se do policial para falar com ele:

– Estou com os japoneses – diz –, mas sou suíço. Tudo bem?

Olho para ele e penso: essa é a maior prova de que Deus existe. Quem mais poderia criar um idiota tão grande quanto esse suíço? Nenhum *Big Bang* conseguiria.

O policial, para quem esse não é o primeiro suíço encontrado, dá-me uma piscadela e sorri.

A Basílica da Natividade, caso você precise saber, divide-se em partes grega ortodoxa, armênia e católica.

Como bom cristão, desço e entro numa gruta, para fazer uma reverência no lugar exato em que Jesus nasceu. A uns sessenta centímetros, ao fundo, fica a manjedoura. Essas duas seções diminutas, ao que me informam, pertencem a duas denominações diferentes. Ai de você, e que a maldição do Senhor caia sobre sua cabeça, se, como membro de uma das duas denominações, tentar rezar no setor da outra.

Assim é esta terra. Passional em cada centímetro quadrado.

Nem me venha falar em conflito entre árabes e judeus... Aqui, dois cristãos brigam por um espaço de sessenta centímetros de largura, uma briga que às vezes se torna violenta. E ainda existe um Kerry que pensa que pode consolidar a paz entre as nações.

Um monge passa rapidamente por mim, segurando uma bandeja com notas de dólar. Sorte dele Jesus estar morto. Se estivesse vivo, esse monge e sua igreja ficariam sem dólares.

✧ ✧ ✧

Depois das orações, Sakhar me leva à igreja da Gruta do Leite, uma igreja de pedra branca. Acho que hoje o governo palestino quer que eu reze. A Gruta do Leite é o lugar a que a Mãe de Deus levou o Menino Jesus para se alimentar, e onde uma gota do leite de seus seios caiu no chão. É por isso que as pedras daqui são brancas.

Uma estátua do rei Davi ergue-se na entrada da igreja.

– O rei Davi era palestino – me diz Sakhar, postando-se ao lado dele para me mostrar as semelhanças. – Nasceu na minha aldeia. O rei Davi era meu tataravô.

Eles se parecem como gêmeos siameses, a mesma altura, a mesma idade. Haverá mais alguma coisa especial nesta igreja?

– As mães que querem ter filhos vêm aqui, até as muçulmanas. Misturam um pouquinho das pedras com água e bebem, o que ajuda na fertilidade.

Eu achava que, para essa finalidade, seria preciso comer *shikshukit* no restaurante Makhneyidah, em Jerusalém. Creio que estava errado.

◇ ◇ ◇

Voltamos a pé ao Centro da Paz de Belém. Agora que rezamos, podemos alcançar a verdadeira paz.

Nele encontramos Maryiam, que trabalha no Centro. Gentilmente, ela me deixa fumar em seu escritório.

– Não se pode fumar lá fora, os muçulmanos não deixam. Até o ano 2000, os cristãos somavam 95% da população de Belém, mas agora são 1,5%.

Por que os cristãos foram embora?

– Os cristãos foram embora porque aqui não há dinheiro.

Por que os muçulmanos não foram embora?

– Eles recebem dinheiro dos sauditas.

Os cristãos não recebem?

– Os sauditas só o dão aos muçulmanos.

Depois de meu cigarro, digo, uns dois ou três, vou dar uma caminhada pelas ruas de Belém.

Aqui está uma loja onde vendem, entre outras coisas, Jesus e Maria feitos de madeira sagrada. Jack, o dono da loja, diz sobre seus pequenos deuses de madeira:

– Os norte-americanos se interessam pelo tamanho, não pela qualidade. Os alemães se importam com a qualidade, não com o tamanho. Os palestinos gostam de cores.

A Cidade Velha de Belém, um milagre de beleza e um banquete para os olhos, vem sendo inundada por recursos para o desenvolvimento. Quase todas as casas daqui, observo ao passar, estão sendo reformadas por países estrangeiros gentis e amorosos. Noruega, Itália, Bélgica e Suécia, por exemplo, são apenas alguns dos que chamam a atenção do transeunte.

Entre as lindas casas, há dezenas de lojas nas ruas maravilhosas desta Cidade Velha, porém não há quase nenhuma aberta. Pergunto a Sakhar por quê, e ela me diz que a culpa é dos israelenses. "Ocupação", "israelenses" e "judeus" são respostas automáticas sobre tudo que há de ruim. Israel deixou Belém há décadas, mas por que não culpá-lo?

Recebo uma resposta diferente quando pergunto a uma senhora do local por que as lojas de seu bairro estão fechadas:

– O Ministério do Turismo [palestino] não quer que os ônibus de turistas parem nas lojas de rua. Se os ônibus parassem, os turistas andariam por estas ruas, a caminho da igreja, e as lojas ficariam cheias. Mas as autoridades do governo não querem isso.

Por quê?

– Não sei.

Entro numa das casas. Tem cinco quartos, dois banheiros, sala e cozinha, todos feitos de pedra e mármore. Um palácio possibilitado pela generosidade europeia.

Os europeus também financiam projetos judaicos?

Para encontrar uma resposta a esta pergunta, dirijo até Jerusalém e entro em contato com Irene Pollak-Rein, da Jerusalem Foundation, uma das fundações mais prósperas de Israel. Irene é diretora do setor de Países de Língua Alemã da fundação. Ela me diz estar preocupada com os vários boicotes a Israel iniciados por europeus, o movimento BDS – Boicote, Desinvestimento e Sanções.

– O BDS é resultado de muitos, muitos anos de trabalho feito contra Israel. Nos países de língua alemã, os que mais pressionam por isso são os alemães. Em geral, as fundações alemãs e os financiadores do governo alemão só fazem doações a projetos que se destinem simultaneamente a judeus e árabes, ou a projetos exclusivamente voltados para os árabes. Os alemães não financiam nenhum projeto voltado apenas para a comunidade judaica.

❖ ❖ ❖

Não quero mais saber dos alemães, além de estar roxo de fome. Vou a um bom café em Jerusalém. Ao entrar, vejo um bando de jornalistas alemães. Só Deus sabe como todos esses alemães vieram parar aqui. Eu não sei.

Bem, não adianta fugir dos alemães. Se você não pode derrotá-los, junte-se a eles, diz o provérbio inglês. Sento-me e peço uma comida feita para os anjos, e como tudo de uma sentada. Este país, o que se há de fazer, está cheio dos pratos mais deliciosos que existem.

Do lado de fora, vejo um adesivo num carro: "Sou um motorista *yekke*". Saio e tiro uma fotografia dele. Dois jovens palestinos se aproximam de mim. Querem saber por que eu tirei uma foto de um carro velho. Vocês conhecem esse judeu *yekke*?, pergunto. Eles dão uma gargalhada. O carro, dizem, é de um amigo deles, que trabalha na cozinha do restaurante.

O velho banqueiro judeu alemão que imaginei é, na realidade, um adolescente palestino que lava pratos.

Que país!

Por algum motivo, isso me faz lembrar de "meu" alemão, Gideon Levy, e eu lhe mando um *e-mail* sobre nossa viagem conjunta à Palestina. Ele responde bem depressa: "Caro Tuvia, nós a faremos quando eu voltar do exterior. Gideon".

Sem problemas.

Portão 14

Alemães na Terra Santa: mortos e vivos

A uns dois quarteirões de minha casa, na colônia alemã, fica o cemitério dos antigos moradores do bairro, os templários alemães. O Templefriedhof costuma ficar fechado, mas hoje está aberto. Devo entrar? Um dos mortos daqui, ocorre-me a ideia, construiu a casa em que estou hospedado. Talvez eu deva render-lhe minhas homenagens. Ao olhar para dentro, vejo que essas sepulturas estão intactas, ao contrário das que ficam no Monte das Oliveiras.

Entro.

É uma sensação estranha, uma espécie de encontro com a história, com um lugar e uma gente que um dia viveram. Eis uma das mensagens numa lápide: *"Hier ruht Gottlob Bäuerle, geb. den 17. April 1881. Gest. den 12. Juni 1881. Auf Wiedersehen!"*[1].

Que vida breve! E que final doce e tocante para uma lápide: até mais ver!

Christoph Paulos, que viveu oitenta e dois anos, mandou gravar isto em sua lápide: *"Ja, ich komme bald!"*[2].

Pessoas religiosas, românticas, que adoravam suas famílias e Adolf Hitler. Vieram para a Terra Santa no fim do século XIX, na esperança de dar boas-vin-

---

1. "Aqui jaz Gottlob Bäuerle, nascido em 17 de abril de 1881, falecido em 12 de junho de 1881. Até mais ver!" [N. T.]

2. "Sim, volto já!" [N. T.]

das a Jesus quando Ele chegasse, no Segundo Advento. Jesus não veio, mas Hitler veio no século xx, e, sendo assim, elas o esperaram. Os britânicos, que governavam a terra na época, prenderam-nos e os deportaram, tempos depois.

Eles moraram aqui, transpiraram aqui, construíram aqui e morreram aqui.

Agora se foram, mas hoje há outros alemães na Terra Santa, tomando seu lugar. Vejo um bando deles no King David Hotel, que não fica muito longe do cemitério. Quem serão?

✧ ✧ ✧

São jornalistas alemães, reunidos aqui para participar de uma conversa que Guido Westerwelle, ministro das Relações Exteriores da Alemanha, ofereceu-se para ter com eles. Sim, não é exatamente uma coletiva de imprensa; está mais para uma tentativa de esse ministro das Relações Exteriores fazer-se benquisto pela mídia, gesto cujo significado é este: serei gentil com vocês e passarei meu tempo com vocês, e vocês serão bonzinhos comigo.

– As conversas com Livni foram ótimas – diz ele, referindo-se à ministra Tzipi Livni, chefe da delegação israelense nas negociações de paz com os palestinos. Guido fala dos problemas políticos desta parte do mundo como se fossem dele. Quer que os dois encrenqueiros, o árabe e o judeu, troquem um aperto de mãos e sejam bons amigos.

Suco de laranja, avelãs e biscoitos de chocolate são oferecidos ao grupo reunido aqui, e eu os provo. Preferiria bolinhos de grão-de-bico, mas não estou reclamando. Os doces combinam bem com um discurso de Guido, para ser franco. Depois de ele dizer o que fez, começam os debates.

Dada a história óbvia entre a Alemanha e os judeus, pergunto: como ele acha que os judeus e os árabes o veem? E mais: será que essa história faz parte da sua motivação para se envolver num conflito que não é dele?

Numa resposta prolixa e cansativa, ele afirma que quase todos os adolescentes alemães veem Israel como a única democracia da região. Vai ser preciso mais do que avelãs e biscoitos de chocolate para me convencer desse absurdo e, mal abro a boca para dar continuidade à pergunta, ele indaga se o estou gravando. Respondo que sim, estou. Ele me diz que esta reunião não é para ser gravada.

Opa. Isso significa que não posso citá-lo diretamente, mas posso escrever "em linhas gerais" o que ele disser.

O que Vossa Excelência gostaria de compartilhar conosco, mas que não deve ser diretamente citado?

Ele nos fala, por exemplo, de uma viagem que fez à Faixa de Gaza e das criancinhas que conheceu lá. Eram umas gracinhas, e ele ficou profundamente comovido. O que quer que esteja fazendo nesta região, dá-nos a impressão de que o faz pelo bem dessas crianças.

Guido também fala do programa nuclear do Irã, o qual julga ser perigoso não apenas para Israel, mas também para o resto do mundo. Se o Irã vai ter armas nucleares, diz ele, outros seis países vão fazer o mesmo.

Não tenho acompanhado todos seus pronunciamentos públicos, e é bem possível que ele tenha dito essas mesmas coisas em público, anteriormente, mas é bonito quando somos "nós, todos juntos", sentados aqui para conversar.

Auf Wiedersehen.

O embaixador alemão, sentado à direita de Guido, parece meio entediado. A certa altura, chega até a pegar seu *smartphone* e se ocupar com ele.

✧ ✧ ✧

O ministro alemão das Relações Exteriores não é o único alemão a trabalhar pela paz nestas terras. A KAS – Konrad Adenauer Stiftung –, uma fundação alemã, também está seriamente empenhada em consolidar a paz, e quer implantá-la no coração de árabes e judeus. Os árabes e judeus que ela tem em mente não são jornalistas, mas professores, pessoas mais chegadas a crianças do que a avelãs. A questão é como fazer isso, e ela teve uma ideia mágica: fazer os dois antagonistas se encontrarem, levá-los a se apaixonarem mutuamente, ou, pelo menos, a fazerem amizade, para que, por sua vez, eles instilem esse amor ou compreensão recém-descobertos no coração das crianças a quem dão aulas.

Visto que as pessoas que a KAS tem em mente são árabes e judeus, a reconciliação que ela planeja para eles não poderá ocorrer num território disputado pelos dois lados. Será preciso encontrar um território neutro, um país que nenhum dos professores possa reivindicar como seu, e um lugar em que a KAS possa organizar uma Conferência de Paz de vários dias para recebê-los. Graças a Deus, existe a Jordânia, e a KAS alugou um hotel jordaniano para esse fim.

Será interessante ver o que acontece quando as duas partes se encontrarem.

Portão 15

Você está cordialmente convidado a assistir a três dias de danças românticas de inspiração alemã, na Jordânia, apresentadas por alemães que amam a paz e os árabes

A filial israelense da KAS fica em Jerusalém, e o trajeto para a Jordânia consiste numa alegre viagem de uns trinta minutos, se a pessoa atravessar a Ponte Allenby/Rei Hussein. Isso facilitaria as coisas, mas o Oriente Médio não é conhecido por facilitar nada. Os jordanianos, e esta é uma longa história, não deixam os israelenses atravessarem essa ponte para a Jordânia. Em vez disso, fazem-nos usar uma outra, bem mais no norte de Israel, entrar por lá na Jordânia e, em seguida, descer tudo de novo até o sul, pelo lado jordaniano. Duração da viagem: nove horas, em vez de trinta minutos.

A KAS alugou um bom ônibus para a viagem, e eu me sinto satisfeito. Estou conversando com um ou outro colega participante, quando toca o telefone da pessoa da KAS encarregada do evento. Uma das participantes, aliás, a principal oradora desse evento pela paz, está telefonando para informar que não vai comparecer. Sua escola católica palestina ordenou que ela não compareça; não quer que ela se reúna com judeus e não se importa com o esforço alemão pela paz. Eu bisbilhoto essa conversa, e fico pensando se o resto de nós será informado sobre a encantadora razão desse cancelamento. Não.

Numa de nossas paradas para descanso, puxo conversa com um professor israelense, fumante como eu, e lhe pergunto por que está aqui e o que o motiva. Ele me diz – que idiotice minha, por não ter descoberto sozinho – que os palestinos têm razão de afirmar que esta terra é deles, já que viviam aqui antes dos judeus, e quer conhecê-los e lhes dizer o que pensa. Também está muito empolgado por visitar um país árabe como a Jordânia, o que nunca tinha feito até hoje.

Esse sujeito já gosta dos palestinos, e eu me pergunto qual é o propósito de tê-lo aqui. Compartilho com ele que estou admirado, e ele se admira com o meu espanto:

– Todos os israelenses que estão aqui são iguais a mim. Por que viríamos, se não pensássemos como pensamos?

Ele tem razão, quando paro para pensar, só que agora não entendo qual é a finalidade da conferência.

Talvez a ideia seja fazer os palestinos gostarem dos judeus.

Pode ser, não é?

A pessoa encarregada deste evento é uma alemã que ouviu falar de Israel pela primeira vez através de uma amiga de seus pais, que lhe sugeriu que ela viesse aqui quando era mocinha. Ela não tinha nada melhor para fazer, e veio para o Estado judaico; apaixonou-se por ele e também por um bom homem árabe. Eles moram num bairro em que não vive nenhum judeu e onde nenhum árabe vende ou aluga imóveis a judeus. É uma história de amor tão comovente, que tenho certeza de que Eugène Ionesco a teria apreciado muito, se tivesse vivido para ouvi-la.

O tempo corre, e chegamos finalmente ao lado jordaniano da fronteira.

Um dos israelenses de nosso grupo, reparo, tem um passaporte húngaro, além do israelense. Não há um só carimbo nesse passaporte, e ele realmente não o utiliza. Só o possui por via das dúvidas. Se Israel desaparecer do mapa, ele quer ter um lugar para viver. Muitos israelenses, ele me diz, adquirem passaportes europeus, pelo sim, pelo não.

A paz é o deus desse homem, mas acho que ele é ateu.

Passamos horas esperando na fronteira. Deve ser uma travessia muito movimentada, digo a mim mesmo, e olho para fora, para ver quantos carros estão entrando e saindo da Jordânia, e passo a contá-los, um a um. Total de carros saindo da Jordânia: dois. Conto então o número de ônibus entrando no país. Um. Turistas asiáticos. Uau.

Na sala de espera, um funcionário da alfândega examina a lista do pessoal da KAS que veio a este reino consolidar a paz, e risca em tinta azul todos os nomes judaicos. Conta os judeus, com uma expressão muito séria no rosto.

Retira-se, retorna, e os vistos são concedidos. Os israelenses – os que são judeus entre eles – recebem um visto grupal, o que significa que nenhum poderá ir a parte alguma sozinho. Recebo um visto normal, não sou judeu.

E, pouco antes de entrarmos no ônibus que nos levará de volta ao sul pelo lado jordaniano, somos informados de que não haverá paradas no caminho, ao contrário do que tivemos do lado israelense. Nada de sorvetes, refrigerantes nem banheiros. Vão ao toalete agora, somos aconselhados, porque vai demorar um pouco para vocês verem outro banheiro. Ninguém nos diz o porquê e ninguém pede explicações. A razão é simples: os judeus em terras árabes não estão seguros, mas ninguém quer saber disso, muito menos os próprios judeus. Estamos numa missão de paz, não de micção.

É interessante ver as pessoas deste ônibus, grandes professores dos líderes de amanhã: os árabes ficam com os árabes, e os judeus, com os judeus.

É o primeiro passo para a consolidação da paz, no estilo alemão.

Mas não devo menosprezá-los. A verdade é que a KAS conseguiu uma coisa impressionante: os alemães estão pagando por esta viagem, a agência de viagens contratada para ela é judaica, a gerente de viagens e o motorista são palestinos, os banheiros estão vazios, e o hotel a que logo chegaremos é jordaniano.

Até hoje, nem o presidente Barack Obama conseguiu fazer tal milagre.

Passamos por cidades e vilarejos da Jordânia. Na maior parte do trajeto, vejo casas semiconstruídas, um número incontável de cartazes com o rosto do rei Abdullah e uma pobreza que grita por um sofrimento aterrador. A maioria das pessoas daqui é palestina, e eu me pergunto por que a Catalunha não está construindo deslumbrantes mansões brancas aqui também. Seria realmente uma grande ajuda.

Chegamos tarde ao jordaniano Dead Sea Spa Hotel, e a conferência inaugural acontecerá amanhã de manhã. As verdadeiras conversações de paz entre árabes e judeus, que estão sendo organizadas pelo secretário de Estado norte-americano, John Kerry, e que obviamente não têm relação com nossos esforços aqui, terão início amanhã. Como introdução às conversações de paz de Kerry, um foguete foi lançado para a cidade de Eilat; foi interceptado pelo sistema antimísseis "Cúpula de Ferro".

✧ ✧ ✧

Chegado o momento de se iniciarem nossos procedimentos, tornamos a nos reunir. Em nossas cadeiras encontramos uma tabela impressa, na qual consta que este projeto é financiado pela União Europeia.

Os trâmites são em inglês. Um orador judeu gagueja num inglês ruim, um árabe fala com clareza em inglês e árabe, e um convidado da Noruega fala o inglês mais claro e nos diz que está aqui por vontade própria, o que significa que não está sendo custeado por ninguém. Um homem íntegro, e é ótimo que divulgue isso. Aliás, como ele já está aqui e é ótimo, fará as vezes de nosso orador principal, para substituir a que cancelou a vinda.

Existe um problema, é claro: a maioria dos presentes não entende inglês. Quando me aproximo deles em inglês, perguntando, por exemplo, "De onde você é?", recebo uma resposta, não em inglês, que significa "bom-dia". Acho que a KAS quer ser "internacional", de modo que o inglês é ótimo. Brincadeiras à parte, deve ser uma grande ideia reunir pessoas que não entendem umas às outras e garantir que elas não possam conversar entre si. Trata-se de um conceito profundo, que discutirei num livro de muitos volumes que pretendo escrever sobre o assunto.

Encerrados os discursos – quer dizer, por enquanto –, inicia-se a sessão.

Uma pacifista israelense nos diz para afastarmos as cadeiras, ficarmos de pé e formarmos uma roda. Não é para darmos as mãos, diz ela. Começa uma música árabe e devemos pensar que estamos cozinhando numa cozinha.

Como passo seguinte, depois de havermos "preparado" nossa comida recíproca, devemos ficar de frente uns para os outros e conversar. Ofereço a mão a uma moça jordaniana de *hijab* que está ao meu lado, numa clara violação das normas, porém ela não aperta as mãos de homens, diz. Um jordaniano que, este sim, aperta minha mão, pergunta-me se sou "judeu". Eu lhe digo que não me lembro quem sou, mas que, se não me engano, não sou judeu nem árabe. Ele se opõe a isto, e diz que tenho de ser uma coisa ou outra. Digo que sou alemão. Seja bem-vindo à terra de Sua Excelência, o rei Abdullah.

Etapa seguinte: soa nos alto-falantes uma música ocidental e nos dizem para dançar. Olho para os dançarinos, nenhum dos quais sabe mexer-se com alguma graça, e, por um momento, penso que me largaram num hospício. É realmente bizarro, mas o pessoal parece estar-se divertindo. É uma espécie de esporte para eles, acho. Queimar calorias na academia não precisa de ritmo, precisa?

É uma grande confusão, e uma alemã sugere que façamos uma interrupção para um café. A falta de coordenação nas pernas deve ter sido uma tortura para ela.

✧ ✧ ✧

No intervalo do café, conheço uns jordanianos da cidade de Zarka e alguns palestinos de Jerusalém, mas não consigo localizar ninguém da Cisjordânia. Há aqui uma delegação de Ramallah, segundo me dizem. Onde eles estão? Um homem se oferece para me mostrar a delegação de Ramallah. Não encontra ninguém. Mas isto não quer dizer que eles não estejam aqui; estão. Onde? No toalete, diz ele. Todas as pessoas de Ramallah estão urinando ao mesmo tempo.

Passa-se o tempo, e ele localiza um dos fazedores de xixi. Está bem ali o grupo de Ramallah, diz. Aproximo-me do homem que me é mostrado. Ele é de Ramallah. O homem confirma, é verdade. Em que escola de Ramallah ele leciona? Ah, não, ele leciona em Jerusalém. E onde estão seus amigos, as outras pessoas de Ramallah? Em Ramallah, naturalmente. Aqui não? Não, aqui não. Em Ramallah.

Ramallah é melhor, mais fresca.

Há uma grande diferença entre ter pessoas de Ramallah e pessoas de Jerusalém neste hotel. Jerusalém é governada por Israel, e seus árabes não precisam vir à Jordânia para conhecer judeus. Mas não há judeus em Ramallah, sede do governo palestino, e, se os seus árabes viessem a conhecer judeus, a KAS poderia afirmar-se uma grande casamenteira. Entretanto, ou a delegação de Ramallah está urinando em algum toalete jordaniano, ou está alegremente comendo *falafel* em Ramallah.

O que pensa a KAS, de verdade?

Esse evento alemão da paz custa cerca de 200 mil *shekels* (uns 45.000 euros), diz-me um funcionário. Pelo menos, é mais barato que o *hamam* da Universidade de Al-Quds.

Olho para as pessoas e noto uma diferença marcante entre árabes e judeus. Os judeus mostram-se muito ansiosos por agradar, ao passo que os árabes andam de cabeça erguida e com orgulho. E, enquanto os judeus tentam ocultar sua cultura, não havendo um só deles que use ou exiba qualquer símbolo israelense ou judaico distintivo, os árabes mostram os deles com grande autoestima.

Depois do intervalo, os grupos se dividem em três, designando-se uma sala diferente para cada um: palestinos, jordanianos e israelenses. Há uma regra interessante: os grupos não devem falar de política.

Vou checar o grupo palestino, mas não me deixam entrar. Assim, espero que terminem para descobrir quem eles são. Um louro, uma morena, outra morena e alguns hierosolimitas saem da sala, todos conversando entre si em inglês. Esse grupo "palestino" é composto por estrangeiros que lecionam em escolas palestinas, além dos hierosolimitas.

✧ ✧ ✧

Converso sem pressa com um britânico chamado Warwick, gerente geral do Dead Sea Spa Hotel. Sua mulher, ele me diz, é palestina de Belém.
Muçulmana?
– Cristã. Igreja anglicana.
Quando ela saiu de Belém?
– Na década de 1950, quando os israelenses ocuparam a cidade.
Espere um segundo: havia israelenses em Belém na década de 1950?
– Deixe-me verificar.
Ele pega seu *smartphone* e verifica.
– Ah, 1967 – corrige-se.
Que bom que ele sabe usar o Google para descobrir quando sua mulher saiu de Belém. Adoro esses britânicos.

✧ ✧ ✧

Volto ao evento da KAS.
Ao entrar, ofereço a mão a um dos homens árabes. Ele responde com a pergunta:
– Você é judeu?
Não, eu digo: sou metade americano e metade alemão. Ele aperta minha mão.
Vem a noite. Termina o jantar e sentamos do lado de fora, ouvindo a música árabe alta tocada por uma banda local. Ofereço-me a um dos israelenses, para quem essa é a primeira vez num país árabe, para lhe mostrar Amã. É uma cidade agradável, eu lhe digo, e eu não me importaria em dirigir até a capital com ele. O homem está doido para conhecer Amã, segundo me diz, mas não tem permissão para sair do hotel.
Por quê?
Foi informado pela KAS de que "não posso sair do hotel":
– Disseram isso a todos nós. Não é seguro para os judeus na Jordânia. Ainda há poucos dias, um membro do parlamento jordaniano conclamou a sequestrar israelenses na Jordânia, se houvesse algum, e a os manter como reféns.

Entre uma batida e outra da música, sento-me para conversar com uma jordaniana.

– Sou jordaniana hachemita – diz ela, fazendo seu doutorado, no momento. É animada, independente e ainda solteira. Ainda não apareceu nenhum homem suficientemente bom para ela, ao que diz sua mãe, e, em sua sociedade tradicionalista, é a mamãe quem decide questões como o casamento.

Esta não é a primeira vez que ela participa de um evento alemão de paz. Ela adora os alemães e tem uma opinião formada sobre os judeus.

– Para ser sincera com você, sempre achei que os judeus eram uma espécie de animais.

E o que acha agora?

– Fui levada a Jerusalém, para visitar al-Aqsa e o Santo Sepulcro, e, quando estava lá, vi a região e o que os judeus construíram. Eu não sabia que eles estavam construindo cidades, mas, quando vi o que tinham construído, percebi que não deixariam aquela área.

Quem são os judeus, o que você pensa deles?

– Invasores. Não tenho problema, eu lhe digo a verdade.

Você se importaria se alguns deles viessem morar aqui na Jordânia?

– Não, eles não devem vir para cá. Não!

E que tal os norte-americanos?

– Que tipo de norte-americanos?

– Americanos normais, bons cristãos.

– Eles podem vir para cá viver conosco. Não há problema.

E os judeus americanos?

– Não, não. Não se deve deixar que eles vivam aqui. Não.

Nada de judeus na Jordânia?

– Desculpe. Sem judeus aqui.

Você é uma cristã devota?

– Sou!

Jesus Cristo era judeu?

– Não. Ele foi morto pelos judeus!

Isso significa que não poderia ter sido judeu?

– Se ele fosse judeu, os judeus não o teriam matado!

Quem matou Saddam Hussein?

– Por que me pergunta isso?

Quem matou Muamar Kadafi?

– O que está tentando dizer?

Diga-me você. Você quer o grau de doutora, deve estar apta a responder a essas perguntas.

— Eles são árabes, ambos, e os árabes os mataram.

O que isso significa, minha cara doutora?

— Está bem, entendi. Se os judeus mataram Cristo, isso não prova que ele não fosse judeu. Certo. Nunca pensei nisso, mas agora terei que pensar.

A propósito: como você sabe que os judeus mataram Jesus?

— Todo mundo sabe.

O que dizem as Escrituras Sagradas?

— Na Jordânia, ensinam que os judeus o mataram. Todos ensinam isso: os romanos, os protestantes.

Mas o que dizem as Escrituras Sagradas?

— Não sei. Tenho que pensar nisso.

Por que pensar? Por que não consultar as Escrituras, abrir a Bíblia e ler?

— Não foram os judeus?

As Escrituras dizem que os romanos o mataram.

— Para mim, isso é novidade.

Talvez hoje ou amanhã você possa abrir as Escrituras e verificar.

— Amanhã quero tirar uma fotografia com você. Pode ser?

Quando quiser.

Nós nos despedimos com um boa-noite.

✧ ✧ ✧

Ramzi Nazzal, o dono do Dead Sea Spa Hotel, conta-me como surgiu seu hotel: fazia anos que uma agência de turismo alemã levava pacientes alemães com psoríase ao mar Morto, em Israel. Em 1986, alguns executivos da empresa procuraram Ramzi com uma ideia: desviariam seus pacientes para a Jordânia, se ele construísse um hotel do lado jordaniano do mar Morto.

Algumas pessoas se dispõem a ir muito longe só para ter certeza de que judeus ganhem menos dinheiro.

✧ ✧ ✧

Enquanto os participantes da KAS se ocupam com mais manobras semelhantes à dança, eu me dedico a conversar com o norueguês da "Resolução de Conflitos", o principal especialista de nossa reunião da KAS.

Como ele não está sendo pago, peço-lhe que me explique por que está aqui, por que se deu esse trabalho e exatamente o que o motivou. Em suma, como é que se cria um bom samaritano como ele?

O que produz um herói?

Ele fica perplexo com minha pergunta. Eu não sabia, pondera, que a essência da cultura norueguesa é cuidar das pessoas?! Não, eu não sabia. Eles cuidam? Ele cuida? Será, por exemplo, que ele se importa com outros conflitos: os hútus e os tútsis, os curdos e os tibetanos, os tchetchenos e os albaneses, os iraquianos e os coptas, os afegãos e os ciganos, para citar apenas alguns?

Ele me lança um olhar nervoso e quer saber de que lado estou. Você é j..., começa a perguntar, mas para antes mesmo do som do "u".

É um momento estranho. Deixo a coisa ficar assim por um minuto, sentindo-a. Mas então me compadeço dele e lhe digo que sou alemão.

Ele fica aliviado. Os alemães são bons, e continuamos a conversar.

O que pensa o povo de seu país sobre o conflito árabe-israelense?, pergunto. De que lado ele está? Essa é fácil de responder. Ele é um intelectual que entende de seu riscado. Noventa por cento dos noruegueses tomam o partido dos palestinos, ele me diz, por acharem que Israel é racista e que Israel é um Estado do *Apartheid*. E o que você acha?, pergunto. Bem, ele acha que seus conterrâneos têm razão. Os noruegueses, diz, ficam em sintonia com as minorias fracas. Sempre o fizeram, fazem e farão. Essa é a história da Noruega, e será também seu futuro. Gente boa.

Pergunto se ele sabe dizer-me como agiram os noruegueses durante a Segunda Guerra Mundial.

Ele quer saber por que estou bisbilhotando a história de seu país.

Sou alemão, eu lhe recordo, e os alemães falam da Segunda Guerra Mundial. É um estranho hábito nosso.

O homem me olha com certo mal-estar, mas nenhum norueguês como ele mentiria para um alemão como eu.

Nós não gostamos de admitir, diz em voz baixa, mas colaboramos com os nazistas.

Forço um pouco mais e indago se isso incluiu mandar judeus para alguns fornos.

Sim, diz ele, com as mãos meio trêmulas e um tique nervoso no rosto.

Mas não é meio estranho – compartilho a observação com esse estudioso – que pessoas sintonizadas com os sofrimentos das minorias, como sempre foi o caso dos noruegueses, mandem a minoria fraca dos judeus para os fornos?

Ele não responde.

É sorte minha ele acreditar que sou alemão. Se achasse que sou judeu, provavelmente me diria para parar de reclamar "dessa história de Segunda Guerra", uma vez atrás da outra.

Para sorte dele, a KAS muda de conduta e resolve lhe pagar, de qualquer modo. Seus serviços para a organização, como um homem que pensa que os judeus são racistas, e os palestinos são almas puras, são preciosos demais para não serem remunerados.

✧ ✧ ✧

A conferência da KAS termina, e atravesso de volta para Israel por minha conta, pegando o caminho mais curto. Embarco num "especial", um táxi para mais de um cliente, rumo a Jerusalém, sentado ao lado de uma moça de aparência intelectual.

Conversamos.

Ela é de Belém e trabalha para uma organização não governamental voltada para a preservação do meio ambiente.

Pergunto-lhe quantas ONGs há neste país.

– Milhares. Só em Belém temos cerca de uma centena.

Ela se chama Nur, e é mesmo uma intelectual. Estudou muito e pratica o que sabe. É bem remunerada, diz, e vive com muito conforto, graças aos norte-americanos, aos alemães e ao resto da União Europeia, que pagam seu salário.

– Na Palestina, a economia é uma ONG. A palestina é uma nação ONG. Nós a chamamos de "ONG Palestina". Quem paga os nossos governantes? As ONGs. Quase nada se fabrica aqui, nada cresce nem é produzido aqui, exceto as ONGs. É isso.

Você se contenta com isso?

– A curto prazo, sim. Mas, a longo prazo, isso nos matará. Um dia, as ONGs irão embora, e não teremos nada. Não é saudável um país viver de esmolas. Temos um governo fraco e um dia pagaremos por isso. Isso não é real.

Você sabe de outros países que vivam assim?

– Só a Palestina.

O mundo ocidental só se importa com vocês?

– Não. Os judeus o mandam fazer isso!

O quê?

— Eles jogam todo seu dinheiro aqui na Palestina porque sabem que, se não dessem dinheiro aos palestinos, os judeus teriam que fazer isso, porque Israel é uma força de ocupação, e os ocupantes têm que pagar aos povos ocupados.

É mesmo? Digo, os norte-americanos e os europeus querem poupar o dinheiro dos judeus?

— Por que outra razão agiriam como agem?

Onde você esteve com sua ONG na Jordânia?

— Em Ácaba.

O que fez lá?

— Fizemos um seminário de três dias para professores, para ajudá-los a ensinarem aos seus alunos sobre o meio ambiente e os recursos hídricos.

Outro seminário para professores, organizado por outra ONG, também na Jordânia. Seria ótimo saber quantas ONGs estão fazendo seminários na Jordânia num dado momento.

Antes de eu sair do hotel, Warwick, o britânico, me dissera:

— Aqui tudo pode acontecer. Se alguém chegasse para mim e dissesse "há umas cabras sobrevoando o hotel", eu perguntaria "quantas?".

✧ ✧ ✧

De volta à casa, sento-me para ler o que há de novo no mundo, e é o seguinte:

1. Mais de quinhentos defensores egípcios do movimento da Irmandade Muçulmana foram mortos pelas forças de segurança do governo egípcio; os ativistas da Irmandade atearam fogo a quarenta igrejas e prédios coptas.
2. O secretário geral das Nações Unidas encontra-se no Oriente Médio neste momento, exortando à paz e à estabilidade.

Parece ótimo, não? Bem, há um senão. O homem da ONU não está no Egito; está em Israel. Milhares e milhares de pessoas têm morrido no Oriente Médio, ultimamente, mas a ONU está ocupada com Israel. É preciso ser norueguês ou uma ONG alemã para achar que isso faz pleno sentido.

Portão 16

Gatos, a ONU e os Escolhidos Dourados

Quando os seres humanos me decepcionam, acho que é hora de eu conhecer melhor meus gatos.

Vou ao meu jardim, mas, quando me veem, eles saem correndo. Não me querem, deduzo, e penso num esquema para conseguir que a KAS os faça amarem-me. Penso numa dança da KAS, mas aí eu precisaria de uma infusão de 200 mil *shekels*. Talvez eu deva ligar para a Suhrkamp, em Berlim; ela é minha casa editora e deveria fazer uma transferência eletrônica do dinheiro para tão boa causa. Mas, então, penso: por que não tratar os gatos com o mesmo respeito com que tratei a moça hachemita?

Gostaria de ter uns ossos aqui, mas não tenho.

Leite. É isso que tenho. Entro em casa, pego um prato de sopa, encho-o de leite e o coloco do lado de fora.

É leite *kosher*, e espero que os gatos fiquem satisfeitos com ele.

Torno a entrar em casa e observo.

Uma gata vem beber o leite e acaba com ele num minuto.

Devia estar faminta, ou sedenta, ou ambos.

Dou-lhe mais.

Outra gata vem-se chegando. Essa é maior e mais forte.

A primeira gata, ainda com fome ou com sede, espera que a mais forte a deixe beber mais, porém a mais forte não deixa.

O prato torna a ficar limpo.

Encho-o mais uma vez.

A gata forte dá a partida, depois recua um passo, e a primeira gata arrisca a sorte. Consegue dar umas quatro ou cinco lambidas, até a mais forte se aproximar do prato.

O prato torna a esvaziar, e eu o encho de novo.

Agora a gata mais forte deixa a primeira beber junto com ela.

Assim continuam por mais um minuto, e então a mais forte retira a permissão, e a mais fraca se afasta.

A gata mais forte usufrui sozinha do prato, mas depois se afasta um pouco. A mais fraca volta.

Observo as gatas, criaturas que mal começo a conhecer, e penso: gatos conhecem as manhas da rua, especialmente esses gatos vadios, e conhecem as regras da natureza melhor do que eu. A regra que têm aqui, até onde posso perceber, é esta: a razão é dos poderosos. Será que os seres humanos são iguais, ou são diferentes? O secretário geral da ONU, que está agora nesta terra, representa um corpo humano coletivo que, vez por outra, decide aprovar sanções contra um país de sua escolha, ou até autoriza uma invasão desse país. Na prática, essas decisões são aprovadas no Conselho de Segurança da ONU, o que significa os membros que compõem esse conselho. Quem são eles? Bem, os membros do conselho mudam, exceto pelos mais importantes dentre eles, os membros permanentes que têm poder de veto. São a China, a França, a Rússia, o Reino Unido e os Estados Unidos. Como eles chegaram lá? Foram os vencedores da Segunda Guerra Mundial. E daí? Bem, a razão é dos poderosos. Como entre os gatos lá fora.

Muitas vezes, quando ando pelas ruas desta terra, vejo carros da ONU, em geral estacionados onde meros humanos como eu não podem estacionar, porque têm imunidade, e eu não. A razão é dos poderosos. A ONU também opera um órgão especial, chamado UNRWA – United Nations Relief and Works Agency for Palestine Refugees[1] –, que, de acordo com a literatura dessa organização, ajuda uns cinco milhões de refugiados palestinos. De onde eles tiraram esse número enorme, realmente não sei, mas talvez eu deva visitar um acampamento da UNRWA durante minha viagem atual.

Agora as gatas se foram, provavelmente para cuidar de várias atividades sociais nas calçadas e embaixo de carros estacionados, e tenho um probleminha.

---

1. Agência das Nações Unidas de Assistência aos Refugiados da Palestina. [N. E.]

É noite de sexta-feira, e estou em Jerusalém, onde está tudo fechado. O que posso fazer com meu tempo?

Bem, os *haredim* que se certificaram de que as lojas ficassem fechadas hoje não estão sentados em casa, sem fazer nada. Divertem-se com atividades sagradas, e por que eu não deveria juntar-me a eles?

◇ ◇ ◇

Embrulho meu *zekel beiner* ("saco de ossos", ou seja, eu mesmo) e vou até o mais extremo desses grupos, o Toldos Aharon, aquele cujas criancinhas visitei há algumas semanas. Visto uma camisa branca e calças pretas, escondo meu iPhone e meus cigarros, ambos de uso proibido no sabá, e ponho um quipá preto. A vida é um teatrinho.

O *rebbe* (grão-rabino) deve ter voltado de suas férias de verão na Áustria, e, esta noite, às 23h, segundo me dizem, conduzirá um *tish* (mesa). Isso significa que fará sua refeição noturna da sexta-feira em público, envolvido e cercado por seus seguidores, enquanto santos anjos o rodeiam.

Entro no Toldos Aharon.

O lugar está vazio.

Que aconteceu com o *tish*?

Ora, como pude esquecer? Já morei neste bairro, e deveria saber. Sim, ele começa às 23h, e são 23h, mas não são realmente 23h! São 23h no resto de Israel, mas o pessoal daqui usa seu próprio relógio, o Tempo Celestial, e, de acordo com seu relógio, agora são apenas 22h.

O bom é que há outro *tish* acontecendo no bairro. O pai do *rebbe*, um famoso milagreiro, tinha dois filhos e, quando morreu, a dinastia chassídica dividiu-se em duas. O outro *rebbe* começa seu *tish* às 22h. Tempo Celestial que é exatamente agora, 23h.

Vou até o rabino. E ele faz o *tish*.

No sabá, ou *shabbes*, como se pronuncia aqui, os seguidores vestem roupas de festa, o que, neste local, significa usar um chapéu de pele chassídico maior do que a média, chamado *shtreimel*, e túnicas douradas com finas listras azuis, além de um cinto especial branco e dourado, o *gartel*.

Eles têm um aspecto belíssimo e surpreendentemente elegante. Esses homens, permita que eu lhe diga, são os únicos varões humanos que sabem vestir-se. Uma pintura. Em suma, são lindos. Como é, eu realmente gostaria de saber agora, que todos os outros homens do planeta se vestem com as roupas mais horrorosas que a mente humana já conheceu? Sem falar na maioria dos meus amigos *gays*, que pensam que roupa humana quer dizer camiseta. Venham aqui, ó, homens *gays*, e vejam como os homens podem realmente ficar lindos!

Uma imagem marcante.

Esses belos homens levam meros minutos para transformar sua sinagoga numa arena, inclusive com uma arquibancada em que podem ficar de pé para ver seu rabino comer e beber. Homens vendo um homem comer.

Isso é um espetáculo *gay* ou o quê?

Não, não, Deus nos livre. Os rabinos são homens santos, e vê-los comer e beber é a melhor cura para todas as doenças, do corpo e da alma.

O *rebbe* fica de pé à frente de sua cadeira majestosa, enquanto a multidão de dourado o fita e canta para ele: "ai ai ai, na, na, na, la, la, la, da, da, da, ai, ai, ai, oi, oi, oi, ai, ai, ai". Repetidas vezes, cada vez mais alto.

Dois pães, os *khallahs*, estão diante dele. Cada um é do tamanho de um míssil médio, enorme, coberto por pedaços de pano altamente decorados. Em volta dele há jarros e copos de ouro e prata que reluzem brilhantemente, do estilo e do tipo pertencentes aos mais ricos soberanos. Seis criados, aqui chamados de *shamashim*, encontram-se a postos para servi-lo.

Ele assoa o nariz.

Todos olham, para ver como um santo homem assoa o nariz.

É importante saber.

Um criado serve o vinho.

Todos começam a cantar.

E, assim que começam, param.

O rabino pega sua taça de vinho.

Todos cantam de novo. Alto.

O rabino abre a boca. Baixinho, com uma dicção irreconhecível, e mal consigo ouvir uma sílaba. Todos se calam. Então, ele grita alguma coisa, com a voz muito indistinta, mas seus seguidores não se importam. Ele é um homem santo, diretamente ligado a Deus, e, diga o que disser, Deus o compreende. Deus entende a linguagem de gatos, cachorros, leões e pássaros, e com certeza entende a linguagem desse Santo Rabino.

Passa-se o tempo. Logo dará meia-noite, quer dizer, 23h. Tempo Celestial, e eu gostaria de também ver o outro *rebbe*.

Vou até lá.

O *rebbe* ainda não chegou, apenas seus seguidores, que estão à sua espera.

Também eles são pessoas douradas.

Um bom número deles, aliás, é louro. Esta é a mais alta concentração de judeus louros que vi até agora nesta terra. Judeus louros vestidos de dourado. Excelente combinação.

Enquanto ele não chega, verifico o que os Dourados estudam neste lugar.

Leio: "Na sexta-feira, na preparação para o santo *Shabbes*, o judeu deve cortar as unhas. Como cortar as unhas? Assim: primeiro, corte a unha do quarto dedo da mão esquerda, depois, do segundo dedo, depois, do quinto, depois, do terceiro, depois, do primeiro. Troque de mão e comece cortando a unha do segundo dedo, depois a do quarto, depois a do primeiro, do terceiro e do quinto. Faça isso e você estará salvo".

Bingo!

O rabino entra, e uns mil seguidores o saúdam com um "ai, ai, ai" quase interminável. Esse rabino parece ter mais energia que seu irmão, o que talvez explique por que tem mais seguidores.

Ele emite alguns sons sofridos, e eles o ouvem. Não sei direito, mas a dor pode significar sua saudade do hotel da Áustria. Ele faz uma tentativa de cantar, e todos respondem em voz alta: "Oi, oi, oi".

Se entrasse aqui, uma pessoa de fora e não religiosa pensaria, provavelmente, que essas pessoas são completamente malucas, praticantes de culto submetidos a uma lavagem cerebral, que entram num barato ao ver seu líder espirrar. Essa pessoa de fora estaria certa, aliás, e isso me lembra o que eu sentia ao ver pessoas instruídas, nos Estados Unidos e na Europa, gritando de empolgação ao verem o presidente Barack Obama levantar uma das mãos ou mexer com o nariz.

Será que essas Pessoas Douradas se assemelham de algum modo aos intelectuais judeus laicos de Tel Aviv? Nem um pingo. Estes judeus, apesar de tão antissionistas quanto seus irmãos de Tel Aviv, são pessoas orgulhosas, e se vestem um milhão de vezes melhor do que os outros. São os Dourados Escolhidos, os Gostosos e os Lindos.

✧ ✧ ✧

Deixo os Garotos Gostosos e volto para meus gatos vadios. Não os vejo. Ponho uma grande porção de leite do lado de fora para eles, pelo sim, pelo não. Em segundos, eles vêm voando, sabe Deus de onde, a família inteira, acrescida de um novo parente que eu nunca tinha visto, e todos bebem juntos. E dois deles, sem a menor vergonha e fazendo isso bem diante de meus olhos, começam a transar em meu Jardim Sagrado, para todo mundo ver. Se os Dourados Escolhidos vissem isso, gritariam tão alto seu "oi, oi, oi" que todos os mortos do Monte das Oliveiras pulariam de suas sepulturas, em danças extasiadas.

No Egito, os homens morrem como moscas; na Colônia Alemã, os gatos fazem amor. Eu vou dormir.

Portão 17

Patrocinados pela Comissão Europeia, adolescentes italianos vêm à Terra Santa tirar fotografias de palestinos sem teto

O tempo passa e conheço toda sorte de pessoas e baixo toda sorte de aplicativos. Por exemplo, este, que é capaz de me dizer que ônibus da cidade passa mais perto de mim. É incrível como as coisas funcionam, a vida real num *chip*. Não há horários impressos em nenhum ponto de ônibus da área, apenas o iPhone. Por que não podem fazer isso em Nova York? Meu iPhone conecta-se com o GPS dos ônibus em toda parte e sei dizer onde está um deles a qualquer hora. Será que é exato? Vamos ver. Que ônibus estão circulando? Aqui diz que o ônibus número 18 está chegando. Será? Sim, bem ali adiante, eu o vejo chegar.

Deixo-o passar, e olho em volta. Vejo aqui um bando de soldados beduínos da Força de Defesa de Israel, que parecem sentir-se bem à vontade de uniforme do exército. Ali há um bando de russos. E, acolá, um bando de judeus religiosos norte-americanos, falando com o sotaque de Los Angeles. Engraçado. E aqui está um alemão que me cumprimenta. Mais adiante, um grupo de franceses, e aqui, um casal de etíopes. E, então, mais alguns alemães, e, depois, alguns britânicos. Esta rua lembra muito as Nações Unidas, só que sem Conselho de Segurança; aqui ninguém tem poder de veto.

Pego o ônibus seguinte. Hoje me encontrarei com um guia de turismo israelense e um grupo de adolescentes italianos, numa viagem educacional providenciada por uma instituição italiana de Milão.

✧ ✧ ✧

Encontramo-nos na Porta de Damasco/Bab al-Amud/Sha'ar Shkhem, e rumamos para uma "aldeia árabe destruída pelos judeus em 1948".

Ótimo.

Itamar Shapira, o guia contratado pelos italianos, conduzirá o passeio.

– Bem-vindos a Israel, Palestina – ele nos cumprimenta no ônibus, que pertence a uma empresa árabe e é dirigido por um árabe. Itamar é o único judeu aqui.

Hoje nos será oferecida uma excursão de pesquisa que nos ensinará sobre a ocupação israelense e a anexação de terras árabes em Israel, na Palestina.

– Jerusalém tem novecentos mil habitantes: 36 por cento árabes, vinte por cento ultraortodoxos, dez por cento laicos, que são a elite israelense de origem europeia, e o resto são as criaturas monstruosas, os colonos.

Assim diz Itamar, enquanto o ônibus avança rumo ao seu destino. Uma *van* policial segue do nosso lado, e Itamar explica:

– Esse é o "gambá", um veículo usado pela polícia para dispersar manifestantes.

A impressão que todos temos, e acho que é para ela que Itamar nos guia, é que Israel é um Estado policial.

Seguimos em frente até chegar ao nosso primeiro destino, na entrada principal de Jerusalém. A "aldeia" é um grupo de casas desertas, chamado Lifta. Saltamos e começamos a andar, descendo o morro. Itamar avista uma área de sombra e paramos para ouvir uma breve aula. Os judeus "tomaram este vilarejo em 1952", depois de aprovarem uma nova lei, quando também se apossaram de "92 a 94 por cento do resto de Israel", dentro do que é chamado de Linha Verde. Foi por meio dessa lei, ele acrescenta, que "os judeus expropriaram terras pertencentes aos árabes em toda parte".

Os jovens italianos ficam de pé ou se sentam em volta de Itamar e escutam. Tiram retratos, alguns anotam tudo que ele diz, e todos mostram-se intimamente envolvidos, como se este pedaço de terra fosse de seus avós. Olham para as estruturas desertas das casas antigas como quem olhasse para seu lugar favorito na infância, e se irritam por vovô e vovó não estarem mais aqui. Nenhum ser humano que passasse e os observasse adivinharia, nem em um milhão de anos, que esses garotos chegaram ainda ontem ao Aeroporto Ben Gurion, e pela primeira vez, ainda por cima.

Itamar tem mapas que utiliza para nos ensinar história e adora falar dos "judeus". Quantos judeus existem no mundo?, pergunta um dos jovens. Itamar responde que é difícil saber:

— Há quem diga que há cinquenta milhões de judeus no mundo, outros dizem doze milhões.

Ele é judeu?

— Não me considero judeu, considero-me um ex-judeu.

Eles riem. E então, um pergunta: os cristãos podem tornar-se cidadãos de Israel?

— Você pode converter-se ao judaísmo, tornar-se judeu e se tornar cidadão. Mas eu não o aconselharia a se tornar judeu.

Agora os italianos riem mais alto.

Tiro um momento para falar com a organizadora do grupo italiano, uma moça chamada Alice. Pergunto-lhe que organização está por trás dessa viagem, e quanto custa tudo aquilo.

— Esta viagem foi organizada pela Casa per la Pace Milano, uma organização pacifista, a fim de fornecer formação na educação pela paz. Cada pessoa paga cerca de mil euros por duas semanas em Israel e nos territórios ocupados.

Alice está visitando a terra dos ocupantes pela quarta vez. Tudo começou há alguns anos, quando ela passou três meses em Nablus e se apaixonou pelo povo palestino.

Em quantos outros países a Casa per la Pace Milano está interessada?

— Israel tem desafiado e violado o direito internacional, não cumpre os acordos que assina, não respeita os direitos humanos e é uma força de ocupação.

Entendi. Mas a quantos outros países a Casa per la Pace Milano organiza viagens? Ou será, talvez, que Israel é o único país do mundo que não respeita os direitos humanos?

— Existem outros países, sim, existem.

E a Casa per la Pace Milano também organiza viagens a esses países?

— Não, não. Só para cá.

Mil euros, incluindo voos, excursões, hotel, alimentação e o que mais houver?

— Sim, mil euros. Mas não publique a matéria antes do mês que vem, está bem?

Por quê?

— Os israelenses me expulsariam se soubessem...

Mil euros são muito pouco. Quem está pagando o resto?

— A Comissão Europeia.

Então, a Comissão Europeia está financiando essa viagem, certo?

— Sim.

Tiramos uma fotografia juntos. No mês que vem, quando houver voltado à Itália, Alice adoraria ver sua foto publicada.

Pergunto-lhe se, em nome de olhar para todos os lados, ela e seus amigos também visitam o outro lado, os judeus, e ouvem o que eles têm a dizer.

Bem, ela me responde, hoje e amanhã o grupo está com os judeus, quer dizer, com Itamar, e depois estará com os palestinos. Com isso, eles verão os dois lados.

Não admira que Silvio Berlusconi tenha sido o primeiro-ministro com o mandato mais longo na Itália do pós-guerra. Os italianos levam séculos para sacar que não fazem sentido.

Tiro um momento para pensar no que acabou de ser revelado. A Comissão Europeia, ou seja, a União Europeia, está financiando viagens de jovens europeus a Israel, viagens educacionais, é claro. Essas ONGs financiadas pela UE sabem exatamente de quais guias de turismo querem servir-se, guias como Itamar. Em outras palavras, as ONGs vasculham a terra à procura dos "melhores" judeus, os ex-judeus, que são a garantia de que se dirão as piores coisas sobre Israel e seus judeus. Por que, pelo amor de Deus, a União Europeia os está financiando?

Continua a viagem. Os italianos querem comer e são levados à Porta de Damasco para almoçar em restaurantes árabes. De lá seguirão viagem e verão mais provas do tratamento ilegal e brutal dos palestinos pelos israelenses.

✧ ✧ ✧

Enquanto eles vão almoçar, tiro algum tempo para me encontrar com Gerald M. Steinberg, que fundou a ONG Monitor, de inclinações direitistas, a qual supostamente "observa os observadores".

Chego de táxi ao seu escritório. Este, que é bem simples, é formado por quinze empregados que "monitoram cerca de 150 ONGs internacionais" com atuação em Israel e na Palestina, ou monitoram aquelas que se dedicam a essa questão.

Dentre essas 150, ele me diz, "pelo menos cinquenta são financiadas pela Alemanha ou por fundações alemãs".

E de que lado estão?

– Todas são pró-palestinos.

A ONG protestante alemã Brot für die Welt[1], ele me diz, "é uma das piores". Financia grupos sociais que tentam "convencer os jovens israelenses a não se alistarem no exército".

Como você explica que os alemães sejam tão favoráveis aos palestinos?

– Eles seguem a massa. As ONGs se iniciaram na Escandinávia, e a Alemanha foi a última a entrar no mundo dessas organizações e no mundo do antissemitismo e das atividades antissionistas.

Pergunto a Gerald se ele também sabe quanto dinheiro tem fluído da indústria cinematográfica e televisiva alemã para os filmes israelenses.

Gerald me dá um olhar de completo susto. Por algum motivo, nunca havia pensado nesse pequeno gênio na garrafa. Nem sabe como verificar isso, mas vai tentar.

Isso me lembra que Alesia Weston, da Cinemateca, tinha prometido dar-me uma resposta a esse respeito, mas não deu. Mando-lhe um *e-mail*.

✧ ✧ ✧

O tempo voa, e tenho que me reencontrar com os italianos. Telefono para o Itamar, só para me certificar de que o grupo ainda está na Porta, mas ele não atende.

Ando pelas ruas e vejo numa parede um cartaz sobre um rabino chamado David Batsri, que está "corrigindo os pecados" das pessoas na *yeshivá* que dirige. Parece interessante, não é?

Isso é melhor, muito melhor do que qualquer aplicativo inventado por qualquer gênio israelense da alta tecnologia!

---

1. Pão para o Mundo. [N. T.]

Portão 18

Ordenado por Deus e pelos anjos, um rabino salvará você de se transformar numa jumenta

Como seu nome implica, David Batsri é da comunidade sefardi, e, pela leitura do anúncio, parece fazer parte do mundo sefardi *haredi*, politicamente conhecido como Shas. Essa parte da sociedade tem números enormes e é muito poderosa. São judeus originários de terras árabes, mas que ficaram sob a influência de rabinos asquenazes fanáticos. Como resultado, estudam como um alemão, e fantasiam como um árabe. Pode ser uma grande mistura, mas também pode resultar numa enorme confusão.

Vejamos como as pessoas do Shas se misturam.

O rabino Batsri não está atendendo quando entro em sua *yeshivá*, mas há outros rabinos presentes, e pelo menos um deles, creio, é filho de Batsri.

Todos os presentes, aliás, foram instruídos a jejuar o dia inteiro, como parte do apagamento de seus pecados. O apagamento dos pecados é muito importante, aliás. É que, saibam todos: se você derramar sua semente, mesmo apenas uma vez em sua vida, será mandado para arder no inferno pelo resto da eternidade.

É claro que, de acordo com o rabino Batsri, que entra alguns minutos depois, e dos outros que aqui estão, os quais, por sua vez, seguem o primeiro, Deus é misericordioso, especialmente com seu Povo Escolhido. É por isso que está oferecendo uma solução para o derramador de sementes: se ele jejuar durante 420 dias, diz Batsri, o pecado do derramamento será perdoado.

Só para que ninguém confunda a realidade neste ponto, o rabino está oferecendo a todos os presentes uma folha impressa com os dias de jejum para os diferentes pecados. Assassinato: 1.199 dias de jejum livrarão sua cara. Dormir com uma mulher casada: 325. Masturbação: 4.000. Sim, não é erro tipográfico: brincar com o pênis é pior que assassinato. Você terá esse pecado perdoado e esquecido se e *apenas se* jejuar por 4.000 dias. Em outras palavras, onze anos.

Em geral, diz o rabino, cada indivíduo presente deverá jejuar por 26.249 dias, se quiser ser purgado de todos os pecados. Em outras palavras, 72 anos.

Como é que nós, os Escolhidos, poderíamos sobreviver a uma vida inteira sem alimento?

De repente, o Ramadã parece realmente, realmente legal. Ainda posso converter-me ao islamismo?

O rabino Batsri não se impressiona com minhas preocupações. Nas páginas seguintes que nos são entregues, ele lista o seguinte: "O homem que mantiver relações sexuais com sua mulher durante a menstruação reencarnará como uma gentia. O homem que mantiver relações sexuais com uma mulher casada reencarnará como um asno. O homem que mantiver relações sexuais com sua própria mãe reencarnará como uma jumenta. O homem que mantiver relações sexuais com a mulher de seu pai reencarnará como um camelo. O homem que mantiver relações sexuais com uma gentia reencarnará como uma prostituta judia".

E, a seguir, ele esclarece: não temos que praticar nenhum dos atos listados acima para reencarnar como jumenta ou prostituta judia. Não. Deus, diz ele, nos trará de volta à vida como jumentos se meramente imaginarmos dormir com uma mulher casada, ou como camelos se apenas sonharmos com um romancezinho com a mulher de nosso pai.

Está claro, mais do que claro, que o rabino Batsri não vai gastar seu tempo conosco, terríveis pecadores que somos, só por gostar de nos assustar. Ele tem coisa melhor para fazer na vida que desperdiçar seu tempo com jumentos eventuais, como o resto de nós.

A razão de o rabino estar aqui é que ele é um homem de boas novas. Ciente de como é terrível estar em nosso lugar, ele teve uma audiência com Deus e os anjos, Gabriel e Rafael, e os três bolaram um plano brilhante: um pagamento pelo jejum. Sim. Você pode pagar, em vez de jejuar. E é assim que funciona: um *shekel* reduz um dia de jejum. Baratinho, não é? Hoje o rabino está de bom humor e disposto a fazer um esforço especial por nós, no que chama de parcelamentos: com 101 *shekels* por mês, durante 26 meses, seremos purgados dos pecados que hoje nos sobrecarregam. É claro que, se voltarmos a pecar, precisaremos acrescentar outro valor. Mas, por enquanto, é muito simples: 26 meses à razão de apenas 101 *shekels* por mês. Deus é misericordioso.

Há outros planos disponíveis para a purgação dos pecados, nos termos do acordo do rabino com Deus e os anjos: Pague por Pecado. Esse funciona de maneira realmente, realmente simples. Suponhamos, por exemplo, que você tenha matado seu vizinho. Mande 1.199 *shekels*, e ficará branco como a neve. Masturbou-se? Não há problema. O céu aceita cartão Visa. Dê seu número do Visa, deduziremos 4.000 *shekels* de sua conta, e você ficará simplesmente perfeito, muito bem, purgado desse pecado. É claro que, se você se masturbar duas vezes, serão apenas 8.000 *shekels*. Toda vez que encostar em seu pênis, lembre-se, serão menos 4.000 *shekels* em sua conta bancária. Quanto mais você fizer, mais pagará. Quanto menos fizer, menos pagará. E, por favor, não pense em sexo com a mulher do próximo, senão o Visa vai fazer hora extra para deduzir cifras de sua conta bancária.

As pessoas à minha volta, acredite ou não, pegam seus cartões de crédito.

E não é só. Pessoas que parecem normais, a não ser nesse aspecto, são comandadas pelos auxiliares do rabino que circulam pelo local. "Ainda não!", eles gritam com aqueles que entregam o cartão de crédito depressa demais.

O que se segue é uma cerimônia. Aqueles que estão prestes a ver limpas suas contas no banco e com o Visa recebem ordem de amarrar os pés com barbantes especiais que lhes são entregues. Isso é para purificar a alma, porque Deus não levará o dinheiro dos que não forem humildes.

Assustadoramente, as pessoas obedecem às ordens. Saio do local desanimado e chocado.

Quem disse que os judeus são inteligentes?

Penso nos gatos vadios de meu jardim e em como ficaram felizes fazendo amor em público. É muito provável que reencarnem como prostitutas judias. Vai ser divertido.

Portão 19

A Comissão Europeia vem cordialmente convidá-lo para uma missão de investigação, conduzida por um ex-judeu que o levará ao Museu do Holocausto, em Jerusalém, e desvendará a verdadeira face dos judeus mentirosos, brutais, assassinos e sifilíticos, mortos e vivos

No dia seguinte, torno a me encontrar com o ex-judeu Itamar e os italianos. Hoje eles irão a Yad Vashem, não a uma outra Lifta, e me pergunto como se sentirão no Museu dos Judeus Mortos.

Itamar conduz a excursão, mas não é apenas um guia de turismo: é também um educador e, ao passarmos de um setor para outro desse museu, ele faz todo o possível para transformar a história da Segunda Guerra Mundial numa história contemporânea. Atinge esse objetivo admirável tecendo comparações entre aquela época e a atual. Se você está perplexo e não sabe o que isso quer dizer, permita-me ser mais claro: entre os nazistas de ontem e os israelenses de hoje.

— Em Israel de nossos dias, há africanos sendo postos em campos de concentração — diz Itamar, referindo-se aos imigrantes ilegais sudaneses e eritreus.

Ouvi falar de vários problemas e questões com esses africanos, mas nunca ouvi dizer que eles fossem postos em campos de concentração. No entanto, para ser imparcial, faço uma anotação mental para me encontrar com esses africanos e também para verificar se há trabalhos forçados ou crematórios funcionando em Israel.

Passamos para outro setor, sobre outros judeus mortos, no qual o visitante normal deste museu aprende sobre a fase mais violenta do extermínio em massa de milhões de judeus; só que nosso ex-judeu tem outras coisas em mente. Diz ele:

– Com o começo da derrota, em 1942, teve início o chamado "extermínio dos judeus". O que vocês veem aqui vem tudo da visão das vítimas judias, porque, afinal, este é um museu judaico. Mas o que vocês veem aqui com os nazistas e os judeus também está acontecendo agora, na Palestina. O que acontece aqui em Israel é o Holocausto. Hoje em dia, o exército israelense está fazendo a mesma coisa, e o exército norte-americano também.

Passamos para o setor do Gueto de Lodz, onde o infame discurso de Chaim Rumkowski conhecido como "Deem-me seus filhos" é projetado numa tela. Rumkowski era o líder nomeado pelos nazistas no Gueto de Lodz, e, em setembro de 1942, eles exigiram que vinte mil crianças judias lhes fossem entregues, para serem incineradas. Rumkowski recebeu ordens de entregar as crianças, e, em 4 de setembro de 1942, fez este discurso para seus companheiros judeus: "Um golpe terrível atingiu o gueto. Estão-nos pedindo que entreguemos o que de melhor possuímos – as crianças e os idosos. Nunca imaginei que seria forçado a fazer esse sacrifício no altar com minhas próprias mãos. Em minha velhice, tenho de estender as mãos e implorar. Irmãos e irmãs, entreguem-nos a mim! Pais e mães, deem-me seus filhos!".

Essas palavras horripilantes são interrompidas pela voz de Itamar, que continua a comparar judeus e nazistas:

– Hoje, a Autoridade Palestina executa muitas pessoas sob as ordens de Israel.

Chegamos ao setor do extermínio em massa dos judeus, com israelitas cavando suas próprias sepulturas em vários países dominados pelo exército alemão. E Itamar, historiador autodiplomado, observa:

– Oitenta por cento da matança não foi feita pelos nazistas, mas pela população local.

Os nazistas, como Israel, estavam mandando outras pessoas matarem. Genial.

Chega a hora de falar da Solução Final da Questão Judaica, o infame e magistral trabalho nazista de eliminar os judeus. Itamar diz:

– Não temos nenhuma ordem de Hitler que diga "matem todos os judeus da Europa". Hoje sabemos que a matança dos judeus não foi algo que tenha partido de cima, porém algo que veio da base, por parte de soldados que estavam vivenciando a morte ao seu redor, causada por gente da resistência, por exemplo, e tinham que encontrar maneiras de lidar com isso. Posso dar-lhes um exemplo de minha experiência, de quando servi o exército israelense. Prendi uns duzentos ou trezentos palestinos, às vezes crianças pequenas, e às vezes batia neles e os punha num caminhão. Sem fazer nenhuma pergunta. Tendo vivido essa experiência pessoal, posso imaginar-me fazendo a mesma coisa que os alemães fizeram.

É interessante ver com o que anda ocupado o pessoal da União Europeia, ultimamente: usar Yad Vashem, o monumento a milhões de judeus trucidados em suas mãos, como plataforma para uma propaganda venenosa contra os sobreviventes de sua carnificina. Quando se anda por aqui com Itamar, vendo os mortos de Auschwitz, mas ouvindo o nome da Palestina, vendo um oficial nazista num vídeo, mas ouvindo o nome de Israel, não há como negar a imensa eficácia da propaganda do guia de turismo. Quando você sai do Yad Vashem, depois de visitá-lo por cortesia da generosidade europeia, o que permanece em você é isto: os poloneses prenderam seis milhões de palestinos, que depois foram envenenados com gás por judeus em Tel Aviv, e depois queimados em crematórios de Treblinka operados por palestinos, sob as ordens de Israel.

Ah, outra informação importantíssima que Itamar nos dá como um bônus, antes de sairmos, é esta: Theodor Herzl, o homem cuja visão levou à fundação do Estado de Israel, morreu de uma "doença venérea". Quando lhe pergunto que doença venérea foi essa, ele me diz que foi sífilis. Obviamente, Itamar está com medo de não haver pintado os judeus como suficientemente ruins, portanto inventa esse novo detalhe.

(Essa história de sífilis tornou-se a "causa" científica da morte de Herzl, a partir de alguns blogueiros suspeitos, após um artigo da internet escrito por um jornalista entediado, cem anos depois da morte de Herzl, afirmando que, na juventude, Herzl visitou uma prostituta, com ela contraiu gonorreia e, "possivelmente", isso causou sua morte, vinte e quatro anos depois.)

Como ex-judeu, esse Itamar se supera em sua nova identidade.

Ultimamente, tenho aprendido mais do que jamais desejei saber sobre a Europa. Quanto mais ando por esta terra, mais os vejo: uma ONG aqui, outra ONG ali. Acho doloroso ver jovens europeus viajando a este país para poderem absorver em seu organismo um pouco mais de ódio do que já nutriam pelos judeus.

É também atualmente que estou aprendendo coisas sobre Israel que não sabia antes. Sim, já conheci alguns "bons" israelenses autodepreciadores nos últimos dias, porém nunca havia sonhado que isso pudesse atingir o grau que vejo agora.

Passei um tempo suficientemente longo fora deste país para não me sentir à vontade com tanta autoexecração à minha volta. Preciso, para meu bem-estar mental, cercar-me de pessoas normais.

Graças a Deus, a Palestina fica perto. Olá, Ramallah: estou chegando!

Portão 20

Conheça o homem mais carismático da Palestina, um genial chefe do serviço secreto, um líder enfurecido, bondoso, sério, engraçado e implacável, e descubra como um judeu – Tobi, o Alemão – se tornou um príncipe saudita

O general Jibril Rajoub, tão temido quanto admirado por muitos, é meu homem de hoje.

Jibril dirige-se a mim:

– Espero ter transmitido aquilo em que acredito. Para mim, a Alemanha e o povo alemão são muito importantes. Seu povo é daqueles que sofreram no século passado, vocês foram os bodes expiatórios do fundamentalismo e do extremismo, porém depois os alemães provaram que são grandes e conseguiram reconstruir seu país, e agora, a Alemanha é um ator importante na comunidade internacional. Creio que meu povo deve aprender muito com vocês, e penso que temos muito em comum em termos de ética e valores. A ética e os valores são a única maneira de convencer o mundo de que o povo palestino merece a autodeterminação.

Para mim, conhecer Jibril é uma ocasião especial. Escrevi sobre esse homem. Mais ou menos. Há mais de uma década, numa peça que escrevi sobre o conflito israelense-palestino (*A última virgem*), um dos quatro personagens no palco foi baseado em Jibril. Seu nome no palco, como você poderia imaginar, era Jibril Rajoub. Ver meu personagem, minha criação, em carne e osso e na vida real, traz um sentimento que poucos hão de compreender. Conheço esse homem intimamente, embora nunca nos tivéssemos encontrado.

Diga ao mundo o que a Palestina significa para você, o que ser palestino significa para você...

— Para mim, a Palestina é minha pátria. Nasci aqui, como meu pai e meu avô, e estou comprometido com a causa de meu povo. Juntei-me à resistência quando era jovem. Fui preso seis vezes pelos israelenses. Ao todo, passei dezessete anos em prisões israelenses. Lutei contra a ocupação israelense e me orgulho disso.

Jibril é uma lenda viva. Para os israelenses, é um terrorista, repetidamente condenado, repetidamente detido, e sua lista de crimes é realmente impressionante. No momento, ele preside a Federação Palestina de Futebol e o Comitê Olímpico Palestino, mas não se deixe enganar. Entre seu rol de empregos anteriores está o de chefe da Força Palestina de Segurança Preventiva, um temível aparelho de inteligência e segurança. Esse homem é um mestre da luta, um mestre da espionagem e um mestre da manipulação.

Meu tipo de homem.

Por que alguém que comanda os maiores segredos de seu país haveria de se envolver com o futebol? Boa pergunta, mas nada do que Jibril faz é simples.

Sua experiência de vida lhe ensinou que "resistência não significa apenas resistência militar", como ele me diz, e um dia, "comecei a compreender que nossas aspirações poderiam ser alcançadas por meio de outros instrumentos". Um desses instrumentos, que surpresa chocante, é o esporte. O esporte, como ele me ensina, "é um instrumento eficaz para alcançarmos nossas aspirações nacionais".

Jibril se empolga ao falar da Palestina:

— A Palestina é tudo para mim — diz, saboreando cada sílaba que enuncia. — Fui e continuarei a ser dedicado à causa do povo palestino — afirma, na mais clara linguagem, e acrescenta: — A igualdade de direitos para as mulheres é um compromisso para mim. Estou tentando. Espero que o outro lado [Israel] compreenda a dimensão do que estamos fazendo e abra uma ponte — uma ponte em que ambos possam caminhar.

Conversa mole. Eu sei, ele sabe, mas ele tem que dizer isso. Como foi que entramos na igualdade de direitos para a mulher neste ponto? Faz parte da conversa mole. Os jornalistas alemães adoram essa conversa, e por isso ele a oferece a mim.

A França é perfume. A Alemanha é Mercedes. Os Estados Unidos são McDonald's. O que é a Palestina?

– Basta Cristo ter nascido aqui na Palestina, basta termos al-Aqsa, basta a Palestina ser sagrada para três religiões: judaísmo, cristianismo e islamismo.

Jibril, gostando de seu jogo, leva-o adiante. Houve muitas guerras na Europa, diz, mas, neste lugar, Cristo nasceu e "disseminou amor e paz".

Mais conversa mole. Jibril não tem nada de cristão e, para os muçulmanos, Jesus era profeta, não o Cristo; no entanto, ele sabe que um bom cristão europeu como eu se impressionaria com isso, e então o diz.

Ele, o Mestre dos Mestres, realmente acredita que sou um cristão alemão. Eu sou bom!

Só de farra, e para ver como ele vai reagir, eu lhe recordo que o presidente palestino, Mahmoud Abbas, não mencionou a palavra "judaísmo" ao fazer seu discurso mais importante na Assembleia Geral da ONU, em Nova York, há apenas uns dois anos, deixando claro para o mundo que a Palestina era a pátria de apenas duas grandes religiões, o islamismo e o cristianismo. Como Mahmoud "esqueceu" o judaísmo, e Jibril se lembra tão bem dele?

— Não quero defender Abu Mazen. Acho que o Abu Mazen pode defender-se sozinho, e me disponho até a marcar um encontro, uma entrevista com ele.

Jibril pede que eu escreva meu nome e redija também uma solicitação oficial a Abu Mazen, e ele cuidará disso. Como vou escrever "Tobi, o Alemão"? Uma coisa é dizer Tobi, o Alemão, mas outra, muito diferente, é escrever isto. "Solicitação oficial de Tobi, o Alemão."

É claro que lhe digo que assim o farei, na primeira oportunidade que tiver.

Os palestinos estão prontos para dividir Jerusalém, Jibril me diz em seguida, jogando com outra de suas frases feitas, e declara que eles também concordam em que o lado judaico tenha jurisdição sobre os lugares santos judaicos. Mas os israelenses não querem isso.

◆ ◆ ◆

A esta altura, acho que já ouvi um número suficiente de frases feitas, e, por isso, pergunto-lhe o que acha da decisão da União Europeia de boicotar os produtos israelenses feitos na Cisjordânia e em Jerusalém Oriental.

— Pela primeira vez na vida deles os israelenses ficaram isolados em toda a Europa — declara Jibril, imensamente feliz.

"Eles [os israelenses] não têm direito de continuar a enganar o mundo inteiro por causa do Holocausto que foi cometido por outro povo, não pelo povo palestino."

Eleva a voz, grita:

— Israel é racista, fascista, expansionista!

Acalmando-se:

— Acho que a comunidade internacional está farta, no mundo inteiro!

Ótimo.

Você passou dezessete anos em prisões israelenses. Conviveu com israelenses, tentou matá-los, e eles tentaram matar você. O que aprendeu com os israelenses?

— Acho que aprendi muito.

O quê?

— Em primeiro lugar, como você deve saber, aprendi a língua deles... Em segundo, estudei toda a história dos judeus, do movimento sionista, e creio que sei mais sobre eles do que eles sabem ao seu próprio respeito.

Jibril, sionismo é igual a racismo, sim ou não?

– Acho que o sionismo, de acordo com o atual comportamento israelense, é a pior forma de racismo.

Lembrando-me da história do homem que morreu de uma "doença venérea", como me contou um ex-judeu, pergunto ao Jibril se ele está falando do sionismo tal como imaginado por Theodor Herzl.

– Desculpe-me! Eles podem se chamar do que quiserem.

E, para que eu não me esqueça, Jibril me lembra que, anos atrás, até a ONU equiparava o sionismo ao racismo.

Agora estou gostando. Consegui fazê-lo parar com as frases feitas. Agora talvez pinte alguma coisa boa.

Por que há tanto dinheiro de ONGs aqui? É por elas gostarem tanto assim dos palestinos? Será que é por odiarem intensamente os judeus...? Por quê?!

O conflito no Oriente Médio entre israelenses e palestinos, responde ele, é a "fonte do fundamentalismo e do extremismo" mundiais, é uma "ameaça à paz global", e é por isso que "o mundo inteiro está investindo dinheiro, tempo e energia nesta região".

Não entendo. Por que um país como a Noruega haveria de se importar com o que acontece aqui?

Jibril surpreende-se com minha surpresa. É óbvia, diz ele, a razão por que a Europa se tem envolvido: a Europa quer proteger-se e proteger seus cidadãos. Ora, eu não leio o noticiário? Ele se estende:

– Quantos ataques terroristas aconteceram na Europa, até na Alemanha, em consequência deste conflito? Quantos? Quantos aviões foram sequestrados? Quantas pessoas foram mortas? Desculpe-me!

É por causa do envolvimento da Europa no Oriente Médio, ele me ensina, que "o derramamento de sangue já não é usado para garantir minhas aspirações nacionais".

Em suma: agora os palestinos sabem que o mundo não está contra eles, por isso não explodem aviões em pleno voo.

Para me certificar de que o entendi, pergunto-lhe se ele acabou de me dizer que o terrorismo tragaria a Europa, caso ela não desse dinheiro às ONGs que apoiam os palestinos.

Ele se dá conta de que talvez tenha ido longe demais, e tenta corrigir-se:

– Penso – muda de tom – que eles se solidarizam com o sofrimento dos palestinos.

Tenho uma novidade para você, eu lhe digo, nós não damos a mínima a ninguém. Nós, europeus, realmente não nos incomodamos. Ponto final. Bombardearíamos qualquer alma vivente, como fizemos no Iraque há não muito tempo, se percebêssemos que nossas contas bancárias corriam perigo. Temos uma rica história de matar até mesmo uns aos outros, sem maior razão verdadeira. Por que diabos ele acha que nos solidarizamos com alguém, ou com alguma coisa?

Jibril, eu lhe digo, nós somos um bando de assassinos e não nos solidarizamos com ninguém nem coisa alguma! Tenho uma novidade para você, Jibril: não somos éticos e não somos morais.

Ele ri:
— Essa pergunta, penso eu, você deve fazer ao chanceler da Alemanha.

⋄ ⋄ ⋄

Gosto desse cara. Concorde com ele ou não, o homem tem orgulho. Não sente vergonha. Ama seu povo. E está felicíssimo sendo quem é, ao contrário de muitos judeus.

Para conhecer Israel, percebo, você tem que ir à Palestina. É por meio desse contraste que se compreende Israel melhor, e a Palestina também.

É nesse ponto que tento afastar-me da política para fazer o homem conversar comigo como Jibril – o homem Jibril, não o comandante Jibril.

O que faz Jibril Rajoub ao acordar de manhã? Qual é sua primeira atividade matinal? Será que ele beija sua mulher, por exemplo?

— De manhã, quando me levanto, eu leio os jornais. Tenho que saber exatamente o que está acontecendo, porque sempre espero surpresas.

Diga-me, como você passa o tempo com sua mulher?

— Eu me dedico cem por cento à Causa Palestina. Desde que entrei no Fatah (a OLP), nunca, nunca, nunca tirei férias. Nunca tive vida pessoal ou particular. O que mais você quer saber?

Quanto esporte você pratica?

— Faço duas ou três caminhadas por semana. Mínimo de 25 quilômetros, sem parar. Você pode ir comigo na quinta-feira para ver. Ando daqui a Jericó. Na última vez, andei 21 quilômetros com Fayyad [o primeiro-ministro anterior] em três horas e meia.

É nesse exato momento que começa o mais assistido noticiário da televisão israelense e, como muitos israelenses, Jibril liga a TV. Tento desviar dela a minha cabeça, já que, supostamente, não entendo hebraico. De vez em quando, dou uma espiada e peço que ele traduza para mim. Jibril me atende.

Ele e eu nos sentimos bem juntos. Temos uma ligação. E ele o demonstra. Diz-me que, de agora em diante, gostaria de falar extraoficialmente e apenas conversar de homem para homem.

Não consigo parar de rir com o que ele diz em caráter extraoficial, sobre política e outros assuntos. É óbvio que não posso compartilhar o que ele me fala extraoficialmente, a não ser para dizer o seguinte: nessa parte de nossa conversa, não é proferida uma única "frase feita".

Esperto esse Jibril, tal como eu o havia imaginado em minha peça.

Tudo concluído, ele me pergunta o que vou fazer hoje à noite, respondo que sou todo seu, e ele me convida para acompanhá-lo numa festa num dos hotéis luxuosos de Ramallah, o Mövenpick.

É nessa festa que ele faz o discurso de abertura em que agradece a este alemão que eu sou, na televisão nacional, por acompanhá-lo hoje. Como é possível que um homem como ele, mestre da espionagem, não veja que não sou ariano? Acho, se me permitem dizer, que fiz um bom trabalho. Se o Serviço Secreto israelense viesse a tomar conhecimento disto, haveria de me pagar um gordo salário para que eu ingressasse.

Jibril é um excelente orador, é apaixonado; é o homem mais carismático da Palestina. Chama Israel de racista e fascista, e diz que, se Hitler levantasse do túmulo e visse a brutalidade de Israel, ficaria chocado.

Quando já estou de saída, Jibril me dá seu cartão de visita. Não é o cartão médio. No tamanho, sim, mas as semelhanças acabam aí. O cartão é uma placa folheada a ouro, de peso impressionante, protegido por uma capa de *nylon*. Diz: Jibril M. Rajoub. Comandante em chefe. Membro do Comitê Central do Movimento Fateh [sic], Subsecretário do Comitê, Presidente do Comitê Olímpico Palestino, Presidente da Confederação Palestina de Futebol. Palestina, Cisjordânia, Ramallah.

Homem de poder.

Entendemo-nos tão bem que Jibril quer que eu volte amanhã.

Não sei se devo. Por quanto tempo conseguirei bancar o ariano?

Não me deixo tomar pelo medo e pela dúvida e respondo que adoraria voltar.

E volto.

✧ ✧ ✧

Depois que saio da festa, uma *van* do lado palestino da travessia vem buscar-me. Lina, uma moça de beleza oriental, está sentada no banco da frente e há um homem no de trás. Ela e o motorista são os guias, e o homem da traseira tem alguma função, embora eu não saiba ao certo qual seja. Lina é da Arábia Saudita, foi casada com um palestino, está divorciada e trabalha para Jibril.

Iremos a Hebron.

Seguimos numa *van* Chevrolet branca por estradas que não têm fim. Levaríamos meia hora entre Ramallah e Hebron, diz Lina, se não fossem os israelenses. De novo pondo a culpa nos israelenses, só que, neste caso, ela tem razão. O trajeto curto exigiria uma passagem por Jerusalém e, para isso, ela precisaria de uma licença, e por isso damos voltas e mais voltas por estradas e uádis. Mas esta *van* faz o desvio com rapidez, voando pelas estradas palestinas, o que permite que eu me deslumbre com a beleza e os segredos das montanhas que se revelam diante de nós, secas e altas, cada qual com sua forma diferente e marcante – como as pessoas desta terra.

Por que estamos indo a Hebron, não sei. Estou flutuando nas correntes para onde quer que elas me levem.

Passamos por um parque nacional chamado Heródio. O que é? Lina não sabe. Vemos uma porção de pilastras de aspecto antigo à nossa frente. Consultamos uma brochura de turismo e lemos que se trata de pilastras de dois mil anos atrás. Ao lado delas há uma casinha com um casal árabe idoso sentado do lado de fora para ter certeza de que o sol está mesmo se deslocando do leste para o oeste. Lina se aproxima dos dois e pergunta o que são as pilastras; na Arábia Saudita, ninguém jamais lhe disse. O homem responde: faz uns vinte anos que essas pilastras estão aqui.

Quem as pôs aqui?

– Os judeus.

À nossa frente há uma montanha que sobe, sobe até muito alto – talvez a morada de anjos celestiais.

O que há no topo da montanha?

– Judeus de muito tempo atrás.

Lá em cima, descubro aos poucos, fica a Superintendência Israelense de Parques e Conservação da Natureza. O que estarão fazendo ali? Bem, este é um sítio de milhares de anos atrás, um palácio que alguns arqueólogos supõem ser também o túmulo do rei Herodes, um judeu "de muito tempo atrás".

Puxa! Aquele rei Herodes. Do Monte do Templo.

Este lugar não combina muito com a narrativa palestina, mas não digo nada. Sou um alemão burro.

Voltamos para a *van*. Rodamos mais e mais, e, num piscar de olhos, a *van* voadora chega a Hebron. Ao saltarmos, dou uma espiada na placa do veículo. Não é uma placa normal. Não, senhor. Essa *van* pertence ao governo palestino.

Bom saber.

Caminhamos pelas ruas de Hebron, do lado palestino. Na última vez que estive em Hebron, fiquei principalmente na área de três por cento em que vivem os judeus, a apenas alguns minutos do outro lado, logo no começo dele. Agora estou no centro da cidade. Que cidade agradável. Cheia de vitalidade, fervilhando de atividade e de gente, e muito grande.

– Trinta e três por cento dos palestinos da Cisjordânia vivem aqui – diz Lina.

Nas ruas, vejo placas da USAID[1], o que denota projetos financiados pelo governo dos Estados Unidos. Eles também estão na Palestina.

É aqui que vejo com muito mais clareza a diferença entre os setores árabe e judaico de Hebron. Aqui não há desolação nem lixo horroroso nem gueto. Muita tinta foi derramada por jornalistas da mídia estrangeira para descrever as agruras causadas aos árabes de Hebron pelos colonos judeus, habitualmente esquecidos de mencionar a riqueza desta cidade e o conforto de seus residentes. Por que os vários guias de turismo estrangeiros não dão passeios por esta parte de Hebron, em seus cativantes 97 por cento?

Lina, provavelmente por ordem de Jibril, quer que eu visite a Mesquita de Ibrahim, a "Caverna dos Patriarcas" que visitei quando estava na parte judaica da cidade, um lugar sagrado para muçulmanos e judeus, que se divide entre eles por duas entradas separadas, e respondo que eu ficaria realmente encantado. O lugar é impecável, magnífico e inspirador. Lina fica rezando, e dou uma volta por ele, tentando vislumbrar um relance do lado judaico, e então Lina diz que é hora de irmos embora.

Vamos assistir a uma partida de futebol juvenil, num estádio em que Jibril também espera por nós e no qual o time palestino perde. Termina o jogo e começa outro: Jibril quer que eu compareça a uma barraca de protesto onde diz que está havendo uma manifestação, em alguma parte do centro da cidade.

---

1. Agência Norte-Americana para o Desenvolvimento Internacional.

Chegamos depressa a uma barraca montada no chão. Muitos cartazes. Cadeiras de plástico. Gente sentada perto de um senhor de aparência tristonha, de olhos vermelhos e que mal tem uma centelha de vida, e as pessoas murmuram palavras em seus ouvidos. O velho fita um lugar ao longe, como se pudesse ver o filho que está a quilômetros e quilômetros de distância. Não pode. Seu filho, Mahmoud Abu Salakh, é prisioneiro num presídio israelense, sentenciado a muitos anos atrás das grades por causa de ataques terroristas.

O que ele fez?, pergunto a Lina. "Nada", diz ela, e acrescenta que ele sofre de um câncer incurável. Nos últimos tempos, Israel e Palestina estão negociando a paz, e Israel tem libertado vários prisioneiros palestinos, mas se recusa a libertar Abu Salakh. Minutos depois, Jibril aparece e faz um breve discurso, no qual afirma que "a ocupação fascista de Israel não terá êxito". Essa manifestação parece ter sido organizada às pressas, e acho que Jibril está por trás dela, apresentando um showzinho para Tobi, o Alemão.

✧ ✧ ✧

Acontece que há uma cerimônia de casamento não muito longe dali, e Lina me diz que Jibril quer que eu vá até lá.

Com delicadeza e rapidez, sou novamente empurrado para dentro da *van* pelo homem que viaja no banco de trás. Vamos indo no carro, mais velozes que a velocidade. A *van* para. Bem ao lado de uma grande multidão ao ar livre, com a música berrando e centenas de pessoas por toda parte. É evidente que as pessoas daqui estavam à minha espera e sou acompanhado desde a saída da *van* até o centro do ditoso evento, como se fosse um príncipe saudita. Eu disse príncipe? De jeito nenhum. Rei seria uma palavra muito melhor. As pessoas fazem fila para me cumprimentar, para apertar minhas santas mãos. Rei. Sim. Se você assistisse à televisão saudita e visse as massas cumprimentando o rei, que é o que a TV saudita mostra milhões de vezes por dia, porque se recusa a mostrar qualquer outra coisa, reconheceria minha honra num segundo.

Sinto-me ótimo. Sou dono de campos petrolíferos.

As pessoas me olham, sorriem para mim.

À medida que continuo andando, ocorre-me que algumas dessas pessoas não sabem quem é esta excelência, mas, como viram seus amigos apertarem minha mão, fazem o mesmo. Estão tão curiosas quanto eu para saber quem sou. Pois é. E, cá entre nós, não faço a mínima ideia do que está acontecendo. Deve ter havido um engano terrível, mas só quem sabe é o profeta Maomé. Ele está no céu com Alá e sabe de tudo. Eu não sei nada.

No entanto, devo admitir que me acostumo rapidamente com meu novo *status*. Não demora nada nós nos acostumarmos a ser adorados; parece natural em segundos. Rei Tobi I. A velocidade com que me habituo ao poder, a ser príncipe e governante, a ser cultuado e admirado, misturada com o conhecimento de que esses adoradores estão sob meu pleno controle e de que posso fazer com eles o que quiser, de que sou o verdadeiro rei Herodes, é incrível e chocante.

Sou conduzido à minha cadeira, uma cadeira de plástico no lugar central de honra.

E, justo nessa hora, quando estou prestes a me sentar em meu trono, Lina diz que temos de ir embora.

O quê?!

De poderoso rei Herodes volto a me transformar em apenas mais um alemão, um Tobi. Que tombo!

O que aconteceu? Ninguém me diz. Ninguém aperta minha mão na saída. O que vem fácil vai fácil.

Afastamo-nos em alta velocidade da festa de casamento. Terá alguém descoberto minha verdadeira identidade? Espero sinceramente que não.

A *van* para. Amanhã, diz Lina, o general Rajoub fará sua famosa caminhada, de Ramallah a Belém. Eu gostaria de acompanhá-lo?

Sim, respondo, feliz por minha suspeita ter-se revelado um equívoco.

Acho que não preciso do Gideon Levy para me mostrar a Palestina. Estou dando conta sozinho.

Lina me deixa num posto de controle perto de Jerusalém. Posso atravessar para o lado dos judeus, ela não. Amanhã nos veremos.

Atravesso. Minutos depois, Lina me envia um *e-mail*. Não haverá caminhada amanhã, ela escreve. O que aconteceu? Não sei. E talvez nunca saiba.

Volto a Jerusalém, para ver como estão passando os gatos vira-latas, e os alimento com leite *kosher*.

Portão 21

Palestinos sem teto estacionam seus utilitários esportivos Range Rover em frente ao seus condomínios fechados

O que deve fazer um judeu quando sua caminhada com um palestino é cancelada?

Tornar-se palestino, ele próprio.

O que é exatamente o que faço no dia seguinte. Mas não apenas um palestino. Prefiro um palestino com um toque especial, algo que demonstre minha apreciação e minha gratidão à União Europeia.

E como eu poderia realizar esse feito? Com um *Lederhosen*. Tenho um par dessas calças e o visto.

Não sei se alguém notará meu *Lederhosen*, já que não sei quantas pessoas reconhecem esse tipo especial de traje, mas vale a pena tentar. Olho-me no espelho e, durante um segundo, lembro-me da razão por que quis trazer esta peça comigo, inicialmente. Eu queria comparar duas terras ocupadas, mas, tão logo isso me vem à cabeça, esqueço o assunto. Desculpe, Tirol, mas você é só uma mosquinha diante de um leão – Jerusalém.

Ando calmamente pelo *souk* [mercado] da Cidade Velha, em algum lugar entre Bab al-Amud e al-Aqsa, e paro junto a um homem que vende turbantes árabes. Quanto é?, pergunto.

– Cento e vinte *shekels* – diz ele.

Esse valor, permita-me esclarecer aqui, é só a tacada inicial entre dois homens tarimbados e empedernidos. Nenhum dos dois se dispõe a ceder um centavo ao outro. Uma oportunidade perfeita para a UE e os EUA se envolverem, sem falar em patrocinar uma conferência de uma ONG na Jordânia, para solucionar o problema através da dança.

Infelizmente, nenhum deles se importa com um turbantezinho árabe. "Vinte", digo eu, "cem", diz ele. E assim prosseguimos, cada qual invocando a ajuda de Alá no assunto, e Alá finalmente declara este veredicto celestial: 44 *shekels*.

Fechado o negócio, sigo meu caminho em direção ao Muro das Lamentações.

Será interessante, penso, divertindo meu coração, ver como os judeus reagirão ao xeque Tobi da Áustria em seu meio. Afinal, não me lembro de algum dia ter visto um árabe, pelo menos não um árabe vestido de árabe, no Muro Ocidental.

Tenho uma impressão inicial da estranheza de minha aparência no portão de segurança antes do Muro. Esse portão é vigiado 24 horas por dia, porque ninguém encara com leviandade este lugar sagrado. Dois guardas, parados junto a um aparelho de raios X, mal podem acreditar em seus olhos ao me verem entrar, como se eu houvesse acabado de cair de um hospício no céu. Os dois se entreolham. É evidente que nunca lhes ensinaram o que fazer numa situação dessas.

Mas, então, um deles tem uma grande ideia: pega seu *smartphone* e diz ao amigo para tirar uma foto dele comigo, parados lado a lado. O xeque Tobi gosta de todas as pessoas que gostam dele, e estendo imediatamente as mãos num abraço caloroso. Quer tirar uma foto minha? Pode tirar vinte! Ficamos lado a lado como dois pombinhos, e o sr. Segurança tira uma fotografia do xeque. Depois, outra. E mais outra. E outra mais. Ficam tão empolgados, esses caras da segurança, que se esquecem de verificar quem sou e me deixam passar. Eu, Saladino de *Lederhosen*, avanço alegremente para capturar o Muro das Lamentações.

Entro na área e prossigo até o Muro, ou, mais precisamente, até al-Buraq, como se fosse o dono do pedaço. Os judeus me olham. Não fazem ideia de como fui parar em seu mais sagrado santuário, porém não dizem nada. Eu ando, ando, ando, como o rei que realmente sou, mas ninguém vem beijar minhas mãos nem se curvar ante minha realeza. Esta área, que é vigiada pelo que existe de melhor no aparelho de segurança israelense, para garantir que não surja nenhum terrorista árabe para criar confusão, aceita-me, da maneira mais estranha e estapafúrdia, ainda que sem palavras. Há câmeras de segurança por toda parte, deve haver uns mil olhos observando cada movimento que alguém faz aqui, porém ninguém reage aos meus.

Como rei saudita-tirolês que sou, fico ofendido por ninguém me notar. E, assim, para despertar alguma atenção, passo perto de um grupo de adolescentes sefardis religiosos, separado em rapazes e moças, e me aproximo devagar das jovens, como se fosse escolher uma ou duas para mim. Os guardiães masculinos da pureza feminina me notam e alguns gritam "Morte aos árabes!". E não são só eles. Um judeu nova-iorquino aproxima-se e me dirige sua saudação, "Vá se foder!". Ao ouvir essas três palavras saírem de sua boca, eu me transformo de rei em imame numa fração de segundo. Isto aqui é uma terra santa, eu lhe digo. Aqui não usamos essas palavras. Volte para Nova York, judeu, pois você não merece este solo sagrado!

O que posso dizer? Sinceramente, acho que nasci para ser imame.

Quando vou saindo do local, um dos adolescentes se aproxima:

– Acho que você é um israelense esquerdista que tentou provocar-nos, para dizermos alguma coisa feia – afirma.

Como se atreve a falar assim com um imame como eu?

✧ ✧ ✧

Cai a noite e vou jantar com um amigo norte-americano que está em Israel há um tempinho. Depois do jantar, ele me leva para dar uma volta em seu bairro, que não fica longe da Universidade Hebraica. Passamos por várias casas magníficas, no que parecem ser condomínios fechados, com Range Rovers e Audis esperando para servir seus donos.

Quem mora aí?, pergunto.

– Essas mansões são da população de Lifta.

Meu amigo, que por acaso é ativista de esquerda, conhece a história do lugar muito melhor que eu. Não existem refugiados pobres de Lifta, ele me diz – uma impressão que eu também tivera, depois de visitar a aldeia abandonada de Lifta com Itamar. Antigamente, Lifta, situada na entrada de Jerusalém, era uma aldeia de piratas, e os aldeões ganhavam a vida forçando os peregrinos da Cidade Santa a se separarem de seus bens terrenos.

Historicamente, esses aldeões possuíam muitas terras em toda a volta e, até hoje, seus descendentes são alguns dos clãs árabes mais ricos, e são os donos dessas belas casas.

Quem sabe, talvez a União Europeia não tarde a doar mais 2,4 milhões de euros para preservar "o patrimônio cultural palestino" daqui.

Retorno aos meus gatos vira-latas, dos quais tenho uma colônia, a esta altura, e me sento para ler o jornal gratuito de Israel, o *Israel Hayom*. O jornal mais lido de Israel é este diário direitista financiado por Sheldon Adelson, um magnata norte-americano cuja fortuna líquida declarada chega a 35 bilhões de dólares. Para ter uma ideia dos leitores deste jornal, dou uma olhada na seção de anúncios. Ali está uma amostra dos bens sumamente desejados pelo público israelense: passaportes alemães, austríacos e poloneses, além de Viagra natural.

Sheldon Adelson, aliás, entra apenas com o dinheiro. É o *Haaretz*, o diário mais esquerdista de Israel, que imprime fisicamente o *Israel Hayom* há um bom número de anos, o que faz deste um dos maiores suportes financeiros do *Haaretz*.

Tento explicar isso aos meus gatos, com quem estou começando a desenvolver um relacionamento cautelosamente amistoso, mas eles me lançam um olhar estranho, como quem dissesse: você ficou maluco?

Meus gatos são espertos.

Portão 22

Um piloto judeu com uma missão: caça aos judeus!

Tenho andado por horas a fio, quase todos os dias, desde que cheguei a este país, indo até onde estão as pessoas e tentando reconectar-me com a terra que deixei há tanto tempo. Talvez seja hora de eu me sentar e fazer as pessoas virem a mim, exatamente como um cidadão nato. Opto por fazê-lo em Tel Aviv, o centro cultural de Israel.

Bem na praça Rabin, no centro de Tel Aviv, há uma livraria-cafeteria chamada Tolaat Sfarim (Traça). Sento-me a uma mesa, peço um "café dos opostos" (café com leite) pelando e me preparo para conhecer alguns judeus.

Começo o dia com Jonathan Shapira, o herói do filme *10% – Como se faz um herói?*, ao qual assisti na Cinemateca. Jonathan é também irmão de Itamar (aquele de Lifta e Yad Vashem), e espero que hoje ele me esclareça.

– Fui o garoto sionista modelo, do tipo que lê em voz alta os nomes dos que tombaram nas guerras de Israel ou dos que morreram no Holocausto. Meu sonho era ser da Força Aérea, como todos os bons meninos de Israel. Terminei minha formação militar e me tornei piloto em 1993, e, por sorte, fiquei na equipe de um helicóptero de resgate. Eu arriscava a vida para levar soldados feridos para os hospitais. Tinha a sensação de estar fazendo um trabalho limpo e honroso.

Atualmente, Jonathan já não é piloto das forças israelenses.

— Agora, eu trabalho ocasionalmente nos Estados Unidos, como piloto de helicóptero em voos especiais de limpeza pós-tempestades. Gostaria de poder fazer a mesma coisa aqui, em Israel, mas não me dariam esse tipo de emprego.

Jonathan tem mestrado em resolução de conflitos, diploma que obteve numa universidade da Áustria. Por um segundo, contemplo a ideia de conversar com ele sobre o Tirol, mas desisto imediatamente. Por algum motivo, falar do Tirol numa livraria não parece certo.

Olho para a figura dele e me pergunto como ficaria de *Lederhosen*, mas acho que ele não iria ao Muro das Lamentações. O homem mudou. Como um homem que arriscou a vida pela causa sionista transformou-se num austríaco da resolução de conflitos?

— Ainda arrisco a vida aqui, mas pelo lado dos oprimidos, não dos opressores.

Jonathan usa palavras ásperas ao falar de Israel:

— Tudo que me ensinaram foi baseado no engodo e no autoengano.

O que o levou a mudar? Qual foi o momento crucial que o fez mudar de opinião?

Jonathan fala baixo, com calma, em tons comedidos e com reconfortante calor humano. Sua mudança, imagine só, ocorreu durante uma iniciativa de paz destinada a disseminar o amor entre árabes e judeus, na qual esse judeu começou a detestar outros judeus.

A iniciativa, realizada numa aldeia árabe-judaica que buscava a paz, chamada Neve Shalom, apresentou um palestino que falou de como sua irmã ficara paralítica do pescoço para baixo, vítima do conflito palestino-israelense. Profundamente tocado pelo discurso desse homem, Jonathan começou a reavaliar tudo em que havia acreditado. Até aquele momento, disse-me com ceticismo, ele era como o esquerdista médio, que "atirava e chorava", de arma na mão enquanto falava de paz, da boca para fora; naquele momento, porém, ele mudou.

Como a história de uma palestina paralisada pode tê-lo afetado tão profundamente, a ele que tinha levado tantos judeus para hospitais, com membros decepados ou já sem vida, não ficou claro para mim. Mas, segundo ele, a ideia de que seu exército havia causado as lesões daquela menina palestina "me deixou maluco".

Se a sorte tivesse feito os palestinos vencerem a guerra, como você acha que eles tratariam suas crianças? Jonathan não gosta dessa pergunta e parte imediatamente para a ofensiva:

— Esse é um argumento clássico dos direitistas!

Eu lhe digo que isso não é resposta. Ele teria outra melhor?

Bem, ele envereda por um longo discurso, falando-me que a história isto, a história aquilo. Não é bom o bastante para mim, e tento trazê-lo para o presente, para que seja pragmático comigo.

O que teria acontecido se Israel houvesse perdido em 1967? Como você acha que os árabes teriam tratado os judeus?

— Não faço ideia.

O que você imagina que teria acontecido?

— Não sei.

É claro que ele sabe. Viu de sua cabine muitas amostras esclarecedoras.

Jonathan gasta sua energia criticando Israel, não outros países. Será que Israel é mesmo o único demônio do mundo? Eu lhe recordo que, recentemente, a Suíça acabou de aprovar uma lei contra a construção de mesquitas com minaretes em solo suíço. Por que ele não está lutando também contra os suíços?

— Eu me unirei a você, se você criar uma campanha de BDS contra a Suíça, por eles terem proibido a construção de mesquitas em seu país.

Sim, eu não tenho nada melhor para fazer na vida do que combater os santos suíços.

E quanto às outras nações moralistas europeias?

– Se você iniciar uma campanha contra a Suécia, por ela encarcerar refugiados sudaneses no país, eu entro.

Os comentários mais contundentes ele reserva para Israel:

– Se você quer saber, centenas de milhares de sudaneses deveriam ter permissão de entrar nestas terras. Essa eventualidade salvaria Israel de seus comportamentos e procedimentos racistas.

Vários críticos de Israel têm feito a apologia de Jonathan e Itamar, a Casa Real dos Shapira, mas foi Jonathan quem ganhou uma música, intitulada "Jonathan Shapira", na qual a cantora *pop* israelense Aya Korem canta seu desejo de ter filhos com ele. A moça lembra a erudita israelense do restaurante georgiano. Uma se orgulha de ter dormido com um árabe, a outra sonha dormir com um Jonathan.

É claro que nem todos os israelenses têm uma imagem tão ruim dos judeus e de Israel.

✧ ✧ ✧

Diga alô ao novo visitante da "Traça", Mickey Steiner, que é diretor gerente da empresa alemã SAP Labs Israel.

Você é um *Yekke potz*[1]?

– Eu não, meu pai.

Mickey é uma pessoa positiva, que se deslumbra com as realizações de Israel na alta tecnologia:

– Vêm empresas internacionais para Israel por causa das invenções tecnológicas feitas aqui. As inovações criadas aqui não são criadas por lá.

Por quê?

– É do caráter dos israelenses encontrar soluções para situações aparentemente insolúveis. Começou pelos judeus alemães que vieram para cá para fundar um Estado, muito antes do Holocausto, quando não havia qualquer infraestrutura aqui, afora o muito básico, e eles tiveram que construir tudo do zero.

Por que Israel é tão bom em alta tecnologia?

---

1. Termo depreciativo, em Israel, para designar os judeus alemães. [N. T.]

– Está em nossos genes, já desde os tempos da destruição do Segundo Templo.

Eu devia ter usado essa resposta, anos atrás, quando estudava matemática e ciência da computação, e minha família *haredi*, que não aprovava nenhum outro estudo além do rabínico, ficou furiosa comigo. Pena eu não conhecer Mickey naquela época.

Na tecnologia atual, o que é feito em Israel?

– Setenta por cento da receita da Intel baseiam-se em invenções feitas em Israel.

Dê alguns exemplos de invenções feitas aqui.

– O *pen drive* é uma invenção israelense. A caixa de mensagens de voz é uma invenção israelense. O SMS. Os *chips* de computador para *laptops*. Os aparelhos médicos de varredura, como a ressonância magnética. A telefonia pela internet. A segurança de dados nos celulares. A memória *flash*.

Em outras palavras, não fosse por Israel, hoje não haveria telefones celulares, presumindo-se, é claro, que outros também não houvessem descoberto essa tecnologia.

– Sim.

Você acredita mesmo que existam genes judaicos?

– Sim, no sentido da cultura que influencia os que fazem parte dela: nesse caso, os judeus.

Então, você acha que a nação judaica é mais inteligente, mais inovadora?

– Sim.

E como os judeus têm uma porrada de problemas em todos os lugares em que aparecem?

– É que eles são inteligentes para cacete, e as pessoas têm medo dos judeus, desconfiam dos judeus e invejam os judeus.

Eu sou Deus e lhe ofereço isto: vou torná-lo menos inteligente, menos inovador e, em troca, você será como o resto do mundo e será benquisto. Aceita minha oferta?

– Não.

Por que não?

– Prefiro ficar com meu patrimônio e minhas raízes, mesmo ao preço do ódio.

Como pessoas inteligentes e inovadoras, portadoras de tais genes, seguem o rabino Batsri e o rabino Yosef (um rabino famoso e controverso, Ovadia Yosef, que adora xingar qualquer um que se oponha a ele)?

— Não sei. Você tem que perguntar a um sociólogo.

◇ ◇ ◇

Avi Primor, embaixador israelense na Alemanha de 1993 a 1999, não é nenhum sociólogo, mas veio a esta traça para um papinho. Avi fundou e chefia o Centro de Estudos Europeus da Universidade de Tel Aviv, que está associado à Universidade de Al-Quds e à Real Sociedade Científica da Jordânia.

Talvez a Universidade de Al-Quds possa ensinar à Universidade de Tel Aviv como conseguir verbas para construir um *hamam*.

Avi e outros lecionam no curso de mestrado das três universidades, nas quais, após um ano de estudos, os alunos das três universidades vão fazer mais um ano de estudos na Universidade Heinrich Heine, em Düsseldorf.

Quem paga tudo isso?

— Eu. Eu angario recursos, principalmente na Alemanha. Custa mais de um milhão de euros por ano.

São quantos estudantes, ao todo?

— Sessenta. Vinte de cada lado (israelenses, jordanianos e palestinos).

A mãe de Avi é de Frankfurt. Veio para Tel Aviv em 1932, "conheceu meu pai, se apaixonou e ficou aqui. Das pessoas da família dela que permaneceram na Alemanha, nenhuma sobreviveu ao Holocausto".

Você gostaria de ter nascido palestino?

Por que diabos me ocorreu formular essa pergunta, não sei. Acho que hoje tomei uísque demais, e talvez Avi tenha feito o mesmo, porque está respondendo a sério minha pergunta. Não, diz ele, não gostaria disso, porque os palestinos são uma "nação azarada" e porque "não aprecio a cultura deles".

Como você pode trabalhar com eles, se não os aprecia?

— Eu ficaria muito feliz se nossos vizinhos fossem os suíços ou os noruegueses...

Gosto de Tel Aviv. Não é tão bonita quanto Jerusalém – na verdade, é bem feia –, mas tem alguma coisa especial, uma beleza interna, uma certa atmosfera. Talvez seja sua população, que é majoritariamente jovem e tesuda. Tel Aviv tem outra coisa que Jerusalém não tem: uma praia. Por que não ir até lá? Guardo meu iPad e faço exatamente isso.

Não há nada mais reconfortante que o som das ondas. Será que Jerusalém seria tensa como é se tivesse praia? Imagine se, em vez de seus locais sagrados, houvesse uma praia, bem lá no meio da cidade. Nada de *shekinah* nem túmulo sagrado, nem aeroporto especial para o céu; nada de esposa de Deus, Filho de Deus nem mensageiro de Deus; só água e biquínis.

Em algum ponto do caminho entre Tel Aviv e Jerusalém há uma aldeia famosa, que não é uma aldeia sagrada nem tem biquínis. Chama-se Abu Ghosh e vou lá visitá-la.

Portão 23

Homens armados à procura de doces e alemães

Fouad Abu Ghosh, de Abu Ghosh, é meu cara do dia, e está disposto a me mostrar sua aldeia.

Abu Ghosh é uma aldeia árabe peculiar perto de Jerusalém cujos residentes foram amáveis com os judeus desde os primeiros tempos do Estado. Essa aldeia é uma espinha atravessada na garganta dos que afirmam que árabes e judeus não podem viver felizes uns com os outros num território judaico.

– Nós, de Abu Ghosh – Fouad me diz –, somos árabes. Nós nos damos bem com os judeus, mas os israelenses de esquerda têm problemas conosco.

Eu achava que os direitistas não gostariam de Abu Ghosh, mas acho que estava enganado. Hoje aprendi pela centésima vez: quando se trata de "árabes e judeus", tenho que tirar a lógica da mesa e reformatar meu cérebro.

Abu Ghosh é famosa, não por alguns esquerdistas não gostarem de árabes que se dão bem com judeus, mas por outra razão: seus restaurantes. Peço a Fouad que me leve ao seu restaurante favorito no lugar. À nossa frente, ao nos dirigirmos para lá, vai um carro com este adesivo no para-choque: "Judeus amam judeus". Deve ser um direitista, embora também possa ser um *yekke* árabe, como o que vi um dia destes. Nunca se sabe coisa alguma nesta terra.

Ao chegarmos ao restaurante, Fouad me apresenta a Jawdat Ibrahim, dono desta casa caríssima de Abu Ghosh, que me diz:

— Em 1948, todas as aldeias árabes em volta de Abu Ghosh foram destruídas, menos Abu Ghosh, porque o *mukhtar* [líder comunitário] fez um acordo de paz com o governo [judaico].

Jawdat gosta de surpreender seu ouvinte alemão:

— Abu Ghosh é uma cidade irmã de Bad Gastein, na Áustria. Sabe como é o nome do prefeito de Bad Gastein? Abu Yussef.

Bad Gastein é um lugar que conheço e onde me hospedei algumas vezes. Nunca ouvi dizer que fosse uma cidade irmã de Abu Ghosh, assim como nunca ouvi falar em Abu Yussef. Mas Jawdat entende mais disso que eu.

Ele é um homem inteligente, e não só quando se trata de política:

— O meu *chef*, neste restaurante, é dentista.

Os dentistas, ele me explica, entendem mais de mastigar e comer, processo que é realizado pelos dentes.

Antes de eu saborear as iguarias do dentista, tenho que ouvir Fouad:

— Não posso culpar apenas os judeus pelo que aconteceu aqui em 1948. Conversei com pessoas da população de Abu Ghosh, e elas me contaram que os exércitos árabes tinham mandado os aldeões deixarem suas casas. "Deem-nos duas semanas, que nós acabaremos com os judeus para vocês", tinham dito. Os árabes de outras aldeias foram embora, mas não os árabes da nossa. Eles me disseram: "Chegaram os soldados egípcios. Eles não tinham mapas e apontaram os canhões contra nós". Não, não posso pôr a culpa só nos judeus. Fato é fato, e não se pode alterar os fatos.

Chega a comida. É boa, mas a gente pode conseguir coisa parecida, em qualquer outro lugar, por uma fração do preço cobrado neste restaurante. Em geral, a comida de Israel e da Palestina me deixa feliz por estar aqui. Não há dia em que eu não pense nisso ou não fale disso. Não sei como eles conseguem. Estive em muitos países, e Deus sabe o quanto comi em todos eles, mas em parte alguma a comida é tão deliciosa quanto aqui. Talvez sejam os ingredientes que só nascem nesta região, ou o conhecimento adquirido nas guerras intermináveis que aqui se travam. Não sei. Só sei o seguinte: "fato é fato".

Abu Ghosh é um lugar interessante. A UE e as ONGs europeias não estão investindo aqui, talvez porque a aldeia também seja uma espinha atravessada em sua garganta, mas isso não quer dizer que não haja intervenção financeira externa. Quem se envolve com este lugar? A Tchetchênia. Sim. O líder da Tchetchênia, Ramzan Kadiro, está construindo uma imensa mesquita em Abu Ghosh, com uma deslumbrante cúpula dourada. Preço da nova mesquita: dez milhões de dólares. Ramzan está doando seis desses milhões.

De que tamanho será a mesquita?

— A segunda maior mesquita da região, depois de al-Aqsa.

Uau!

Mas não é só isso.

Mais tarde, Fouad me leva para dar uma volta na mesquita quase concluída. A rua que conduz a ela, com mais de um quilômetro e meio de extensão, também está sendo consertada e embelezada pelo bondoso titio tchetcheno. Neste exato momento, estão sendo construídas novas cercas verdes com pedras brancas reluzentes, e a rua terá seu nome trocado pelo desse líder.

E então Fouad me pergunta se eu gostaria de ver os soldados que frequentam um café local.

Digo que sim. Adoraria testemunhar o milagre do amor entre árabes e judeus, soldados e moradores. E, assim, Fouad me leva ao tal café. Os "soldados" de quem ele falou são moças israelenses, em sua maioria, comendo doces. Olho para elas e noto que não há outras pessoas para quem olhar. Em outras palavras, não há ninguém da população local comendo ali.

Como é possível?

— Os moradores locais não vão a cafés e restaurantes neste horário.

Será que verei os moradores locais mais tarde, à noitinha, se eu ficar por aqui?

— Não. Eles fazem as refeições em casa.

Esqueça esse café. Que tal outros cafés ou restaurantes? Noto uma mudança repentina na expressão facial de Fouad:

— Os israelenses, são eles que vêm comer aqui. Vêm aqui para serem servidos.

Há lugares a que árabes e judeus vão juntos? Digamos, eles jogam bola juntos?

— Isso não acontece.

Os dois lados nunca se encontram...?

— Pois é. É assim que as coisas funcionam. Parece tudo agradável, sim, mas, quando a gente examina os detalhes, vê uma imagem diferente.

Árabes amam árabes.

Quando eu morava em Israel, sabia de Abu Ghosh, todos os judeus sabiam, e isso nos consolava a todos. Era a prova, a única prova sólida, de que árabes e judeus podiam conviver com amizade e harmonia. Eu nunca tinha ido a Abu Ghosh, mas sabia tudo ao seu respeito.

Pensei que soubesse. O que eu sabia era um mito; a realidade é muito diferente.

Olho para Fouad, meu anfitrião, e compartilho uma reflexão com ele. Vocês têm tudo: um belo país, a melhor comida do planeta, as frutas mais doces, os legumes mais saborosos e os melhores temperos que existem. Mas matam uns aos outros. Por quê?!

— Adão e Eva estavam no paraíso e possuíam tudo, mas "tinham" que fazer o que Deus lhes dissera para não fazerem. Tinham tudo e tiveram que destruir tudo. É o que fazemos nesta terra.

Mito é bom até a hora em que o tocamos, e, se o tocamos, a casa toda vem abaixo.

Assim é Abu Ghosh, uma aldeia dos abastados, onde se tira lucro de restaurantes que servem refeições e restaurantes que paparicam visitantes judeus apaixonados por mitos. Nos fins de semana, dizem-me os residentes, não se consegue andar na cidade, por causa do trânsito totalmente engarrafado, cheio de israelenses que vêm de toda parte comer em Abu Ghosh.

— Gosto da comida e da atmosfera árabes — diz-me um israelense que encontrei num café. — Não é seguro para os judeus frequentar lugares árabes, exceto este, Abu Ghosh. É por isso que vimos aqui.

Os bravos israelenses armados que você vê nas telas de seus televisores locais, sobre os quais você lê em seus jornais locais, ou que vê em seus *tablets*, nada mais são do que criancinhas querendo ser amadas e aceitas.

Duas bandas de música de Berlim logo virão apresentar-se aqui, leio num cartaz próximo. Acho, é só um palpite, que fundações alemãs estarão patrocinando o evento. Mas, para entender melhor o fluxo do dinheiro alemão, vou encontrar-me com Mark Sofer, presidente da Fundação Jerusalém.

❖ ❖ ❖

Deixo meus pés descansarem no confortável escritório de Mark em Jerusalém, e meus lábios começam a se mexer.

Quem é você?

— Uma de minhas menores predileções é falar de mim.

Por favor!

— Ingressei no corpo diplomático em 1982, e, desde então, estive lotado no Peru, na Noruega, em Nova York, na Irlanda... Também fui assessor de relações exteriores de Shimon Peres.

Você é inteligente assim?

— Se você puser um cabo de vassoura no exército venezuelano, dentro de quarenta anos ele será coronel.

Você é um cabo de vassoura?
— Não.
Qual é o orçamento de sua fundação?
— No ano passado, levantamos mais de trinta milhões de dólares.
Você sabe dizer qual foi a verba do governo alemão doada exclusivamente à comunidade judaica?
— Ao que eu saiba, não recebemos dinheiro algum do governo federal alemão, apenas de estados alemães.
Sabe dizer-me que verbas foram doadas por estados alemães apenas a judeus?
— Não quero envolver-me nessa questão, e preferiria não enveredar por esse caminho.
Mark fica visivelmente incomodado com minha pergunta. Continuamos a conversar, a maior parte em caráter extraoficial, e eu me retiro.
Quando estou saindo, telefona Lina, do gabinete de Jibril Rajoub. O homem fará uma caminhada hoje à tarde, indo a pé de Ramallah a Jericó, e quer companhia. Eu gostaria de ir?
Ora, por que não?
Todavia, antes de me encontrar com o árabe famoso que caminha por montanhas e morros, permitam-me primeiro ir ao encontro de um judeu famoso, sentado em sua sala de estar no bairro burguês de Ramat Aviv, em Tel Aviv.
Trata-se de Amos Oz, que pode ser considerado o escritor mais famoso de Israel.

Portão 24

*A Universidade do Ponto de Ônibus está viva e passa bem
na terra de Israel*

Amos Oz mora no último andar de seu prédio, o décimo segundo, e há na entrada de seu apartamento, à esquerda, uma estante grande com seus livros, os que ele escreveu, dispostos lado a lado. Outras estantes, em bom número, enfeitam a sala, onde Amos me dá as boas-vindas para que eu me sente em sua companhia.

Há aproximadamente trinta anos, ele escreveu um livro sobre seus encontros com israelenses, *Na terra de Israel*. Devo ter a expectativa de encontrar, pergunto, a mesma terra e a mesma gente que ele conheceu?

– Sim e não. Há coisas que se modificaram, e coisas que não mudaram nos últimos trinta anos. Primeiro, a sociedade israelense ainda é uma sociedade multifacetada. É uma sociedade composta de religiosos e laicos, direitistas e esquerdistas, gente de paz e colonos, árabes e judeus.

Construção interessante: "colonos" fica implicitamente entendido como gente de guerra.

E o que mudou?

– Primeiro, durante esse período, um milhão de russos se estabeleceram neste país. Segundo, agora temos centenas de milhares de colonos nos territórios [capturados por Israel em 1967], os quais praticamente não existiam há trinta anos.

Toca a campainha. Um enorme buquê de flores é trazido. Alguém gosta de Amos, ou talvez ele mesmo o tenha comprado para si.

Diga-me, os novos russos e os colonos tornam a sociedade israelense pior do que era antes?

— A sociedade não é feita de fatias de queijo, para que eu lhe possa dizer se está melhor ou pior. O que posso dizer é isto: é uma sociedade diferente.

Bem, isso diz muito, não é?

Amos fala em voz baixa, quase sempre mantendo o mesmo tom. Quase não sorri, e nunca eleva a voz. Acho que foi submetido a algum procedimento médico nos últimos tempos, embora eu não tenha certeza.

— A sociedade israelense virou-se para a direita nesses anos, mas, no mesmo período, os direitistas também mudaram muito. Hoje em dia, eles também falam em paz e conciliação com os palestinos.

Os israelenses de inclinação esquerdista fazem a palavra *palestinos* ou sua palavra irmã, *colonos*, saírem de sua boca nos primeiros 21 a 24 segundos de nosso encontro com eles. Amos não é diferente. Fala dos palestinos como se morassem ao seu lado, e como se os encontrasse um milhão de vezes por dia. Mas o lugar em que mora Amos, se me permitem ser direto, é o lugar em que moram as pessoas com gordas contas bancárias. As que não podem morar aqui não são os árabes, e sim os pobres, seja qual for sua religião. No entanto, na cabeça de Amos, esse pequeno detalhe não parece ser reconhecido, pois ele é obcecado unicamente com a divisão judeus/árabes.

É claro que Amos Oz não é singular nesse aspecto. Muitos membros da elite israelense não conseguem parar de falar dos palestinos pobres, ao mesmo tempo que mal mencionam os judeus pobres. De acordo com estudos sociopolíticos feitos em Israel este ano, mais de vinte por cento dos israelenses vivem abaixo da linha da pobreza e mais de 35 por cento sofrem dificuldades financeiras. A justiça social, creio eu, não deveria dedicar-se unicamente a um segmento da população, e, se realmente nos importamos com os que se saem menos bem do que nós, não nos deveríamos mortificar com apenas parte deles. A esquerda israelense vive a se consumir com os Muhammads de seu mundo, e raramente com seus Yehudas. É uma pena.

Isto posto, não quero iniciar uma discussão sobre o assunto, e simplesmente vou nadando com a corrente de Amos. Afinal, isto aqui é o navio dele. Será que a paz vai prevalecer? É o que lhe pergunto.

— Não há outra alternativa.

Haverá dois Estados aqui, vivendo lado a lado?

— Sim. Não há outra possibilidade.
Por quê?
— Se os dois Estados não se tornarem realidade, acabaremos com um Estado só, e ele será árabe. Não quero que isso aconteça.

Amos não observa o sabá nem o Ramadã, mas quer um Estado judaico. E, tal como sua filha, Fania, sabe o que é um "judeu".

— Outras nações construíram pirâmides – diz, enquanto os judeus escreveram livros. – Os judeus nunca tiveram um papa que lhes dissesse o que fazer. Todo judeu é um papa.

E o mesmo se dá com Israel, diz ele sobre este pequeno país de oito milhões de habitantes:

— Oito milhões de opiniões, oito milhões de primeiros-ministros, oito milhões de profetas e oito milhões de messias. Todo judeu daqui se vê como um líder, um profeta, um guia. Esta sociedade é um enorme seminário, na verdade. Você pode parar num ponto de ônibus e ver judeus que nem se conhecem, mas que, mesmo assim, discutem religião, política, segurança. Às vezes, o ponto de ônibus é um seminário. É assim que é Israel, que são os judeus.

Amos compartilha comigo sua reflexão não apenas sobre os israelenses, mas também sobre os europeus:

– Muitas vezes, os europeus tendem a acordar de manhã, ler o jornal, assinar uma petição a favor dos mocinhos, lançar uma manifestação contra os bandidos, e ir dormir sentindo-se satisfeitos consigo mesmos. Só que Israel e a Palestina não têm a ver com mocinhos e bandidos: trata-se de um choque entre duas reivindicações perfeitamente válidas a respeito do mesmo país.

Portão 25

Andando com os leões da Palestina e tomando sorvete em sinal de solidariedade a Adolf Hitler, bendita seja sua memória

É um choque. De fato. Fracassou a tentativa, por parte de uma unidade especial do exército israelense, de deter um suspeito no campo de refugiados Qalandiya, perto do posto de controle entre Jerusalém e Ramallah, e três palestinos foram mortos.

Jibril gostaria de conversar comigo sobre esse incidente, diz Lina, ao nos falarmos por telefone, logo depois de eu sair da casa de Amos. Pensei que ele quisesse caminhar, eu lhe menciono. Ah, sim, diz ela, ele quer andar e conversar.

— Vá ao posto de controle de Qalandiya, onde teremos um carro à sua espera para buscá-lo.

Por mim, tudo bem. Tobi, o Alemão, sempre gostou de passear de carro e escutar os sofrimentos palestinos, como o resto de seus irmãos alemães.

Pego um táxi de Tel Aviv para Qalandiya, e o motorista me deixa no posto de controle, pois não tem permissão para cruzar a fronteira da Palestina. Olho em volta e percebo que há alguma coisa errada, porque o posto de controle está quase vazio.

Lina telefona. Será que eu me importaria de ir de táxi ao Hotel Mövenpick, onde ela me buscaria?

Que aconteceu com o carro que deveria ter vindo buscar-me?

— É difícil lhe mandar um carro porque o trânsito em Qalandiya está atordoante.

Do que ela está falando? Um cemitério seria mais movimentado. Mas vá discutir com Lina, uma palestina saudita, e você não vencerá jamais.

Dou uma volta, à procura de um táxi, e de repente, num piscar de olhos, o lugar se transforma numa zona de guerra. Adolescentes de rosto coberto queimam pneus na estrada e atiram pedras nos soldados israelenses próximos do posto de controle. Algumas pedras são mais pesadas que eu, voando por cima de minha cabeça e em minhas laterais.

Eu deveria fugir daqui, mas minha curiosidade é mais poderosa que qualquer pedra. Quero ver a reação do outro lado, talvez um tiroteio, mas os soldados israelenses optam por não reagir. Em termos psicológicos, noto, isso é o pior que pode acontecer a esses adolescentes, e, de fato, eles se cansam muito depressa. Espero que não voltem sua atenção para mim. Se algum deles descobrir quem sou, serei jogado no fogo e haverá uma grande festa aqui – sem mim.

Não admira que Lina não queira mandar um carro. Se vai explodir alguma coisa aqui, é melhor que não seja um carro do governo palestino.

✧ ✧ ✧

Depois de algumas tentativas frustradas, encontro um táxi, e vou para o Mövenpick.

Que riqueza deslumbrante! As bandeiras da Palestina e da Suíça erguem-se bem alto em frente ao hotel, esparge-se água em profusão na vegetação próxima às bandeiras, entram e saem carros alemães reluzentes, e há criados com roupas de grife prontos para satisfazer meus desejos mais íntimos.

Também isso, gostemos ou não, é a Palestina. Não as imagens terríveis que com tanta frequência são associadas a ela, não a desolação e a destruição impostas ao país pelos judeus. Não. Desculpe, iPad: você não me está fornecendo a verdade.

Lina chega e seguimos para o gabinete de Jibril, onde um carro do governo nos espera.

— Hoje não podemos sorrir, três dos nossos foram assassinados por eles – diz um sujeito no gabinete.

Esse cumprimento sério e triste, à guisa de boas-vindas, dura cerca de um minuto. Chegou Tobi, o Alemão, um homem cuja família viu a morte, em consequência dos bombardeios das forças aliadas durante a Segunda Guerra Mundial, mas um homem que ainda ri, de modo que o riso prevalece imediatamente.

Seja bem-vindo, irmão.

O carro logo nos leva para A Caminhada.

O ex-Chefe de Segurança da Nação Palestina é hoje o Desportista da Palestina. Esse homem temido por muitos, homem em quem todos os segredos desta nação estão guardados como num cofre, homem cuja característica predominante é a astúcia, homem de vontade e opiniões férreas, coração de pedra e meiga alma, homem capaz de fazer a pessoa chorar e rir no mesmo minuto, capaz de lhe dar um tiro ao seu bel-prazer e de paparicá-la, se quiser, homem feito dessas areias, disposto a trair sem aviso prévio e a matar com a velocidade da luz, homem comparado a quem os heróis das lendas empalidecem, homem com pés de carne, porém nervos de aço, esse homem anda por colinas e montanhas, estradas elevadas e vales baixos, em prol dos esportes da Palestina.

Você pode rir e pode chorar, mas, lá no fundo, apronta-se o reconhecimento: não há outro homem igual a este. O presidente norte-americano joga golfe, a chanceler alemã senta-se para escutar Wagner, o presidente de Israel come o *Iftar* com aspirantes a Obama, e o chefão russo vai nadar com os peixes. Todos fazem essas coisas com dezenas ou centenas de seguranças a protegê-los, com um número limitado ou inexistente de olhos do público a observá-los, ou, quando estes existem, fazendo-o por um período relativamente curto.

Mas não Jibril.

Ele anda, e todos podem ver.

Há seguranças ao seu redor. Mais ou menos. Um carro atrás e um carro à frente, e ele caminha com umas dez pessoas. Os seguranças dessa comitiva não ostentam fuzis de assalto nem outros metais impressionantes. Não. O que eles têm é de natureza e tipo diferentes: água, sorvetes, bananas, tâmaras, iogurte e outras dessas armas espertas. Sempre que sentem vontade, num uádi lá embaixo ou em cima de um morro, eles abrem uma garrafa, provam um doce ou mordem uma fruta.

O mesmo faz Jibril. O homem temido do Oriente Médio está lambendo um sorvete.

E, toda vez que lambe ou morde alguma coisa, Jibril se certifica de que eu faça o mesmo. Agora, como todos podem ver, ele e eu somos gêmeos siameses.

Jibril iniciou a caminhada por volta de cinco ou seis da tarde e, a esta altura, está na estrada há umas três horas. Eu o acompanho na segunda parte de sua encantadora caminhada.

Enquanto andamos, Jibril vitupera o Hamas. Não gosta mesmo dessa gente. Uns anos atrás, concorreu a uma cadeira no CLP – Conselho Legislativo da Palestina – em disputa com seu irmão, Nayef, e Nayef venceu. Nayef está com o Hamas, Jibril está com o Fatah. O Fatah sofreu uma derrota feia naquela eleição, e acabou por perder Gaza. Jibril tem muito a me contar sobre essa época, mas pede que essa parte se mantenha privada.

Andamos. É andar e mais andar.

Dedos humanos não saberiam pintar o cenário que nos cerca, nem mesmo os dos mais talentosos pintores. As estradas seguem em meandros por entre enormes extensões de areia pardacenta, estradas largas e estreitas, escondidas entre colinas e montanhas, enquanto sopra uma brisa suave em nossos rostos molhados. A gente anda, anda, mas a estrada nunca termina. Partes da caminhada são em Israel; partes, na Palestina; e partes, em áreas compartilhadas; mas é difícil saber quando se entra num país e quando se sai do outro. Sempre achei que postos de controle com uma segurança pesada separavam essas nações, mas, rapaz, como me enganei!

Para muitas pessoas do planeta, aquelas que leem e ouvem falar há séculos do conflito palestino-israelense, a área em disputa deve parecer um território enorme, maior que o Canadá, mas, andando com Jibril, a gente percebe não só como a terra é pequena, tanto a área israelense quanto a palestina, mas também como as duas se inter-relacionam. A única maneira de saber qual país é qual é consultar as placas de trânsito: aqui aparecem em árabe, e ali, em hebraico – umas avisando aos israelenses que a entrada lhes é proibida por lei. E, entre uma e outra, passa um carro. Não um veículo blindado, um tanque ou um avião. Apenas um carro. E um gato. Sim, os gatos não se incomodam com a política, só querem um pouquinho de sorvete. Meus gatos ganham leite *kosher*, este ganha sorvete *halal*[1].

Vamos caminhando pela estrada, a estrada principal: os carros e nós, as máquinas e os Desportistas Tomadores de Sorvete.

Andamos e conversamos, conversamos e andamos. Lado a lado, às vezes de mãos dadas; somos o agente de segurança Número Um da Palestina, posando de desportista, e Tobi, o Alemão, um ariano *kosher* que não faz pose.

✧ ✧ ✧

Então, em dada parte de nossa caminhada e sem nenhuma razão especial, Tobi resolve deixar a orientação de Jibril da Arábia e examinar a Terra Santa por conta própria.

– Não vá para lá sozinho – Jibril da Arábia avisa Tobi, o Alemão. – Eles vão ver seu cabelo louro e vão trucidá-lo!

Eles quem? É melhor eu não perguntar.

– Já visitou nossos campos de refugiados? – indaga o Caminhante Olímpico à sua alma gêmea ariana, como se os campos de refugiados fossem a Disneylândia, uma atração turística imperdível.

Não, ainda não. Mas eu adoraria.

– Nidal! – Jibril chama um dos tomadores de sorvete, que vem prontamente atender o Mestre. – Providencie uma visita do alemão a um campo de refugiados!

Nidal assente com a cabeça, obediente, e em seguida me oferece uma banana.

As bananas palestinas, deixe que eu lhe diga, são mais doces que o mel. Não são as bananas que conheço nos Estados Unidos, insossas e importadas. Nada disso. Estas são Santas Bananas, fresquinhas e sagradas.

---

1. *Halal* designa o alimento que está em conformidade com as leis dietéticas muçulmanas, tal como os alimentos *kosher* são os sancionados pela lei judaica. [N. T.]

Mordo a banana, espiritualmente exultante, e Jibril me pergunta:

— Temos um bom médico alemão morando em Jericó. Um bom alemão. Gostaria de conhecê-lo?

É a última coisa de que preciso: encontrar-me com um alemão que o Jibril conheça pessoalmente. Deus do céu, não conseguirei tapear um alemão de verdade com meu puro sotaque alemão.

Como sair dessa verdadeira sentença de morte?

Esse Jibril, penso com meus botões, não tem nada de bobo. Está pondo uma mina embaixo de meus pés.

Precisarei saber dançar sobre essa mina prestes a explodir.

Como devo lidar com isso?

Bem, como um verdadeiro ariano. Tobi, o Alemão, um ariano original, adora pessoas alemãs e se dispõe a fazer tudo para conhecê-las. Sim, digo a Jibril. Seria uma honra e um prazer conhecer um médico alemão que doa seu tempo e seu saber para ajudar o povo palestino.

Na mesma hora, Jibril manda Nidal providenciar um almoço que inclua Jibril, Tobi, o médico alemão e outros três amigos alemães.

Ai, meu Deus. Quantos alemães esse Jibril tem guardados?

Como conseguirei tapear quatro alemães? Alá é grande, e há de me enviar um anjo para me proteger dos olhos inquisitivos de meus camaradas germânicos.

Chegamos a um cruzamento, e Jibril pergunta:

— Quer virar à direita, para Jericó, ou prefere continuar caminhando por mais algumas horas?

Quantas horas?

— Até meia-noite, se você preferir, ou duas da manhã. O que você quiser estará bom para nós.

Acho que é hora de conhecer Jericó. É a cidade mais antiga do mundo, pelo que ouvi dizer. É verdade?

— É o que dizem. Sim.

Que idade ela tem?

— Dez mil anos.

Devemos visitá-la!

— Como você quiser.

Viramos para Jericó.

Está escuro, e não enxergo muita coisa, mas Jibril tem uma casa na cidade, e há gente preparando o jantar para nós.

Faz uma ou duas horas que estamos andando, e ainda temos um bom estirão pela frente, até chegar à casa de Jibril.

Passa uma radiopatrulha, e o policial que está ao volante para o carro, a fim de derramar sobre Jibril todas as bênçãos de Alá. Jibril lhe pergunta quais são as novas. O policial salta do carro e se coloca ao lado do comandante. Só consegui ouvir parte das palavras que eles trocam, algo que tem a ver com "os judeus", mas não sei em que contexto.

Só depois de o policial partir é que pergunto a Jibril o que aconteceu.

– Os judeus perguntaram a ele por que eu estava caminhando hoje.

Compartilhamos uma risada sobre esses judeus estúpidos, que não entendem de esporte, e continuamos a andar.

Acendo um cigarro.

Jibril me diz que eu não deveria, que andar e fumar não são uma combinação perfeita. Digo-lhe que sou viciado, que não há a menor chance de ele me convencer a parar. Isso é o que eu sou, um Alemão Fumante.

Ao lado de Jibril está um rapaz que também se chama Jibril. O Jibril mais velho põe a mão no braço do Jibril mais moço, e os dois caminham juntos, passo a passo.

– A mãe dele lhe deu o nome de Jibril por minha causa – o mestre me conta, orgulhoso.

E, em seguida, o general Jibril tem uma ideia, uma ideia brilhante:

– De agora em diante, seu nome é Abu Ali.

Aceito, alegremente.

Faz tempo demais que venho brincando com nomes, e ando cansado disso. Quero ser quem sou, viver abertamente com meu nome verdadeiro. Abu Ali. Cai bem em mim. É o nome perfeito para mim. Finalmente, não tenho mais que trocar de nome. Abu Ali.

◊ ◊ ◊

Jibril e seu maior e mais novo amigo, eu, Abu Ali, finalmente chegamos à casa dele – a uma de suas casas, para ser mais exato. O jantar é servido. Tudo delicioso. *Homus*, pimentões vermelhos, tomates frescos, pão fresco, ovos mexidos, chá, café, maçãs e uma porção de outras iguarias.

– Coma, Abu Ali, coma – Jibril me ordena.

Eu como.

Tudo.

Jibril, por sua vez, só come vegetais. Tomate, pepino, cebola. As coisas saudáveis. E *halvah*. Sim.

– Preciso de doces, Abu Ali – diz ele.

Um homem mais velho se aproxima de mim:

– Sabe o que significa "Abu Ali"?

Diga-me.

– O Valente. O Herói.

Combina perfeitamente comigo!

Todos concordam.

O que eles não me dizem, e talvez presumam que já saiba, é quem foi o outro homem branco que os palestinos homenagearam com esse mesmo nome.

Adolf Hitler.

Talvez eu deva voltar para Amos Oz e me apresentar a ele por meu nome verdadeiro. Mas não agora. Agora estou comendo, comendo sem parar. Outro pão pita, e mais um, e mais outro. Abu Ali gosta de comer, mas Jibril já se fartou dessa comida sem graça e procura se ocupar com algo mais saboroso. Tem um telefone, e faz o que fazem todos os homens e mulheres sem pão pita: telefona para alguém. Quem? O médico alemão. Eles conversam por um minuto, e Jibril me entrega seu telefone. Quer ouvir Abu Ali falar um alemão impecável.

Você tem que admitir: poderia ser uma grande diversão.

– Abu Ali – diz Jibril –, o alemão quer falar com você.

Todos os presentes fixam os olhos em mim. Quase todos passaram horas andando, e este é o momento perfeito para relaxar, ouvindo o som romântico da língua alemã.

Pego o telefone.

Como, meu Jesus querido, vou evitar seu destino na cruz?

Ponho o telefone mais perto da boca, e entro numa efusão de fervor religioso:

– *Allahu Akbar! Allahu Akbar! Allahu Akbar!* – grito a plenos pulmões, repetidas vezes, e, ao terminar, começo a cantar as mesmas palavras.

Nenhum alemão digno desse nome protestaria contra um valente Abu Ali quando este sente necessidade de rezar para Alá.

Se Jesus não ajudar, Maomé ajudará.

As pessoas presentes ficam radiantes:

– Sua pronúncia do árabe é excelente, Abu Ali!

Obrigado. Obrigado.

– Sabe – acrescenta outro –, teria sido ótimo se Rommel houvesse alcançado o sucesso. – Refere-se à tentativa da Alemanha nazista de entrar na Palestina, na Segunda Guerra Mundial. – Teríamos ficado com a terra inteira – diz, já que nenhum judeu teria sobrevivido.

– Meu sangue é alemão – diz outro. – Todos nós, todos os palestinos somos alemães.

Há uma piscina a poucos passos de nossa mesa de jantar, e alguns caminhantes resolvem pular na água, e me convidam para ir também. Eu declino, respeitosamente. Só nado com Eva.

Que mundo. Comecei o dia como judeu, continuei como alemão, e agora sou austríaco.

Na chegada a Jerusalém, dou um pouco de carne aos gatos, e eles riem de minhas piadas austríacas.

Portão 26

Legisladores: da neta de um líder sionista acusado de colaborar com os nazistas à neta de uma modelo perseguida que sobreviveu aos nazistas

Ontem foi bom, e este austríaco aqui se divertiu muito, caminhando pelos corredores do poder. Em que solos poderosos andará hoje este austríaco?

O Knesset, o parlamento israelense, poderia ser uma boa escolha. Terei de esconder minha identidade austríaca daqueles judeus, mas é um preço pequeno a pagar pelos prazeres do poder. O único problema é este: Jibril Rajoub não é do Knesset, infelizmente, e precisarei arranjar no parlamento um amigo que me leve para dar umas voltas. A pergunta é: quem?

Preciso bolar um plano. Talvez deva imprensar MKs[1]. Sim. Simples assim: quando eu vir pessoas poderosas, ou seja, MKs, vou detê-las. Ideia brilhante. Só espero que eu não seja preso.

Chego ao Knesset, e me pergunto: quem devo imprensar primeiro? Ora, qualquer um que passe por mim.

✧ ✧ ✧

Minha primeira vítima é uma senhora que responde pelo nome de MK Merav Michaeli.

---
1. Membro do Knesset, parlamento unicameral de Israel. [N. T.]

Não sei muito ao seu respeito. O pouco que sei é o seguinte: Merav, MK pelo partido trabalhista, que é de centro, escrevia artigos de opinião no *Haaretz*, o jornal em que escreve Gideon Levy, e é ex-apresentadora de programas de entrevista e ex-âncora da televisão e rádio israelenses. É também uma das feministas mais conhecidas de Israel e, normalmente, identifica-se com a esquerda, apesar de sua filiação centrista.

Isso não é material suficiente para eu encetar uma conversa inteligente com ela, mas, sendo o austríaco famoso que sou, sei também que a falta de conhecimento nunca impediu meu povo de galgar as mais elevadas posições. Infelizmente, esta pérola da sabedoria não me ajuda a ter mais informações sobre essa MK, de modo que lhe peço para preencher as lacunas. Uso palavras mais gentis para dizer isso, é claro. Sentamo-nos e batemos um papo.

MK Michaeli, fale-me da senhora, de seu país, de seus sonhos. Compartilhe comigo o que se passa em sua mente, bem no fundo.

– É uma pergunta muito ampla.

É, sim. Quero saber quem é a senhora. Diga-me o que quiser. Sonhe junto comigo. Imagine que sou Deus, ou um mensageiro d'Ele que chega à sua presença e diz: vamos conversar. Compartilhe comigo, por favor, seus pensamentos mais íntimos!

Não faço ideia de como me ocorreu essa linha de indagação tão engenhosa. Mas, que diabos, quero divertir-me um pouco.

A MK, meio perdida, finalmente fala:

– Meu pensamento parte, acho, do lugar chamado gênero. A divisão de gênero, ditada pela cultura, uma divisão entre homem e mulher, essa divisão, creio eu, é o ponto de partida de todas as outras.

Ah, meu deusinho do céu! Eu, Abu Ali, estava mirando numas ideias obscenas e, em vez delas, o que arranjo é uma discussão brilhante sobre nada e coisa nenhuma. Quem é essa mulher?

Bem, ela é assim, e tenho que suportar até o fim esta entrevista. Sua Excelência Intelectual continua:

– O sistema que divide as pessoas, a começar pela divisão de gênero...

Nossa, vai ser uma palestra comprida!

Sua Excelência Intelectual prossegue:

– Quando penso numa sociedade mais igualitária, numa sociedade melhor, em que todos possam desfrutar do melhor, penso num mundo que ofereça mais opções!

Maravilha!

– Imagino um mundo em que não se tenha que ser homem ou mulher...

Ela deve ter um QI de pelo menos 255. Eu, com meu QI de apenas 25, tento compreender esse sonho glorioso que ela está dividindo comigo, e lhe peço: pode dar-me um exemplo?

– Não, não existe exemplo. Hoje temos um subgênero, digamos, *gays* e lésbicas. Mas não sei. Pode ser que você seja um homem másculo, mas, ao mesmo tempo, seja capaz de vestir o que quiser.

Nesse ponto, resolvo abrir o coração:

– Não compreendo o que a senhora está dizendo.

Ela procura ajudar-me:

– Macho e fêmea são os sexos, mas homem ou mulher são aquilo que se constrói em volta disso.

Será que ela era assim na televisão? Como é que se muda de canal na vida real? Talvez os israelenses tenham inventado algum aplicativo para isso.

Ocorre que não consigo encontrar nenhum aplicativo assim em meu iPad, por isso tento usar meu *tablet* para resumir o que ela andou tentando dizer. Escrevo: "O que importa é a igualdade". Será que entendi direito? Não, diz ela, entendi mal. O que estou deixando escapar? Uma palavra: *solidariedade*. Assim, reescrevo o pensamento dela: "O que importa são a igualdade e a solidariedade".

Ela fica contente. Mas, um minuto depois, inquieta-se:

– Será que é muito abstrato? Fui longe demais?

Eu a acalmo. O que ela está dizendo, respondo, é compreensível, porque, na verdade, também é o que pensam os liberais modernos da Europa e dos Estados Unidos. Não sei do que estou falando, mas, se ela pode dizer besteiras, por que eu não poderia?

Na verdade, estou ficando bom nisso. Digo coisas que eu mesmo não compreendo, e funciona!

Indo mais fundo em meu próprio besteirol, pergunto a essa respeitada parlamentar quando ela começou a ter essas suas ideias brilhantes – será que apenas acordou, um belo dia, e as ideias lhe apareceram na cabeça?

Ela me leva a sério, e até se impressiona com a dimensão profunda de minha intelectualidade.

O general Jibril pensa que sou ariano, a MK Merav acha que sou um intelectual do Ocidente.

– Isso tem a ver com minha história – prossegue ela –, a da família Kasztner. Meu avô foi assassinado aqui, depois de ser acusado de colaboração com os nazistas. A verdade é que ele salvou muitas dezenas de milhares de judeus [da morte certeira pelos nazistas].

Era a última coisa que eu esperava ouvir hoje: sobre o dr. Rezső Kasztner e o Caso Kasztner. A história dele remonta a muitos anos atrás, e é, possivelmente, um dos capítulos mais estranhos do Holocausto, se não o mais estranho de todos. Aconteceu em 1944, quando a liderança nazista se deu conta de que logo acabaria derrotada, e quando alguns líderes nazistas começaram a pensar no Dia Seguinte. Eles haviam acabado de chegar à Hungria, onde centenas de milhares de judeus ainda estavam vivos, e os líderes nazistas acharam que poderiam usá-los como um trunfo para garantir sua sobrevivência pessoal.

Adolf Eichmann, o homem encarregado da Solução Final da Questão Judaica, negociou com o dr. Kasztner, um líder judaico da Hungria, um acordo conhecido, na época, como *Blut für Ware*[2]: poupar a vida de um milhão de judeus, em troca de dez mil caminhões carregados de bens. Para provar que falava sério, Eichmann deixou Kasztner escolher alguns judeus a serem mandados para local seguro, fora da Hungria. O "trem de Kasztner", com menos de dois mil judeus, realmente deixou a Hungria e chegou à eventual segurança em 1944.

Mas as forças aliadas, e talvez também a liderança sionista, não aprovaram a negociação dos dez mil caminhões, de modo que os nazistas voltaram aos seus planos originais. Centenas de milhares de judeus receberam ordens imediatas de embarcar nos trens que os levariam para os crematórios, embora não soubessem que seria esse seu destino. O dr. Kasztner não lhes deu essa informação. Eles queimaram nos fornos, mas não o dr. Kasztner.

Nos anos posteriores, ele foi acusado por alguns de haver colaborado com os nazistas, e o Estado de Israel moveu um processo contra um dos que acusavam Kasztner. No tribunal, porém, o Estado perdeu o processo, e o juiz presidente afirmou, na explicação fornecida pelo tribunal sobre esse veredicto, que Kasztner tinha "vendido a alma ao diabo". Uma apelação foi apresentada a um tribunal superior, mas, antes que essa instância tivesse possibilidade de proferir seu veredicto, deu-se um fato. Um pistoleiro aproximou-se do dr. Kasztner quando ele estava a caminho de casa, em Tel Aviv, e lhe perguntou se seu sobrenome era Kasztner. Quando respondeu afirmativamente, foi baleado e morto ali mesmo.

---

2. Sangue por mercadorias. [N. T.]

Merav é neta do dr. Kasztner.

Diante dessa informação, o austríaco aqui perdeu o embalo. Tornou-se mais respeitoso.

Passamos mais algum tempo conversando, e ela me revela um de seus maiores sonhos: tornar-se primeira-ministra. Acho maior a probabilidade de o dr. Kasztner ressuscitar que a de ela derrotar Benjamin Netanyahu nas urnas, mas não lhe digo isso.

Levanto-me e circulo de um salão para outro no prédio do Knesset. Depois, num deles, avisto a MK Ayelet Shaked, do Lar Judaico, um partido da extrema direita.

✧ ✧ ✧

O que sei sobre a MK Ayelet é mais ou menos do nível do que eu sabia sobre a MK Merav antes de conversar com ela. O único dado que tenho sobre a MK Ayelet é este: vários esquerdistas mencionaram o nome dela como o exemplo mais convincente da profunda estupidez, insensatez e idiotice da direita.

Aproximo-me dela. Será que a prezada parlamentar se importaria de partilhar seu tempo comigo?

Vamos ao meu gabinete, ela sugere, e eu a sigo alegremente.

Diga-me: o que gostaria de dizer ao mundo?

– Eu gostaria de explicar nossa posição sobre o conflito israelense-palestino e de dizer por que somos contrários à solução dos dois Estados, e por que penso que o mundo demonstra sua hipocrisia ao lidar com Israel. O mundo árabe, como se pode ver nos países árabes à nossa volta, como o Egito e a Síria, está desmoronando, mas, justamente neste momento, há países no exterior que tentam forçar-nos a fazer uma negociação com o mundo árabe, e querem que desistamos de parte de nosso país para entregá-la a regimes que são tudo, menos estáveis. Nosso partido se opõe a isso. Todos os pedaços de terra que demos aos árabes no passado, como o Líbano e a Faixa de Gaza, estão hoje sob o controle de fanáticos, quer se trate do Hamas, em Gaza, quer do Hezbollah, no Líbano.

"O modo como a Europa vem-nos tratando, impondo-nos boicotes, é vergonhoso e hipócrita, a meu ver. A União Europeia e os Estados Unidos estão obcecados, não sei por quê. Eu esperava que a Alemanha ficasse de nosso lado, não no campo que é contra nós, mas não é o que acontece. A Alemanha deveria assumir uma responsabilidade moral e histórica ao lidar conosco, e, com certeza, não se aliar a qualquer boicote contra nós. Eu esperava que a Alemanha suspendesse o boicote."

Ayelet não sabe quem sou. Esta entrevista não foi arranjada através de seu porta-voz, e tudo que ela sabe é que sou alemão. Sim, esqueci que hoje era para eu ser austríaco. Ayelet me olha nos olhos e pergunta:

– O senhor é judeu?

Sim.

– A Europa é antissemita?

E então, falando baixinho, quase engolindo as palavras, ela responde sua própria pergunta:

– Em sua maioria.

O que seu marido faz?

– É piloto.

Comercial ou militar?

– De F-16.

Para deixar registrado: o nome dele não é Jonathan Shapira. Também para o registro: Ayelet formou-se em engenharia e ciências da computação na Universidade de Tel Aviv. Mais um dado para o registro: formação acadêmica de Merav Michaeli: curso médio. É claro que, como Ayelet é direitista, e Merav é de esquerda, é Ayelet que é chamada de burra, insensata e idiota. Por que as pessoas não podem ter discordâncias políticas sem recorrer a xingamentos, está aí uma coisa que não consigo entender.

Deixo o gabinete de Ayelet e recomeço a perambular pelo zoológico do Knesset. Quem será minha próxima vítima? Talvez eu deva tentar puxar conversa com MKs *haredim*. Vou dar uma volta e capturar o primeiro MK que eu vir com um quipá grande.

⋄ ⋄ ⋄

A caçada leva algum tempo, mas acabo avistando um MK *haredi* parado na entrada de seu gabinete. A placa em sua porta diz que ele é filiado ao partido dos sefardis *haredim*, o Shas. Pode até ser amigo do rabino David Batsri, da unidade redentora dos masturbadores. Abro a porta, digo alô e me sento. Só então me dou conta de que não sei o nome desse MK. Entrei depressa demais. Como vou chamá-lo? Ora, que diabo, não tenho que chamá-lo: ele já está aqui.

E fala:

— Temos um Estado exemplar, com respeito a quase todas as categorias, especialmente do ponto de vista ético e moral.

Ético e moral, é mesmo?

— Sim, é claro. Mas isso não começou agora. Tem sido uma continuação da história do povo judaico, três mil e quinhentos anos atrás. Havia impérios poderosos há três mil e quinhentos anos, mas eles desapareceram. O mesmo não se deu com a nação judaica; ainda estamos aqui. A mesma cultura, a mesma capacidade intelectual...

Nada mudou em três mil e quinhentos anos? O senhor acha realmente que esta é a mesma cultura?

— Sim. Até melhor!

Eu gostaria muito de saber quem é esse cara. Dois MKs de seu partido passaram anos na cadeia por furto de dinheiro; o ex-presidente israelense revelou-se um estuprador comum e está cumprindo pena neste momento; o ex-grão-rabino foi acusado de roubar milhões; o ex-primeiro-ministro está agora nos tribunais, acusado de uma multiplicidade de crimes financeiros. E esse sujeito vem falar-me de ética e moral?! Tenho que descobrir mais coisas sobre ele. Pergunto-lhe: de onde o senhor é? De onde é sua família?

– Eu nasci aqui, mas minha família veio de Trípoli, na Líbia. E o senhor, de onde é?

– Da Polônia.

Caramba, como estou misturando os países hoje!

– A casa de meu avô, na Líbia, e a casa de seu avô, na Polônia, eram as mesmas. O caráter, o brilho íntimo das duas é o mesmo. A mesma ética, o mesmo pensamento, a mesma Luz sobre as Nações. Sim, sim.

Espere aí: qual é a ética judaica?

– Para começar, quem deu a ética à humanidade? O judaísmo. No começo, todos por aqui eram canibais sem ética nem moral, mas então os judeus deram a Bíblia ao mundo. As nações do mundo a copiaram. Nossa Bíblia, a Bíblia judaica, foi traduzida para mais de setenta e duas línguas.

O senhor sabia, caro MK, que a maioria dos israelenses não segue a Bíblia? Venha comigo, posso levá-lo às praias de Tel Aviv e lhe mostrar os judeus...

– Permita que eu lhe explique isto. Aconteceu uma coisa aqui, nesta terra, uma coisa com que seu avô e meu avô nem tinham sonhado. Israel, sabe, foi fundado por radicais russos que eram ateus. Mas isso passou. O que hoje se vê nas praias de Tel Aviv ainda é resultado do que aqueles radicais fizeram aqui, anos atrás; mas há na nação um movimento em direção às raízes, às raízes de seu avô e de meu avô. O senhor pode ver isso...

Posso ver o quê?

– Daqui a três anos, a maioria das crianças a ingressar nas escolas primárias de Israel será *haredi*.

Está falando sério?

– Sim, sim. Essas crianças já nasceram!

O senhor está-me dizendo que, daqui a cinquenta anos, digamos, a maioria dos israelenses será ultraortodoxa?

– Como seu avô e meu avô.

Daqui a cinquenta anos, as praias de Tel Aviv ficarão desertas no sabá?

– Não totalmente. Ainda haverá alguns judeus laicos, mas eles serão minoria. Louvado seja Deus, a cultura secular logo desaparecerá.

Exatamente neste momento, são duas horas da tarde. De hora em hora, na virada da hora, há um noticiário no rádio israelense. O MK vira-se para o rádio, a fim de escutá-lo. Quer saber quais são as novidades na Síria, vizinha de Israel. Fica escutando, escutando, escutando.

Essa é uma coisa israelense, um hábito singular que ele me recorda: ouvir as notícias a cada hora, para ter certeza, Deus nos acuda, de que Israel ainda existe.

Esse hábito é uma das realidades mais interessantes, mais comoventes e mais assustadoras que se podem encontrar em Israel. Não contém palavras, é quase sem emoção, apenas o gesto curto de um dedo que aperta um botão ou liga uma tela, a fim de sintonizar num noticiário. Mas não pense nisso, porque, se pensar, talvez comece a chorar por essas pessoas.

– Nada de guerra – diz ele, depois de ouvir as notícias, feliz por ainda poder agarrar-se à vida.

Desliga o rádio e recomeça a falar:

– A nação judaica sobreviveu por ter mantido a união de seu povo. Sabe por que as nações do mundo nos odeiam?

Odeiam?

– Sim, odeiam. São antissemitas. Sabe por que elas são antissemitas? Porque têm inveja de nós!

As nações do mundo odeiam o senhor?

– É claro que sim.

Os norte-americanos também?

– Os norte-americanos, não sei. Mas existe antissemitismo em toda parte, não vamos falar de países, isoladamente. Há antissemitismo em todos. Olhe, no século passado, os alemães queriam matar todos os judeus vivos. Por quê? Que tínhamos feito aos alemães? Que espécie de briga ou discordância tivemos com eles? Por que eles nos mataram? Qual foi a razão? Por quê? Há alguma lógica que possa explicar o ódio deles? Há alguma explicação razoável para seus atos?

Ele reflete um pouco, pensando no que acabou de dizer, e compartilha outra ideia comigo. O antissemitismo do mundo vem dos países cristãos, não dos países islâmicos. Antes do sionismo, ele me diz, muçulmanos e judeus se davam muito bem.

Mudo de assunto.

O que o senhor acha do rabino Batsri?

– Íntegro como os demais.

Como ele é aceito na comunidade?

– Como os outros rabinos. Eles são todos sábios, todos inteligentes, todos versados na Bíblia.

Tenho vontade de lhe perguntar se ele também daria quatro mil *shekels* ao rabino Batsri, mas mordo a língua. Nem ao menos sei o nome dele, e seria totalmente injusto acusá-lo de masturbação.

Qual é seu sonho?

– A paz.

Com quem?

– Entre nós e os árabes. Não há razão, acredite, para não chegarmos à paz com eles. O problema é este: os judeus asquenazes, que são quem está negociando com os palestinos, jamais chegarão a um acordo de paz com eles. Se Israel tivesse mandado judeus sefardis para negociar com os palestinos, já haveria paz aqui há muito tempo. Os judeus asquenazes não querem que nós, os sefardis, conversemos com os árabes.

"Escute o que estou dizendo. Desde o começo, o movimento sionista não entendeu que, para falar com outras pessoas, é preciso compreender sua cultura. Se você quer chegar à paz com os palestinos, primeiro precisa compreendê-los, compreender a cultura e as nuances de sua cultura, mas os judeus asquenazes ainda não internalizaram esse fato."

Ao sair do gabinete do parlamentar, verifico seu nome na parede: MK Yitzhak Cohen.

Quem é ele?

Eis as informações oficiais do Knesset ao seu respeito: chefe da Comissão de Ética do Knesset; ex-ministro de Assuntos Religiosos, antigo vice-ministro das Finanças, pai de dez filhos.

✧ ✧ ✧

Dez filhos talvez pareçam um certo excesso para algumas pessoas, mas não para o MK Meir Porush, em cujo gabinete vou sentar-me depois de terminar a conversa com o MK Cohen. Meir é pai de doze filhos.

Ele é o principal parlamentar do partido asquenaze equivalente ao Shas, que se chama Judaísmo Unido da Torá, e veste a roupa tradicional dos *haredim*, que inclui um longo sobretudo preto, inicialmente criado para a Sibéria. Hoje faz muito, muito calor, mas está tudo bem para Meir. Ele regula o ar condicionado em níveis de congelamento, o que torna a roupa muito confortável para ele e suas visitas normais, não para gente como eu.

Fale comigo. Diga-me o que o senhor quer, e eu direi ao mundo o que está dizendo.

– Não sei se seus leitores querem saber de nós – responde ele.

Digo-lhe que vá em frente, o que ele faz.

– Nós representamos o judaísmo autêntico, a cultura que teve início há três mil anos, no Monte Sinai.

O MK sefardi Yitzhak falou em três mil e quinhentos anos, mas esse MK asquenaze Meir fala em três mil. Talvez os judeus sefardis sejam mais velhos, não sei.

– Por que é tão importante que tenhamos preservado esta antiga cultura? – pergunta o MK Meir, e responde imediatamente: – A nação judaica é a nação mais antiga do mundo.

Algumas pessoas contestariam essa descrição da história, mas Meir não se impressiona com isso.

– Não há nenhuma outra nação tão antiga – enfatiza.

E o que é essa cultura judaica? Bem, há uma coisa que ela não é, segundo MK Meir:

– Se o sujeito gosta de comprar produtos feitos em Israel e acha que isso o transforma em judeu, está enganado.

Os MKs, como vejo, gostam de discutir filosofia, ideologia, ética e história, mas tento trazer esse MK à Terra, por um ou dois minutos.

Hoje o Knesset está reunido para discutir o que chama de "divisão igualitária do ônus". O senhor pode explicar-me o que é isso?

– Ninguém sabe!

O homem é engraçado, mas não está respondendo à minha pergunta.

A verdade é que a "divisão igualitária do ônus" é uma questão explosiva em Israel, neste momento. Os israelenses *haredim* não servem o exército (não "dividem o ônus"), mas recebem ajuda do governo quando necessitam, como qualquer outro grupo de cidadãos, e não raro recebem até mais. Meio século atrás, isto não constituía um grande problema, já que eles não eram muito numerosos, mas agora sua comunidade está na casa das centenas de milhares.

Pressiono para que o parlamentar me dê uma resposta melhor do que "ninguém sabe", e ele responde que essa "divisão do ônus" é apenas um instrumento de judeus seculares que não têm nada melhor para fazer do que atacar os *haredim*.

– Por que os homens drusos servem o exército israelense, e as drusas não? Onde está a igualdade?

É claro que ver drusas servindo o exército israelense é a última das preocupações do MK Meir, mas é um bom método para fazer algumas pessoas pararem de pegar no seu pé.

Por minha vez, eu lhe peço para ser mais preciso em sua resposta, e ele me atende:

– Não considero "sagrado" ter um governo judaico aqui. É claro que fica mais cômodo se o governo daqui for judaico, mas, se esse governo judaico nos dificultar a observância de nossas tradições, não é meu sonho que os judeus governem o Estado.

Para simplificar, o que o MK Meir está dizendo é isto: se ter um Estado judaico significa que a comunidade *haredi* terá que servir o exército, ele e seu partido preferem ter um governo islâmico. Trata-se de algo que nunca imaginei que ouviria, mas "fatos são fatos".

◆ ◆ ◆

Depois de deixar o gabinete do MK Meir, encontro o ministro Uri Orbach, e lhe pergunto se ele gostaria de ser entrevistado. Ele responde:

– Por quê? Por que eu gastaria meu tempo dizendo chavões israelenses de relações públicas? Não, obrigado.

◆ ◆ ◆

A MK dra. Aliza Lavie é filiada ao mais novo partido de Israel, o Yesh Atid (Há um Futuro), criado por Yair Lapid, um jornalista transformado em político. A MK Aliza é uma das feministas mais conhecidas do país, uma mulher religiosa e professora universitária, além de autora de livros. Peço-lhe que me diga o que é "Israel".

— O Estado de Israel, para mim, significa um lar. Lar é uma coisa em que a gente trabalha, um lugar que amamos, um lugar que se conserta e se preserva, e um lugar de onde não se foge.

A senhora se orgulha de ser israelense?

— Com certeza. Mais que isso, no entanto, eu me sinto grata. Nasci numa geração que tem um lar, e fico muito feliz com isso. Minha avó é de Bucareste. Foi modelo, quando tinha vinte, vinte e um anos. Tinha um estúdio de moda, tinha tudo, mas, um dia, queimaram seu lugar e tudo que ela possuía. Umas pessoas cuidaram dela e a trouxeram para cá. Aos poucos, ela se reconstruiu nesta terra. Considero ser minha tarefa ajudar todos os judeus de qualquer parte do mundo que queiram vir para cá, e ajudá-los em tudo de que precisarem. Este país é o lar dos judeus, e meu trabalho é mantê-lo vivo.

O que é um israelense?

— É um ser humano que quer viver, progredir, sobreviver. O desejo de viver encontra-se em cada pedacinho do ser do israelense. Por que a alta tecnologia de Israel é tão avançada? Não é só pelo "cérebro judaico", é muito mais que isso. É o desejo de viver uma vida plena. Ser israelense significa ter um lar. E, apesar de todas as diferenças entre os judeus, apesar de toda a gritaria de uns com os outros, bem aqui no Knesset, os israelenses têm uma espécie de cola que os une. Todos compartilhamos a mesma casa. Não sei explicar. Esse companheirismo, essa união, dá-me forças para me sentar com a mídia alemã, dar esta entrevista. Isso me dá força, e posso perdoar o passado.

Ela está falando de mim; sou eu o alemão com quem ela precisa ter uma força especial para conversar. Ótimo.

Pode dar-me uma imagem desse "companheirismo"?

– Se eu cair na rua, espero que seja aqui [em Israel], porque aqui alguém me ajudará a levantar. Não tenho outra terra, outro lar.

São esses os atuais líderes do país em que nasci. Este país também é abençoado com um zilhão de gatos, alguns dos quais ficam em meu jardim. Vou para lá.

Portão 27

O que fazem os jornalistas estrangeiros humanistas quando um civil sírio semimorto fica caído perto deles?

Hoje não sei onde estão os gatos. Talvez tenham ido à Jordânia para uma conferência da KAS.

O Tio Sam vem ameaçando intervir na Síria, onde um homem mata seu vizinho sem razão alguma, e onde uma criança passa fome até deixar de existir. Até o momento, bem mais de cem mil vidas foram perdidas na Síria, de acordo com as estimativas divulgadas, e o número de feridos é muito maior.

O Oriente Médio, sendo o Oriente Médio, um lugar em que se podem formar e romper lealdades a um sopro de vento, alguns desses feridos da Síria cruzaram a fronteira com Israel, para se tratarem em hospitais israelenses. A Síria é um dos mais ferrenhos inimigos de Israel, porém Israel é o único lugar que separa os feridos da morte.

Chego em segurança a Tzfat (Safed), no norte do país. De algum modo, 140 sírios feridos na guerra já cruzaram a fronteira com Israel, e alguns acabaram bem aqui onde estou no momento: no Hospital Ziv.

Num dos leitos, quase sem vida, encontra-se Khalid: um dedo amputado, um buraco no tronco, o rosto ligado a tubos e fios que o mantêm respirando. Faz duas semanas que está aqui e só Alá sabe qual será seu futuro. Ele não consegue falar com clareza e gesticula com o rosto e as mãos.

Uma porção de jornalistas, na maioria estrangeiros, e também um palestino local, encontram-se nessa cena. As câmeras e gravadores vão clicando. Um deles pergunta a Khalid:
— Como se sente em Israel?
Ele olha fixo, como se dissesse "bem".
De onde você é?, eu lhe pergunto.
Ele me olha e gesticula, indicando que quer escrever a resposta; está apto a fazer isso.
Pergunto ao pessoal do hospital se é possível dar-lhe papel e caneta.
Eles o fazem.
Khalid escreve, e leva séculos nisso: Daraa.
Onde a guerra começou, dois anos atrás. Ali, no centro do inferno.
Ele aponta para a barriga, e tenta falar comigo. "Barriga", diz. Que Alá lhe dê saúde, digo eu. Ele me toca de leve e faz sinal de que quer escrever outra coisa.
Uma equipe de televisão pede para eu me afastar quando ele começa a escrever. Qual é a história? Querem tirar fotos dele com seu repórter, independentemente de esse ferido estar fazendo tanto esforço para se comunicar comigo.
Ao diabo com eles. Não me mexo.
Khalid me mostra seus dedos, os cinco. Quase sem falar, diz: cinco filhos.
É pai de cinco filhos, se todos ainda estiverem vivos.
E sua mulher?, pergunto.
Khalid se emociona. Não está acostumado com jornalistas que demonstrem por ele um interesse verdadeiro.
Estende a mão ferida para mais perto de mim, segura uma de minhas mãos na sua e, lentamente, encosta minha mão em seus lábios e a beija.
Sinto vontade de chorar.
Também lhe dou um beijo.
Este simples gesto humano o deixa pasmo. Ele faz sinal para que eu mande embora os outros jornalistas, depois torna a segurar minha mão e torna a beijá-la.
É de cortar o coração.
Pega minha mão esquerda com sua mão direita e a segura. Afago-lhe a mão esquerda e a cabeça. Ele mal consegue respirar, tem a respiração muito pesada, e se agarra a mim com toda a força que pode. Isso o faz sentir-se melhor, e, mais uma vez, ele faz sinal para os outros jornalistas irem embora.

Pergunto-me se quer que eu saia também, e começo a me mexer, mas ele torna a segurar minha mão.

Sinto vontade de chorar, mas, em vez disso, faço-lhe um carinho.

O pessoal do hospital pede que todos nos retiremos, mas Khalid não quer que eu vá. Torno a me aproximar, e ele afasta o cobertor do corpo, lentamente, para me mostrar seu ferimento, um enorme buraco onde deveria estar a barriga.

Será que esse homem vai sobreviver, ou estou fitando a face cruel da morte?

Sinto vontade de abraçá-lo, de consolá-lo. Ele olha para mim, um homem a quem nunca tinha visto, com uma expressão carregada de amor.

Jamais esquecerei Khalid, a face da humanidade num cenário de jornalistas mercenários.

Do lado de fora, na entrada do hospital, onde agora me encontro, para dar vazão à minha raiva dos estrangeiros fumando um cigarro, vejo uma ambulância com estes dizeres: "Em memória dos seis milhões que pereceram no Holocausto".

Essa ambulância foi doada por um certo Victor Cohen, de Boca Raton, na Flórida, Estados Unidos da América.

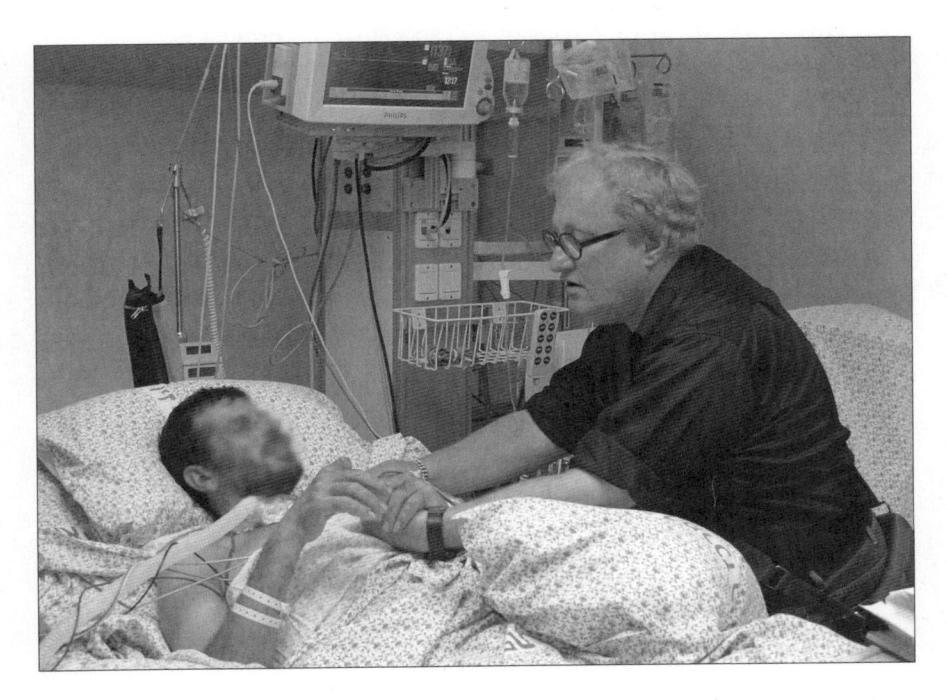

❖ ❖ ❖

Os jornalistas mercenários e eu continuamos em direção ao norte, para chegar mais perto da Síria. Vamos subindo mais e mais, rumo às colinas de Golan, as imensas montanhas que nos acolhem. Será que estou no Tirol?

Este país, dono do ponto mais baixo da Terra, no mar Morto, ascende aqui a alturas que dificilmente se imaginaria serem alcançadas nesta pequena área. A geografia desta nação, pelo que vi até agora, é tão diferente nos vários locais quanto em seu povo. Tão extremada no bojo de seu solo quanto nas pessoas que vivem sobre ele.

A estrada continua a subir, e chegamos a Majdal Shams, uma aldeia drusa nas colinas de Golan. Os drusos, árabes que não são muçulmanos, vivem dos dois lados da fronteira entre Israel e Síria. Quando me sento num restaurante local, um druso me dá seu cartão de visitas, para o caso de eu querer voltar. Seu endereço, diz o cartão, é "Colinas Ocupadas de Golan".

Do outro lado do restaurante, tenho a oportunidade de ver e ouvir como os jornalistas europeus fazem entrevistas destinadas a extrair respostas que combinem com sua visão de mundo. É tão intrigante quanto fascinante observá-los.

Um jornalista britânico e um aldeão druso discutem a probabilidade de uma guerra com a Síria e a possibilidade de que bombas carregadas de venenos químicos voem para essa área. Eis a conversa:

J: Vocês têm máscaras contra gases?

D: Não.

J: As autoridades israelenses lhes fornecem máscaras contra gases?

D: Não.

J: Mas, em geral, as autoridades israelenses fornecem máscaras contra gases aos cidadãos israelenses, não é?

D: Sim, eu acho.

J: Eles dão máscaras aos seus cidadãos, mas não a vocês. Certo?

D: Acho que sim.

J: Os judeus as recebem, mas vocês não. Interessante.

D: Não sei.

J: Eles não lhe ofereceram nenhuma máscara, ofereceram?

D: Não. Acho que eles só distribuem máscaras nas cidades grandes, como Tel Aviv ou Jerusalém.

J: Mas eles as distribuem ou não para os moradores locais daqui, as outras pessoas, os judeus?

D: Talvez. Não sei.

J: É possível que eles distribuam máscaras para "eles", mas não para vocês.

D: Pode ser.

J: Quer dizer que eles oferecem as máscaras aos judeus, mas não aos drusos. Realmente interessante.

A essa altura, o aldeão está inteiramente confuso, acende um cigarro e conversa com outro aldeão sentado ao seu lado.

Quanto ao jornalista, ele me vê observá-lo, e seu rosto assume uma expressão raivosa. Ele me lança um olhar ressentido e se afasta.

Deus salve a rainha.

✧ ✧ ✧

O monte Bental é nossa parada seguinte. Nele a pessoa para e vê a Síria bem diante de seus olhos. A Síria, de onde veio Khalid, onde estão sua mulher e cinco filhos, se ainda estiverem vivos.

Que país pequeno é Israel! Levei três horas, incluindo as paradas para café, cigarros e toalete, para vir do centro da nação até aqui. E estou levando em conta que isto aqui não é os Estados Unidos, o que significa que, muitas vezes, o caminho passa por pequenas vias secundárias. Em outras palavras, pode-se atravessar de carro toda a extensão de Israel, no sentido do comprimento, em mais ou menos cinco horas, do sul ao norte. Cruzá-lo no sentido da largura leva uma fração desse tempo, entre dez minutos e duas horas, dependendo de onde você queira fazer a travessia.

Um paisinho minúsculo, mas no qual o mundo tem um imenso interesse. Isso nada tem a ver com a lógica; será que é uma coisa "espiritual"? Talvez eu deva procurar um líder espiritual e ver se ele ou ela tem alguma explicação.

Portão 28

Como a gente se torna rabino dos direitos humanos internacionais?
De que uma sionista cristã gosta mais: de homens ou de uvas?

Um rabino é um líder espiritual, certo?
O rabino Arik Ascherman, elegantemente vestido na última moda, com os tênis mais legais, é o presidente e o rabino mais antigo da organização Rabinos pelos Direitos Humanos, e é o homem que vou procurar.

Você já ouviu falar dos Rabinos pelos Direitos Humanos? Eles são apolíticos, diz-me o rabino Arik, e, por seu próprio regimento, não podem tomar partido em questões políticas. O rabino Arik me diz que chega a ser apolítico demais, que nunca tomará partido no conflito israelense-palestino, e que jamais fará qualquer gesto que possa ser interpretado como partidário.

É o tipo de rabino de que eu gosto, e agora só me resta fazê-lo dizer o que pensa, no fundo do coração, e como transforma seus pensamentos em atos. Ele fica muito feliz por eu lhe fazer estas perguntas, e me atende alegremente. Segundo me diz, acredita no seguinte:

Israel está abusando dos palestinos, dentro e fora de Israel.
Israel pratica racismo contra os palestinos.
Israel rouba terras palestinas.
Israel aprisiona palestinos ilegalmente.
Israel se envolve, constantemente, em medidas e atos discriminatórios contra palestinos inocentes.

Todos os assentamentos são ilegais.

Israel descumpre regularmente as leis internacionais.

Israel é um ocupante brutal.

O exército israelense ajuda e protege, rotineiramente, as atividades criminosas dos colonos contra os aldeães palestinos.

Israel age e se comporta como qualquer outra ditadura brutal da história.

Os arqueólogos israelenses destroem, rotineiramente, qualquer prova passível de corroborar as reivindicações palestinas em relação à terra.

E por aí vai, mas só anoto uma parte do que me diz esse rabino apolítico. O impressionante nesse homem, e não sei explicar como ele o consegue, é ele próprio não cair na gargalhada ao me dizer que é apolítico.

Em tom sempre sério, ele discorre então sobre a questão dos atos, daquilo que ele e seus associados fazem: (a) questionam o governo israelense através do sistema judiciário, movendo um processo após outro contra o Estado; (b) visitam aldeias palestinas para servir de escudos humanos contra colonos e soldados israelenses assassinos.

Nenhuma dessas coisas, como já foi mencionado, teria qualquer relação com a política, e nada do que foi dito até aqui poderia ser erroneamente interpretado como tomar partido entre israelenses e palestinos.

O rabino Arik, um erudito bíblico por profissão, assegura-me confiantemente que a Bíblia proíbe qualquer tipo de guerra. O fato de ela estar cheia de guerras, inclusive ordenadas pelo Senhor, é algo que ele desconhece. Página após página da Bíblia fala em guerras, mas o rabino Arik não conhece nenhuma dessas páginas.

Fico meio irritado com ele. Pego a Bíblia que está em sua sala e lhe digo: olhe, quase todas as páginas aqui estão repletas de guerras. O senhor nega isto? Comece a ler comigo!

Ele se recusa.

Esse rabino é tão íntegro e erudito, além de apolítico, que chegou até a morar com palestinos durante dois anos. Quando me fala disso, seus olhos brilham. Vi um par de olhos parecidos com os dele, não faz muito tempo, estou lembrado, e tento recordar de quem eram. Ah, sim, do jornalista britânico. Haverá alguma outra semelhança entre os dois? Sim, ambos se amarram em direitos humanos.

✧ ✧ ✧

O rabino Arik, pense eu o que pensar, vê-se como um santo homem. Os palestinos, diz-me Sua Santidade, vivem em condições terríveis, que lhes são impostas pelos judeus. Vivem em extrema pobreza, em campos de refugiados, e, não fosse a abundância da santa misericórdia dos rabinos, seu destino teria sido selado por uma passagem só de ida para o inferno eterno.

Pergunto ao rabino Arik quando foi a última vez que ele visitou o campo de refugiados conhecido como Palestina, sem incluir os olivais. Bem, ele não se lembra, mas talvez tenha sido há mais ou menos uns três anos.

Esse morador da Palestina, como se constata, viaja a Ramallah e Nablus quase com a mesma frequência com que costumo ir ao sol e à lua. Conhece tão bem a Palestina quanto eu conheço o espaço sideral.

Por que, eu lhe pergunto, todos os bons samaritanos têm corações e almas tão comoventes, enquanto os direitistas são sempre tão perversos?

Ele se ofende com minha pergunta, por achar que estou sendo zombeteiro. Mas eu lhe digo que não, apenas estou fascinado com o ódio que ele nutre por si mesmo. Pessoalmente, adoro os palestinos, eu lhe digo, porque os palestinos se orgulham de sua identidade, mas não tenho respeito algum por autoabominadores, sejam eles judeus ou negros. Se eu tivesse uma filha querida, preferiria que ela se casasse com um orgulhoso ativista do Hamas a se casar com um judeu autodepreciador como ele.

A mulher de Arik olha para mim, surpresa com essa afirmação, e diz apenas cinco palavras – "Não se pode modificá-los" –, referindo-se ao marido e aos seus colegas. Peço que ela me fale mais disso, e ela o faz. Ser ativista dos direitos humanos, em nossa época, é ser uma *persona*, não uma filosofia; é um modismo, uma onda. O ativista dos direitos humanos não busca fatos nem lógica; a coisa tem a ver com certo código do vestuário, com roupas "legais", com a linguagem, a pronúncia, as expressões e certas maneiras.

– Nós brigamos muito, mas sei que nunca o modificarei. Não há fatos capazes de persuadi-lo. Ele *é* um ativista dos direitos humanos, essa é sua *persona*, é quem ele é. E é só isso. Não se pode pedir a uma pessoa que deixe de ser quem ela é.

Quando se trata de questões complexas, não raro, as mulheres compreendem muito mais depressa do que os homens.

Arik fica profundamente ofendido com os comentários de sua mulher. Está empenhado em *Tikun Olam* (consertar o mundo), ele me diz. Que diabo é *Tikun Olam*? Tem a ver com a cabala (misticismo judaico), tal como ensinada pelo místico Ari de Tzfat, conhecido como Santo Ari.

Você gostaria de mais informações sobre isto? Pois tenha paciência comigo, é bem interessante, na verdade.

Quando Deus criou o mundo, teve um grande problema com isso, um problemão: Ele era grande demais para morar no mundo, o qual, por natureza, era pequeno demais para Ele. Entendeu?

Deus, caso você ainda não tenha percebido, é gordo. Obeso. Enorme. Tão imenso, na verdade, que até apenas um oitavo da Sua barriga é muito maior que o planeta inteiro. Isso significa – tenha mais um pouco de paciência – que, para que a criação divina do mundo sobrevivesse, Deus teria que se mudar do planeta, e, nesse caso, apenas Satanás ficaria por perto conosco, nós, os seres humanos. Uma ideia pavorosa, como você certamente pode imaginar.

Para corrigir o problema, Deus arranjou uma solução engenhosa: fez um autoencolhimento e pôs Centelhas Sagradas de Si mesmo em recipientes especiais. Entendeu? Genial, não é?

Só que havia mais um problema, no qual, por alguma razão, Deus se esqueceu de pensar, mas no qual Ari pensou. O que seria? Nosso amigo, nosso velho amigo Satanás. Sendo Satanás, ele vivia constantemente ocupado em fazer furinhos nos Recipientes Sagrados, o que fez as Centelhas Sagradas se dispersarem.

O santo Arik e sua equipe de 120 rabinos trabalham de maneira infindável e incansável para consertar e restaurar os buracos dos Recipientes Sagrados. E como fazem isso? Com os direitos humanos em prol dos palestinos.

Peço ao Santo Restaurador de Recipientes que me fale de sua história rabínica. Em termos simples: onde, quando, como e quais congregações ele conduziu antes de conduzir o mundo em geral. E, já que suas credenciais, pelo menos tal como ele as apresenta a mim, estão no rabinato, eu também gostaria de saber qual era o tamanho de sua congregação ou congregações anteriores.

O rabino Arik tenta manipular-me da melhor maneira possível, para que eu o libere de responder a essa pergunta. Mas não desisto, até que ele acaba cedendo. Sob sua liderança no rabinato, que se deu nos Estados Unidos, ele atraía "umas dez", "às vezes vinte" pessoas de sua congregação para ouvirem seus sermões.

O que o sujeito há de fazer quando chega ao fundo do poço como rabino local? Torna-se rabino internacional. Como é que se transforma em rabino internacional? Diz às pessoas que ele, um rabino, falará as piores coisas sobre Israel e os judeus. Quem vai financiá-lo? Essa é fácil: basta encontrar outros judeus autodepreciadores, sem esquecer os europeus cheios de si. O New

Israel Fund[1], criado justamente por tais judeus, judeus de coração extraordinariamente amoroso para com os necessitados, doou aos Centros de Crise do Estupro, em Israel (de acordo com seu mais recente relatório anual disponível, datado de 2012), um total de 6.721 dólares, e doou aos Rabinos pelos Direitos Humanos 328.927 dólares. A Comissão Europeia, que paga viagens especiais ao Museu do Holocausto e dá aulas a jovens europeus sobre as atrocidades israelenses, é outra doadora desses rabinos, ao lado de outros doadores europeus, como os suecos, britânicos e alemães que defendem os direitos humanos.

Fico desorientado. Foi nisso que Israel se transformou? É isso que significa ser "judeu"?

✧ ✧ ✧

Ouvi dizer que, neste exato momento, nas colinas da Judeia e de Samaria, há estrangeiros colhendo uvas num assentamento judaico. Nem todos os estrangeiros detestam os judeus. Há cristãos que gostam deles, e vou conhecer esses cristãos.

Caleb e Candra, um casal de "sionistas cristãos" dos Estados Unidos, me dizem que estão aqui para cumprir as profecias de Deus. Que profecias?

Candra lê o seguinte para mim, do livro de Jeremias:

"Ainda plantarás vinhas nos montes de Samaria; os plantadores as plantarão e as comerão como alimentos comuns. Porque haverá um dia em que gritarão os vigias sobre o monte de Efraim: Levantai-vos, e subamos a Sião, ao Senhor nosso Deus."

Caleb interpõe:

– Nós acreditamos que, nos últimos dias, as montanhas voltarão à vida.

Todo ano eles vêm passar dez semanas neste vinhedo e nestes campos, Caleb me diz, e oferecem seu tempo como voluntários, para ajudar esse assentamento. Pagam suas passagens de avião, pagam sua hospedagem, pagam a própria comida e, se quiserem uma ou duas garrafas do vinho feito aqui com seu suor, pagam por elas. Em suma, não recebem nada de graça e gastam um tempo enorme e uma boa quantidade de dinheiro pelo prazer de trabalhar para essas pessoas.

---
1. Novo Fundo para Israel. [N. T.]

Hoje há 150 pessoas aqui e nas montanhas próximas, quase todas dos Estados Unidos, mas há também uma pessoa da Suécia, uma pessoa da Suíça e zero pessoas da Alemanha.

Vocês têm alguma história romântica que possam compartilhar comigo, ocorrida bem aqui nesta montanha?

– Conheci minha mulher aqui. Aliás, nós nos casamos aqui.

Sua mulher intervém:

– Nós nos casamos em Psagot!

Psagot é um assentamento vizinho.

Nesse momento, outro cristão sionista intervém. Diz a Caleb para descobrir os detalhes ao meu respeito, de onde venho, quem sou e se sou amigo ou inimigo.

– Queremos ter certeza de que está tudo certo – diz o homem, e acrescenta um conselho para Caleb: – É preciso tomar cuidado.

Caleb começa o interrogatório:

– Você é judeu?

É o que dizem.

– Você é ateu?

Ainda estou tentando descobrir quem sou.

Ele gosta de minhas respostas, não me pergunte o porquê, e continua de onde havia parado, para me contar sua história de amor:

– Uma noite, fui dormir e sonhei que estava num vinhedo, fazendo um piquenique. Olhei para cima, e havia uma garota linda, sentada de frente para mim. Estendi-lhe as mãos, e ela pôs as dela nas minhas. Foi assim que o amor começou para mim.

Você teve esse sonho bem aqui?

– Sim, aqui nesta região.

Ela só estava nestas montanhas em seu sonho, ou também na vida real?

– Estava aqui de verdade.

E entrou em seu sonho?

– Foi meio assim, mais ou menos.

Ele me conta que veio aqui pela primeira vez aos quatorze anos, e que foi seu pai quem iniciou o projeto de trazer pessoas do exterior para cá.

Sua futura esposa veio aqui pela primeira vez aos vinte anos:

– Eu sempre havia gostado de Israel quando pequena. Herdei isso de meus pais – diz a esposa do-sonho-barra-da-vida-real, acrescentando estar muito feliz aqui – onde a Bíblia aconteceu, na Judeia e em Samaria.

Para o caso de eu não ter entendido direito, ela entra nos detalhes:
– Oitenta por cento dos fatos de nossa Bíblia aconteceram aqui.

Quando você veio aqui pela primeira vez, o que a deixou mais empolgada: estar aqui ou conhecer Caleb?

– Acho que a restauração da terra é mais importante que Caleb – responde ela, entre risinhos e séria, ao mesmo tempo.

Caleb conheceu outros judeus em Israel, como os que moram em Tel Aviv, mas gravita para o pessoal daqui, os colonos:

– Eu tenho uma ligação maior com eles. Acho que as pessoas destas montanhas têm um propósito na vida, e dedicam a vida a alcançar um objetivo. Acredito que têm uma ligação com alguma coisa maior do que aquilo que compreendem.

Para ficar registrado: a cristã Candra conhece mais a Bíblia do que o rabino judeu Arik. Pelo menos, sabe citá-la.

Portão 29

Será que uma árabe instruída e linda se apaixonará por um judeu?

Perto dessas montanhas fantásticas em que Candra está dando duro fica a cidade de Nablus, uma cidade em que nenhum judeu pode entrar. *Judenfrei*[1]. Naturalmente, sinto-me atraído pelo lugar, e vou até lá. Se o que ouvi dos israelenses estiver certo, Nablus é uma cidade pobre em termos econômicos, mas rica em fundamentalistas. Visitei algumas cidades palestinas maravilhosamente projetadas e superatraentes; está na hora de visitar uma cidade pobre.

Chego lá em minutos e nem consigo acreditar na paisagem que me recebe. A Nablus que eu esperava não é a que encontro. Em suma, e para evitar grandes dramas, Nablus é uma cidade deslumbrante, pela qual me apaixono imediatamente. Com ruas tragadas por enormes construções, que brilham da base ao topo de duas cordilheiras paralelas, Nablus acolhe seus visitantes com paisagens cálidas e pitorescas, de beleza ímpar, e com uma pulsação constante de vida que nunca imaginei existir aqui.

A União Europeia e os Estados Unidos estão construindo aqui o paraíso na Terra. É uma cidade completa, um lugar em que se encontram comida e roupas celestiais e nem um metro quadrado de chatice ou silêncio.

Ao lado de um novo complexo residencial esplendidamente projetado, alguém construiu para si um estábulo com um cavalo dentro. É estranho, é

---

1. Livre de judeus. [N. T.]

bizarro, mas cativa a visão e a imaginação, por oferecer uma imensa sensação de grandeza.

Ando, ando sem parar em Nablus, e meus olhos dançam de puro prazer. Que cidade!

Só depois de me sentir totalmente exausto de tanto andar vou até a estação central e tomo um táxi.

Quem divide o táxi comigo é uma jovem de sorriso angelical e extremamente bem-vestida, cujo nome é Eternidade. Sim, é esse o nome dela. De que parte do céu terá acabado de aparecer para mim?

— Eu moro em Ramallah e estudo em Jerusalém — ela me diz.

Será que um dia poderei chamá-la de dra. Eternidade?

Ela ri. Sim, é o que espera.

O que você estuda?

— Literatura e ciência política.

Em que universidade?

— Universidade Hebraica.

Ah, você estuda com os judeus...

— Sim.

Seria possível se apaixonar por um judeu, um dia?

— Impossível!

Você é uma moça bonita e, um dia, pode ser que um rapaz muito bonito cruze seu caminho. Um homem muito gentil, muito sedutor, e que se apaixone por você. E ele será realmente agradável, realmente bom para você. Um judeu. Isso não poderia acontecer?

— Nunca!

Por quê?

— Nunca me casarei com um judeu.

Estudando na Universidade Hebraica, você aprendeu sobre os judeus alguma coisa que não soubesse antes?

— Sim.

O que aprendeu sobre eles?

— Que eles adulteram a história.

O que eles adulteram?

— Eles dizem que vieram para a Palestina em 1948 porque queriam ajudar os palestinos. Isso é uma mentira completa.

É isso que ensinam a você?

— Sim.

Não entendo. Por que eles diriam uma coisa dessas?

– Pergunte a eles.

Mas isso não faz sentido. Por que eles viriam para esta lonjura, só para ajudar vocês?

– Eles dizem que vieram para cá e que ajudaram. É isso que ensinam. Eles inventam a história.

Então, eles não disseram que vieram para cá para ajudar os palestinos, mas apenas que sucedeu ajudarem... certo?

– Sim, é isso que eles ensinam.

Mas, então, por que vieram para cá? O que eles lhe ensinam na universidade?

– Que vieram para cá porque o Ben-Gurion mandou que viessem.

Em 1948?

– Sim, depois que os ingleses foram embora.

Por que não vieram antes?

– Porque o Ben-Gurion não disse antes para eles virem.

Houve alguma outra razão para eles terem vindo para cá em 1948?

– Não.

Nenhuma outra razão?

– Não que eu saiba.

Por que você não estuda numa universidade palestina? Por que frequenta a Hebraica, uma universidade judaica?

– A Hebraica é a melhor universidade, muito melhor que a Bir Zeit ou a Al-Quds.

Tal como Nadia, Eternidade recebe ensino superior de graça. E, tal como Nadia, estuda com judeus e cospe neles. Essas duas mulheres, a meu ver, são mais espertas que os judeus que pagam sua educação.

Está na hora de voltar para meus gatos, organismos muito mais inteligentes do que essas moças.

Portão 30

Seguindo o conselho de meus gatos vira-latas, faço uma viagem ao norte para ver como as pessoas se preparam para saudar os mais novos mísseis superpotentes made in the USA

Uma comissão do Senado dos Estados Unidos aprovou o uso da força contra a Síria. A situação da Síria é terrível, e, já que o rabino Arik não faz nada a esse respeito, o Senado norte-americano tem que se envolver. Pelo que conheço da história do envolvimento norte-americano e europeu no Oriente Médio até o momento, seus anais mostram um índice de fracasso próximo de cem por cento.

A lógica do Ocidente é esta: se duas pessoas do Oriente Médio atiram uma na outra com um fuzil, por que não entrar na festa e soltar alguns mísseis superpotentes por lá, para melhorar o efeito sonoro? Converso com meus gatos, e eles sugerem, pelo menos até onde consigo entendê-los, que eu dirija para o norte, em direção à fronteira síria, para ver se as pessoas estão preparadas para a possibilidade de que haja mísseis voando sobre sua cabeça.

✧ ✧ ✧

A primeira parada é no *kibutz* Kfar Haruv, um *kibutz* secular aos pés das colinas de Golan. Antigamente, toda a região de Golan fazia parte da Síria, mas foi capturada por Israel na Guerra dos Seis Dias, em 1967. Imediatamente após a guerra, Israel ofereceu-se para devolver Golan à Síria, em troca da paz, mas os sírios disseram não. Anos depois, em 1981, Israel anexou essas terras, mas o mundo em geral não reconhece a soberania do país sobre elas. A oferta de cidadania israelense aos residentes drusos de Golan foi rejeitada por quase todos eles.

As colinas de Golan nada têm a ver com os palestinos. Lhufas. Aqui o inimigo é bem diferente, um vizinho mais antigo, e a chance de paz tem igual probabilidade – mais ou menos um grande zero. Mas não diga isso ao pessoal que vive aqui.

É véspera do Ano-Novo judaico, e os laicos de Israel comemoram essa festa à sua maneira. Nas congregações religiosas, as Grandes Festas são um período de ponderação e uma ocasião em que os Filhos Escolhidos pedem saúde e sucesso ao Senhor dos Senhores, e Lhe imploram perdão por suas transgressões. Segundo a tradição, é nesse dia que a Corte Celestial entra em sessão, e Deus preside o julgamento, para decidir sobre o destino dos homens, dos animais e de toda a criação: quem vai viver e quem vai morrer, quem terá saúde e quem adoecerá, quem será rico e quem será pobre, quem conhecerá o sucesso e quem fracassará.

Os *kibutzniks*[1] Escolhidos de Kfar Harub têm a oferecer a seguinte oração em forma de música:

> Que o novo ano seja de
> Paz e segurança,
> Paz e tranquilidade,
> Paz e felicidade,
> Ano de paz, não ano de guerra.

Encerrado o cântico, eles passam aos rituais.

Nesse dia, nas sinagogas de todo o país, sopra-se o chofar, para despertar os pecadores de seu sono. Aqui, não. Aqui é trazida uma gaiola com muitas pombas. Crianças e adultos se reúnem junto dela para olhar os bichinhos. Recita-se com prazer "Voem, pombas", e as pombas são soltas.

Trata-se de um ritual de paz, se entendi direito, o que é muito mais pitoresco do que o tradicional sopro do chofar.

Servem-se maçãs com mel, enquanto as pessoas desejam "Feliz Ano-Novo" umas às outras.

---

[1]. Membros de uma comunidade agrícola ou agroindustrial conhecida como *kibutz*. [N. T.]

– A cerimônia está concluída – vem o anúncio. – Vocês estão convidados. As mesas estão cheias de comida!

Nas comunidades ortodoxas, os cânticos do Ano-Novo judaico dizem assim: "Pai do Céu, perdoai-nos por termos pecado". Aqui, o que eles cantam é: "No Ano-Novo, no Ano-Novo, em meu jardim, uma pomba branca".

Após esses rituais, somos brindados com um discurso. Um homem se levanta e fala de valores e finanças. Produzimos mais leite este ano, diz ele, dez por cento mais, e o turismo está ótimo. Esperemos, deseja ele a todos, que o ano que chega também seja de sucesso.

Num aceno à tradição, agora os habitantes do *kibutz* devem rezar. Um membro pega um livro de orações judaico e recita uma prece. Aqui, ela diz: "Hoje é sexta-feira, quando se fez a criação do céu e da terra…". Há só um pequeno problema: hoje não é sexta-feira. Pouca gente ou quase ninguém repara.

Também chegamos a saber de algumas cifras: o *kibutz* tem 160 membros adultos e trezentos incluindo as crianças. Valor da agricultura este ano, em *shekels*: quarenta milhões. O *kibutz* também é dono de uma empresa em Dortmund, na Alemanha.

Ninguém menciona a Síria, os Estados Unidos ou qualquer outro país entre eles.

O *kibutz* Kfar Haruv, parte de uma experiência ideológica socialista da última geração, agora é tudo, menos socialista. O que restou dos gloriosos dias do movimento dos *kibutzim*, se é que se pode julgar pela cerimônia realizada aqui nesta "sexta-feira", é a incapacidade espetacular de compreender adequadamente os antigos textos judaicos.

Deixo o *kibutz*, triste por notar que um grande movimento, um dos mais afetuosos dentre os experimentos humanos que já conheci, não existe mais.

Torno a pegar a estrada.

⋄ ⋄ ⋄

Majdal Shams (Torre do Sol), ao norte das colinas de Golan, encontra-se à minha frente, e torço para que o jornalista britânico não esteja lá outra vez. Manejar o carro nas estradas que conduzem a Majdal Shams leva tempo e, quando chego ao meu destino e salto do carro, entro no inverno.

Sinto-me congelar. Mas, ainda que o tempo esteja frio, os moradores daqui são calorosos.

Hamad Awidat, um druso que produz seções para várias agências de notícias europeias, recebe-me em seu escritório e me oferece deliciosas bebidas quentes. Ele tem certeza de que o presidente Obama não tardará a lançar reluzentes mísseis novos sobre a vizinha Síria, e está se preparando para isso.

— Acho que Obama vai entrar em guerra com a Síria, por querer mostrar ao mundo que é um grande homem, que tem poder.

E o que acontece depois que o Obama atacar? Quem vai vencer e quem será derrotado?

— Os muçulmanos podem fazer novos filhos numa única noite — ele explica, e, no fim, vão vencer, haja o que houver até lá. As pessoas daqui têm fé e não vão perdê-la. Os árabes vão vencer, porque são ligados à terra e continuarão apegados a ela. Os judeus não, diz ele, compartilhando comigo um saber importante: — Os judeus são ligados às suas contas bancárias, não à terra.

Hamad gosta de falar de árabes e judeus, e eu quero falar dos drusos. Qual é a religião drusa?

— Os drusos são um grupo humano que acredita na reencarnação.

No que mais vocês acreditam?

— Esta é nossa religião, nossa crença.

O que há de singular em sua religião?

— Nós acreditamos na mente, não no corpo.

O que vão fazer com as pessoas burras?

— Elas são más.

Qual é o livro sagrado dos drusos?

— O Al-Hikmat.

Você o leu?

— Não.

Não sente curiosidade?

— Não. Li o Alcorão, li o livro dos cristãos e o livro dos judeus. É isso que me interesso por ler.

É verdade que vocês não têm permissão para ler seu livro sagrado?

— O livro sagrado, o Al-Hikmat, é um livro secreto. Não se pode encontrá-lo na internet. Não há versões impressas dele, o livro sagrado é manuscrito.

Hamad pode não conhecer seu Al-Hikmat, mas sabe das notícias e conhece o estilo e o gosto europeus. Toda manhã, as nuvens enchem o jardim de sua casa, e dessa casa ele diz:

— Você pode ver a Síria à esquerda, e os ocupantes à direita.

Hamad construiu um cômodo especial, com 360 graus de janelas de vidro, para servir aos jornalistas na próxima guerra.

Ele me mostra no YouTube um clipe de um filme produzido por sua companhia, *Maçãs de Golan*, que foi financiado por empresas irlandesas, suíças e austríacas.

"A terra sempre tem cinco dessas sementes", o filme nos ensina, enquanto vemos uma imagem de maçãs de Golan cortadas ao meio, com cinco sementes de cada lado. "As estrelas da bandeira síria têm cinco pontas", continua o filme, enquanto a estrela da bandeira israelense tem seis.

O que significa tudo isso? Só pode significar que as colinas de Golan pertencem à Síria. A terra falou. Ponto final.

Das 139 aldeias árabes existentes na região antes de 1967, declara o filme, restaram apenas cinco.

Hamad chama Israel de "filho dos Estados Unidos", e o acusa de plantar minas por toda a área de Golan, durante sua guerra com os sírios. Eu lhe pergunto: antes de 1967, esta área pertencia aos sírios; não será possível que tenham sido eles que instalaram as minas?

Em vez de me dar um bom contra-argumento, ele se oferece para me levar para dar uma volta por algumas casas antigas abandonadas nas montanhas, à maneira da excursão de Itamar a Lifta, quando eu quiser.

Mas Hamad não é Itamar, decididamente. Hamad é um druso caloroso, não um frio ex-judeu. Quando lhe peço que me dê alguma coisa quente para comer, além do café quente, ele providencia para eu almoçar com uma família drusa. Adoro a ideia! Nunca estive numa casa drusa, e mal posso esperar por essa experiência.

Aqab, um professor de inglês e desportista druso da aldeia vizinha de Boqata, é o homem da casa, e me diz que os muçulmanos e os drusos são irmãos árabes, mas que os judeus são ocupantes. Segundo diz, ele prefere viver na pobreza e numa ditadura, como parte da Síria, a viver na riqueza e numa democracia, como parte de Israel. Para ele, os judeus são ocupantes não apenas das colinas de Golan, mas também de todas as terras circundantes.

Os judeus, ele afirma em tom passional, não têm o direito de possuir uma terra de nacionalidade judaica, porque isso é racismo, porém os árabes têm o direito de possuir uma terra de nacionalidade árabe, porque isso não é racismo. Peço-lhe que me explique essa discrepância óbvia, porém, por mais que se esforce, ele não consegue. Então lhe peço que, em vez de dar uma resposta à minha pergunta, ele me dê sua linda filha em casamento. Além disso, por eu ser um bom samaritano alemão tão generoso, até me ofereço para lhe pagar por ela. Damos muitas risadas com isso, mas ela não está à venda para um não druso. No entanto, se eu lhe oferecer um Mercedes novo, talvez achemos um caminho.

Sua mulher me alimenta com comida drusa. Não sei de que é feita, mas é tão deliciosa quanto é linda sua filha. Paraíso.

Golan: do alto de seus píncaros à parte mais baixa de seus uádis, o lugar é uma imensa celebração da natureza. Nada que eu tenha visto em nenhuma região montanhosa de qualquer lugar, inclusive em todo o Tirol, é tão lindo, tão deslumbrante, tão cruel, tão nu e tão rico quanto as montanhas daqui.

◇ ◇ ◇

Há mais cidades e vilarejos que poderiam ser afetados por mísseis voadores, se de fato eles vierem, e torno a rumar para Tzfat, a pitoresca cidade entre essas montanhas e vales, a cidade cujo hospital visitei há poucos dias, mas pela qual não caminhei. Tzfat é célebre por sua longa linhagem de místicos e comerciantes, cidade em que viveu o famoso Santo Ari, séculos atrás, e onde ele apresentou pela primeira vez seu *Tikun Olam*, termo usado, hoje em dia, não só pelo rabino Arik, mas também pelo presidente Obama e por celebridades como Madonna.

Tzfat se revela a mim em sua mais desnuda forma – a cidade velha e a nova, com seus labirintos de lojas e restaurantes, todos eles fechados, cerrados em observância ao Ano-Novo judaico. Aqui, como em algumas outras cidades de Israel, os *haredim* dominam com punhos de ferro. Os estabelecimentos comerciais devem permanecer fechados nos dias santos judaicos, mantendo-se aberto apenas aquilo que é sagrado: casas de oração, termas para banhos ritualísticos, sepulturas e tumbas.

As tumbas são um grande negócio, como constato. Pessoas do país inteiro vêm a esta cidade, dentre todas a mais mística, passar os dias santos na presença dos mortos sagrados.

Encontram-se aqui não apenas a sepultura de Ari, mas também seu banho ritualístico sagrado – as termas em que ele se banhava há centenas de anos, quando se comunicava regularmente com os anjos. Trata-se de um local muito santificado, e, se eu me banhar nele, acontecerão coisas fascinantes comigo.

Vou ver por mim o que produziria tal milagre. Há um aviso na entrada do local: "Este banho é somente para homens; as mulheres que tentarem banhar-se aqui serão picadas por uma cobra".

Nossa! Que lugar sagrado.

O balneário é muito menor do que eu havia imaginado. Só um homem de cada vez pode banhar-se, e há homens esperando em fila.

Ali está um homem inteiramente nu, imergindo e tirando o corpo da água, para baixo e para cima, sete vezes seguidas. Este seria um lugar perfeito para os *gays*, imagino.

– O senhor é judeu? – pergunta-me um santo homem nu.

Que diferença faz?

– Se não for judeu, banhar-se aqui não fará nada pelo senhor.

Por quê?

– O senhor é judeu?

O mais judeu de todos!

– Então, entre!

Por que o senhor me perguntou se eu era judeu? Os não judeus não são bem-vindos aqui?

– Se o senhor for a Roma e o papa aspergir sobre sua cabeça o que os papas aspergem sobre a cabeça dos cristãos, isso lhe fará algum bem? Não. Mas faz aos cristãos. Certo? Aqui é a mesma coisa. Agora, vá imergir o corpo nas águas e sinta. O senhor será um homem mudado. Isso afetará sua alma da maneira mais poderosa.

Como?

– Experimente e veja.

Mas o senhor não pode explicar-me o que vai acontecer?

– Não com palavras. Isso é espiritual, e o espiritual não se explica. Tire a roupa, pule no banho, e o senhor verá por si. Se precisar de toalha, eu lhe arranjo uma. Quer experimentar?

Talvez esse homem seja *gay*. Imagine. Apontando para a água, eu lhe pergunto: pode apenas descrever o que acontece quando a pessoa está ali?

– Todos os pecados desaparecem, e ela fica como nova.

Simplesmente pulando nua nessas águas...?

– O senhor tem que imergir o corpo sete vezes!

Por que sete?

– Segredos místicos. É assim que funciona. Experimente. Experimente. O senhor será um novo homem!

Para ser franco, neste momento eu preferiria tomar uma Coca *diet*. Infelizmente, não há uma loja aberta em quilômetros e mais quilômetros. Esse pessoal religioso quer que eu fique com a água em volta de mim, não dentro de mim. Querem que ela seja sagrada, não doce. Querem que seja natural, não química.

Eu os critico, mas devo admitir que esses tipos de lugares têm certa aura. Banhos antigos. Sepulturas. Tumbas. São meio parecidos com filmes de terror, e terror vende muito.

A dez minutos de carro, saindo daqui, fica a tumba de Rashbi, outro místico, na cidade vizinha de Meron. Vou até lá. Do lado de fora, vejo este aviso: Quem possuir um iPhone não entrará no Paraíso.

Bingo!

Acho que, tal como praticada aqui, a espiritualidade não é minha praia. Levo meu iPhone comigo e vou embora.

◇ ◇ ◇

Torno a seguir para o norte, desta vez rumo à mais alta elevação de Israel, bem junto à fronteira síria. Para entrar em sincronia com a Mãe Natureza das colinas de Golan e suas maçãs, ponho na cabeça um boné de beisebol feito à imagem da bandeira síria, ao chegar ao monte Hermon.

Um druso me vê e fica todo empolgado:

— Você é a favor de Assad (o presidente sírio em dificuldades)?

Sou, sim.

— Assad com o povo! — grita ele, satisfeito, numa expressão que equivale a "Viva Assad".

Há duas excursões diárias ao monte Hermon, que levam os turistas para um passeio em seu cume. Perdi a segunda, mas ainda quero ir lá. Sou detido por dois soldados israelenses postados junto a uma barreira:

— Desculpe, daqui o senhor não pode continuar.

Por quê?

— Só se pode passar deste ponto com um guia de turismo, que sabe onde os civis podem ou não podem andar. É também para sua segurança, porque parte desta área está minada.

Quem a minou?

— Não importa.

Vocês ou os sírios?

Os soldados não parecem gostar muito de mim, e não posso culpá-los. Com meu boné sírio, realmente não causo a melhor das impressões nos israelenses. Tento argumentar com eles que eu deveria ser autorizado a passar, dizendo que meu guia de turismo está à minha espera.

– Onde ele está?

Lá em cima!

– Onde?

Olho para cima, escolho um ponto imaginário e aponto: Lá!

Bem, não tente tapear os militares israelenses. Num piscar de olhos, vem um jipe em minha direção. Nele vem o comandante desses soldados.

Quero ir lá em cima, eu lhe digo.

– Para seu país, a Síria?

Percebo que meu boné não está me fazendo muito bem, de modo que este sírio aqui começa a falar em hebraico. Não sou sírio, e, cá entre nós, nem sei onde fica a Síria!

A tensão se dissipa muito, com a velocidade de um míssil norte-americano, e ele dá uma sonora gargalhada. Correu até aqui em seu jipe achando que um soldado sírio havia penetrado na área, e tudo que eu sou, na verdade, é um judeu. Rimos cada vez mais disso, até que, no fim, ele me deixa atravessar a barreira sozinho e andar por onde eu quiser.

Não é tão difícil assim a infiltração em áreas militares fechadas. Você só precisa de uma boa piada.

E, assim, saio caminhando. Por onde me dá na telha, dançando em todas as minas. Vejo umas antenas enormes no alto, e vou olhá-las de perto. Tiro fotografias de todas as posições e bases da FDI pelo caminho e ninguém me detém. Penso nos muitos anos de prisão que cumpriria, se fizesse a mesma coisa perto de bases norte-americanas sensíveis.

De tempos em tempos, paro de andar, respiro fundo e fico olhando os ventos. A vista é tão espetacular que, em alguns pontos, não consigo nem me mexer, completamente cativado pela beleza.

Acho que descobri o verdadeiro significado e essência da espiritualidade. Eu estava buscando a espiritualidade, e agora a encontrei.

◇ ◇ ◇

Uma ou duas horas depois, volto aos soldados que encontrei antes. Ainda estão lá.

Trata-se de Aviv e Bar. Aviv é sefardi – seu avô emigrou da Síria para estas terras – e Bar é asquenaze. Ambos têm vinte e poucos anos, ambos carregam fuzis de assalto, um estoque e tanto de balas e uma variedade de outros artigos militares, presos a diversas partes de seus corpos jovens, fazendo-os parecer obesos.

Cientes de que sou uma pessoa importante (afinal, recebi permissão para perambular por aqui como bem entendesse), eles me contam tudo que sabem acerca dos preparativos das forças armadas israelenses para uma possível guerra com a Síria – caso os americanos bombardeiem a Síria, e, em resposta, a Síria bombardeie Israel.

– O número de soldados nas várias posições dobrou. Foram implementadas novas regras, que proíbem os soldados de sair de suas bases à noite. Uma unidade de tanques foi deslocada lá para cima [para o topo do monte Hermon] na semana passada, por causa da situação.

Tudo bem. Hora de discutir o que é realmente importante: garotas.

Com que garotas vocês sonham?

Aviv: – Garotas israelenses.

De que origem: asquenaze ou sefardi?

— Sefardi.

Quão escura deve ser a pele delas: igual à sua, ou mais escura?

— Não sei...

Que tipo de garota sefardi você quer: uma iemenita?

— Não, elas têm a pele escura demais.

Marroquina?

— Sim.

E que tal tunisiana?

— Sim, também é uma boa.

Como você a imagina: alta ou baixa, magra ou gorda, de seios pequenos ou grandes?

— Não mais alta do que eu. Magra, mas não muito. Um imperativo: seios.

De que tamanho?

— Médios a grandes.

Mais alguma coisa?

— Não me importo com a cor do cabelo, desde que não seja ruivo. E bumbum firme.

Bar é menos detalhista. Afinal, é asquenaze, mais fissurado no cérebro que no coração, mais no pensamento racional que na imaginação sexual, e só depois que o faço perder o controle psicológico é que ele me revela um detalhe: é melhor que sua amada tenha a pele morena e cabelo preto.

Tunisiana...?

Sim. E ele começa a rir, sentindo-se relaxado e aliviado.

Esses dois soldados são os olhos de Israel, lotados em seu mais alto ponto de entrada. A nação de Israel e todos seus judeus são protegidos por dois rapazes que sonham com uma moça tunisiana.

Todas as noites, dizem-me, eles veem a luta do outro lado da fronteira: bombas, incêndios, fumaça. É a imagem de uma tunisiana de seios fartos e bunda firme que os ajuda a combater o medo.

Desço do monte Hermon e sigo para Metula.

⋄ ⋄ ⋄

Gosto do som do nome dessa cidade: Metula. Experimente você mesmo: diga "Metula" dez vezes, e você se apaixonará pelo nome. É claro que, havendo chegado a Metula, não faço a mínima ideia de onde estou, exatamente, afora o próprio nome do lugar. Entro para jantar no primeiro restaurante que avisto, o Louisa. Quando ouço minha barriga cantar de agradecimento, vou dar uma caminhada. Sigo pela rua na direção norte e, em cerca de um minuto, avisto um veículo armado que desfralda a bandeira drusa.

Drusa?? Será que cruzei uma fronteira para a Drusolândia? Chego mais perto e ouço pessoas falando hebraico. Pergunto-lhes quem são.

– Somos drusos – dizem.

Como os das colinas de Golan?

– Somos drusos israelenses, eles são sírios.

Vocês não são irmãos?

– Primos.

Como judeus e árabes?

Eles riem:

– Somos parentes, mas não muito próximos.

O que estão fazendo aqui?, pergunto. Bem, eles servem as FDI e estão protegendo a fronteira.

Onde é a fronteira?

– Bem aqui.

Bem aqui onde estamos?

– Não, não. Está vendo aquela estrada ali? Ali é a ONU, e depois dela é o Líbano. O Hezbollah fica lá, nas aldeias que você está vendo. Se quiser chegar mais perto, desça a rua e estará na fronteira.

É uma fronteira tranquila?

– Agora, é. Mas funciona assim: fica tudo calmo, calmo, calmo, e aí vêm as explosões. Intermináveis. De onde você é?

Alemanha.

– Seja bem-vindo!

Então, deixe-me entender: qual é a relação entre vocês e os drusos de Golan?

– Nós somos parentes, mas alguns deles gostam de nós, e alguns nos detestam.

Como funciona isso? Alguns de vocês servem as forças armadas israelenses, e nenhum deles presta o serviço militar?

– Não "alguns" de nós, mas todos nós. Aqui todos servimos na FDI.

Como se dão com os judeus?

– Louvado seja o Senhor, temos boa relação com eles. Excelente.

Esses soldados da FDI, drusos que compartilham o mesmo destino dos judeus, anseiam por conversar com estranhos. Contam-me umas coisas interessantes. Por exemplo: há drusos em toda parte, inclusive em países como a Arábia Saudita, mas esses não dizem aos vizinhos quem são, porque "seriam mortos".

Antes de voltar para o carro, pergunto aos drusos pela localização exata do ponto mais próximo da fronteira com o Líbano. Eles posicionam seu veículo blindado adiante de meu carro e me dizem para segui-los.

É estranho seguir um veículo blindado que desfralda a bandeira de um país inexistente, mas, enfim, por que não?

Eles param a poucos passos do Líbano:

– Está vendo as bandeiras? – pergunta um deles, apontando as bandeiras bem perto de nós. – Aquela é a do Líbano, e, ao lado dela, a bandeira amarela é do Hezbollah.

A bandeira do Hezbollah está na fronteira, ele tem razão. Estou na Drusolândia, na fronteira com a Hezbollândia.

Este é o Oriente Médio. Nenhum estrangeiro jamais o entenderá.

Na estrada entre a Drusolândia e a Hezbollândia, vejo carros brancos da ONU circulando para lá e para cá. Mas os olhos, pelo menos nesta parte do mundo, podem enganar seu dono. Os carros podem ser da ONU, mas também é possível que pertençam a outros donos.

Volto para meus gatos. Eles são gatos reais. Que ideia reconfortante.

◊ ◊ ◊

Estou em Jerusalém, e pulo num táxi. Avi, o taxista, conversa comigo.

– Peguei um casal, uma noite dessas, no Hotel Har Zion [Monte Sião]. Jovem, de boa aparência, a caminho do aeroporto. Conversavam gentilmente um com o outro, e então me perguntaram se eu me sentia Escolhido. Perguntei quem eles eram, porque em geral sou eu que inicio as conversas em meu táxi, não os passageiros. Eles me disseram que eram advogados e tinham vindo a Israel para ver como os judeus tratam os palestinos. Perguntei por que queriam saber se eu me sentia Escolhido, e eles disseram: "Nós achamos que entendemos por que os judeus torturam os palestinos: eles acham que podem fazer qualquer coisa e se safar, por serem o Povo Escolhido e estarem acima da lei".

"A primeira coisa que me veio à cabeça, quando os ouvi, sabe o que foi? Tive vontade de meter meu carro num acidente, mas de um jeito que só a parte traseira fosse atingida. Mas não fiz isso, só falei. Ajeitei o retrovisor para poder vê-los melhor, e disse: 'sim, eu sou um Escolhido'.

Eles ficaram contentes ao ouvir isso.

Eu disse a eles: 'Sou Escolhido, não porque qualquer Deus tenha-me escolhido. Eu O escolhi. Estão entendendo? Eu O escolhi por causa dos ensinamentos d'Ele: trate o órfão e a viúva com justiça, descanse no sétimo dia. Ele deu início ao socialismo, estão me ouvindo? Quando todos estavam trabalhando sete dias, Deus disse 'Não!'. Foi por isso que eu O escolhi'."

Faz mais de trinta anos que deixei este país. Desde então, tomei milhares de táxis, em todos os países em que estive ou morei, mas os taxistas de Israel são diferentes. Isso me fez pensar no que me disse o Amos Oz. Em Israel, até "um ponto de ônibus é um seminário, às vezes".

Por acaso, logo amanhã, a Universidade de Al-Quds, em Abu Dis, onde fica localizado o *campus* principal, vai conduzir a "Competição Internacional de Direitos Humanos", das 8h às 17h.

Quando tomavam seu leite *kosher* (hoje lhes dei leite de cabra produzido num assentamento), os gatos me disseram que eu deveria comparecer a essa competição, desde que lhes deixasse uma quantidade suficientemente grande.

Venho observando como as pessoas se preparam para a possibilidade da guerra; está na hora de descobrir como se preparam para a paz.

Portão 31

Mapa para a paz: pinte uma suástica e vença uma competição internacional de direitos humanos

Pego um ônibus para Abu Dis. Que trajeto maravilhoso! Passamos por uma enorme paisagem de montanhas que se entrelaçam, como se protegessem a Cidade Santa em majestosa exibição de força. Ao passar por pequenas cidades a caminho da Universidade de Al-Quds, vejo suásticas aqui e ali, de tamanhos e cores diferentes, mas, para um alemão como eu, que ama a Síria, elas parecem fantásticas.

Caso eu tenha esquecido de mencioná-lo, hoje estou usando meu boné de beisebol com a bandeira síria, e os jovens da Palestina, que de vez em quando curtem atirar pedras nos soldados israelenses, dão-me vivas quando passo por eles. "Síria!", gritam.

Na entrada da Universidade de Al-Quds, sou informado de que o exército israelense tentou invadir o *campus* ontem, mas os guardas e os alunos não o deixaram entrar. Seguiu-se uma luta, e ele acabou entrando.

Não sei, eu não estava aqui nessa hora, acabei de chegar.

Todas as estudantes palestinas que encontro estão de *hijab*. As estudantes sem ele são estrangeiras. A Al-Quds e Bard College, norte-americana, são universidades irmãs, fico sabendo aqui. Eu gostaria de conversar mais com os norte-americanos, mas não quero atrasar-me para a competição internacional de direitos humanos.

Só há um probleminha: não consigo encontrá-la. Onde está sendo realizada a Competição Internacional de Direitos Humanos?, pergunto a um homem gordo que passa por mim.

— Vá até ali — diz ele, apontando um grupo de quatro homens. — Aqueles são professores de direitos humanos.

Eu os abordo. Eles não sabem de competição alguma. Bem, já estou aqui, e adoraria discutir o assunto com vocês. Eles se disporiam a se sentar comigo para conversar, dizem, mas sentem muito, porque suas aulas vão começar em poucos minutos. Aulas de direitos humanos, é claro.

Vou até o centro de relações públicas da universidade, onde encontro Rula Jadallah. Onde posso encontrar as aulas de direitos humanos?, eu lhe pergunto.

Ela telefona para vários departamentos, verifica os horários, mas não encontra nenhuma aula de direitos humanos que esteja acontecendo em parte alguma deste *campus* neste horário.

Os professores, é triste dizer, enganaram-me.

Não fico aborrecido, é claro. Isto aqui é o Oriente Médio, e, no Oriente Médio, é tudo uma questão da história criada. Não da realidade.

Atrás da mesa de Rula há uma carta da USAID pendurada na parede, além de uma carta oficial anunciando uma verba de 2.464.819 dólares, doada pelo governo dos Estados Unidos para o ano letivo de 2006 a 2007.

— Foi a única vez, até hoje, que recebemos dinheiro dos Estados Unidos para este programa — Rula me informa.

Mas a Alemanha é generosa. O laboratório de nanotecnologia desta universidade foi financiado pela Alemanha, diz Rula, com um sorriso para o alemão que eu sou.

Acaso ela sabe alguma coisa sobre a Competição de Direitos Humanos que estaria sendo realizada hoje na universidade? Não. Ou, melhor dizendo, sim, ela sabe: não há nenhuma competição em parte alguma perto daqui.

Eu lhe digo ter visto no *site* da universidade, na internet, que estaria havendo uma competição aqui neste momento. Rula verifica a página de sua própria universidade na *web* e descobre que há uma competição. Então, ela existe ou não existe? A resposta é sim e não. Sim no ciberespaço, não na realidade. Por que a universidade anuncia uma coisa que não existe? Que pergunta estúpida! A competição angaria fundos, mas, excetuando este alemão sírio aqui, nenhum outro europeu se dá o trabalho de vir a esta lonjura de Abu Dis para participar do tal evento.

A vida é uma ficção. Ponto final. E Rula está rindo. A melhor forma de relações públicas, percebo agora, é o riso.

Penso na diferença entre árabes e judeus. Quando os árabes inventam coisas, dão risadas no momento em que são apanhados. Os judeus, como o ateu Gideon ou o crente Arik, ficam muito tensos.

Como é que os judeus acreditam, mesmo em suas fantasias mais desvairadas, que vão sobreviver nas paisagens cruéis e divertidas deste Oriente Médio? Talvez seja por isso que os árabes vivam aqui há tantos anos, enquanto os judeus só deem uma passadinha para uma visita, uma vez a cada dois mil anos, para descansar um pouco depois de um episódio como Auschwitz.

O sul de Israel, ouvi dizer certa vez, é diferente. Talvez eu deva ir até lá e descobrir como eles veem a guerra e a paz.

✧ ✧ ✧

Pulo num ônibus para o sul, e logo chego a Ascalom, onde conheço Ofir.

Ofir mora nesta cidade, Ascalom, que fica perto de Gaza, mas não pode ir à Faixa de Gaza.

– Antigamente, havia um ônibus aqui, o ônibus 16 do transporte público, e íamos a Gaza quando tínhamos vontade. Nós nos dávamos bem, os gazenses e os israelenses. Trabalhávamos juntos, comíamos juntos e visitávamos uns aos outros. A vida era diferente. Agora, Gaza é outro mundo. Não podemos ir lá, eles não podem vir aqui. Mas aqui é o Oriente Médio, e as coisas dão voltas, é preciso ter paciência. Espero que, um dia, minha filha venha a levar a vida que eu tinha, possa ir à Faixa de Gaza como eu fazia: pegando um ônibus e chegando lá em minutos. Infelizmente, ela está crescendo sem essa experiência.

Peço a Ofir que me fale de Ascalom e de como ele chegou lá, para começo de conversa.

– Meu avô se instalou em Ascalom no tempo em que ela se chamava Majdal, mais ou menos em 1948. Ele veio da Ucrânia, e não sei como foi que começou aqui, na verdade. Ele nos contou que os homens árabes da cidade foram embora, e que ele e os outros imigrantes ficaram morando nas mesmas casas com as mulheres e crianças árabes que haviam ficado. Minha avó me disse outra coisa. Disse que eles chegaram a Majdal e entraram nas casas dos árabes, sabe como é, depois de uma luta, e se mudaram para elas. Só alguns árabes permaneceram com eles nas casas, disse minha avó, e eles cuidavam juntos dos animais e da agricultura. Isto aqui era uma aldeia árabe, mas esta cidade é mencionada na Bíblia mais de uma vez.

Se foi isso que aconteceu aqui, eu acho, se os judeus apenas apareceram e expulsaram os árabes à força, isso significaria que tais judeus se portaram de um modo compatível com as culturas de que provinham, do resto da humanidade. Uma tribo chega, mata os moradores do lugar e se muda para ele, tranquilamente. É duro, cruel e terrível, e alguns judeus não gostavam mesmo disso, como meu avô; acabaram em Auschwitz e noutros lugares semelhantes.

Nem todos os judeus concordaram com essa aritmética, dizendo haver mais cores do que apenas o preto e o branco. A maioria deles, na verdade, preferia a cor cinza. Eles "pularam" ou sobreviveram a Auschwitz e Treblinka, mas não agiram à maneira de seus irmãos em Ascalom; não expulsaram os árabes à força, mas optaram pela coexistência com eles. Décadas depois, hoje em dia, Ascalom só tem moradores judeus, e não é desancada pelos círculos estrangeiros por sua crueldade em relação aos árabes.

Ofir não acha realmente importante o que aconteceu naquela época; aqui é o Oriente Médio, e, de vez em quando, acontecem coisas ruins nesta região. De fato, uma coisa igualmente ruim também aconteceu com ele:

— Fui expulso de minha própria casa em Gaza. Eu a havia construído, morava nela, e éramos uma família grande, e aí o governo israelense forçou todo mundo a deixar a cidade e demoliu todas nossas casas. Não houve nada que pudéssemos fazer.

Nascido em Ascalom, ele se mudou, quando cresceu, para Nisanit, no extremo norte da Faixa de Gaza, onde construiu uma casa para viver com sua família. Mas a casa não durou. O governo do ex-primeiro-ministro Ariel (Arik) Sharon expulsou todos os residentes de Nisanit em agosto de 2005 e demoliu a cidade. O Estado ofereceu uma indenização aos moradores, quase sempre uma fração do valor de suas casas, mas o sofrimento mental e psicológico suportado por eles não teve nenhuma compensação. Muitos antigos vizinhos de Ofir, ele me conta, sofrem de depressão grave até hoje, e a taxa de divórcios entre eles é extremamente alta.

Ofir, que sabe que às vezes a vida pode ser turbulenta, voltou para Ascalom e tem vivido bem. É gerente de um hotel local, o Dan Gardens, e também tem uma empresa de computadores. Dois trabalhos são melhores do que um, porque a gente nunca sabe aonde a vida nos levará.

⬥ ⬥ ⬥

Minha vida me leva a Josh, no Parque Nacional de Ascalom. Josh, um arqueólogo da Universidade de Harvard que tem passado seus verões escavando sítios em Ascalom, proporciona-me uma compreensão melhor de quem viveu aqui e por quanto tempo, e de quais grupos expulsaram os habitantes anteriores.

A história deste lugar não começou em 1948, diz Josh, e me dá uma breve aula de história:

– Cananeus, do começo ao fim da Idade do Bronze, 2850 a 1175 a.C.

"Filisteus, 1175 a 694 a.C.

Fenícios, 550 a 330 a.C.

Gregos, de 330 a... Agora não me lembro do ano exato.

Depois dos gregos, foram estes os outros que vieram: romanos, bizantinos, omíadas, abássidas, os cruzados, os otomanos, os ingleses. E agora, Israel".

Você não mencionou os judeus. Eles não governaram aqui antes?

– Falando em termos arqueológicos, não temos provas de que os judeus tenham controlado a área de Ascalom em algum momento.

Assim diz Josh Walton, diretor do laboratório e arqueólogo do Parque Nacional de Ascalom.

Estaria dizendo não haver provas de que os judeus viveram aqui antes?

– Só estou falando desta área, de Ascalom.

Omri, que trabalha no Parque Nacional, prefere falar dos tempos modernos, não da Antiguidade. Ele me fala dos foguetes da Faixa de Gaza que costumavam cair aqui, principalmente antes da Operação Chumbo Fundido, realizada em Gaza em 2009, embora alguns ainda caiam hoje em dia, de vez em quando.

Aqui?

– Quer que eu lhe mostre um míssil Grad?

Sim!

– Você está bem ao lado de um deles.

O quê? Olho para trás, e, dito e feito, lá está ele.

Pego-o para sentir seu peso. Rapaz, como é pesado!

Por que os palestinos haveriam de lançar um míssil contra um parque? Bem, eles tentaram matar alguns judeus vivos na cidade, mas acabaram atirando em alguns cananeus mortos no parque.

Esse é um parque interessante, um museu a céu aberto nas areias do litoral mediterrâneo. Você dá umas voltas e vê estátuas de três ou quatro mil anos atrás, colunas e outros objetos espalhados, como se fossem pedras sem nenhum valor. Ali se pode ver até o "mais antigo portal arqueado do mundo", do período cananeu. O interessante é que não se vê um só turista por aqui. O Ministério do Turismo do governo israelense deveria entrar no livro Guinness de Recordes Mundiais como dono do pior trabalho de *marketing* do mundo.

Nir, um funcionário da Superintendência de Antiguidades de Israel, aproxima-se de nós, carregando uma pistola. Não, o trabalho dele não é matar as pessoas, mas garantir que as construtoras de imóveis não ergam construções sobre antigas ruínas, ou que o exército israelense não destrua ruínas ao pavimentar uma estrada para uma base. Peço que ele me leve à fronteira de Israel com a Faixa de Gaza; quero ver a que distância ela fica de onde me encontro neste momento.

Seis minutos e trinta segundos: é esse o tempo que Nir leva para dirigir de Ascalom até a fronteira de Gaza, na passagem de Erez. Tendo conhecimento dessa passagem unicamente por meio de inúmeras reportagens da mídia, minha expectativa é encontrar soldados israelenses durões, com fuzis de assalto e uma expressão feroz no rosto, para me receber, e ninguém mais além deles. Esta imagem que eu fizera não se materializa. A primeira coisa que vejo ao chegar à fronteira é uma ambulância árabe, passando de Gaza para Israel. Os doentes de Gaza, descubro em seguida, são tratados em hospitais judaicos em Israel.

Avanço até o ponto da travessia. Uma moça com um sorriso maior do que toda a Faixa de Gaza me recebe. Os machões que eu tinha pensado ver não estão aqui.

Quantas pessoas passaram por aqui hoje?, eu lhe pergunto.

— Até agora, umas trezentas. Quer atravessar?

Ela gostaria de me ajudar, caso eu precise de alguma coisa.

Acho que as comissárias de bordo médias da Lufthansa nunca se mostraram tão ansiosas por me servir.

E uma ideia passa pela minha cabeça: há jornalistas internacionais fazendo cursos na Universidade de Al-Quds.

Leve-me a Sderot, peço a Nir.

Sderot é uma cidade famosa, contra a qual e contra cujos residentes várias facções palestinas se comprouveram, diversas vezes, em disparar foguetes. Na esteira da retirada israelense da Faixa de Gaza, milhares e milhares de foguetes foram lançados contra Sderot durante anos a fio. Na verdade, ela é a cidade mais alvejada do país, talvez do mundo.

Nir me leva a Sderot.

Desço do carro e entabulo conversa com a primeira pessoa que encontro, o jovem Daniel.

Você gosta de Sderot?

– Adoro. Sderot é o lugar mais seguro do mundo.

Você ficou maluco?

– Olhe, eu nasci aqui, junto com as bombas. Para mim, este ainda é o lugar mais seguro.

Mais seguro? As bombas voando não o assustam?

– As pessoas fracas ficam assustadas. Eu não sou assim.

Você vai passar sua vida inteira aqui?

– Sempre, por toda a eternidade. Ninguém me tirará daqui. Nem mesmo uma garota.

Eu me pergunto se uma bela tunisiana de traseiro firme e um par de seios encantadores, aquela com que sonham Aviv e Bar, também não conseguiria convencer Daniel a se mudar de Sderot.

Há uma cidade em Israel que mais representa a paz, acima de todas as outras: Tel Aviv. Estive lá antes, mas talvez tenha deixado passar despercebido seu "potencial de paz", por isso vou lá outra vez.

Dou adeus ao sul e me desloco para o centro de Israel, para a Cidade da Paz.

✦ ✦ ✦

Tel Aviv, a capital mundial do estilo Bauhaus, conhecida como Cidade Branca (considerada Patrimônio Mundial da Humanidade pela UNESCO), é muito querida por Sharon. Sharon, dono de um restaurante de *sushi*, está prestes a montar em sua bicicleta quando me aproximo. Peço-lhe que me explique a essência do habitante médio de Tel Aviv, e, para minha sorte, ele simpatiza comigo, como se eu fosse um de seus peixes, e me atende.

– Você quer saber quem somos nós? Nós andamos, gostamos de andar, depois nos sentamos num café, bebemos e comemos alguma coisa, e em seguida andamos mais um pouco, e aí nos sentamos para tomar outra bebida em outro café. Dizem que vivemos numa bolha, e é verdade. Há problemas no norte e no sul de Israel, Síria e Hamas e Egito, mas estamos fora disso. Apenas nos sentamos, torcendo para que tudo corra bem, e tomamos cerveja.

Gostamos de cerveja, mas não a bebemos tanto quanto os alemães: não temos sua capacidade de consumir cerveja.

"Temos boates e, o que é muito importante, temos o mar. O mar nos dá inspiração e nos oferece a calma das ondas, dos ventos marinhos e do infinito. Todo dia, quando vou para o trabalho em minha bicicleta, faço um desvio e sigo pela praia. O mar é muito importante. Ande um pouco, sente-se, tome um café, uma cerveja, e apenas se sinta bem."

Sigo seu conselho e ando um pouco, para experimentar a paz no estilo Tel Aviv. No prédio seguinte no trajeto de minha caminhada, vejo um grafite muito engraçado na parede: "'Bibi' é nome de cachorro". Ando um pouco mais, sento-me num café e bebo um pouco. Em seguida, ando um pouco. Vejo outro café e ali me sento. Tomo uma xícara de café com leite e ando mais um pouco. Paro para tomar uma Coca Zero, sento, levanto, ando, compro um biscoito, sento e ando. Ando sem parar. Sem direção.

Ando devagar, preguiçosamente, viro à direita e à esquerda e ando em linha reta, e então encontro um homem que segura um megafone e fala:

– Esta noite vamos pegar os sudaneses ilegais, pôr todos na fogueira e fazer *kebab* com eles.

Será que entrei numa espécie de território inimigo?

Talvez.

Na rua em que ando agora já não há moradores liberais de Tel Aviv; é óbvio que andei demais. O bairro em que acabo de entrar é o *habitat* dos pobres, dos muito pobres. Trata-se de um bairro em nome de cujos moradores os liberais e os socialistas travam verdadeiras guerras, só que não moram aqui e não andam por aqui.

O Supremo Tribunal de Israel acabou de decidir, como sou rapidamente informado, que os imigrantes sudaneses ilegais que foram detidos e encarcerados pelas autoridades, conhecidos como infiltrados, devem ser libertados num prazo de noventa dias, decisão esta que apavora os pobres, porque, quando os infiltrados forem soltos, virão para cá, onde moram infiltrados mais antigos. Bem ao lado dos pobres, na área em que ficava a antiga estação rodoviária central, milhares e milhares de refugiados sudaneses e eritreus se apossaram das casas e das ruas antigas, nos últimos anos. Para onde irão os prisioneiros libertos?, perguntam-me os pobres. Para cá.

Chego mais perto, para ver os infiltrados.

Rua após rua, casa após casa, o bairro parece tudo, menos Israel. Há alguns "Salões de Exposição Luxuosos", estabelecimentos bem ao lado de casas dilapidadas, e, para dizer o mínimo, esse lugar se assemelha ao Harlem dos velhos tempos, onde não se avistava um único branco.

Tento falar com eles. Não é uma tarefa muito fácil para um homem branco. Eles me veem e acham que sou funcionário da imigração, chegando para detê-los. "Nada de fotografias!" são as primeiras palavras que proferem ao me ver.

✧ ✧ ✧

Sento-me num banco de rua, perto de uns dois deles, mas os homens não falam comigo. Estão muito ocupados, extremamente ocupados em não fazer nada. Circulam a esmo, sentam-se aqui e ali e dormem em qualquer canto em que achem uma sombra. Olho para eles e digo a mim mesmo: sei fazer o que eles fazem. Afinal, minha especialidade mundialmente famosa é não fazer nada. Se eu fosse um *site*, em vez de uma criatura viva, sem dúvida ganharia um prêmio da UNESCO.

Pouco a pouco, os infiltrados, pessoas que entraram em Israel por meio de malandragens, conversam comigo. Percebem, acho, que sou um candidato à UNESCO, não um inspetor do governo. Um eritreu, que me diz ter entrado furtivamente no país, vindo a pé através do Egito, dá uma olhada em meu iPhone e pergunta:

– É seu?

Nenhum nova-iorquino jamais me fez essa pergunta. Este é um mundo diferente, percebo, e neste mundo não se compra um iPhone numa loja da Apple.

A vida é dura, o homem me confidencia, mas ele vai levando. Soma-se um outro problema ao pacote de dificuldades da vida dos ilegais:

– Os eritreus e os sudaneses não se dão bem. Somos cristãos, eles são muçulmanos.

Até mesmo aqui, no fundo do poço da vida, as pessoas são estranhas umas às outras e não se misturam.

Ando, ando e ando. Nos arredores do bairro, dois garotos africanos passam por mim, tomando sorvetes de casquinha. Um deles deve ter cinco anos; o outro, mais ou menos seis. Conversam em hebraico. Passam por um fotógrafo com uma câmera grande e lhe perguntam se pode tirar uma foto deles. Enquanto conversam, o garoto menor faz um movimento errado, e seu sorvete cai no chão. Ele fica arrasado. O fotógrafo, um homem branco, dá-lhe cinco *shekels* para ele comprar outro sorvete, e o garoto pega o dinheiro, mas o irmão mais velho não aprova:

– Por que você pegou o dinheiro dele? Você tem dinheiro suficiente e não precisa que ninguém lhe dê esmolas. Devolva o dinheiro a ele!

O garoto se recusa. Ganhou cinco *shekels* e quer ficar com eles.

– Sei por que você pegou o dinheiro dele. Quer ficar com mais dinheiro que eu. Mas você não precisa disso. Se quiser sorvete, pode comprar um sozinho.

O menino continua a se recusar.

– Tome – diz o mais velho, também um garoto, entregando seu próprio sorvete ao menor. – Fique com meu sorvete e devolva o dinheiro do homem.

Observo e escuto essa cena, e fico pensando: nunca vi meninos dessa idade com tanta ética. Para não falar nos adultos. General Jibril e MK Cohen, ética é isso. Lembrem-se disso, da próxima vez que usarem essa palavra.

❖ ❖ ❖

Retomo minha caminhada da paz. Aos poucos, vou deixando a África, mais impressionado do que jamais imaginei ficar, e chego à Arábia. De volta ao bairro vizinho, de judeus pobres, a maioria dos quais veio para cá de países árabes, vejo que estão fazendo uma passeata. Não querem os africanos como seus vizinhos. Se o Supremo Tribunal diz que a lei exige que Israel receba os africanos dentro de suas fronteiras, os digníssimos ministros que encontrem um lugar para eles. Um homem de megafone berra:

– Não se preocupem, amigos. Vamos mandá-los para os bairros dos asquenazes!

Falo com muitos manifestantes, e as frases que se repetem são estas:

Os ricos liberais brancos são uns hipócritas desumanos. Se acham mesmo que os africanos devem ser acolhidos em Israel, por que não põem os africanos nos bairros ricos de Tel Aviv? Quem mandou os africanos para nós? Os asquenazes ricos, que são políticos e juízes. Por que para cá? Não temos dinheiro para viajar, nem mesmo por um dia, e agora nem podemos andar do lado de fora em nosso pequeno bairro, porque na África as pessoas roubam, estupram e matam.

Para as classes instruídas da elite, os refugiados africanos são iguais aos palestinos. Elas não os veem, não os conhecem, mas lutam por eles. Como Jonathan e Yoav e seus patrocinadores europeus. Nenhum produtor da Bayerischer Rundfunk[1], gozando a vida no Englischer Garten, está bancando as consequências de seu amor pelos árabes ou pelos africanos.

Os manifestantes daqui não são ativistas políticos, e esta passeata não é de natureza política, e sim uma coletânea de pessoas que foram para a rua dar vazão à sua dor e sua raiva em público. Umas choram, outras xingam. Bloqueiam o trânsito e gritam com ministros que não são visíveis em parte alguma. É claro que, como normalmente acontece em qualquer sublevação social de qualquer lugar, aparecem políticos para explorar a raiva das pessoas e traduzi-la em votos.

Um deles é o ex-MK Michael Ben Ari, da extrema direita. Auxiliado por um megafone portátil, ele "canta" com muito prazer um poema que acabou de compor. "Queremos um Estado judaico! Queremos um Estado judaico! Queremos um Estado judaico! Queremos um Estado judaico! Sudaneses, vão para o Sudão! Sudaneses, vão para o Sudão! Sudaneses, vão para o Sudão! Sudaneses, vão para o Sudão!" Um homem na multidão grita de volta:

---

1. Emissora de rádio e televisão da Baviera. [N. T.]

— Racista! Racista! Racista! Também sou contra o governo, entendo o pessoal daqui, mas o que você está fazendo é racismo. Racista! Racista!

Consigo uns minutos para conversar com Michael, que declara:

— É o seguinte, o tribunal acabou de decidir que este país não é um país judaico, mas um país multinacional. Os infiltrados são ladrões de fronteira. São ladrões, e seu lugar é na cadeia! O tribunal, em vez de mandá-los para a cadeia, está providenciando um hotel para eles aqui. Quero ver se o presidente do Supremo Tribunal leva dez desses ladrões para casa; nem peço que ele leve para casa os milhares que mandou morarem aqui. Dez!

O que você tem a dizer à pessoa que o chamou de "racista", aos gritos?

— Foi uma pessoa só, o resto do pessoal daqui me abraça e me beija. Nós não somos racistas, somos judeus. Na Europa, segundo me disseram, os refugiados dizem aos seus anfitriões: "Vocês não são racistas, mas, por Deus, como são idiotas! Verdadeiros idiotas!". Se os europeus querem ser idiotas, que o sejam. Aqueles idiotas, os idiotas europeus, vão pagar o preço, porque a Europa logo deixará de existir. Mas este país não é a Europa!

Estou perdendo a perspectiva. Quanto mais passo a antipatizar com os esquerdistas hipócritas, mais passo a antipatizar com os conservadores francos. Os centristas, peritos em adotar o que há de pior em seus dois rivais políticos, hoje estão calados feito uma pedra.

◈ ◈ ◈

Cheguei a Tel Aviv para experimentar a paz, mas o que estou vivenciando aqui é uma combinação de hipocrisia liberal com ódio conservador.

Há lugares em Tel Aviv, é claro, onde ricos e pobres se encontram. Eu deveria dar uma olhada? Por que não?

O Teatro Cameri de Tel Aviv, localizado longe desta turma daqui, está exibindo *Kazablan*, um musical sobre os primórdios do Estado e as tensões entre judeus asquenazes e sefardis naquela época.

A trama do musical desenrola-se numa favela, e o primeiro personagem que vemos é um gari sefardi. Diz ele: "Deus ama os pobres e ajuda os ricos". Isso soa quase como *Um violinista no telhado*, porém numa versão israelense.

Amor ou ajuda, os asquenazes e sefardis pobres desse musical convivem na mesma favela e, de vez em quando, xingam uns aos outros, mas os asquenazes pobres ainda se sentem a classe superior. Uma garota asquenaze, que neste momento desfila no palco, não quer rebaixar-se a dizer bom dia a um sujeito sefardi por quem passa. O nome dele é Kaza, e o homem fica magoado e aborrecido. Sou bom o bastante para servir o exército, grita, por que não seria bom o bastante para ser cumprimentado? "Eu tenho honra!", ele berra.

O gari, o mais pobre dos seres humanos, que os dramaturgos ricos gostam de retratar como o homem mais sábio, proclama que o amor de Kaza por essa garota asquenaze nunca dará certo. Esses jovens são de culturas muito diferentes, diz ele, e o leste nunca se encontra com o oeste. "Dizem os olhos azuis: ame-me, senão eu morro. Já os olhos negros dizem: ame-me, senão mato você." São essas as palavras do gari.

Quando outro personagem diz que "Somos só um país jovem, de apenas dez anos. Esperem uns trinta, quarenta anos, e ele irá mudar, e nenhuma discriminação restará por lá", a plateia liberal, de pessoas que acham que Israel é um Estado ocupante corrupto, diverte-se imensamente com essa frase e dá sonoras gargalhadas.

Que as pessoas dessa plateia, que só encontram o "outro" no palco, se vejam como amantes da paz e pacifistas, eis uma comédia melhor do que qualquer ator seria capaz de retratar no palco.

Portão 32

Mapa para a paz 2: torne-se um diplomata europeu e espanque soldados israelenses

Jericó, pelo que me disseram, é "a cidade mais antiga do mundo". Seria interessante ver como o povo da Antiguidade convivia – e talvez eu aprenda um ou dois capítulos sobre viver na paz e sossego.

Segundo a narrativa bíblica, os judeus entraram nesta terra via Jericó (*Arikha*, em árabe). Não foi fácil romper as muralhas de Jericó, mas uma adorável prostituta de nome Rahav lhes possibilitou isso. Em outras palavras, não fosse por uma rameira, os judeus não estariam aqui, teriam permanecido no Egito, e hoje o presidente do Egito seria Benjamin Netanyahu. Imagine só!

⋄ ⋄ ⋄

Jericó.

A primeira coisa que noto ao entrar em Jericó (andei por aqui com Jibril, mas aquilo foi à noite) é que esta "cidade de dez mil anos" parece antiga ainda hoje, pelo menos em termos de construções altas, que quase inexistem aqui. Segunda coisa que noto: trata-se de uma cidade muito pequena. Terceira: ai, Deus, esta cidade ferve, de tão quente, e não sopra uma brisa em parte alguma. Quarta: há dois turistas aqui, além de mim. Dois a mais que no Parque Nacional de Ascalom.

Ando até o escritório de informações turísticas, que encontro enquanto vou transpirando pela rua, e peço que me deem ótimas sugestões sobre o que visitar. Não há pessoas aguardando em fila para serem atendidas e recebo a melhor atenção que se poderia esperar de qualquer escritório de turismo em qualquer lugar do mundo.

Antes de mais nada, recebo um mapa. Belo mapa. Verdade. Examino-o. "A publicação deste mapa foi financiada pelo Comitê de Turismo do Patrimônio de Jericó pela Agência de Cooperação Internacional do Japão", lê-se no verso. Sim. O Japão imprimiu este mapa para ajudar a causa palestina.

Esse amor estupendo pelos palestinos que continuo a ver nesta região, proveniente de inúmeras nações, é bem interessante. Anos atrás, estive num campo de refugiados palestinos chamado al-Wahdat, na Jordânia, onde as pessoas viviam pior do que a barata média. Nenhum governo estrangeiro as estava ajudando em nenhum aspecto, não havia ONGs por perto, e o governo jordaniano vinha fazendo o melhor possível para tornar a vida daquelas pessoas um pouco menos intolerável. Não é preciso ser um gênio para compreender por que o mundo só "adora" certos palestinos. Não quero pensar nisso.

Há um sicômoro, diz uma moça do serviço de informações turísticas de Jericó, que eu deveria ver. Um sicômoro? Eu estava sonhando com uma prostituta tentadora, e eles me dizem para ver uma árvore. Bem, essa é uma árvore especial, da época de Jesus. Esqueci que sou um cristão alemão, e devo empolgar-me com qualquer coisa referente a Jesus. Tenho que me adaptar, e depressa. Sim, Jesus Cristo! Mal consigo parar de demonstrar minha animação.

E a história é esta: quando Jesus entrou na cidade, uns dois mil anos atrás, um coletor de impostos baixote não conseguia vê-lo, por causa da multidão, e trepou justamente nessa árvore para dar uma olhada no Filho de Deus. Pois é, justamente nessa árvore. Eu gostaria de vê-la? Sim! Não há nada que mais me agrade ver do que essa árvore, digo à moça. Minha esperança, penso com meus botões, mas sem dizer nada, é que eu consiga roubar um vislumbre da Rahav de uns mil anos antes de Cristo, quando subir na tal árvore.

Ando na direção dela. Continuo a andar, andar, andar, e então me vejo na rua Dmitri Medvedev. Espere um segundo: estou lendo direito? Esse é o nome do primeiro-ministro russo. O que ele está fazendo aqui? Seria possível que se tenha perdido quando se guiava por um mapa japonês? Olho em volta com mais atenção e verifico que não estou sofrendo de alucinações, e vejo que, bem ao lado de onde parei, fica o Parque Russo, um presente da Rússia.

Continuo a andar em direção a uma árvore alta ou à rua Vladimir Putin. E, enquanto vou andando, um senhor idoso me detém. Viu a árvore antiga?, ele me pergunta. Onde? O homem aponta para uma arvorezinha, e não faço ideia do que ele quer de mim. Por isso, consulto meu mapa japonês. Sim, é claro: *é essa* a árvore, com uma cerca em volta. Nem adianta tentar trepar em seus galhos, concluo de imediato.

E agora, aonde devo ir?

Bem, há um lugar nesta cidade, assinalado pelos japoneses, chamado Monte das Tentações; foi lá que Satanás tentou Jesus Cristo. Só que isso exigiria uma viagem de teleférico, ao preço de 55 *shekels*. Meio caro, mas preciso ser tentado por alguma coisa, senão vou continuar pensando no campo de refugiados de al-Wahdat, na Jordânia.

O bondinho, por razões que só o Filho de Alá sabe, para no meio do caminho, pendurado entre o céu e a terra. Abaixo de mim, enquanto ele balança por causa da parada repentina, fica a antiga cidade de Jericó. Mas nem sinal de Rahav, infelizmente. Ela deve ter ido a algum lugar, talvez para urinar com uma delegação de Ramallah numa conferência de paz da KAS. Tento encontrar algum vestígio, talvez uma meia amarela ou um pedaço flamejante de roupa íntima vermelha, mas, nesse momento, o bondinho recomeça a andar. Que hora inoportuna.

Pelo menos, no entanto, e finalmente, chego ao Monte das Tentações. E ali, encravado na montanha e exatamente com o aspecto esperado – o que é uma visão magnífica de se contemplar –, há um mosteiro. Dentro desse mosteiro encontra-se a Pedra da Tentação, exatamente onde Jesus foi tentado por Satanás. Você precisa ver. Essa pedra tem o formato da ponta de um pênis não circuncidado, e os bondosos monges oram ao lado dela. Lindíssimo. Olga, aquela que foi beijada por um monge no Santo Sepulcro e mandou que ele me beijasse, se acabaria de rir se visse isto.

Esta é Jericó, mais ou menos. Uma cidadezinha com japoneses e russos.

◆ ◆ ◆

Eu me enturmo com Raed, um homem que nasceu para dirigir automóveis e que me leva a Belém. Raed gosta de falar, e fala:

– Aqui está fazendo calor, mas, dentro de vinte minutos, ao nos aproximarmos de Belém, vai fazer frio. Quente aqui, frio lá. Este país tem muitos climas diferentes. Este país tem tudo.

Nenhum outro país da Terra tem essas mudanças de clima?
– Não, aqui é especial.
Como assim?
– Porque esta é uma terra santa.
Você se sente feliz por estar nesta terra?
– Aqui há uma ocupação.
Onde? Há judeus por aqui? Mostre-me!
– Eu gostaria de viver em minha cidade natal.
Não é Jericó?
– Não. Aqui eu sou refugiado.
De onde você é?
Ele aponta para as montanhas ao longe, na direção de Israel:
– De lá.
De lá? Quando esteve lá pela última vez?
– Em 1948.
Você disse que "lá" era sua cidade natal. Você parece ter uns trinta anos. Há quanto tempo foi 1948?
– Meu avô morava lá!
Entendo. E você se sente sob ocupação por causa disso?
– Quero ir para o mar, pescar peixes na água, como fazem os alemães no país deles, mas não posso, por causa dos israelenses.
Peixes? Você vai passar fome sem os peixes? Deixe-me dizer-lhe uma coisa: vocês, palestinos, têm uma comida melhor aqui do que nós em toda a Alemanha! Mostre-me na Alemanha um azeite de oliva como o palestino!
– É verdade. Se pegar um resfriado, sabe o que você faz? Espalha azeite aquecido no tronco e no pescoço, e em dois dias você fica bom. Está no Alcorão, e o profeta Maomé disse isso.
Mas vocês não têm peixe...
– Eu não tenho!
Vocês têm aqui um *homus* que nenhum alemão jamais terá! E têm também umas outras comidas. Têm...
– Temos tâmaras aqui. Se você comer sete tâmaras de manhã, não há mau-olhado que o pegue. Na internet, no *Genius*, eles verificaram e descobriram que as sete tâmaras criam raios x em volta da pessoa para protegê-la.
Então, qual é seu problema? É peixe, é isso? Por que você está reclamando?
– Eu lhe digo qual é o problema. Nós, muçulmanos, damos nomes de profetas cristãos e judaicos aos nossos filhos. Temos Musa, Isa, e vou chamar

minha filha, a próxima que eu tiver, de Maryam. Mas os cristãos e os judeus não dão nomes de profetas muçulmanos aos filhos, como Muhammad, que Alá reze por ele e lhe dê paz. Por quê? Mostre um cristão ou um judeu que chame um filho de "Muhammad"!

Tenho de concordar com você. Não conheço nem um único judeu ou cristão chamado Muhammad. Isso é um verdadeiro problema!

Raed vai dirigindo, e eu consulto meu iPad.

Gideon Levy, que me dera sua palavra de que eu o acompanharia numa de suas incursões frequentes pela Palestina, está respondendo a uma mensagem que lhe mandei, há alguns dias: "Caro Tuvia, ontem estive no Vale do Jordão e em Jenin, mas não pude ser acompanhado. Não sei qual será a próxima oportunidade, mas eu o informarei. Nem sempre é possível. Gideon". Engraçado.

A mídia israelense informa que um israelense, quando voltava de carro com um colega de trabalho palestino para sua cidade, na Palestina, foi assassinado a sangue frio, e seu corpo foi jogado num poço. Não é engraçado.

Esse é um lembrete terrível do que pode acontecer com os israelenses natos que cruzam a fronteira da Palestina. Por quanto tempo poderei fazer este jogo de Tobi, o Alemão, antes que alguém me pegue?

Salto do táxi em Belém e começo a andar. Torço para não terminar num poço.

"Esta loja estará aberta durante o Festival de Música ao Vivo de Beth Lahem, de 13 a 16 de junho de 2013", diz um pedaço de papel na porta de uma loja fechada. ("Beth Lehem" significa Casa do Pão, em hebraico, o que entra em conflito com a narrativa palestina sobre o antigo Estado palestino. Como Beth Lehem – ou Belém – desempenha um grande papel no Novo Testamento, seu próprio nome poderia provar que os judeus viviam aqui, e não os palestinos, na época de Cristo. Para resolver esse problema, introduziu-se uma pequena correção, mediante a troca de uma vogal. "Beth Lahem", com "a", em vez de "e", dá um novo significado ao nome da cidade em árabe: Casa da Carne.)

Essa loja, numa bonita rua com fileiras intermináveis de lojas fechadas, só abre quatro dias por ano.

Vou andando e pensando: como é que as pessoas daqui ganham a vida? Fazendo o quê? Ah, eis uma casa linda, deve ter custado uma fortuna. Não, na verdade, não. Foi presente da Itália. Os italianos adoram o ex-judeu Itamar e os palestinos. Nesta rua, um prédio sim, um não, se é que não são todos, foi financiado por europeus íntegros. Também sou íntegro, financio meus gatos vira-latas. Sinto saudade deles e volto a Jerusalém para vê-los.

✧ ✧ ✧

E fez-se noite e fez-se dia, diz a Bíblia, e vou participar de um evento organizado pela ICEJ – International Christian Embassy Jerusalem[1]. Sem brincadeira, ela existe. Talvez, sabe-se lá, venha a trazer paz a esta terra.

A ICEJ é uma organização que se anuncia como sionista cristã, e esta noite vai comemorar uma festa bíblica, a Festa dos Tabernáculos, no mar Morto. Não me peça mais informações, não sei. Essa organização, "a maior organização sionista cristã do mundo", como diz sua brochura, "foi fundada em 1980 para representar cristãos do mundo inteiro que compartilham amor e interesse por Israel e pelo povo judeu".

Adoro "amor", e estou aqui para ver amor e sentir amor.

Há muita gente em cena, umas cinco mil pessoas, ao que me diz o porta-voz da Embaixada, ou 3.600, segundo me dizem as operadoras dos ônibus que efetivamente trazem as pessoas para cá.

E os alto-falantes proclamam, o mais alto possível: "Jesus, tu és a luz, Jesus, tu és a razão. Não há ninguém como tu, Jesus".

Ótimo, pelo menos essas pessoas amam um judeu.

A reunião tem um estilo muito norte-americano, com um cantor negro e uma bailarina loura, entre outros, o que, por si só, cria uma sensação toda contentinha. A multidão, formada por gente de Hong Kong e da Suíça, entre muitas outras nações, vai fundo. Há outras impressões visuais além do cantor negro e da bailarina loura: há montanhas marrons atrás de nós, um mar Negro azulado à frente, telões à direita e à esquerda e um palco bem espaçoso, para acomodar o grande coral.

O volume que vem do palco é tão alto que, tenho certeza, todo jordaniano do outro lado do mar Negro é capaz de ouvi-lo. Jesus seja louvado!

Minha única pergunta, até este ponto, é por que eles estão fazendo isso aqui. É um *show* de som, movimento e luz que combinaria perfeitamente com qualquer igreja evangélica do Tennessee.

"O espírito do Senhor está aqui, o poder do Senhor está aqui", diz a música seguinte.

---

1. Embaixada Cristã Internacional de Jerusalém. [N. T.]

Um pastor protestante alemão chamado Jürgen Bühler, que é o diretor executivo da ICEJ, fala um inglês carregado de sotaque germânico. Abençoa as pessoas que vão chegando.

Ao lado dele coloca-se outra pessoa, que diz "bem-vindo, Espírito Santo!". E a multidão ruge sua aprovação.

Este evento, a propósito, é transmitido pelo God Channel – sim, existe uma estação de TV com esse nome. O vento forte nos joga areia no rosto, enquanto uma cantora negra canta "Aleluia". Tem uma voz e uma energia celestiais, o que me dá saudade de Nova York. Puxa, rapaz, a moça sabe cantar! E sabe comunicar-se com as pessoas. Elas ficam de pé, levantam as mãos, movem-se com o vento que joga areia e cantam junto com ela, de olhos fechados. Eu nunca soube que o pessoal de Hong Kong era capaz de fazer tanto barulho.

Uma pastora sul-africana, alemã naturalizada de nome Suzette Hattingh, que durante anos trabalhou com Reinhard Bonnke, um evangelista alemão, sobe ao palco, e, com seu inglês de sotaque carregado, prega para nós. Parece apreciar muito o fato de este evento estar sendo transmitido pelo God Channel.

– Estou a caminho do paraíso – grita, embora eu não saiba se pretende dizer isso literalmente, ou se está falando do fato de aparecer na televisão. E então, dá-nos uma ordem: – Quero que vocês fiquem de pé, quero que levantem as mãos.

Todos o fazem. Ela prossegue:

– Há uma mulher nos vendo pelo God Channel, neste momento, para quem só restam três meses de vida. Volte ao seu médico!

Sim. Bem diante de nossos olhos, a mulher fica curada. Tal como seu mentor, Bonnke, que vi na Alemanha um dia desses, dizendo aos seus seguidores que havia ressuscitado mortos na África, também essa ministra acredita ou finge acreditar que é Deus.

Com uma frase, dentre as milhares que enuncia, ela homenageia Israel da boca para fora, ao nos lembrar que Jesus era judeu. Nos outros 99,9 por cento de suas muitas palavras, ela fala de milagres, e então ela fala em línguas:

– *Kuaka, chakaka, tugalka.*

Nada disso tem coisa alguma a ver com qualquer tipo de sionismo. É só trabalho missionário, que nos informa implicitamente que todos adoeceremos, a não ser que gritemos junto com ela:

– Jesus, *kuaka, chakaka, tugalka.*

Essa Embaixada Cristã não se furta ao uso vulgar da palavra "judeus", para conseguir mais e mais convertidos, a quem agora pede que façam donativos generosos aos seus cofres. Eles não são sionistas cristãos, são *kuakas* cristãos. Os adoradores europeus da Palestina constroem e reformam mansões para os palestinos; esses adoradores cristãos de Israel são *kuakas* que angariam fundos para Jesus e ressuscitam os mortos.

❖ ❖ ❖

Uma vez encerrado o espetáculo, volto minha atenção para eventos mais interessantes em meu iPad. Encontro um, realmente encantador, anunciado pela BBC: "Diplomatas de diversos países europeus e da ONU reagiram, aborrecidos, depois que soldados israelenses intervieram impedindo que eles entregassem ajuda humanitária a beduínos da Cisjordânia". E a coisa ainda fica melhor: "Uma diplomata francesa disse ter sido forçada a sair de seu veículo e jogada no chão". A diplomata francesa, Marion Fesneau-Castaing, é citada dizendo: "É assim que o direito internacional tem sido respeitado aqui".

Com maiores detalhes, a BBC acrescenta: "A ajuda humanitária estava sendo entregue em Khirbet al-Makhul, depois que foram demolidas casas no lugar, por ordem do Supremo Tribunal". A foto que acompanha a matéria mostra uma cabeça feminina cercada por botas de soldados com fuzis apontados para ela, dedo no ou perto do gatilho. A imagem não é muito clara, tirada num ângulo muito estranho, mas todos os elementos visuais fazem lembrar facilmente a Alemanha nazista.

Essa matéria da BBC me parece talhada para ser investigada por Tobi, o Alemão. Faço outras verificações e descubro que foi o CICV – Comitê Internacional da Cruz Vermelha – um dos primeiros a se envolver nessa questão, a questão de Khirbet al-Makhul, e que, num momento anterior da semana, ele havia tentado ajudar os beduínos de maneira semelhante.

Telefono para o Comitê.

Nadia Dibsy, uma porta-voz do CICV, diz-me que estava no local na ocasião, e que viu com os próprios olhos quando Marion Fesneau-Castaing foi espancada. Faço-lhe uma pergunta realmente estúpida: por que os diplomatas estão assumindo o papel de ativistas num país anfitrião? É isso que os diplomatas devem fazer? Moro em Nova York, onde fica a sede da ONU, e, naturalmente, há inúmeros diplomatas na cidade. Devo esperar que eles vão ao Harlem e impeçam a execução de qualquer ordem de despejo de tribunais nova-iorquinos contra membros da comunidade negra?

Nadia não esperava que eu lhe fizesse perguntas idiotas. Obviamente, era para eu reagir de outra maneira e dizer o que os jornalistas europeus costumam dizer nesses casos: "Muito obrigado, sra. Dibsy, por ter-se detido para partilhar comigo essa informação importante".

Mas, sendo o idiota que sou, vim com minha pergunta idiota.

Nadia, intuindo um problema em potencial, recompõe-se depressa. Modifica sua afirmação anterior e me diz:

– Eu não estava lá na sexta-feira.

Só estivera lá num momento anterior da semana, e não sabe exatamente o que aconteceu quando os diplomatas foram lá. Pergunto-lhe se é normal o CICV também agir contra determinações do Supremo Tribunal em outros países. Ela opta por não me dar uma resposta direta e, em vez disso, diz que Israel é uma força de ocupação e que existem leis internacionais que o país deve cumprir.

Será que o Supremo Tribunal de Israel não tem conhecimento dessas leis internacionais, ou será, talvez, que simplesmente decidiu ignorá-las? Nadia não quer responder a essa pergunta, mas me diz que, de acordo com a legislação internacional, Israel não tem o direito de expulsar nativos dos morros que eles dividem com suas ovelhas.

Eu gostaria de ir lá descobrir por mim mesmo o que realmente se passou na última sexta-feira, só que não faço a mínima ideia de como localizar Khirbet al-Makhul no mapa. É uma pena o Japão ainda não ter imprimido também um mapa de Khirbet al-Makhul.

Cá entre nós, há uma outra coisa que não sei. Por que estou discutindo direito internacional com o CICV? Conheço pouquíssimas coisas sobre ele, mas a Cruz Vermelha não é uma espécie de serviço internacional de ambulâncias? Não sei, mas acho que eles sabem melhor o que estão fazendo e quem são. Por isso, pergunto ao CICV se eles me permitiriam acompanhá-los da próxima vez que forem a algum lugar, e também informo que ficaria muito satisfeito se pudesse ver o que eles fazem, desde o momento da concepção até o da conclusão.

Eles dão uma resposta positiva, e todos ficamos felizes.

O CICV é uma coisa, os diplomatas são outra. Como diplomatas estrangeiros, que estão aqui para um curto período de serviço, sabem onde ficam lugares como Khirbet al-Makhul? Eu nasci e cresci aqui, e nunca ouvi falar em Khirbet al-Makhul. Como foi que eles ouviram?

Só por curiosidade, peço o comentário de um oficial militar israelense, e ele me diz que existe um "velho costume" dos diplomatas europeus, que se aliam regularmente a toda sorte de ativistas de esquerda, e que eles planejam juntos seus passos seguintes.

Se isso é verdade, lança uma luz interessante sobre o mundo da diplomacia europeia no Oriente Médio.

❖ ❖ ❖

Resolvo tentar descobrir o mundo oculto dos diplomatas.

Ingênuo que sou, telefono para a embaixada e consulado da França em Israel, para solicitar um encontro com Marion, e pergunto se eles fariam o favor de me dar os comentários oficiais do governo francês sobre esse episódio.

Algum dia você já tentou espremer uma resposta de diplomatas franceses? Não é nada fácil.

Em resposta à minha pergunta, sou informado pelas autoridades francesas de que receberei um telefonema daqui a uma hora, para saber da reação aprovada pelo governo.

Daqui a uma hora. Como você talvez tenha adivinhado, no mundo diplomático de estilo francês, uma hora significa mais do que apenas uma hora. Significa, se você preferir o estilo "exatidão alemã": nem agora, nem nunca.

E assim, como o telefone não toca, invento um novo esquema: os diplomatas são um osso duro de roer, porque são treinados em maneiras de se esquivar da verdade, mas, se é fato que há diplomatas e ativistas de esquerda trabalhando de mãos dadas, por que não me infiltrar em alguma organização de direitos humanos e descobrir por mim mesmo as respostas a minhas perguntas?

Qual das organizações de direitos humanos devo escolher já é uma outra questão. Há tantos grupos anti-Israel dentro de Israel que não é tão simples escolher o melhor. Vou pela ordem alfabética. A B'Tselem, uma ONG esquerdista israelense, começa por B, e é muito bem conceituada. Ligo para ela e falo de minha mais urgente necessidade pessoal: quero participar de uma de suas atividades. Uma integrante da organização, chamada Sarit, logo entra em contato comigo e sugere que eu acompanhe um homem chamado Atef Abu a-Rub, um pesquisador da B'Tselem, em sua próxima missão: as demolições ilegais de casas pelas FDI.

Ótimo. Telefono para Atef e combinamos encontrar-nos em Jenin, onde ele fica localizado, dentro de dois dias.

Jenin! Uau!

Se me permitem dizer, estou-me sentido realmente bem ao meu respeito. Vou-me infiltrar no mundo das ONGs, nenhuma das quais saberá quem eu – Tobi, o Alemão – realmente sou, e vou descobrir coisas que ninguém sabe. Sou, saque só, um agente do serviço secreto. Quando houver terminado aqui, vou ensinar ao FBI, à CIA, ao Shabak e ao Mossad o que realmente significa serviço secreto!

Tomo uma dose de uísque escocês – esses danados desses escoceses sabem fazer boas bebidas – e me sinto no paraíso.

Uísque combina bem com – desculpe-me por não ser politicamente correto – damas da noite. Não achei Rahav morta, então me deixem procurar uma prostituta viva.

Portão 33

Hora de relaxar: seja mimado por damas da noite ou observe donas de casa fiéis no jardim zoológico

*K*dosha é a palavra hebraica correspondente a "santa", enquanto *kdesha* é a correspondente a "prostituta". São duas palavras muito semelhantes e compartilham a mesma raiz. Os rabinos não gostam disso, mas Deus, cuja língua materna é o hebraico, parece gostar.

As putas sagradas, se um dia você sentir necessidade de passar algum tempo na companhia delas, chamam de lar as ruas mais sujas e mais feias de Tel Aviv, bem pertinho dos africanos ilegais.

As duas primeiras que vejo são louras, brancas e gordas, da terra de Putin, e se comunicam entre si em russo. Paro junto à sua "loja", e uma delas me pergunta se quero fazer xixi. Pergunto quanto custa, e ela responde: é grátis. Fazer xixi é grátis.

Continuo a andar, em busca das santas damas locais. Desculpe, louras eu já tenho suficientes noutros lugares.

Ao passar por umas duas *vans* caras e novas, vejo uma dama que me parece ser do lugar, digo oi e lhe desejo uma ótima noite. Ela me ignora, como se eu fosse um dos mortos de Jericó. As damas santas não são fáceis assim.

Continuo a andar. E andar. E andar.

Noto uma loja de produtos eróticos com um horário de funcionamento muito interessante: fecha no sabá. Deve ser gerenciada por algum rabino.

Sim. O solo em que estou pisando é sagrado.

Dou meia-volta e noto que a santa prostituta local que antes não quis falar comigo está agora de papo com outro anjo da noite. Vejo as duas me olhando e vou até lá.

A nova dama pergunta:

– O que está fazendo aqui?

Procurando boa vida.

– Isto aqui é boa vida? Neste lugar?

Aqui é que fica a má vida...?

– Quem vem aqui, muito provavelmente, não leva boa vida...

E como é sua vida?

– Dou graças a Deus, graças a Deus!

É abençoada por Deus?

– Sim.

Essa prostituta fala melhor que um rabino!

Você é israelense?

– Sou. E você? Você parece turista.

Não, sou israelense. Como vai o trabalho?

– Bem, quem cuida de si vai bem.

Há quanto tempo você trabalha aqui?

– Estamos aqui há muito tempo, há muito, muito tempo!

Dá medo passar as noites na rua?

– Que tal atravessar a rua, qualquer rua? Isso não dá medo? Nós nos cuidamos. Temos facas, temos gás lacrimogêneo. Cuidamos bem de nós.

Onde vocês "exercem a profissão"?

Ela aponta para um prédio nas imediações:

– Nos quartos, ali dentro. Tem quarto em cima, embaixo, em toda parte.

Qual é seu preço?

– Depende. Começa em cem *shekels*, se a gente ficar no carro do cliente. É daí para cima.

Agora a Primeira Dama intervém:

– É como um taxímetro. O preço vai subindo, e pode chegar até a mil *shekels*.

Segunda Dama:

– Depende do cliente. A gente olha para ele, para a cara dele, e faz o preço, dependendo do que achar que pode tirar.

Vocês veem um homem, julgam-no de estalo e dão um preço, no mesmo instante?

– Não existe outra maneira!

Elas deviam trabalhar no ramo da joalheria; é assim que eles decidem os preços.

A maioria dos clientes é israelense?, eu pergunto.

– Não. Eu prefiro os israelenses, mas a maioria é de turistas do exterior.

Primeira Dama:

– Somos como alimento para os homens. Eles precisam de nós, têm que nos possuir.

Vocês também têm clientes *haredi*?

Segunda Dama:

– Muitos!

Primeira Dama:

– Os judeus chassídicos são os melhores!

Por quê?

Segunda Dama:

– São os que acabam mais depressa. Não criam problema. E tudo que a gente diz é sagrado para eles! Eles aceitam o que lhes dizemos como se nossas palavras estivessem escritas na Bíblia Sagrada!

Sim. Os judeus religiosos reconhecem a santidade quando a veem!

Qual é o maior segmento de sua clientela?

– O maior segmento é de judeus. O povo judeu (não só os israelenses) é a maioria dos nossos clientes. Judeus chassídicos, judeus criminosos...

Primeira Dama:

– Todos eles, eles nos procuram! Somos seu alimento!

Aqui também vêm palestinos?

Segunda Dama:

– É claro.

Vocês se importam se os homens são judeus ou árabes?

Primeira Dama:

– Olhe, eu sou beduína, como posso discriminar os palestinos?

Ah, Deus do céu! Talvez essa santa dama da noite seja de Khirbet al-Makhul!

Segunda Dama:

– O mais importante é que o homem seja um bom ser humano.

Primeira Dama:

– Quando vejo russos, por exemplo, prefiro não ir com eles. Eles bebem demais e não chegam ao clímax do orgasmo. Com os etíopes também dá problema: eles gostam de pôr as mãos em tudo. Os que eu mais gosto são os judeus asquenazes. Eles são calados, são bonitinhos. Gosto deles.

Quantas prostitutas judias existem por aqui?

Segunda Dama:

– Muitas.

Primeira Dama:

– Sexo não tem nada a ver com religião. O sexo não tem fé.

Você é beduína. Sua família sabe que você faz isso?

– Ela não tem que saber.

Segunda Dama:

– Você conta tudo à sua família?

Vocês moram sozinhas ou têm sua própria família?

Segunda Dama:

– Eu vivo com um homem, meu parceiro.

Ele se importa com o que você faz?

– Ele é um judeu *haredi*.

Ele sabe o que você faz...?

– Foi assim que a gente se conheceu!

Uau!

– Ele leva uma vida dupla: na rua, usa aquelas roupas pretas dos *haredim*, com o *shtreimel* na cabeça, mas dentro de casa ele é normal. Normal mesmo.

Primeira Dama:

– Isto aqui é um belo país. Tudo em que a gente pode pensar, aqui a gente encontra. Eu era professora de educação especial...

Como veio dela para cá...?

– Como? De ônibus! – Ela ri.

Como vocês começaram na prostituição?

Segunda Dama:

– Drogas. Comecei a usar drogas, e aí tive que me prostituir um pouco. Minha família me expulsou de casa, então comecei a trabalhar aqui. Hoje, graças a Deus, não uso nenhuma droga. Agora sou uma boa moça.

Primeira Dama:

– Minha família tentou forçar-me a me casar com um velho, para ser a terceira mulher dele. Eu fugi!

Qual é a pior parte de trabalhar aqui?

Segunda Dama:

– Todos os tipos de crimes. Roubos, violência.

Primeira Dama:

– Um dia desses me jogaram para fora de um carro, depois de eu passar uma hora lá dentro...

Segunda Dama:

– Eu estava com um homem num carro, e, de repente, outros dois homens saíram do porta-malas. Bateram-me tanto que quase morri. Fui levada para o hospital.

Primeira Dama:

– Todo dia, quando saio de casa, eu não digo "Deus, faça-me ganhar muito dinheiro". Eu digo: "Deus, por favor, ajude-me a voltar a salvo para casa".

Segunda Dama:

– Todo dia, antes de sair de casa, eu digo aquele verso bíblico: "Ouve, ó Israel, o Senhor nosso Deus é o único Senhor". – Por tradição, ele é enunciado pelas pessoas que estão diante da morte.

Caso você não tenha entendido, meu caro, essas são as prostitutas de Israel, prostitutas que oram!

Segunda Dama:

– Nestes últimos anos, nossa vida ficou muito mais perigosa.

Em que sentido?

Primeira Dama:

– Por causa dos sudaneses.

Segunda Dama:

– Dos sudaneses e dos outros negros daqui.

Primeira Dama à Segunda:

– Cuidado para eles não ouvirem!

Segunda Dama:

– São uns sacanas, todos eles!

O que os sudaneses têm feito a vocês para vocês terem tanto ressentimento deles?

Segunda Dama:

– Eles não são pessoas civilizadas.

Primeira Dama:

– Eu não os censuro...

Segunda Dama:

– Eles usam a força contra nós...

Primeira Dama:

– Se você pegasse a rainha Vitória e a pusesse aqui, nas mesmas condições, sem emprego, ela se portaria igualzinho a eles! Não tem nada a ver com a raça nem com a cor deles, mas com a situação terrível em que eles vivem.

Digam-me, senhoritas: quais são seus sonhos?

Primeira Dama:

– Meu sonho é que todos os sudaneses chispem fora daqui.

Segunda Dama:

– Ter minha própria casa.

Primeira Dama:

– Não existe caminho para a felicidade, a menos que você seja feliz com o que tem.

Você deveria entrar no Departamento de Filosofia da Universidade de Tel Aviv. Será a melhor professora, e vai ganhar montanhas de dinheiro...

Primeira Dama:

– Tenho dinheiro suficiente.

Segunda Dama:

– Para quem quer estudar, acredite, a rua é o melhor lugar para se aprender. Na rua a gente aprende sobre a vida, sobre o que realmente importa. Esqueça esse fator da prostituição, deixe-o de lado por um instante. Se você quiser aprender sobre a vida, o melhor lugar para adquirir conhecimento é a rua.

Agora a Primeira Dama me mostra o que aprendeu nas ruas e que nenhum professor preveria:

– Se você vier aqui a esta rua, daqui a um ano e meio, vai precisar de passaporte.

Por quê?

– Será um país diferente. Logo, logo, os sudaneses vão exigir independência...

Segunda Dama:

– Eles e todo aquele lixo que eles carregam.

Primeira Dama:

– É o direito deles, não é? Eles vivem aqui e, dentro em pouco, vão exigir seus direitos humanos de reconhecimento da própria identidade. Em dois ou três anos, no máximo, estas ruas vão ser um Estado independente.

Acho que eles também gostam de mulheres, não é?

– Sim.

Têm dinheiro para pagar?

Segunda Dama:

– Os sudaneses têm mais dinheiro que o israelense médio.
O quê?
Primeira Dama:
– Desça a rua e você vai ver por si. Primeira coisa que vai notar: eles controlam o mercado das drogas.
Segunda Dama:
– Escreva isso, por favor!
Como vocês se chamam?
Segunda Dama:
– Keren.
Primeira Dama:
– Nadine.

Do outro lado da rua vai passando um judeu chassídico, que observa quais são as novidades. Nadine aponta para ele:
– Viu? Acabamos de falar neles. Aquele cara, será que eu posso contar-lhe? Ele chega ao orgasmo em um segundo!

Essas damas da noite são cheias de vida, engraçadas, criativas, e é um prazer conversar com elas. Não sei quanto do que me disseram ao seu respeito é verdade, mas gostei de cada segundo de nossa conversa.

Tiro algumas fotos com elas, eu de frente para a câmera, elas para o lado oposto. Abraço Keren, talvez um pouquinho apertado, e ela brinca:

– Acho que vou cobrar-lhe!

Seria agradável ir a Meah Shearim depois disto, para sentir pessoalmente a diferença entre *kdesha* e *kdosha*.

No caminho daqui para lá, recebo um contato do escritório da CICV em Jerusalém. Conversamos e chegamos a um acordo; vou acompanhá-los numa operação futura, desde a concepção até a conclusão, na Palestina. Os detalhes virão depois.

◇ ◇ ◇

Esta semana é a da festa de Sukkot, e os religiosos adoram comemorá-la. Na época do Templo Sagrado, qualquer criança sabe, os Filhos de Israel iam a Jerusalém celebrar essa festa. E hoje as ruas de Meah Shearim estão repletas de pessoas comemorando. São tantas que o trânsito praticamente parou. Usam suas melhores roupas e, ao caminhar entre elas, tem-se a impressão de estar na Europa de séculos atrás.

Bem, não exatamente. É mais como a Europa de antigamente, misturada com o Afeganistão de hoje. Há uma calçada com uma cerca, destinada às mulheres, e nenhuma mulher deve escolher outro caminho. Da rua e da calçada do lado oposto, as mulheres dão a impressão de serem animais num zoológico, protegidos por uma cerca de arame.

Deus sabe por quê, mas resolvo atravessar para a área das mulheres.

Deixe que eu lhe diga: um homem cercado por um número incontável de mulheres dá uma sensação agradável. Sim, eu sei, não é bonito dizer isso, mas, como o definiriam Keren e Nadine, estou cercado por "comida". Na parede de uma das casas vejo o seguinte aviso às mulheres: "As mulheres cujos braços e pernas ficarem à mostra neste mundo serão colocadas numa panela fervente de fogo e queimarão [no Além]. Chorarão de angústia e sofrimento. Isso é muito pior do que quando a pessoa é enterrada viva".

Na Toldos Aharon, a instituição que já visitei duas vezes, milhares de pessoas dançam e cantam: "Minha alma tem sede de Ti, Senhor, e meu corpo anseia por Ti".

Fico pensando se essa é a mesma frase que eles usam quando visitam as damas da noite.

Portão 34

Ajudem, por favor: diplomatas europeus correm para ajudar beduínos que gostariam de ter alemãs nuas correndo entre suas cabras

Pego um táxi para Jenin, para me encontrar com Atef, da B'Tselem, como foi combinado. O taxista me conduz por toda a Cisjordânia – quase. Acha que sabe o caminho para Jenin, mas as estradas nem sempre lhe obedecem. Não importa, na verdade, porque assim vejo mais do que veria. E a Cisjordânia, deixem que eu lhes diga pela milésima vez, é de uma beleza esplendorosa.

Só com a ajuda de Alá é que efetivamente chegamos a Jenin.

Atef, que também é jornalista do jornal palestino *Al-Hayat Al-Jedida*, além de seu ativismo, recebe-me em seu escritório com meu café árabe favorito, e depois caminhamos até seu carro. Passamos pelo Cinema Jenin, do qual já ouvi falar muitas vezes. Sendo um superagente, dou uma parada para examiná-lo. Em sua fachada, que é de pedra, está dito que ele é apoiado pelo "Ministério das Relações Exteriores da Alemanha", pelo "Instituto Goethe", pela "Autoridade Nacional Palestina" e por "Roger Waters" (no ano de 2013, Roger, do Pink Floyd, afixou a estrela de David judaica num porco flutuante, em seu *show* de verão).

Caminhamos mais um pouco, até chegar ao carro de Atef, e eu lhe pergunto aonde me levará.

– A Khirbet al-Makhul.

Sim, ao lugar em que a francesa Marion fez seu grande nome como salvadora do povo.

Pensei que íamos ver demolições de novas casas, mas acho que a B'tselem não conseguiu localizar nenhuma demolição real de alguma casa, por isso me estão mandando para uma matéria da Tent in the News[1]. Não é o que eu havia pedido, mas é melhor. Agora poderei ver o que está na cabeça da BBC *et al.*, que andam tão ocupados com a tal de Makhul. Rodamos durante horas. O Vale do Jordão tem não apenas montanhas deslumbrantes, mas também estradas intermináveis, e Atef fala comigo. Antigamente, diz, as montanhas eram verdes.

Quem as deixou marrons?

Bem, os israelenses. Havia fontes de água sob as montanhas, Atef me explica, mas os israelenses as roubaram. É possível que seja verdade, como também é possível que seja verdade que Meca era parecida com Hamburgo, mas, depois, uns judeus roubaram todas as árvores. Não digo nada disso a Atef. Sou alemão e bem-educado.

Deste minuto em diante, e até me separar de Atef, não sei falar árabe. Outros bons samaritanos europeus chegam aqui com tradutores, e o mesmo deve fazer Tobi, o Alemão. Ponto final.

✧ ✧ ✧

No caminho, Atef me diz que, antes de irmos a Khirbet al-Makhul, vamos encontrar uma autoridade palestina encarregada dos crimes israelenses na Cisjordânia. Eu não poderia ficar mais satisfeito. Afinal, ele é o tipo de cara com quem sempre sonhei sair.

Passamos por uma área chamada Tubas. Não sei se você já esteve lá, eu não. Mas agora estou aqui. Há prédios tão admiravelmente projetados, que você não verá nada parecido nem mesmo nos cantos mais ricos de Connecticut. Pego meu iPhone e tento bater umas fotos, mas Atef diz que não devo, e dirige o carro em alta velocidade.

Sim, sim, eu o compreendo. Ele está aqui para me mostrar como é miserável a vida dos palestinos, por causa dos israelenses, e não precisa que nenhuma casa bonita venha toldar minha visão. Lamento por ele. Mas as casas são bonitas demais para que eu não tire fotos delas, de modo que vou fotografando. Acho que não sou o mais bem-educado dos alemães. Talvez meus bisavós fossem austríacos.

---

1. Noticiário divulgado pela Tent Foundation, organização que trabalha em parceria com empresas privadas para ajudar refugiados no mundo inteiro. [N. T.]

Chegamos a um belo prédio do governo, oficialmente conhecido como Estado da Palestina, Província de Tubas e dos Vales do Norte. Saltamos do carro e entramos no edifício. Devo encontrar-me com Moataz Bsharat, cujo título oficial é Autoridade do Vale do Jordão, Diretor de Segurança, e cuja tarefa de hoje, presumo, é dizer-me que os israelenses estão empurrando os palestinos à força para a miséria. É difícil, considerando-se seu escritório maravilhoso, mas ele deve ser um homem forte e saberá lidar com isso.

Sou-lhe apresentado por Atef, que me diz:

– Moataz Bsharat é a autoridade responsável por lidar com todos os atos de violência cometidos pelos israelenses no Vale do Jordão.

Não sei ao certo quais são realmente as responsabilidades do Moataz, mas acho que esse homem pode dar-me uma ótima oportunidade de descobrir o que de fato aconteceu em Khirbet al-Makhul. Esse sujeito deve saber de tudo.

Poderia dizer-me o que aconteceu lá?

Moataz tergiversa comigo e só no final admite que Marion, a diplomata francesa, deu socos nos soldados israelenses ao se levantar do chão, depois de cair, e que fez isso porque primeiro os soldados tinham dado socos nela e nos outros diplomatas. Apontando para seu computador, Moataz também me diz que pode mostrar-me tudo isso agora mesmo, já que tem tudo em vídeo.

Ele acha que agora devo estar contente, por ter respondido à minha pergunta e ter até me contado que dispõe de tudo em vídeo. Se estivesse aqui, o jornalista britânico que conheci em Majdal Shams, e que decidiu por conta própria que os drusos não receberiam máscaras contra gases, certamente ficaria muito satisfeito em informar que "está tudo em vídeo", sem pedir nenhuma prova disso. Mas eu não sou britânico, de modo que peço a Moataz: você poderia fazer a gentileza de rodar o vídeo para mim? Eu gostaria de vê-lo.

Bem, que pena.

– Estamos sem tempo – responde ele, dizendo que tem de sair agora mesmo.

Moataz fica seriamente perplexo. Conhece outros europeus, e eles aceitam tudo que ele lhes diz. Qual é o problema, em nome de Alá, desse tal de Tobi, o Alemão?

✦ ✦ ✦

Atef me diz que agora podemos ir a Khirbet al-Makhul. Na chegada ao local, observo uma *van* da organização MSF – Médicos Sem Fronteiras. Duas pessoas dessa organização estão sentadas ao lado de alguns beduínos e colhem depoimentos, os quais anotam.

Como foi que a MSF chegou aqui e por quê? Não vejo nenhuma pessoa ferida por perto, apenas árabes saudáveis, e me pergunto o que estarão querendo esses médicos. Eles se apresentam a mim: Federico, da Itália, que ajuda vítimas árabes de violência nas regiões dos colonos, e Eva, da República Tcheca, psicóloga.

Esses dois louváveis doutores veem a expressão intrigada em meu rosto ao avistá-los e me deixam claro, imediatamente, que seria melhor eu não mencionar sua presença.

– Temos que manter um perfil discreto – diz-me o médico. Respondo dizendo que eles deveriam orgulhar-se de seu trabalho aqui, o que os leva a mudar de ideia. Quando chego até a perguntar se posso tirar uma foto de seus belos rostos, eles concordam.

Trocando em miúdos, o que esses dois estão fazendo aqui é isto: inventando doenças para poderem culpar os israelenses por elas.

Viva a Europa.

Quando os doutores da MSF terminam de falar com as pessoas expulsas, eu, o Superagente, sento-me com esses árabes para ouvir sua história e avaliar suas doenças traumáticas.

Mahmoud Bsharat, um dos árabes e o homem principal deste lugar, conta-me a história de sua vida:

– Três anos depois da ocupação – refere-se a 1967 –, ele se mudou para Israel, para trabalhar lá. Voltou para o deserto em 1987. Tem nove filhos, sete dos quais têm diplomas universitários.

Ele nasceu aqui?

Não. Mas cresceu aqui, ou aqui por perto. As pessoas que moram no deserto, ele me diz, mudam-se de um lugar para outro, tudo dependendo das condições do tempo, de onde elas encontram melhor acesso à água, ou seja lá do que for. Tomando o conjunto das suas afirmações, parece que ele não veio para este lugar, Khirbet al-Makhul, antes de 1987. A afirmação da BBC e de outros meios de comunicação europeus, no sentido de que esses beduínos "criam ovelhas há gerações" nesta localidade, como se vê, é uma ficção romântica.

Quem representa Mahmoud e os outros beduínos daqui deve ser gente esperta, muito hábil na manipulação dos fatos. Pergunto a Mahmoud quem é o advogado que o representa no Supremo Tribunal e quanto ele cobra. Bem, Mahmoud nunca contratou nenhum advogado nem pagou nada a advogado algum. Quem pagou? Outro Mahmoud, o líder palestino, Mahmoud Abas.

A Palestina está pagando a um advogado para combater Israel nos tribunais israelenses. Que interessante.

Onde o beduíno Mahmoud planeja dormir logo à noite, agora que foi expulso daqui? Vai dormir aqui, ele me diz.

O exército israelense demoliu alguma coisa, só que a palavra *demoliu* é muito forte para o que parece haver acontecido aqui. Antes de Israel demolir este lugar, percebo, ele se compunha de não mais que barracos de ferro corrugado, tendas e simples tábuas de madeira, como atesta o acampamento vizinho ao local em que estou sentado, e levaria aproximadamente duas horas para reerguer o acampamento. Não há indício de nenhuma residência de verdade aqui.

Peço a Mahmoud que me descreva os israelenses, já que conviveu com eles durante tantos anos.

– Eles são racistas – diz o beduíno.

Por que ficou com eles durante vinte anos? Só Deus sabe.

Ele me faz lembrar as Damas da Noite de Tel Aviv, que têm certeza de que os sudaneses não tardarão a exigir seu próprio país livre dentro de Tel Aviv.

Outras pessoas à nossa volta, inclusive o irmão de Mahmoud, entram na conversa, e descubro mais detalhes sobre a história de Marion, a diplomata francesa. Ela e outros diplomatas arranjaram um caminhão, carregaram-no de barracas novas e outros donativos e vieram com seus próprios carros ajudar a reconstruir o acampamento. Depois que os soldados mandaram todo mundo se retirar da área, o motorista do caminhão largou seu veículo, e Marion pulou para o banco do motorista, a fim de impedir que os soldados levassem embora o caminhão. Os soldados, depois de fracassarem repetidas vezes na tentativa de convencê-la a não interferir, finalmente a puxaram para fora do banco do motorista. Durante esse processo, Marion caiu no chão.

Mais uma vez, a BBC está inventando histórias. Marion não foi "arrastada de seu veículo", mas do caminhão com as barracas.

Vocês viram os soldados darem socos em Marion?, pergunto às testemunhas oculares.

– Não. Eles só a puxaram do caminhão.

O que fizeram os outros diplomatas quando isso aconteceu?

– Filmaram.

Trabalho interessante o dos diplomatas europeus. Trouxeram as barracas, depois ficaram ocupados filmando a ação. Sabiam com antecedência que o exército não deixaria o acampamento ser reconstruído, mas estavam dispostos a fazer um videoclipe para envergonhar Israel. Eu pensava que o trabalho dos diplomatas era representar seus países no país anfitrião. Bem, não os diplomatas europeus em Israel. Outra pergunta interessante: quem editou o vídeo, a fim de excluir os atos de Marion? Só quem sabe é a União Europeia e outros honestos manipuladores da verdade e do jornalismo.

Pesquiso isso com vagar em meu iPad e encontro um *site* iraniano de notícias que exibe um vídeo do episódio. Nele vejo Marion no banco do motorista, depois um corte para Marion no chão, corte para Marion esmurrando um soldado. Como Marion chegou ao chão não é mostrado, o que sugere que poderia ter chegado lá sozinha, a bem das fotos a serem tiradas. Na imagem fornecida pelo *site* de notícias iraniano, até os soldados em volta dela parecem surpresos ao vê-la caída no chão. O curioso é que, nas fotos da BBC, os rostos dos soldados foram retirados do enquadre.

Grande trabalho jornalístico.

✧ ✧ ✧

Conversando com as pessoas ao meu redor, fico sabendo de mais detalhes ainda. Esse acampamento tem entrado e saído dos tribunais israelenses desde 2008, e, em todos esses anos, não houve nenhuma demolição. Ninguém chegou aqui, simplesmente, e expulsou de forma brutal a população, arrastando as pessoas que dormiam. Khirbet al-Makhul, aliás, fica aos pés de uma montanha onde está baseado um acampamento do exército israelense, e é provável que seja essa a razão de ele ter sido evacuado, o que não aconteceu com outros nas montanhas vizinhas.

Mahmoud me conta uma outra história: aeronaves militares israelenses costumavam sobrevoar suas cabras e atirar nelas, uma atrás da outra. Tento imaginar o marido da MK Ayelet Shaked perseguindo cabras com seu avião F-16, e despejando mísseis enormes sobre cabras em disparada.

Pergunto às pessoas como elas ganham a vida neste lugar, e elas me dizem que fazem queijos de cabra. Poderiam dar-me uma provinha? Sim, poderiam, e assim fazem. Experimento o queijo. O que posso dizer? Valeu a pena vir aqui só por esse queijo salgado! Também ganho um pedaço grande de pão pita para acompanhá-lo – o melhor pita já assado por mãos humanas. Pode confiar em mim.

É claro que nenhuma gentileza deixa de ter sua contrapartida, e, quando pergunto aos meus anfitriões como eles fazem amor neste lugar, se porventura forem casados, eles me pedem um favor: será que eu poderia arranjar-lhes umas duas alemãs?

– Dê-me duas alemãs! – um deles me pede. As moças não teriam que cozinhar nem nada, apenas ficar deitadas, nuas, e serem fodidas. Estamos ao lado de três grandes caixas d'água, e eu lhes prometo três alemãs nuas, às doze horas do dia seguinte – uma loura em cima de cada caixa d'água. Damos muitas risadas a propósito da transa com as alemãs nuas em cima das caixas d'água, mas então Atef se dá conta de que não é essa a imagem certa dos beduínos sofridos que ele vem tentando transmitir, gente rindo em vez de sofrer, e me pede para não mencionar essa parte sobre a nudez das alemãs. Quanto aos beduínos, eles não estão nem aí.

Peço a Atef para me levar a outro acampamento, um que não tenha sido demolido pelos israelenses.

Quando estamos quase saindo deste lugar, ouço a história de Khirbet al-Makhul em seus novos desdobramentos: um advogado contratado pelo

Estado da Palestina vai recorrer de novo ao Supremo Tribunal israelense, na tentativa de reabrir o processo. Os próprios beduínos não sabem o que está realmente acontecendo por aqui, já que quem cuida do seu caso são ONGs e o Estado da Palestina. E fico sabendo de mais uma coisa, antes de ir embora: eles nunca moraram aqui, realmente. Têm suas cabras aqui, mas também usam outros lugares. Onde? Eles apontam para as montanhas adiante. Isso explicaria por que tudo que vejo aqui são barracos de ferro corrugado, tábuas e barracas dobradas.

✧ ✧ ✧

Atef me leva a outro acampamento, este de um agricultor "que vive como beduíno", o que significa um palestino normal.

Atef e o dono do lugar dão uma volta comigo para me mostrar a propriedade, e, enquanto andamos, vejo a mulher do dono sentada no chão, consertando algumas peças de roupa.

Uma simples voltinha aqui não basta para mim. Quero mais. Como faço para levar meu anfitrião e Atef a se revelarem, a se abrirem comigo e a me contarem o que normalmente não revelam a visitantes como eu? Bem, essa senhora aqui pode ajudar-me. Vou fazer-lhes perguntas íntimas e levar seu marido, ela própria e também Atef a não me tratarem como apenas mais um jornalista estrangeiro.

Peço à mulher que me fale de seu marido.

– Ele é muito amável, muito gentil – diz ela.

Dê-me um exemplo de como ele é amável e gentil.

– Ele é muito bom.

Dê-me um exemplo das coisas boas que ele faz pela senhora.

Ela não consegue pensar em nenhuma coisa boa, exceto para resmungar algo sobre o *Haj* [peregrinação] a Meca.

Ele a beijou hoje? Deu-lhe, digamos, um sorvete?

Atef me puxa para o lado. Não é isso que quer que eu veja nem pergunte.

Vamos sentar com o homem da casa. E eu tenho uma pergunta importantíssima a lhe fazer: você beijou sua mulher hoje?

– Eu esqueço o que fiz.

Quando foi a última vez que a beijou?

Atef diz que não posso fazer essa pergunta porque "há crianças aqui!".

Eu o ignoro e torno a perguntar ao nosso anfitrião: quando foi a última vez que você beijou sua mulher?

Ele não sabe o que dizer; esqueceu-se inteiramente do último beijo. Atef o acode e lhe diz:

– Você não tem que responder isso.

Em questão de minutos, depois que mais pessoas do lugar se juntam à nossa volta, o homem declara que sou judeu. Pois é, assim, sem mais nem menos.

Eu lhe digo: é melhor você tomar cuidado; não se diz uma coisa dessas a um alemão!

E então solto a grande pergunta para meu anfitrião: por que você acha que sou judeu?

Atef me explica o óbvio:

– Você quer saber todos os detalhes. Está tentando criar problemas entre o casal.

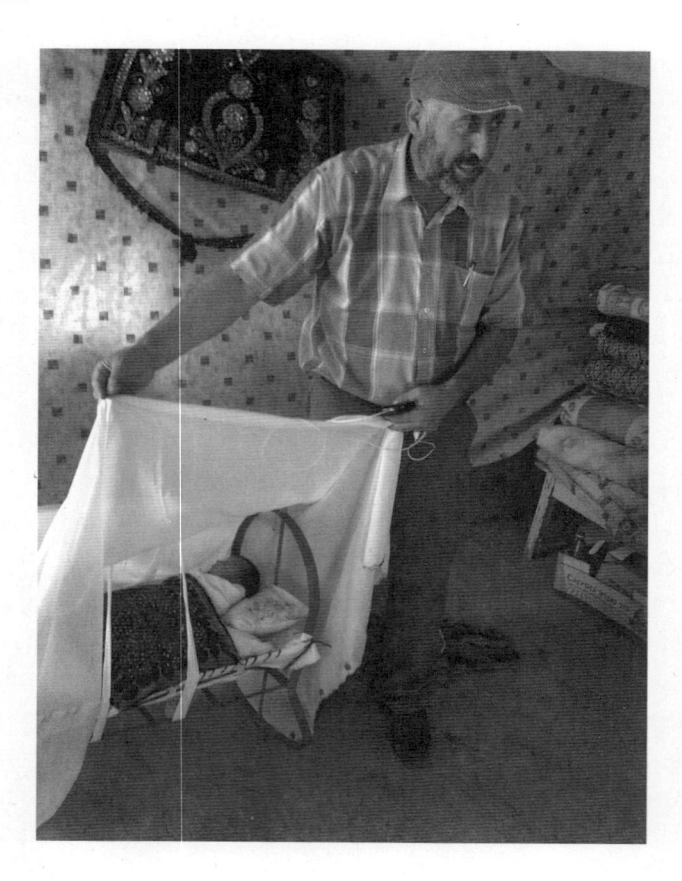

Protesto. Eu tentei melhorar a relação conjugal deles, digo.

Atef:

— Você tentou incentivar a mulher a ficar contra ele.

Entra a filha do anfitrião. Ela me diz que gostaria de cursar Direito no exterior. Digo-lhe que não me importaria em transformar seu sonho em realidade, mas primeiro teríamos que nos casar.

Infelizmente, a proposta de casamento deste não muçulmano não é aceita.

Talvez eu tenha que voltar depois, trazendo um pequeno Mercedes como meu humilde dote.

Antes que eu possa bolar um caminho para chegar a um novo e reluzente Mercedes, meu anfitrião deixa cair uma bomba. Eu, Tobi, o Alemão, "dou dinheiro aos judeus!". Ele acusa a mim, seu futuro genro.

Quando foi que dei dinheiro a algum judeu? Bem, não eu, pessoalmente, mas meu povo, os alemães. E, de acordo com a visão deste grupo, isso está muito errado. Adoro aprender coisas novas, e foi isto que aprendi hoje: nós, os alemães, deixamos os judeus alegarem que nós, alemães, os matamos na Europa, e até lhes pagamos indenizações por algo que nunca aconteceu.

Será que essas pessoas acreditam que os judeus não foram mortos na Segunda Guerra Mundial? Atef, o homem da B'Tselem, fornece a resposta mais clara:

— Isso é mentira. Eu não acredito.

Em suma, o Holocausto é uma invenção dos judeus.

No carro, ao voltarmos para Jenin, Atef me diz que, de vez em quando, trabalha para Gideon Levy, do *Haaretz*. Ele o andou conduzindo para cá e para lá, umas quatro vezes, servindo de guia e tradutor para ele.

Que bom descobrir o guia e tradutor de Gideon Levy — o velho amigo Atef, que é um dos principais pesquisadores de campo da B'Tselem. E é bom descobrir, finalmente, que o Holocausto nunca aconteceu, na verdade. Pois é. Só existem judeus racistas por toda parte, e a B'Tselem vai pegar todos eles.

O que transparece hoje tem menos a ver com os árabes do que com os judeus e os europeus. O *Haaretz* e a ONG B'Tselem são formados por judeus que dedicam a vida a ajudar aqueles que os odeiam. Quanto aos europeus, seus diplomatas se portam de um modo que é o oposto de qualquer coisa que a diplomacia deveria estar fazendo, com seus jornalistas montando reportagens que são o oposto do que o jornalismo deveria realmente fazer. E, para tornar as coisas ainda piores, os europeus financiam generosamente judeus que não gostam de judeus.

❖ ❖ ❖

Faço Atef me deixar no centro de Jenin e vou ver um filme no Cinema Jenin. Hoje, segundo me diz o homem do guichê, estão passando um filme em 3D que é muito popular entre as plateias da cidade. Pago meu ingresso e pego aqueles óculos 3D. Aqui no Cinema Jenin eles têm os melhores óculos 3D que já vi. Os cinemas de Nova York deviam aprender esta liçãozinha com o Cinema Jenin. Bem, a verdade é que este cinema é generosamente financiado por pessoas de bom coração, o que não acontece com os cinemas de Nova York.

Entro na sala.

Há três pessoas lá dentro. Sou uma delas. E este, para não nos esquecermos, é um filme "muito popular entre as plateias da cidade". Num momento anterior, Atef me dissera que costuma haver umas dez pessoas assistindo aos filmes aqui. Ele se enganou no número.

Quando vejo como os alemães desperdiçaram seu dinheiro neste cinema, começo de repente a acreditar na narrativa palestina de Atef e, se eu fosse palestino e morasse em Jenin, provavelmente pensaria a mesma coisa. Olharia para este "Cinema Jenin", uma instituição em que os alemães despejaram milhões, mas que é, na realidade, um local em que às vezes entram duas pessoas, e me perguntaria por que fizeram isso. A única explicação lógica seria: os alemães não têm nada melhor para fazer com seu dinheiro do que jogá-lo num prédio deserto a que dão o nome de "cinema". Por que fariam uma coisa dessas? Não tenho a mínima ideia. Os alemães são assim, gostam de despejar dinheiro em coisas que não existem; inventam histórias, depois assinam os cheques.

É exatamente por essa razão que gastam milhões e bilhões na história do "Holocausto". Os alemães, seja por que razão for, vivem procurando desculpas para derramar seu dinheiro nas pessoas – um cinema aqui, um Holocausto ali. Houve Holocausto do mesmo jeito que existe cinema. Duas pessoas em cada um, e os alemães pagando.

Muito simples.

No dia seguinte, a B'Tselem emite a seguinte declaração: "Os moradores de Khallet Makhul submeteram uma petição ao Superior Tribunal de Justiça israelense, representados por seu advogado, o dr. Tawfiq Jabareen, para solicitar uma medida cautelar provisória que impeça que eles sejam removidos da área. No mesmo dia, o Superior Tribunal expediu a medida solicitada, proibindo o governo civil e o exército de expulsarem os moradores de sua aldeia e de demolirem as casas reconstruídas".

Noto que a B'Tselem trocou "Khirbet Makhul" por "Khallet Makhul". E isso é realmente esperto. "Khirbet" significa ruínas, ou "buraco", o que sugere um local em que vivem pouquíssimas pessoas, talvez um homem e sua cabra. Não é bom para a causa. E assim eles inventaram Khallet Makhul, que significa Colina de Makhul. Brilhante.

A que ponto chega um judeu – e a que ponto chegam os diplomatas europeus – para pôr defeitos nos judeus, está aí algo realmente admirável.

Portão 35

Paz e estupro

Estou de volta a Jerusalém com meus gatos. Dou-lhes leite e saio para uma caminhada.

Encontro-me com um casal muito simpático, ambos extremamente conhecidos, sumamente educados, sumamente intelectualizados, autodepreciadores exemplares, ótimos amantes dos árabes, e eles me comovem profundamente. São judeus israelenses e não vou identificá-los, nem o que eles fazem ou em que parte da cidade residem.

Eles me contam três histórias interessantes. (1) Moram numa linda casa, que foi reformada para eles por um empreiteiro árabe a quem conheciam e em quem confiavam cegamente. Quando esse empreiteiro de obras havia praticamente concluído seu trabalho, pelo qual recebeu uma generosa remuneração, ofereceu-lhes um presente maravilhoso, pelo qual se recusou a ser pago: uma grande oliveira, a qual plantou no jardim do casal. Eles ficaram muito comovidos com esse gesto e lhe agradeceram profusamente. O empreiteiro escutou seus agradecimentos, olhou-os bem nos olhos e disse: "Vocês não têm que me agradecer. Não fiz isto por vocês, mas por mim e por minha família". Eles não entenderam o que o homem queria dizer, e ele explicou: "Vocês logo se mudarão desta casa". Como assim? "É que logo esta terra ficará livre dos judeus." Os dois ficaram arrasados. Como pudera o sujeito lhes dizer uma coisa dessas? (2) Anos atrás, muitos anos atrás, essa senhora foi estuprada por um bando de jovens árabes. (3) Anos depois, sua neta sofreu abusos sexuais praticados por um velho amigo árabe.

Essas três histórias são o resumo completo da experiência de ambos com os palestinos, mas eles se recusam a se deixar afetar por qualquer desses incidentes.

O homem me explica:

— Acredito no humanismo, acredito que os palestinos são boas pessoas e querem viver em paz conosco. Acredito que cometemos uma injustiça com eles e que eles não foram injustos conosco. Não me importa se aquilo em que acredito é factualmente errado. Sei que não é, mas não me importo com os fatos! Quero acreditar, mesmo que tudo em que acredito seja falso. Por favor, não me faça enxergar a realidade. Lutei com ela durante minha vida inteira. Por favor!

Pelo menos, ele é sincero.

Sua mulher me olha, mas permanece calada. Pergunto-lhe o que ela sente, não as suas ideias políticas, mas ela apenas olha para mim. Com delicadeza, pressiono-a a se abrir, por favor, e ela me lança um olhar intenso, mas continua em silêncio. Torno a lhe pedir que compartilhe seus sentimentos; ela desvia e levanta o rosto, procurando a intervenção mágica de alguém que a ajude lá do alto. Por fim, abre-se. Ela e o marido são tolos, diz-me. Ela se deu conta disso há algum tempo, mas seu marido não consegue fazer o mesmo. A visão de mundo que ele tem, a essência da sua vida, desmoronaria — e, com ela, tudo por que ele lutou durante a vida inteira —, se ele se permitisse enxergar a realidade.

Antes de nos despedirmos, o marido me diz que devo ler os artigos de Gideon Levy, para poder ver como os judeus são injustos com os árabes. Retruco que os fatos de Gideon são questionáveis, e que lhe posso provar isto. Ele me diz para calar a boca, por favor. Ler os artigos do Gideon o faz sentir-se bem, e ele não quer que eu perturbe essa estranha felicidade. Ponto final.

Ao me afastar desse casal, penso nesses dois povos, os judeus esquerdistas e os fiéis muçulmanos, ambos os quais é preciso conhecer pessoalmente para reconhecer suas características singulares. O judeu esquerdista — e esqueça a política, neste momento — é a pessoa mais narcisista que já conheci. Não há um só momento, de dia ou de noite, em que não esteja totalmente ocupado consigo mesmo ou com outros judeus. Não há nada em seu ideário senão a obsessão de pôr defeitos em si e em sua tribo. Ele não consegue parar. Não admira que palestinos como a professora Asma, da Universidade de

Al-Quds, não confiem nele, muito embora ele seja seu par intelectual e passe a vida defendendo os palestinos.

E, por outro lado, há o muçulmano religioso que luta até a morte para preservar sua invenção do Muro de al-Buraq, uma pessoa extremamente melindrosa no que concerne a Maomé e sempre necessitada de proteger seu profeta, como se Maomé fosse de cristal fino. Se você fizer uma piada sobre Maomé, tocará na parte mais sensível do corpo desse fiel, sim, e é melhor correr com toda a velocidade que puder, antes que ele o agrida fisicamente. Olho por olho. Seu dente pelo dente do profeta. Estranho.

O sabá está chegando, Jerusalém vai dar o expediente por encerrado, e tomo um ônibus para sair da cidade.

✧ ✧ ✧

Bulevar Rothschild, Tel Aviv. É noite de sexta-feira, e a juventude laica de Tel Aviv está na rua para mostrar seu corpo jovem a todos os transeuntes. Bulevar Rothschild é o nome oficial desta rua, mas seu verdadeiro nome é Bulevar das Pernas, Bundas, Seios e Músculos em Profusão. Aqui há sorveterias que vendem iogurte sem açúcar pelo triplo do preço do iogurte normal com açúcar. Aqui se encontram bares com mais gente em cada um do que existe na totalidade da China. Aqui, os jovens, bebericando água importada, discutem os problemas num hebraico animado que nenhum tradutor jamais conseguiria propriamente repetir.

– Olhe, meu irmão – diz-me um rapaz –, você tem que entender uma coisa aqui: noventa por cento, está sabendo, mano, noventa por cento dos palestinos querem a paz, mano.

Como você sabe disso?

– Confie em mim, mano, eu sei!

Mas sabe como?

– Eu enxergo, meu irmão! Com os olhos, mano! Saca só um minuto, mano. Você conhece a literatura palestina, meu irmão?

Aqui e ali.

– Eu a conheço, mano, e é minha literatura favorita, meu irmão! É uma literatura que prega a paz. É por isso que eu a adoro, mano!

Você lê árabe?

– Eu? Não, meu irmão.

Você fala árabe?

– Não, meu irmão. De onde você é, mano?
Da Alemanha.
– Belo país. O máximo.
Você já esteve lá?
– Ainda não.
Um bom número de israelenses fala o jargão do "mano". Tento evitá-los o máximo possível.

Sento-me para beber alguma coisa e ler o último artigo de Gideon Levy, sobre sua visita a Khirbet al-Makhul. Ele descreve o local como se fosse um campo de extermínio: um gatinho solitário e faminto, o último sobrevivente de todos os gatos. Cães emaciados, feridos, sedentos e esfaimados, que vivem das migalhas de pão pita que ganham, uma vez a cada dois ou três dias.

Em seguida, Gideon descreve a população, a imagem mais triste de miséria que se tenderia a encontrar em qualquer literatura, e só consigo pensar nisto: exatamente em que ponto da história deram permissão aos jornalistas para entregar artigos de mil palavras sem uma única palavra verdadeira?

Portão 36

"Temos muita sorte por Hitler não haver recrutado judeus alemães para a SS." – Yehudah, um judeu polonês que sobreviveu a Auschwitz

Está na hora de eu, observador dos fracos, enfrentar minhas próprias fraquezas. Já faz alguns meses que estou em Israel, e ainda não pus os pés na cidade de minha infância. É hora de fazer isso.

Bnei Brak, a cidade mais *haredi* de Israel, fica a uma corrida de minutos de Tel Aviv, mas a um mundo de distância.

"Proibida a entrada em Bnei Brak no sabá e nas Festas Judaicas", diz a placa de rua oficial na entrada de minha antiga cidade natal.

Uri, um taxista de Lod que trabalha em Bnei Brak há duas décadas, divide comigo suas impressões da cidade:

– Vinte anos, e nunca tive problema com eles. Aqui não há bêbados. Há umas situações estranhas. Quando um casal entra e senta no banco de trás. Ela pede o telefone, mas ele não o entrega diretamente, só o coloca no espaço vazio entre os assentos dos dois, e ela o pega ali. Em certos períodos, eles não têm permissão para se tocar. – Uri se refere ao período menstrual da mulher. – Acho que eles não deviam portar-se assim na frente de estranhos; é a única crítica que eu faço.

Como é Lod?

– Lod é uma mistura de cidade árabe e judaica.

Como você se arranja por lá?

— Faz vinte anos que eu passo o dia inteiro em Bnei Brak. Essa é minha resposta.

Desço a dois quarteirões da casa de minha infância. Espero ver o laranjal, aquele por onde eu passava todos os dias, quando garoto. Mas já não existem árvores aqui, nem laranjal nem laranjas. Agora, a única coisa que cresce aqui são prédios grandes e muita gente, todos *haredim*.

Numa outra esquina, antigamente havia um jornaleiro, porém não mais. Os jornais são proibidos, e agora o jornaleiro é uma loja que vende perucas para mulheres *haredim* casadas.

Caminho até a casa onde cresci.

Em frente a ela, do outro lado da rua, vejo pessoas numa fila que quase não anda, na entrada da casa de meu antigo vizinho, Haim Kanyevski. Eu me lembro dele, um homem sem nenhum atributo especial e de pouca sabedoria. Por que as pessoas fazem fila para vê-lo?

— Para receber a bênção dele — diz-me uma mulher, ao observar o que estou observando.

Ela também gostaria de receber a bênção dele, mas Haim só abençoa homens.

Com os anos, ao que parece, Haim ganhou admiradores, pessoas que têm certeza de que, se ele rezar por elas, ficarão curadas de suas doenças, e de que, se ele as olhar, ganharão sabedoria.

Nos velhos tempos, um ato desses seria considerado idolatria, mas hoje não. Com os anos, ao que parece, Deus modificou O Plano.

Para mim, é triste ver como o judaísmo de minha infância, um judaísmo que cultuava a erudição, transformou-se agora num culto a um homem frágil. Fico olhando, incrédulo, arrependido de ter vindo aqui, e recuo depressa. As pessoas daqui mudaram, eu mudei, e Deus parece haver mudado também.

Ao lado de minha casa vivia um judeu alemão que criava galinhas no jardim da frente. Agora não há mais galinhas por lá, e ele também se foi.

Tomo um táxi para Ramat Gan, a cidade vizinha, para saber como outras pessoas veem sua infância.

✧ ✧ ✧

Entro num asilo de idosos, a maioria deles proveniente da Alemanha; uma Casa Geriátrica de *yekkes*.

Conheço Gertrud. Gertrud é da família que era proprietária da famosa Kaufhaus Schocken[1], na Alemanha de antes da guerra. Sua vida confortável acabou quando os nazistas chegaram ao poder, e a família começou a se mudar de um lugar para outro, sempre fugindo dos mensageiros de Hitler. Ela nasceu em Regensburg; depois, quando tinha três anos, sua família mudou-se para Nurembergue. Em 1933, mudou-se para Hamburgo, depois para outra cidade, ainda na Alemanha, e, mais tarde, para Amsterdã. Em 1937, a família mudou-se para o que é hoje Israel. Um parente dela, Amos Schocken, é o proprietário do *Haaretz*.

Você tem uma assinatura gratuita?

– Não.

Durante a Segunda Guerra Mundial, ela recebeu ordens de ingressar no exército britânico. Os ingleses lhe prometeram que ela ficaria na Terra [Israel], e a puseram num trem, junto com outras pessoas.

– Andamos, andamos, andamos, até acordar de manhã e descobrir que estávamos num deserto. Estávamos no Egito. Olhei em volta e vi o deserto, vi tendas e um cemitério. Entre outros, lá enterramos uma amiga que viera originalmente de Lübeck. Ela estava sozinha no mundo, não tinha ninguém da família ao seu lado. Pegou um vírus na garganta e foi operada, mas alguma coisa deu errado, e ela morreu.

O que você fez no Egito?

– Trabalho pesado. Eu tinha que desmontar peças de caminhão, limpar todas com óleo e depois remontá-las. Eu me tornei sargento.

Diga-me: naqueles anos, você sabia o que estava acontecendo na Europa?

– Você não sabe? Nós recebíamos cartas de Auschwitz, não escritas, mas impressas: "Estamos bem, mas não poderemos mais escrever".

Quando foi que você, Gertrud, ouviu falar pela primeira vez das câmaras de gás?

– É difícil dizer. É difícil dizer.

Você se orgulha de ser alemã, de sua cultura alemã?

– Quase não leio em hebraico. Só leio em alemão e inglês.

E então, você se orgulha dela?

– Orgulhar? Escute: esta é uma cultura!

Gertrud tem filhos, netos, bisnetos e trinetos. São médicos, advogados, músicos e alguns outros profissionais altamente respeitados.

---

1. A quarta maior cadeia de lojas de departamentos da Alemanha, antes da Segunda Guerra Mundial. [N. T.]

– Nunca mais fui a Hamburgo. Na verdade, nunca mais visitei nenhuma das cidades alemãs em que vivi. – Alguns sobreviventes, ela me diz, vão visitar as casas que pertenceram às suas famílias antes da guerra, mas acrescenta: – Eu nunca farei isso.

Por quê?

– Para quê? Para envergonhar as pessoas pelo que seus pais fizeram? Que *yekke potz*.

Outra senhora, Riva, vem conversar comigo.

Riva deixou a Alemanha em 1938 com seu pai, um médico. Quando os dois chegaram aqui, os ingleses não permitiram que o pai dela trabalhasse como médico, de modo que ele abriu um café:

– Chamou-se "Café do Doutor".

Tal como Gertrud, ela serviu o exército britânico no Egito. Tinha pleno conhecimento do que estava acontecendo com os judeus na Alemanha? Não, diz ela.

O que acha da Alemanha de hoje?

– A Merkel os segura com mão forte, mas há alguns nazistas que ainda estão em ação. Certo?

Nem todos nesta clínica geriátrica são alemães. Yehudah, nascido em Cracóvia, é um exemplo.

Em 1942, como parte de um movimento clandestino na Polônia, ele atirou coquetéis Molotov em soldados alemães num café, depois se engajou em roubos a mão armada, foi capturado e acabou em Auschwitz, no ano de 1943.

No dizer dele, o livro de Primo Levi, *Assim foi Auschwitz*, "é exato. Ninguém mais contou a história com a mesma exatidão que ele".

Yehudah sabia o que estava acontecendo?

– Em 1943, sabíamos que eles estavam exterminando os judeus – mas ele não sabia como isso era feito.

Quando o senhor saiu de Auschwitz?

– Fugi no começo da marcha da morte, em 20 de janeiro de 1945.

Após a derrota da Alemanha e antes de deixar a Europa para sempre, ele se vingou:

– Fizemos uma operação num campo de prisioneiros de guerra, onde estavam presos oficiais da SS – ele me conta, ainda desfrutando o momento. *Bastardos inglórios*, de Quentin Tarantino, é ficção, mas Yehudah é real.

Yehudah não mede as palavras ao falar dos *yekkes* neste asilo de idosos:

– Tivemos muita sorte por Hitler não haver recrutado judeus alemães para a ss – afirma esse judeu polonês, levando a sério cada palavra e cada sílaba que profere.

Finalmente, alguém me faz rir.

Mais tarde, encontro-me com Amos Schocken, para lhe perguntar por que ele não oferece a Gertrud uma assinatura gratuita de seu jornal, o *Haaretz*. Mal consigo acreditar em sua resposta: ele nem sabia que essa mulher estava viva.

Não sou Amos, e gosto de conhecer pessoas e saber como elas são. Por exemplo, conheço Toby, minha norte-americana que não sabe cozinhar, e sei do filho dela, o homem dedicado a uma ONG chamada Adalah. Está na hora de este Superagente descobrir o que a Adalah tem feito ultimamente.

Portão 37

Sozinho entre beduínos: o que acontece se você entrar numa casa de beduínos e passar a mão na mais atraente das moças de hijab que vir?

Nos dois assentos do ônibus ao lado do meu estão Michèle e Alessandra, da França e da Itália. Estão indo ao Negev numa missão investigativa sobre Israel. Querem saber como o país trata seus beduínos, e estão decididas a descobrir a verdade.

Elas representam duas ONGs de seus respectivos países e trabalham com uma terceira, a EAPPI – Programa Ecumênico de Acompanhamento na Palestina e em Israel –, que já encontrei antes.

Nos últimos dois dias, Michèle passou seu tempo em Tel Aviv, trabalhando com a Zokhrot (As Mulheres Relembram), uma ONG israelense dedicada a trazer para Israel milhões de árabes do mundo inteiro que reivindicam a Palestina como sua pátria, bem como a relembrar os "saques, os massacres e os incidentes de estupro de habitantes palestinos" que os judeus têm imposto aos palestinos. O que fez Michèle com as mulheres da Zokhrot? Bem, uma coisa genial: trabalhou na redenominação de ruas de Tel Aviv, de acordo com seus "nomes palestinos originais".

Acho que Michèle não gosta do fato de haver judeus morando em Tel Aviv, uma cidade fundada pelos judeus.

Por que você está interessada em Israel?

– Não quero que as pessoas falem em meu nome – diz ela, e explica que é judia e está farta de outros judeus e organizações judaicas que espalham mentiras por todo o planeta.

– O governo israelense vem pagando a organizações judaicas de extrema direita, na França, para manipular a verdade. Eles dizem que existe antissemitismo na França, mas isso é uma mentira deslavada. Existe anti-islamismo na França, não antissemitismo.

Por que o governo israelense está pagando a organizações francesas para elas dizerem que a França é antissemita?

Michèle me olha com total incredulidade. Nunca, jamais encontrou um idiota como eu. Por que não compreendo uma coisa tão elementar? Bem, não compreendo. Será que ela pode ser paciente comigo e me explicar, por favor? Bem, está certo: Israel quer se certificar de que ninguém o critique, e é por isso que acusa as pessoas, antes que parta delas qualquer acusação, e as chama de racistas antes que elas tenham a chance de acusar Israel por seu racismo.

Meio complexo, mas brilhante!

Por infelicidade, essas duas mulheres estão indo ao escritório da Adalah na cidade de Be'er Sheva, a rainha das cidades da região do Negev em Israel, que é para onde também estou indo. O escritório da Adalah, é claro, também é um bom lugar para fazer pesquisas objetivas sobre a situação dos beduínos em Israel.

Ao chegar a Be'er Sheva, vejo passarem por mim muitas mulheres vestidas de *niqabs* e burcas, e me pergunto se porventura estarei retrocedendo no tempo e se me encontro de novo no aeroporto de Istambul. Mas, então, olho para Michèle, a que rebatizou ruas de Tel Aviv, e sei que devo estar num Estado judaico. Sigo para o escritório da Adalah, e o mesmo fazem as duas pesquisadoras europeias.

Ao lá chegarmos, o dr. Thabet Abu Rass, encarregado do escritório, fala conosco:

– Estamos representando os direitos do povo palestino. Tenho alguns papéis para lhes entregar sobre a discriminação dos palestinos e as violações de seus direitos.

Ele aponta para um mapa em seu escritório. Em árabe, a legenda diz o seguinte: "Mapa da Palestina antes da *Nakba*, em 1948" (*Nakba* quer dizer catástrofe, o que significa a fundação de Israel).

Quando o dr. Thabet fala dos palestinos, não está falando da Cisjordânia. Está falando é dos árabes que vivem em Israel propriamente dito e são seus cidadãos. E a Adalah, a ONG pró-Palestina favorita do filho de Toby, interessa-se profundamente por esses beduínos.

Tento avaliar o que estou vendo e ouvindo durante a fala do dr. Thabet: a Adalah, que, como descobri há algum tempo, gostaria de ver os judeus perderem suas casas, vem trabalhando com afinco para garantir que os árabes mantenham as deles intactas.

O dr. Thabet continua na labuta. O Negev, diz ele, "é sessenta por cento da área geográfica total de Israel". Ele gosta de falar em percentagens: 95 por cento do Negev e 93,5 por cento das terras em todo o Israel são "definidas como terras do Estado. Não há nenhum país no mundo que possua tanta terra, excetuando a Coreia do Norte".

Michèle se apressa a defender a Coreia do Norte. A Coreia do Norte não é um Estado racista que exclua as pessoas por ideologia racista, mas Israel "discrimina com base na raça, excluindo os árabes da posse da terra".

Beleza.

– Israel caminha para a judaização de Israel – diz o dr. Thabet, e afirma que o país "confisca todos os direitos dos beduínos".

Quem acompanha o dr. Thabet é Halil, que também trabalha neste escritório, e ambos acusam Israel de todas as maldades existentes sob o sol. Michèle, a pesquisadora, não faz perguntas, mas meneia constantemente a cabeça em sinal de aprovação, e, com frequência, resmunga "Exatamente!" e "É claro!", toda vez que alguém diz alguma coisa terrível sobre Israel.

– O que Israel está fazendo é um *apartheid* insidioso – o dr. Thabet eleva a voz em nossos ouvidos.

E Michèle diz:

– É claro.

Pesquisa.

Pergunto ao dr. Thabet quantos beduínos existem, ao todo.

– Duzentos e setenta mil – responde ele –, dos quais 210 mil vivem aqui, e sessenta mil na Galileia.

Hoje à tarde, ele nos diz, vai levar-nos para ver alguns deles. Primeiro, porém, Halil nos levará a uma aldeia, para vermos a vida dos beduínos em primeira mão.

Concluído o discurso introdutório, Halil nos leva à sua casa. Ele dirige um Mercedes.

Conversamos enquanto ele guia.

Halil diz que os beduínos não são nômades, ao contrário do "mito propagado pelo governo e pelos meios de comunicação israelenses". Os beduínos, em suas palavras, foram nômades "há quatrocentos ou quinhentos anos".

✧ ✧ ✧

Chegamos à sua aldeia. Na entrada, há uma placa em verde e branco denotando o nome da área, uma placa de formato e imagem semelhantes às placas oficiais de trânsito noutros lugares de Israel. A placa diz "Alsra" (o nome da aldeia) e "Fundada na era otomana".

Abaixo dessa placa há uma outra, a imagem de um buldôzer, o que significa que esta é uma área passível de demolição. Por quê? Porque os judeus planejam demoli-la. De fato, eles "demolem mil casas de beduínos todo ano", Halil me diz.

Faço um cálculo rápido: Israel tem cerca de 65 anos, o que significa que, de acordo com essa afirmação, as autoridades israelenses, a esta altura, demoliram 65 mil casas de beduínos. Pergunto ao Halil se é isso mesmo, e ele responde: sim, é verdade. Pergunto-lhe quantos beduínos existem, ao todo, já que 65 mil casas, com sabe Alá quantas crianças por família, somariam mais beduínos despejados de suas casas do que os efetivamente existentes.

Halil não perde tempo e corrige prontamente seus números: a cifra de mil unidades diz respeito a este ano, mas não começou assim. A cada ano que passa, os israelenses vão demolindo mais e mais e mais.

Os números, naturalmente, mudam a cada movimento da língua.

Isso não cai bem com nossa pesquisadora, Michèle, que está ficando aborrecida comigo. Sou "do outro lado", ela me acusa, e estou apenas bancando o ingênuo, ao fazer as perguntas que faço.

Na entrada da casa de Halil há um texto em uma folha de papel: "Bem-vindo a Alsira [sic]". Sua casa é de cimento, parecida com a média dos barracões feios que vemos em várias reportagens de televisão que mostram o estilo de vida dos beduínos. Colado na porta da casa vê-se um documento que ele recebeu das autoridades israelenses, "avisando-o", no dizer dele, da intenção de demolir sua casa.

No alto desse aviso vê-se o número 67, e Halil diz que, aos olhos dos israelenses, os beduínos são apenas números, como naqueles "outros lugares" – Auschwitz, por exemplo – em que as pessoas também não passavam de números.

O homem dirige um Mercedes e acha que está em Auschwitz.
Olho para a data do aviso: 2006.
A casa continua de pé.
Obviamente, os judeus vivem se esquecendo de visitar Auschwitz.
Qual é o nome certo desta aldeia: "Alsira", como ele pôs na entrada de casa, ou "Alsra"?, pergunto a Halil.
– Alsira – responde ele. O nome em verde e branco, naquela placa de aparência oficial na entrada de sua aldeia, está efetivamente errado.
Ora, esses otomanos!
Por si só, o "i" ausente é insignificante, mas faz surgir um alerta na minha cabeça, pois poderia indicar que essa aldeia "da era otomana" é uma invenção, uma "improvisação" feita pela população daqui. Posso estar errado, mas resolvo averiguar melhor a história dos beduínos.

◇ ◇ ◇

Estamos sentados no terreiro à entrada do casebre de Halil, e eu lhe pergunto se ele se importaria se eu entrasse. Eu gostaria de ver como vive um prisioneiro de Auschwitz que anda de Mercedes, embora não enuncie a ideia com essas palavras. Ele pede desculpas, e diz que não posso entrar, porque sua mulher está dormindo lá dentro. Não é um horário normal para se dormir, mas o que posso dizer? Ele acha que o assunto comigo está encerrado, mas o Superagente aqui pergunta se poderia ver o interior de outras casas de beduínos, pois seria muito enriquecedor ver como eles vivem; entretanto, Halil informa que, no momento, isso é impossível, porque todos os beduínos se encontram em seus locais de trabalho. Não há beduíno algum desempregado, e a mulher de Halil está dormindo. Parece muito razoável, mas este Superagente não engole a história. Sei que terei de bolar um plano para introduzir meu corpo em um ou dois casebres, antes que o dia termine.
Enquanto isto, vamos conversando. Halil acaba de concluir o curso de Direito numa universidade israelense, numa das melhores faculdades de Direito do país, segundo afirma.
Hoje à tarde, informa-nos, quinze a vinte jovens virão aqui servir de testemunhas da vida terrível de Halil e seus amigos. Acabaram de chegar da Alemanha a este país, ele me explica.
Como Tobi, o Alemão, muito me orgulho de meus conterrâneos que, em 2013, fizeram o longo voo até aqui para ver um aviso de 2006, numa fo-

lha impressa de computador, anunciando o despejo vindouro de um beduíno de seu casebre.

E agora, tendo visto a casa de Halil pelo lado de fora, voltamos de carro para o escritório da Adalah. No trajeto, Halil fala da terrível situação econômica dos beduínos, mas é interrompido por um telefonema. Pega seu celular, um iPhone, e atende a ligação.

Um Mercedes e um iPhone, combinados com um diploma de Direito de uma universidade israelense, são as mais verdadeiras marcas registradas da pobreza. É um teatro do absurdo, penso com meus botões, e estamos apenas na cena 1. Será interessante ver como se desenrola a trama dessa peça.

Conversamos, Halil e eu.

Peço-lhe que me explique seus verdadeiros problemas na vida. Se ele se vê como israelense, pode mesmo queixar-se do Estado, digo eu, e exigir direitos iguais, ou injustiças iguais. Mas, se ele se vê como palestino, pergunto: como pode exigir que o Estado o veja como seu cidadão, quando ele não vê a si mesmo como cidadão deste Estado?

– Sou palestino porque tenho raízes palestinas – diz Halil. – Eu me orgulho de ser palestino.

Deve orgulhar-se. A Palestina é um belo Estado.

Halil faz objeção ao termo "Palestina", já que, em suas palavras, não existe nenhum Estado com esse nome.

Eu o entendo perfeitamente: se a Palestina existe, a luta está terminada, o poço de dinheiro das ONGs não tardará a secar, e a maior causa dele na vida morrerá. Mas não lhe faço essa afirmação, porque ela o levaria a pular em cima de mim, e nossa conversa acabaria neste exato momento. Assim, em vez disso, faço-lhe uma outra pergunta: por que todos os prédios do governo palestino têm na porta uma placa que diz "Estado da Palestina"? Será que os palestinos estão mentindo, enganando?

Halil não gosta da pergunta. É óbvio que faz séculos que não vai à Palestina.

Ele não é o único a objetar ao meu uso da denominação "Estado da Palestina". As moças da Paz e Amor no banco traseiro do carro também objetam a essa expressão. Não existe Palestina, afirmam, porque a Palestina foi ocupada. E, como eu provavelmente deveria ter adivinhado, Michèle não larga o osso, matraqueando e reclamando como uma velha senhora judia do Bronx. Pouco a pouco, mas de modo certeiro, ela começa a dar nos nervos deste Superagente. E sabe o que mais? Eu lhe digo isso.

✧ ✧ ✧

Não se pode – repito: não se pode – criticar os Amantes da Paz. Eles detêm o monopólio do amor e da verdade e exigem, ferrenhamente, seu direito humano fundamental de declarar sua opinião, sem que ninguém enuncie uma só palavra a mais depois de eles falarem.

Não gosto de receber ordens e insisto em pôr sal no que parece ser a ferida realmente sensível da Michèle: seus métodos de pesquisa são ridículos, eu lhe digo.

Michèle, a europeia francesa instruída e de bons modos, grita comigo:

– Se você se identifica com o Shabak, o problema é seu! Não sou palestina e não vou baixar a cabeça para você!

Shabak é o serviço de segurança interno de Israel, também conhecido como Shin Bet.

Quem lhe disse que eu me identifico com o Shabak?

– Você se porta como os caras do Shabak. Interroga como eles. É um homem tão feio, que não consigo mais me conter. Eu e minha amiga somos europeias, e não vamos tolerar a sua dominação colonialista!

Você me chamou de feio...?

– Muito feio! Você é um homem horroroso. É um homem terrível.

Entendo: nenhuma francesa pode tolerar o colonialismo. Os franceses, como a história atesta, nunca, nunca praticaram o colonialismo. Nenhuma nação europeia o praticou, jamais, para sermos mais fiéis à história.

Michèle não consegue parar:

– Você é um colonialista dominador – continua. Também me chama de "perturbado".

Os ativistas das ONGs europeias também são grandes linguistas:

– Você me chamou de "ensuportável" – grita ela comigo. Pergunto-lhe o que significa "ensuportável", já que nem conheço essa palavra, muito menos a uso.

– Quero você tão longe de mim quanto possível – é a resposta que ela oferece. – Você é horroroso! Seu Shabak!

Acho que você ultrapassou todos os limites da conduta humana bem-educada...

– Então me ponha na cadeia, junto com seus amigos!

Halil não sabe como reagir a esse espetáculo cômico em seu carro. Continua a dirigir, mas não tarda a perder o controle da direção e bate no carro à nossa frente.

Era só o que faltava aqui: um acidente de automóvel.

Os dois carros param, e os motoristas examinam os estragos. Por sorte, o impacto não foi muito forte, e as duas partes decidem deixar para lá. Seguimos adiante.

De volta ao escritório da Adalah, vejo na parede uma coisa parecida com um alvo de jogo de dardos, só que não é um alvo de jogo de dardos. Pergunto a Halil do que se trata, e ele me explica que é um gráfico do número de beduínos e de seus locais de origem.

Eles totalizam oitocentos mil.

– Esse número é de 2006 – explica Halil, mas hoje há cerca de um milhão de beduínos.

Começamos com 270 mil, e agora estamos em um milhão. Essa história da questão dos beduínos começa a me parecer uma cópia da questão dos palestinos.

Noto que o nome do país de que provêm essas pessoas é "Palestina", mas, como ele está escrito em árabe, presume-se por aqui que nenhuma pessoa de fora o entenda. Em suma: eles se dizem israelenses, exigem igualdade de tratamento com todos os israelenses, mas, na verdade, chamam esta terra de Palestina e se denominam palestinos.

Está na hora de dar uma volta com o dr. Thabet, o chefe do escritório da Adalah.

✧ ✧ ✧

Estamos no carro do dr. Thabet, as "pesquisadoras" europeias e eu, e conversamos.

Pergunto ao dr. Thabet: quantos beduínos existem? O senhor me disse, antes, que eles eram 270 mil, mas vi em seu escritório a cifra de oitocentos mil. Qual desses números é o correto?

– Duzentos e setenta mil. Os oitocentos mil referem-se à área em dunames (oitenta mil hectares).

Mas Halil disse que oitocentos mil era o número de beduínos em 2006, e que hoje estamos falando de aproximadamente um milhão...

Agora o dr. Thabet gira em círculos. Tem algo mais importante a me dizer, a respeito de como a "democracia real" funciona em Israel, com o que pretende afirmar que ela não existe, ao menos no que diz respeito aos beduínos.

Para provar sua afirmação, ele aponta para um acampamento não reconhecido por Israel, mais adiante, que não é indicado por nenhuma placa na estrada. Por que deveria um governo ser forçado a instalar uma placa para indicar um acampamento que ele não reconhece, aí está uma questão que poderia constituir uma interessante tese de doutorado para a encantadora dra. Eternidade.

Agora o dr. Thabet nos leva a uma aldeia de beduínos. Colocam-nos sentados a uma mesa simples, com cadeiras de plástico, no quintal da casa de alguém, oferecem-nos água em copos de plástico, e o dr. Thabet fala. As pesquisadoras europeias anotam todas as palavras que ele diz: como os israelenses são maus, como discriminam os beduínos e como é miserável a vida que estes levam.

As europeias adoram essas palavras. Observam em tons vociferantes que o mundo inteiro sabe da luta dos palestinos e vem fazendo tudo para garantir que os israelenses – ou seja, os judeus – não os matem. Está na hora de repetir o que já se alcançou em relação aos palestinos e de começar a proteger também os beduínos das garras israelenses.

O dr. Thabet gosta muito do comentário esclarecedor, mas comenta que os beduínos não têm a menor chance de êxito. Afinal, há um *"apartheid* insidioso" acontecendo aqui, afirma, repetindo um termo que já empregou antes.

Peço-lhe que me diga onde mora.

Bem, ele mora em Be'er Sheva, com os judeus.

É isso que o senhor chama de *apartheid*?

Ele berra comigo:

– Vocês, judeus!

Judeu? Eu? Isso é totalmente inaceitável. Mas deixo rolar, momentaneamente, pois quero saber se meu novo amigo só se ocupa da Adalah, ou se há outras coisas que faça com seu tempo. Como é que o senhor ganha a vida, dr. Thabet?, pergunto.

Bem, essa pobre alma – não chore, por favor – leciona na Universidade Ben-Gurion.

Como pode o senhor se queixar de que "os beduínos não têm a menor chance de êxito", quando está vivendo tão bem?

As europeias ficam de boca fechada, mas cospem ódio pelos olhos.

O dr. Thabet compreende que sua boa vida não é boa para sua causa, por isso passa à melhor defesa conhecida pelos seres humanos: o ataque. Que espécie de jornalista sou eu?, indaga. Nunca viu nenhum jornalista igual a mim. Por que faço perguntas?

Pacientemente, peço ao Excelentíssimo Professor que me explique qual é seu problema com um jornalista que faça perguntas. Ele é esperto, esse meu amigo professor, e sabe que a melhor maneira de sair do aperto é pôr defeitos em mim. Quais são meus defeitos? Bem, diz o professor, o senhor não deu o menor sinal de querer realmente descobrir a verdade sobre os beduínos. Peço-lhe que se explique, e ele o faz. O senhor nunca fez – acusa-me – perguntas do tipo: como vivem os beduínos?

Isso é o cúmulo da desfaçatez, e eu assim lhe digo. Pedi ao seu sócio, Halil, que me levasse a casas de beduínos para visitá-los, mas Halil se recusou a cooperar. Em vez de visitar beduínos em casa, fui cumulado de discursos aqui. O senhor acha mesmo, dr. Thabet – e levanto a voz –, que vim até aqui para escutar o senhor e Halil? Para isso, será que eu não poderia ter-lhe telefonado, simplesmente? Por que diabos acha que fiz toda esta viagem até aqui? Para ver a vida dos beduínos, mas vocês não quiseram deixar que eu a visse! Em vez disso, tenho que ficar sentado aqui, como um de seus alunos idiotas, e escutá-lo falar.

Quer mesmo saber a verdade? Não tenho o menor interesse pelo que o senhor diz, nenhum. Não sou um desses ativistas de direitos humanos que vêm aqui "descobrir" o que já acreditam ser a realidade. Não quero seus discursos nem quero os discursos de Halil. Quero estar com beduínos, visitá-los em casa, sentar à sua mesa, comer e beber com eles – não me importa pagar pela comida – e ver tudo por mim mesmo. Entendeu?

Falou o Superagente.

Com a rapidez que lhe permite sua cátedra professoral, o dr. Thabet percebe que a hora da propaganda acabou. É sua vez de jogar, e, se não agir depressa, ele vai virar um objeto de escárnio. Prontamente, diz a um jovem ativista chamado Amir, um sujeito calado, que estudou na Alemanha e agora voltou para casa, que me leve para dar uma volta pela aldeia.

O dr. Thabet e as pesquisadoras europeias – a judia tagarela do Bronx e sua cupincha italiana – se retiram; fico com Amir.

Tenho a sensação de estar no paraíso. Finalmente.

✧ ✧ ✧

Estou num assentamento de beduínos chamado Abu Kweider, composto de alguns barracos dispostos numa ordem indefinível, mas Amir me ajuda a percorrer o labirinto.

Vamos a um barraco bem defronte. Sejam bem-vindos ao barraco de Hanan, uma beduína atraente, parada diante da estrutura mais feia que se imagine ser possível chamar de lar: um barraco que é o supremo exemplo de todos os barracos.

Sou convidado a entrar. Nada de cadeiras de plástico do lado de fora, como na experiência que tive hoje, mais cedo, e na que tive com Atef, da B'Tselem, dias atrás.

Ao entrar, esqueço todas as regras alemãs de boas maneiras e solto um sonoro "Uau!".

Uau. Que casa bonita, que casa linda! Que decoração maravilhosa! Que acolhedora! Quão esplendidamente cuidada! Eu gostaria que fosse minha. Já.

É. Agora sei por que o pessoal da Adalah e daquelas outras ONGs não quer que eu entre nestas casas, nestes barracões.

Hanan não é ativista, é apenas humana. É religiosa, de *hijab* e tudo – o tipo de ser humano que qualquer pessoa das ONGs lhe diria para respeitar e não tocar, Deus nos livre, se por acaso você fosse homem.

Mas não sou o homem médio. Sou um Superagente.

Ponho as mãos em volta de Hanan, afago-a carinhosamente e lhe digo que ela é deslumbrante, que sua casa é linda, e que eu adoraria ter uma foto de nós dois, juntos.

Nenhum jornalista, decerto nenhum homem branco da Paz e Amor, jamais fez isto a ela e com ela. É a primeira vez que ela se sente tocada por um branco que lhe mostra este gesto humano básico de afeição: um afago.

Rindo, ela me pergunta se eu sei o que vai acontecer quando seu marido chegar e nos vir juntos assim. Rimos disso. E nos conectamos.

Nenhum conferencista ou ativista de qualquer tipo ou natureza é capaz de fazer a pessoa sentir um décimo do que experimento neste momento, ao afagá-la, ficar ao seu lado, olhar para ela como um ser humano, e não como um observador e defensor de uma causa política.

É nesta ocasião que apreendo uma realidade fundamental: os ativistas, seja de esquerda, seja de direita, por sua própria natureza, não se relacionam com as pessoas como seres humanos.

Fico à vontade. Hanan me pergunta se quero água, e eu retruco perguntando se ela perdeu o juízo. Água, que água? Por acaso eu lhe pareço um homem branco, igual a todos aqueles idiotas frios que ela viu até aqui? Ela entende.

– Chá ou café? – pergunta. Café para beber, digo-lhe, e também algo para comer, por favor. Você tem algum alimento?

É uma sorte, para Michèle, não estar aqui. Se estivesse aqui, ela teria um derrame.

Gosto de Hanan. Ela possui um calor humano que seria difícil achar na Europa moderna, um calor humano que só se encontra, em Nova York, nos salões de bronzeamento.

Hanan me alimenta. Que *labneh*, que azeite, que pão, que café! Isto aqui é um Hotel Barraco de sete estrelas.

Peço a Amir, com a barriga quase explodindo de tanta comida que ingeri, que me leve a outro barraco.

✧ ✧ ✧

Bem-vindos ao barracão de Najakh: exterior excepcionalmente feio, interior sedutoramente lindo.

Inacreditável, em linguagem pura e simples.

Quando Najakh se retira para buscar chá com bolo, depois de minha barriga ter-se esvaziado, milagrosamente, e cochichado em meus ouvidos que havia arranjado espaço para acomodar uns doces, Amir fala um pouco de si. É um de trinta irmãos, ele me conta. Sabe, seu pai tem três mulheres, e cada uma lhe deu uma porção de filhos.

Chega o chá com bolo, em segurança. Pergunto a Najakh quantas mulheres tem o marido dela.

Bem, só duas. Najakh é a esposa número um, e, dez anos depois do casamento, seu marido casou-se com uma segunda mulher.

Como você se sentiu quando isso aconteceu?

— Muito mal.

O que disse a ele?

— Nada.

Por quê?

— Não sei. Não havia nada a dizer. Sinceramente.

Você chorou? Gritou?

— É claro que eu chorei. Gritei. Fiquei nervosa, fiquei triste. Tudo.

E ele viu isso tudo e não se importou?

— É claro que se importou. Mas, em nossa cultura, o homem faz o que sente vontade de fazer, mesmo que venha a se machucar com isso. Era o que ele queria, e acabou-se.

Como você convive com a segunda mulher?

– Ela fica na casa dela, e eu, na minha.
Vocês não moram na mesma casa?
– Não. É claro que não!
E onde mora seu marido?
– Um dia aqui, um dia lá. Um dia mel, um dia cebola.
Isso ainda a machuca? Você ainda sente dor?
– Todo dia.
Você fala com a segunda mulher?
– Não.
Que idade ela tem?
– É três anos mais velha que eu.
Seu marido gosta de mulheres mais velhas?
Najakh ri:
– Eu me casei muito, muito novinha...
Diga-me, você não tem vontade de fugir disso tudo, simplesmente?
– Deus me livre! Eu tenho filhos!
Deixe-me fazer-lhe outra pergunta: na ocasião, você tentou conversar com seu pai, pedir que ele interviesse contra o segundo casamento de seu marido?
– Meu pai fez essa idiotice!
O que quer dizer? Foi seu pai que o casou com a outra mulher?
– Não, não.
Ela explica o que quer dizer:
– Meu pai também se casou com duas mulheres. Como poderia dizer ao meu marido para não fazer a mesma coisa?
Seu marido falou com você sobre isso antes de se casar?
– Que ele queria casar-se com outra?
Sim.
– Com certeza. Ele não fez bum!, aqui está outra mulher.
De que modo ele lhe explicou isso?
– Foi muito simples. Não houve nenhuma razão especial. Ele apenas queria casar-se. Só isso.
O próprio irmão dela, continua Najakh, preparou a comida para a festa do segundo casamento de seu marido.
Ela ri ao dizer isso, como se tivesse alguma graça.
Você tem alguém aqui com quem possa conversar sobre esse assunto, sobre o que sente?

— Hanan. Ela é minha cunhada.

Se Alá aparecesse para você no meio da madrugada e lhe dissesse "Faça-me um pedido, e eu o concederei", o que você pediria?

— Que meu marido tivesse saúde e fosse bom.

Não pediria para Ele pegar essa segunda mulher e jogá-la nas mãos de Satã?

— Não. Nem penso nesses termos. Agora ela tem um filho, o que posso fazer?

Ela diz que "este é meu destino" e que seu marido "está sofrendo agora", por causa do que fez.

Ele está sofrendo? Com quê?!

— Ele tem duas mulheres. Não é fácil. Eu não desisto, e ela não desiste. Ele está vivendo com um dilema.

Suponho que "desistir" se refira ao sexo. Pergunto: ele dorme em camas diferentes todas as noites, uma noite com você, a outra com ela?

— Sim. Ele já se acostumou com isso. — Ela torna a rir. — Três anos assim. Não é fácil.

Ela está triste. Baixa a voz. Sua risada é choro, na verdade.

É provável que eu seja o único estranho com quem ela já falou disso com tanta liberdade.

O marido de Najakh construiu outra casa logo ao lado, uma casa que agride os olhos dela a todo momento, porém Najakh nunca entra lá.

Amir e eu nos entreolhamos. Nunca lhe ocorreu, a esse ativista dos direitos humanos, que faltam direitos humanos básicos às mulheres daqui. É óbvio que isso não ocorreu à Adalah nem às outras ONGs que trabalham aqui, nem tampouco aos diversos diplomatas que também trabalham aqui. Uma nota para Sua Excelência, sra. Marion Fesneau-Castaing: o marido de Najakh não se importaria em ter uma terceira mulher; eu teria prazer em me oferecer para cuidar da festa de casamento.

✧ ✧ ✧

Minha parada seguinte é Lakia, uma cidadezinha beduína de onze mil habitantes, que foi construída por Israel. Não é permitido a nenhum judeu viver aqui, diz Ari, da ONG pró-Israel Regavim. Existem 53 ONGs pró-beduínos, diz Ari, e existe a Regavim. Uma contra 53.

Passar da Adalah para a Regavim requer um telefonema, porém a distância entre elas é infinita. Acompanho Ari e Amichai, um pesquisador da Regavim, num circuito pela Terra dos Beduínos, tal como eles a conhecem. Amichai, como Ofir, de Ascalom, proveio anteriormente de Gaza, e também ele foi despejado de sua moradia em Gaza, demolida pelo exército israelense.

Antes da entrada em Lakia há uma caixa d'água, e paramos junto dela. Ao seu lado vejo um amontoado que parece compor-se dos restos de um reservatório mais antigo, grafitado com desenhos que incluem uma suástica.

Amichai me explica que o reservatório antigo, feito de material mais fino, era repetidamente danificado pelos jovens beduínos, que o esburacavam vez após outra.

Por que haveriam de danificar sua própria fonte de água?

– Eles sabiam que o governo israelense o consertaria de novo, já que Israel não pode permitir-se deixá-los sem água. Agora o governo construiu um novo reservatório, este de cimento e muito mais grosso que o antigo, e pôs uma cerca em volta, além de câmeras de segurança.

Amichai me conta mais: duas mil novas construções ilegais são erigidas todos os anos na Terra dos Beduínos, mas Israel demole apenas uns dez por cento delas, porque diversas ONGs levam o governo aos tribunais, e pode levar até quinze anos para os tribunais chegarem a um veredicto.

Qual é o resultado habitual desses processos judiciais?

— Os casos em que o processo é concluído costumam acabar em demolições.

E por que as ONGs fazem isso, se acabam perdendo?

— Boa publicidade contra Israel.

Francamente, começo a ficar confuso com esse jeito que eles têm de jogar com os números aqui. Halil me disse que Israel demole mil casas de beduínos por ano, e agora esse cara me diz que os beduínos constroem duas mil unidades ilegais por ano. As duas cifras me parecem um exagero absurdo.

É mais interessante escutar o pessoal das ONGs quando ele não menciona cifras.

Amichai, por exemplo, me diz isto:

— Quinze anos atrás, se você chamasse um beduíno de "árabe", ele lhe daria um soco na cara. Hoje, com ONGs como a Adalah trabalhando em prol deles, eles se veem como árabes e como palestinos.

Se não me falha a memória, e falando da época em que eu vivia em Israel, acho que essa ele acertou direitinho.

✧ ✧ ✧

A Regavim, cabra solitária na imensa fazenda das ONGs, mal tem alguma possibilidade de sucesso em sua missão. Simplesmente, há ONGs demais trabalhando no sentido oposto. Para compensar essa discrepância, ela gasta mais dinheiro do que gostaria para mostrar aos jornalistas o que ONGs como a Adalah jamais lhes mostrariam.

Você gostaria, perguntam ao Superagente, de voar num aviãozinho? É só um monomotor, e, de vez em quando, os voos chacoalham bastante, com turbulências aqui e ali, mas eu poderei ver o que as aves veem. Se o Superagente quiser, a Regavim arranja o avião e paga a conta. A ideia deles é de uma simplicidade chocante: se eu concordar em sobrevoar o deserto e ver por mim o que os beduínos fazem lá embaixo, eles não precisarão acrescentar uma só palavra para me convencer de que têm razão.

Sou fissurado em aviões. Possuir um aviãozinho monomotor que voe com os pássaros é um de meus maiores sonhos. Nunca andei numa dessas belezas, nem sabia que era possível alugá-las, e aceito imediatamente.

Eles esperam, ao que me dizem, que eu não tenha comido antes do voo, porque meu estômago poderia pular muito e ter reações estranhas. Mas não lhes dou ouvidos, é claro. Providencio alguma coisa para comer – já mencionei a comida fantástica destas terras? – e também para beber, e, feito isso, fico pronto para voar.

E voo. Num Piper Cherokee C.

Que beleza! Dificilmente se obtém um prazer assim – a imensa grandeza de voar numa doçura destas – em quase qualquer outro lugar. Você pode voar na Primeira Classe Plus da companhia aérea mais cara que houver, mas não terá um décimo do prazer que eu sinto voando nesta gracinha. E, desculpe que lhe diga, isso dá de dez a zero em meu voo pela Turkish Airlines.

Saio voando neste Piper e, num piscar de olhos, passo de gordo a pássaro encantador. É o paraíso!

O paraíso fica em cima; os beduínos, lá embaixo: numa ou noutra colina, numa ou noutra montanha, neste ou naquele vale. Para onde quer que eu olhe, vejo beduínos. Não faço as contas de quantos são, mas tenho uma ideia geral: se Israel ou alguma construtora quisessem construir em Negev, suas opções seriam limitadas. Se quisessem construir na montanha logo abaixo de mim, uma montanha enorme, teriam um problema: lá há dois beduínos que afirmam que a montanha inteira lhes pertence. E, se tentassem construir no vale que estou sobrevoando agora, um vale bem grande, enfrentariam o mesmo problema. Todo beduíno quer um par de mulheres e um par de montanhas. Experimente fazer isso em Estocolmo ou Washington, Paris ou Berlim, e você será levado de ambulância para a instituição psiquiátrica mais próxima. E, lamento, realmente lamento muito, mas nenhuma ONG o tirará de lá.

O que vejo lá embaixo são beduínos por toda parte, em enormes extensões de terra. Pode ser que eles tenham deixado de ser nômades, mas as montanhas não. Toda vez que uma montanha vê um beduíno, convida-o a entrar. Não acredita? Pois ponha seu *zekel beiner* num Piper.

Foi neste Piper adorável que fiz um juramento: quando aterrissar, irei a um salão de bronzeamento, escurecerei a pele, porei um *keffiyeh* na cabeça, arranjarei cinco morenas e me instalarei nas próximas cinco montanhas virgens disponíveis. O Negev é enorme e há montanhas mais que suficientes para mim e minhas garotas. A Adalah se certificará de que eu seja bem representado, e diplomatas europeus construirão minhas tendas. Há um futuro brilhante à minha espera, quando eu estiver em terra firme.

De volta à Mãe Terra, verifico o número de telefone de Toby. O assunto é urgente, e preciso falar imediatamente com o filho dela: preciso de uma verba especial para minhas sessões no salão de bronzeamento. Infelizmente,

Ari e Amichai estão esperando por mim em seu carro, perto de meu lindo Piper, e me sequestram. Rodamos de um assentamento para outro, até chegarmos ao al-Araqeeb, no qual estou de fato interessado. Trata-se de um assentamento que o rabino Arik, entre muitos outros de meus futuros patrocinadores das ONGs, vem trabalhando com afinco para apoiar.

⋄ ⋄ ⋄

Al-Araqeeb é uma aldeia de doze famílias que, de acordo com um homem chamado Aziz, que encontramos ao circular para lá e para cá, foi demolida 58 vezes. A primeira demolição foi em 1948; a última, em 2013. Assim afirma Aziz. Ari e Amichai ficam escutando, e eu não digo nada. Aziz continua a falar, oferecendo-nos um resumo da história do lugar: todos os 537 moradores daqui estavam empregados, todos eles, e os israelenses não gostaram do fato de todos terem emprego, e por isso destruíram o lugar.

Por que Israel haveria de querê-los desempregados?

– Os israelenses querem que todos os árabes sejam seus escravos.

Não é uma boa notícia para mim, como futuro beduíno com cinco mulheres.

Aparece Salim, outro beduíno, que me informa alegremente que todo dia eles são visitados por estrangeiros que vêm oferecer ajuda.

Aziz mora num barracão que, em suas palavras, é uma verdadeira mesquita, e outros moram em tendas e estruturas de aço corrugado junto ao cemitério. Por um segundo, eu me pergunto se estou no Monte das Oliveiras, mas não, não estou. Este lugar está voltado para ONGs europeias, não para orações à beira da sepultura do judeu Menachem Begin. Salim me pede para ir ao seu encontro, a poucos metros de distância, num "centro multimídia" instalado no interior de um *trailer*. Um lugar generosamente doado pelas boas almas do mundo das ONGs. Nele vejo computadores, um projetor, impressoras, cartazes e material impresso variado.

É muito provável que esse seja o único centro de imprensa num cemitério.

Está passando um vídeo. Nele vemos um homem em sua bonita casa, caminhando por ela cômodo a cômodo, seguido por imagens de uma mulher que passa, carregando uma bandeja. Que deve conter café, chá e doces. Uma casa muito acolhedora. Minutos depois, no entanto, vemos um incêndio, e muitos manifestantes que tentam deter a demolição vindoura. Vemos também viaturas policiais israelenses, um helicóptero e, em seguida, máquinas de terraplenagem. Há casas sendo destruídas. Manifestantes estrangeiros e locais entram em choque com a polícia.

E, então, tudo acabado. Uma aldeia destruída.

Assistindo a esse clipe, nenhum ser humano em quem bata um coração pode deixar de se comover.

É aí que Salim e Aziz me pegam, e passo para o lado deles. Com eles me identifico totalmente.

Aziz levanta a voz. Está zangado. Diz repetidas vezes que Israel, essa entidade racista, está decidido a destruí-lo, por ele ser árabe. Não gosto particularmente dessa acusação genérica, mas, depois de assistir ao clipe, compreendo sua dor.

Aziz reconhece que agora estou de seu lado e se oferece para me mostrar sua casa na mesquita. Não há como saber se aquilo é uma mesquita, mas talvez o fosse, no passado. E talvez ainda o seja.

A mulher dele está em casa, e ele me mostra o quarto do casal. Gosto desse Aziz e de sua cultura. Você consegue imaginar um nova-iorquino levando você a conhecer seu quarto, na primeira vez em que se encontram? Não. Adoro isso!

É aqui que vocês fazem amor?, eu lhe pergunto. Ele solta uma gargalhada. Uma vez, diz, ele transou muito bem.

Muito bem quanto? Você fez amor dez vezes na mesma noite, uma atrás da outra?

– Foi do lado de fora – ele me conta. Na areia, perto dos morros e sob o céu. Foi uma maravilha!

Há dois cavalos do lado de fora. Você os monta? Monta, sim. Monta um cavalo e é feliz, meu Aziz. Vou morrer aqui, afirma.

– Eles [Israel] me mataram cinquenta e oito vezes, mas eu continuo vivo. Sei que um dia vou morrer, mas vou morrer sorrindo.

Ele monta seu cavalo, eu vou andando a pé, e nos encontramos junto a um poço não muito distante. Ali ele me canta uma canção:

Não seremos deslocados. Não, não, não.
Não, não. Não seremos deslocados.
Vocês podem destruir minha casa, não seremos deslocados.
Podem arrancar minhas árvores, não seremos deslocados.
Não, não, não seremos deslocados.
Vocês podem destruir nossa escola, não seremos deslocados.

Podem arrancar-me das minhas raízes, mas não serei deslocado.
Aqui é a terra dos beduínos, aqui é a terra dos beduínos.

Canto com ele:
– Não, não, não seremos deslocados. Não, não, não seremos deslocados...
E então, de repente, bate a compreensão, feito um raio: essa canção não tem letra beduína nem tampouco a melodia é beduína. É cantada em inglês, não em árabe. A história deste lugar, diz o Superagente a si mesmo, não está sendo escrita por beduínos, mas por estrangeiros. De jeito nenhum esse homem poderia, por conta própria, aparecer com essa música em inglês, até porque seu inglês não é muito bom.
Quem lhe ensinou essa música?
– Os europeus!
Salim:
– Muitos estrangeiros vêm aqui nos ajudar. A maioria e os melhores são os alemães.
Minha identificação com Aziz e Salim sofre um golpe. Sim, o videoclipe que vi não foi agradável, mas, por minha experiência em Khirbet al-Makhul,

já sei que as ONGs sabem editar cirurgicamente um filme, e que aquilo que vejo na tela é um reflexo da imagem na cabeça dos criadores do filme, e não da realidade nua e crua. Quem construiu aquela casa bonita, antes da chegada das escavadeiras? É o que me pergunto. 58 vezes destruída e 59 reconstruída. Quem estava por trás disso? Havia mesmo alguém morando naquela casa, ou ela era apenas um cenário? Trabalho em teatro e sei quanto custa e quanto tempo leva a construção de um cenário. Um bom cenógrafo, bem remunerado, é capaz de fazer isso num dia.

"Vocês podem arrancar minhas árvores"? De que árvores ele está falando? As únicas árvores aqui, nos últimos cinco mil anos, são as árvores plantadas pelos israelenses, depois que eles inventaram seu sistema especial de irrigação.

Olho para Ari e Amichai, pedindo-lhes explicações. Se eu quiser, eles me dizem, eles me darão as fotografias que tiraram. As pessoas que andam por aqui, às vezes em maior número do que as que vejo neste momento, realmente não moram aqui. Moram em cidades "reconhecidas", como Lakia, e vêm a al-Araqeeb para sessões de fotos com estrangeiros ingênuos, ou com jornalistas espertos. A Regavim tem algumas fotos desses beduínos estacionando seus Mercedes do lado de fora, antes de entrarem na aldeia.

Como Superagente que sou, não gosto de receber fotos tiradas por outras pessoas. Assim, resolvo julgar por mim, e com base no que eu vir. O que estou vendo? Bem, não há infraestrutura nesta aldeia de al-Araqeeb e, na verdade, a bela casa que vi no filme não se encaixa nesta área. A água do café teria tido que ser tirada do poço, como nos tempos do Abraão bíblico, mas foi servida numa sala semelhante a uma bela mansão texana. Se aquela fosse mesmo uma casa de verdade em al-Araqeeb, primeiro alguém com dinheiro de sobra precisaria construí-la. Quem poderia ser? Talvez alguém da "maioria e os melhores", os que chegaram aqui pela Lufthansa ou pela AirBerlin.

Vamos descer o pau nos judeus. Por que não?

❖ ❖ ❖

Com o tempo, passo a considerar meu dever visitar uma escola beduína e conversar com suas crianças mais destacadas, numa cidade reconhecida. Quero ver por onde começa um "beduíno". Os alunos brilhantes que venho a conhecer são cidadãos israelenses, mas me dizem ser palestinos e pensam as piores coisas sobre Israel. A escola é financiada por Israel e pela Fundação

Konrad Adenauer, alemã, minha anfitriã na viagem à Jordânia, entre outras. Depois, tento fazer a KAS me explicar seu lado. Por acaso, o presidente da KAS está em Israel nestes dias, e eu gostaria de um encontro com ele.

Seu escritório me responde:

— Em função da agenda muito apertada do sr. Pöttering, ele não terá tempo suficiente para dar entrevistas durante sua estada em Israel.

Se os homens alemães não me querem conhecer, que seja. Talvez as alemãs queiram. Vou tentar.

Kerstin Müller, uma deputada do Partido Verde alemão, está em vias de assumir o papel de líder da filial de uma fundação de seu partido em Tel Aviv, a Fundação Heinrich Böll. Eis a resposta dada pelo escritório dessa senhora:

— Infelizmente, sua agenda estará com horários muito apertados nas próximas semanas, e ela não poderá dar entrevistas.

Submeto uma solicitação de entrevista com o primeiro-ministro Benjamin Netanyahu. Seu secretário de imprensa, Mark Regev, me diz que vai examinar a possibilidade.

◆ ◆ ◆

Rodo de um lado para outro pelo deserto de Negev, em busca do reator nuclear israelense que os boatos dizem estar em Dimona. Topo com alguns hebreus negros, que vivem num lugar chamado Aldeia da Paz, e converso com jovens que em aparência poderiam ser filhos de Barack Obama, porém eles não sabem nada sobre átomos. Sigo em frente. Avisto em algumas estradas placas que informam aos motoristas que estas são zonas militares, e que é proibido tirar fotografias, ou meramente parar o carro. Em dado momento, numa estrada em que obviamente eu não deveria estar, vejo uma construção que afirma ser um local para energia atômica. Há um portão na entrada, mas nenhum ser humano à vista, nem preto nem branco.

A instalação nuclear não é o único segredo do Negev. Há aqui o que é chamado de crateras, e de *makhteshim*, em hebraico. Seja qual for o nome, trata-se de enormes buracos no meio do deserto. Há aqui algumas crateras e mais de uma explicação sobre como passaram a existir. Elas são fascinantes, são assustadoras, são esclarecedoras, são incríveis, são assombrosas, são sedutoras, são lindas, e, tendo-as visto uma vez, você não consegue esquecê-las.

As estradas do Negev seguem adiante, seguem sem parar, aparentemente até o infinito. Todo lugar para onde se olha, toda paisagem, é um banquete para os olhos e a alma. Veja aqui: as cores das areias mudam quase de metro em metro. Verdade.

E aqui, olhe, é a cratera Mizpe Ramon. Que beleza! A gente para na borda de um penhasco, dá uma olhada para baixo e em volta, e se dá conta de como a natureza pode ser cruel e inspiradora. Você tem que saltar do carro para ver e sentir esse imenso buraco na terra. A formação das bordas, assim como seus desenhos ásperos, atestam algo extraordinário que aconteceu aqui há milênios. Num dos lugares, vejo um "corte" numa montanha que desce tão fundo quanto o Diabo é capaz de alcançar. Ponho um pé para cá e outro para lá da fenda e baixo os olhos, à procura do sr. Diabo. É um momento fantástico.

Levanto os olhos do poço sem fundo e fito os cabritos monteses que passam vagarosamente por mim. Não fogem ao me ver, um ser humano, porque o deserto é o lugar deles, sua casa, seu reino, e nenhum humano é capaz de feri-los.

Nesse milagre da natureza chamado Negev, com suas curvas, estradas, trilhas e areias intermináveis, quase não se consegue avistar nenhum estrangeiro. Passo horas no carro, dirigindo sem parar, e, durante quase todo esse tempo, meu carro é o único que há por perto. Ao longo de quilômetros e mais quilômetros, não vejo um só carro atrás, à frente ou ao lado do meu, apenas algumas bases militares e acampamentos de beduínos.

"Israel será posto à prova no Negev", disse Ben-Gurion, já se vão muitos anos, e hoje suas palavras estão penduradas na entrada de um desses acampamentos.

Mas eu, o Superagente, terei que ser posto à prova em mais lugares do que este, e parto do Negev inspirador em direção a Jerusalém.

Quando a gente vê gatos de rua tomando leite *kosher* também é inspirador. Numa sessão fechada com meus gatos, que agora são uns seis, todos concordamos em que tenho de dedicar um volume considerável de tempo à resolução de algumas pendências.

Quem deverá ser minha primeira vítima? Os franceses, naturalmente.

Portão 38

Médicos Sem Fronteiras e um rabino morto sem trens

A organização MSF (Médicos Sem Fronteiras), cuja base fica na Suíça, tem um escritório em Jerusalém, onde vou visitá-la. Gostaria de saber o que eles estão fazendo em lugares como Khirbet al-Makhul e por que estão lá.

Seu escritório fica em Beit Hanina, um bairro inteiramente árabe de Jerusalém oriental, e fico esperando, animado, ouvir o som romântico da língua francesa. Travo conhecimento com pessoas interessantes. Italianos.

Encontro-me com Christina, chefe da missão da filial espanhola, e Tommaso, chefe da missão da filial francesa. Ambos são cidadãos italianos. Têm dois escritórios, os dois situados neste mesmo bairro. A MSF precisa de dois escritórios aqui porque, ouço dizer, é muito ocupada.

Peço a Christina que me diga o que eles estão fazendo.

Primeiro, ela aponta para um mapa. Há um mapa na parede do escritório da MSF, e nele há muitos "bolsões", diferentes setores de lugares diferentes, com cores diferentes: ali ficam os judeus; ali, os árabes.

— É uma situação maluca — ela diz — e que, se você olhar para o mapa, fica nauseado.

O problema principal, como vejo, é simples: há judeus demais no mapa. Se você olhar para ele, agora falando sério, também ficará nauseado. Christina é um nome falso, acho. A verdade, creio, é esta: ela é a reencarnação da Madre Teresa. Não há outra maneira de explicar por que essa moça sensual deixou a saudável Itália e se mudou para o nauseante Israel.

Christina Teresa importa-se com a "situação", segundo me diz.

Você é italiana, por que se importa com este lugar? Qual é o peso afetivo que a faz vir para cá, que a faz querer tanto estar aqui?

Ela quer consertar os problemas daqui, responde.

Quais são os problemas?

– Falta de direitos.

Do lado de quem você está?

– Há pessoas aqui que sofrem mais.

Que tipo de sofrimento?

– Aqui há pessoas que não têm a liberdade de decidir onde querem morar.

Quem são essas pessoas?

Os palestinos, é claro.

Essa Santa sabe lidar com Superagentes, tendo extremo talento para se afigurar um cordeirinho puro. Sinto vontade de tirar uma fotografia dela e mandá-la para o ministro Rula, em Belém, com minha calorosa sugestão de que ela seja nomeada segunda dama da Palestina.

Os judeus são livres para morar onde querem?

– Sim. Se quiserem morar na Cisjordânia, eles podem.

Os judeus podem morar, digamos, em Ramallah?
– Hmm. Há alguns. Há jornalistas do *Haaretz* que moram em Ramallah.
Ela se refere a Amira Hass, a versão feminina de Gideon Levy.
Há outros judeus morando em Ramallah?
– Ao que eu saiba, é só isso. Só Amira.

É comum os santos terem problema para distinguir plural e singular, o que já notei em outras santas pessoas de Roma. O interessante aqui, no entanto, é que a nossa Senhora da Palestina enfatiza a importância da liberdade de escolha das pessoas na hora de decidir sobre um lugar para morar, quando seu próprio escritório fica num bairro que não aceita judeus – fato que ela admite prontamente, ao ser questionada.

A MSF não é uma organização política, mas uma organização médica; é isso, pelo menos, que afirma ser. "Médicos" faz parte de seu nome, e eu gostaria de saber o que ela está realmente fazendo aqui. Faço essa pergunta à minha Santa. E em seguida faço outra, a Pergunta B: a MSF, uma organização de saúde, também trata de judeus doentes?

Minhas perguntas são demais para Tommaso. Ele e eu sabemos que nenhum judeu vem sendo tratado pela MSF, mas isto ele não pode admitir,

por razões óbvias. Percebo que está ficando realmente irritado, fazendo toda sorte de caretas em minha direção. Peço-lhe que seja franco comigo e me diga de que lado está. Do lado "mais fraco", diz ele – o dos palestinos. Pergunto-lhe o que aconteceria – vamos só imaginar – se este país se unisse num só, em cujo caso os judeus passariam a ser a minoria. Ele acha que tudo correria às mil maravilhas para os judeus, ou acha que os judeus sofreriam?

– Há uma possibilidade – admite ele, de que os judeus se tornassem o lado mais fraco, e os palestinos se vingassem.

Mas, então, por que vocês dedicam seu tempo a ajudar um povo fraco a obter êxito em enfraquecer outro povo? Qual é a lógica disso tudo?

Ele não tem resposta.

Beit Hanina, o bairro exclusivamente árabe de Jerusalém onde se situa esse escritório da MSF, foi-me citado por palestinos como um exemplo de bairro árabe que tem sido negligenciado pelas autoridades israelenses, em função da ideologia racista delas. Quando eu morava em Jerusalém, há muitos e muitos anos, nunca visitei este bairro, mas, agora que estou aqui, caminho com vagar por suas ruas. Que posso dizer? Se isto é um exemplo de negligência em relação a um bairro, seus moradores devem fazer todo o possível para mantê-lo eternamente negligenciado.

Eu gostaria de poder passar mais tempo em Beit Hanina, mas tenho que ir embora. Vou ao encontro do editor-chefe do *Haaretz*, em seu escritório em Tel Aviv, e o relógio se recusa a parar.

✧ ✧ ✧

Ao sair a pé de Beit Hanina, descubro que, às vezes, o relógio para, sim. Uma voz se faz ouvir pelos alto-falantes na parte externa da estação de trens: hoje não haverá transporte público, em vista do cortejo fúnebre do rabino Ovadia Yosef.

O líder espiritual sefardi faleceu hoje, mais cedo, e as autoridades calculam que muitos milhares de pessoas comparecerão ao seu funeral. Como é que esses milhares chegarão a Jerusalém, se não vai haver transporte público, é uma lógica que não compreendo.

Num de seus livros, Ovadia Yosef, chamado de Maran (algo como "nosso mestre") pelos seguidores que o admiram, sugeriu que milhares de soldados israelenses morreram na Guerra do Yom Kippur por terem olhado "para moças vestidas com saias curtas, que deixam as coxas à mostra". Ovadia, nascido Abdallah, também acusou os ministros do Supremo Tribunal israelense de "manterem relações sexuais com mulheres menstruadas". E é ao funeral desse santo homem que se espera que compareçam duzentas mil pessoas, segundo prevê a mídia israelense.

O Superagente aqui, como se poderia esperar, é um dos primeiros a comparecer. Chego ao epicentro do cortejo fúnebre, postando-me no lugar em que jaz o corpo sem vida. Em poucos minutos, sinto-me como uma sardinha. As pessoas afluem às centenas de milhares em minha direção. Quem disse que só viriam duzentas mil? Isso parece um milhão, ou mais. Trata-se dos mesmos meios de comunicação, lembro a mim mesmo, que informaram que, hoje em dia, pouquíssimos israelenses visitam a Turquia.

A mídia israelense não tarda a modificar sua estimativa anterior, e agora informa que 850 mil pessoas estão participando do funeral – o maior número de participantes de um enterro na história do Estado judaico. Isso é mais que dez por cento da população judaica de Israel, e sinto fisicamente a pressão das pessoas que me cercam. Elas empurram cada vez mais, umas em pé sobre cercas adjacentes a construções próximas, outras trepadas em tetos de carros, ou em qualquer outro objeto capaz de suportar o peso de um ser humano. É fascinante observar e, ao mesmo tempo, é perturbador. Como é possível que tanta gente tenha seguido esse homem?

Perto do ponto em que estou há um anúncio do Shas, o partido que Ovadia ajudou a fundar e que controlou desde então. Diz ele: "Siga a ordem do Maran, e você será abençoado com um bom ano". Pena que Maran não tenha conseguido abençoar a si mesmo. Outro anúncio diz: "Nós o amamos, Maran".

Uma ideia. Se você pegar os seguidores do Maran, juntá-los aos múltiplos milhares que seguem o "Messias", o falecido rabino Lubavitch, e ainda aos nanaches que passam o dia inteiro dizendo o *nanach*, acabará contando com cerca de metade da população judaica de Israel. Acrescente a essa mistura todas as pessoas que acreditam no animal celeste, o al-Buraq, e você terá mais ou menos a totalidade das pessoas que residem nesta terra. Há outra maneira de ver isto: se você deduzir da população total de Israel os que acreditam em mortos ou em cavalos ou camelos voadores, as pessoas que lhe restarão serão os ativistas das ONGs e o editor-chefe do *Haaretz*.

Ovadia Yosef teve uma vida longa. Tinha 93 anos ao morrer, mas as pessoas querem que ele viva para sempre. Observo uma moça, num setor feminino da rua, em prantos incontroláveis, como se seu amor houvesse acabado de falecer.

Retiro-me dessa cena e volto para meus gatos. Acho que eles estão com leite suficiente no organismo, por isso vou dar-lhes outra coisa esta noite, talvez atum. Atum com azeite.

Portão 39

Por que os europeus gastam somas exorbitantes para ver um soldado judeu urinar?

Um rabino de outro tipo, o rabino Arik, da organização Rabinos pelos Direitos Humanos, está vivo e à minha espera no alvorecer do dia seguinte. Ele recebe verbas enormes de diversas organizações e tem que cumprir o que promete. Hoje está fazendo isso. Vestindo uma camiseta que diz "Somos todos al-Araqeeb", posta-se ao lado de uma *van* que arranjou para me levar a um olival, numa aldeia da Cisjordânia chamada Burin, perto de Nablus. Lá me encontrarei com palestinos que programaram a colheita de suas azeitonas para hoje, mais tarde.

Ele não vai comigo, pois esteve em Burin ontem, mas vai pagar a *van* e o motorista, para que eu possa participar da santa missão de sua organização de "servir e proteger" os colhedores árabes de azeitonas. Dan, um ativista israelense que trabalha para Arik, vai acompanhar-me. Maurice, que veio do Quênia e é outro ativista de Arik, também estará conosco.

Maurice está cursando Paz e Resolução de Conflitos Internacionais, e fica feliz por participar desta viagem, na qual os Rabinos pelos Direitos Humanos protegem árabes dos soldados e colonos israelenses determinados a feri-los.

✧ ✧ ✧

Maurice, homem cuja missão de vida é alcançar a paz global, andou fazendo verificações pelo mundo inteiro e descobriu qual é a potência que ameaça a paz internacional: Israel.

Ainda há poucos dias, conforme os noticiários, extremistas muçulmanos entraram num *shopping* e trucidaram as pessoas que faziam compras, decepando seus membros um a um, num ataque que chocou o mundo por sua brutalidade macabra. Isso aconteceu no Quênia, a terra natal de Maurice, e seria de se supor que, se quisesse aplicar suas técnicas de resolução de conflitos a um local problemático, ele o faria no Quênia. Mas não, ele está aqui.

Peço-lhe que me explique isso, mas, como resposta, ele me dá um sorriso nervoso e me olha fixo, como se eu fosse o diabo encarnado.

Abu Rami, de Jerusalém, é o motorista da *van*. Ele dirigia para o ex-MK Uri Avnery, o mais velho pacifista israelense ainda vivo, e agora trabalha para o rabino Arik. Enquanto dirige, ele vai apontando os lugares de interesse. Por exemplo, uma casa no alto de uma colina: "aquela é a casa do Moshe Zar, o líder dos colonos!". Não me pergunte o que isso significa; não sei.

Chegamos à aldeia na hora esperada, e logo estaremos a caminho dos olivais, para proteger dos judeus brutais os colhedores árabes que lá se encontram.

Um agricultor palestino vem receber-nos. Foi baleado por dois colonos um dia desses, há mais ou menos um ano, diz, e as marcas ainda estão em seu corpo para nós vermos. Como é seu nome?, eu lhe pergunto.

— Bruce Lee.

Ele disse mesmo Bruce Lee, ou estava tentando dizer algo parecido com "Brusely"? Não tenho certeza, mas respondo: Muito prazer. Meu nome é Kung Fu.

Brilha o sol, o céu está azul, sopra um vento agradável em nossos rostos, e os colonos estão logo ali, pertinho, ao que me dizem.

Os ânimos estão acirrados. Logo, logo, pode surgir uma briga com os colonos, e eu não poderia estar mais empolgado.

Primeiro, porém, temos que subir o morro até chegar às oliveiras. Quase levo um tombo, umas dez vezes, porque a subida é bem íngreme, e algumas pedras escorregam no instante em que piso nelas, mas o que eu não faria para ajudar pessoas e impedir que sejam mortas por judeus? Eu faria tudo.

Chegamos às árvores de Bruce Lee e colhemos azeitonas. Pensei que serviríamos de guardas contra a maldade, não que trabalharíamos como agricultores, mas estava enganado. É óbvio que me descuidei de atentar para a palavra "servir" em "servir e proteger".

Dan e Maurice, servos motivados, trabalham arduamente com Bruce Lee numa oliveira, catando os diabinhos que caem num saco posto no chão.

— Os colonos nos matam — diz Bruce Lee, enquanto o negro e o judeu suam para servi-lo.

Quantos de vocês foram mortos pelos tiros dos colonos, até hoje?, pergunto. Dan, que bisbilhota minha conversa com Bruce Lee, intervém prontamente:

— Isso você pode ver na internet.

Não respondo a Dan, e continuo me dirigindo a Bruce Lee, a quem torno a perguntar: quantos foram mortos pelos colonos até hoje?

— Dois.

Quando?

— Em 1999 ou 2000.

Isso já tem uns bons anos, e Bruce Lee olha para meu rosto e percebe que não conseguiu deixar-me preocupado com os judeus. Mas ele é esperto e sabe que alguns brancos talvez precisem de uma boa história para sentir medo dos judeus. As histórias criam emoções, e Bruce Lee quer comover Kung Fu.

Outro dia, ele me diz então, um colono viu um árabe rezando nas colinas e o mandou parar de rezar. O árabe não obedeceu ao judeu e continuou a rezar. O colono apeou de seu cavalo, imediatamente, e baleou o árabe no meio da oração.

Eu nunca soube que houvesse colonos andando a cavalo, mas não sei tudo.

Você viu isso com seus próprios olhos, Bruce Lee?

– Meu vizinho me contou.

Bruce Lee me pergunta quem sou eu. Um jornalista alemão, respondo.

– Obrigado por relatar os problemas dos palestinos aos europeus. Estamos contentes com o boicote europeu [dos produtos dos assentamentos].

Por nada, Bruce Lee.

Bruce Lee é esperto. É só elogiar um alemão como eu para que eu me apaixone loucamente por ele.

Dan e Maurice, eu noto, não param de trabalhar. Ao observá-los, fica claro que eles não são colhedores profissionais de azeitonas, mas seu empenho e sua motivação compensam a falta de habilidade.

Passam-se as horas, e não aparece nenhum colono homicida, o que realmente não é boa notícia para o rabino Arik. Ele deve ter rezado muito para Deus ajudar sua causa e para eu ver em primeira mão a brutalidade judaica, mas Deus anda preguiçoso, ultimamente, e não mandou os colonos judeus saqueadores para nos matarem. O rabino não tarda a tomar a decisão de intervir na falta de reação divina às suas preces. Telefona-me para oferecer sua ajuda: será que eu gostaria, pergunta, que me levassem de carro, num outro carro, para ver as provas dos terríveis crimes cometidos pelos judeus no passado?

É absurdo que um rabino se esforce tanto para provar que os judeus são criaturas homicidas, mas adoro o teatro do absurdo – já não mencionei isso? – e digo que seria um prazer ser levado a locais em que judeus mataram inocentes.

Um guia chamado Zakaria, informa o rabino Arik, logo virá buscar-me.

Antes de Zakaria chegar, no entanto, Bruce Lee nos convida a todos para uma refeição com ele: *homus* com *ful medames* e pão pita.

Enquanto comemos sob uma encantadora oliveira, Bruce Lee torna a me dizer que foi baleado por dois colonos e acrescenta dois detalhes: os homens são irmãos, e ele os conhece.

Como se chamam?

Ele não sabe os nomes, diz, só conhece os rostos deles.

Alguém sabe?

Sim. Houve uma investigação da polícia israelense sobre o caso, e foi aberto um inquérito na justiça.

Na justiça, ao que eu saiba, não se podem mover processos contra rostos; tem que haver nomes. Quem sabe esses nomes?, eu lhe pergunto. Yehudit, da Yesh Din, uma ONG israelense que protege os direitos legais dos palestinos, diz ele.

Faço uma anotação para procurar essa senhora e obter os detalhes.

Enquanto isso, chega Zakaria. É um palestino da aldeia de Jit e tem um cartão de visita que o define como "coordenador de direitos humanos".

◇ ◇ ◇

Subo em sua caminhonete grande e imponente, dotada da última palavra em tecnologia, e ele me leva para circular.

– O que o senhor quer ver?

Tudo.

Ele me leva à aldeia de Burin. Estávamos nos olivais dessa aldeia e agora iremos propriamente a ela. Chegamos em poucos minutos. Trata-se de um lugar, penso, ao olhá-lo, em que o Anjo da Desgraça dança todos os dias. Para onde quer que eu olhe, vejo uma pobreza extrema, que é realmente difícil de contemplar.

Sim. É isso que a maioria dos consumidores de notícias pensa ser a Palestina, e eu o vejo aqui com meus próprios olhos. A mídia internacional, tenho a confirmação, é uma honesta comunicadora da verdade.

Preciso inalar ar puro, por isso vou comprar cigarros numa lojinha que mais parece um buraco no cimento, e fico olhando fixo para a fumaça que sai de minha boca.

Para lá da fumaça, do outro lado da rua, vejo um bando de crianças e logo começo a brincar com elas. Elas gostam. E eu gosto delas. Meigas, alegres – só Deus sabe por quê –, elas se abrem facilmente para mim, um estranho. Se alguém, em algum lugar, precisar de uma prova de que as crianças podem ser felizes na Rua do Anjo da Pobreza, deve vir aqui. Tento fazer uma comparação com Great Neck, no estado de Nova York, onde morei há muitos anos. Great Neck é um dos subúrbios residenciais mais ricos dos Estados Unidos, um lugar onde as crianças recebem os melhores cuidados de que o mundo tem notícia, a melhor educação, os melhores brinquedos, a melhor alimentação, a melhor moradia, o melhor tudo. E são mais felizes? Você as veria andando em grupos pelas ruas, com todos esses sorrisos e com risadas sempre compartilhadas? De jeito nenhum. As crianças de Great Neck sofrem de afluencite[1], mas as de Burin nem sabem que exista essa doença.

Fico deslumbrado com a visão das crianças de Burin e brinco mais com elas.

Não demora para mais e mais crianças se juntarem a mim. Invento uma música, "ei ou i ai ei ou ou", e todos cantamos juntos, bem alto; é o melhor teatro de rua que Burin já viu.

Para Zakaria, da Rabinos pelos Direitos Humanos, as crianças e eu parecemos realmente doidos. Ele olha para mim e para elas e diz que esse espetáculo o faz lembrar um provérbio árabe: "se seus amigos forem loucos, e você não, sua mente não vai ajudá-lo". Isso significa, é claro, que agora estarei livre para fazer o que quiser, e ele terá que entrar no jogo. Gosto disso.

Um homem do outro lado da rua tenta descobrir que tipo de *show* é este e se aproxima. Apresenta-se: Munir. E Munir, por incrível que pareça, também é ativista dos direitos humanos. Ou, para ser mais exato, o homem

---

1. No original, "*affluenza*". O autor combina os termos *affluence* (riqueza, afluência) e *influenza* (gripe) nesse neologismo. [N. T.]

trabalha para a Yesh Din, uma ONG israelense generosamente financiada pelo alemão IFA – Institut für Auslandsbeziehungen[2] –, entre outros.

Esta cena que se desenrola – dois árabes pagos por judeus para capturar judeus malvados, encontrando-se numa mesma esquina – me faz pensar numa cena de romance de Kafka. O que está acontecendo aqui, diante de meus olhos, é isto: as ONGs israelenses de esquerda vivem à procura de atos ilícitos de seu próprio povo e competem entre si pelo recrutamento de espiões locais.

Seja como for, pergunto a Munir se ele conhece Yehudit.

Sim, é claro que conhece. Por que não lhe perguntei antes? Ela acabou de sair daqui!

Bem, antes eu não conhecia Munir. Será que ele lhe poderia telefonar?

Munir me dá o número do telefone dela.

Yehudit me diz que sabe tudo sobre Bruce Lee e os irmãos colonos, só que há um probleminha: "não sei os nomes" dos colonos. Estão em meu computador, diz, e vai levar dez minutos para achá-los.

Tudo bem. Tenho dez minutos, dez horas, o tempo de que ela precisar.

Minutos depois, ela liga de volta. Não tem nenhum nome.

Espere aí: não houve um processo ou processos judiciais, ou seja lá o que for?

– Isso o senhor terá que ver com Muhammad.

Quem é Muhammad?

– Um advogado.

Poderia dar-me o telefone dele?

– Ele está em Umm al-Fahm – responde Yehudit, referindo-se a uma cidade árabe.

Agradeço e desligo. Não faz sentido levar isso adiante.

✧ ✧ ✧

A vida continua, e Zakaria me leva a uma casa que teve um dos cômodos incendiado pelo exército israelense. Munir vai conosco. Zakaria estaciona sua grande caminhonete preta ao lado de um quarto enegrecido pelo fogo numa casa. É uma bela imagem, devo admitir. Entro no cômodo, que é pequeno, e ele parece mesmo ter sido atingido pelo fogo.

---

2. Instituto de Relações Exteriores. [N. T.]

Munir me conta a história:

— Sábado passado, às 16h30, o exército entrou na aldeia. Dois soldados saltaram de um jipe, chegaram perto da primeira casa que viram e jogaram uma bomba lá dentro. Começaram a dizer: "Vocês não estão autorizados a sair de nenhuma casa na aldeia", e foram para a segunda e atiraram três bombas no andar térreo. Aí, a garotada e o povo começaram a atirar pedras, e aí entrou uma porção de soldados armados, dez jipes. Eles lançaram três bombas de gás nessa casa. Lá dentro havia duas meninas e um bebê, crianças que começaram a sufocar. O povo entrou e tirou as crianças. Liguei para os bombeiros, e eles apagaram o incêndio pelo lado de fora, pela janela.

Por que o exército fez isso?

— Todo dia acontece, os soldados entram aqui e jogam bombas, e as crianças atiram pedras.

Todo dia?

— Dia sim, dia não.

Eles estiveram aqui ontem?

— Não.

Então, virão hoje. A que horas eles costumam vir?

— Por volta das quatro da tarde.

Agora são 14h. Vou esperar aqui. Só faltam duas horas.

Posto que tenho duas horas para matar, penso na melhor maneira de usar meu tempo. E me ocorre uma ideia: já que o exército israelense vem aqui dia sim, dia não, para lançar bombas dentro das casas, devo poder ver muitas casas incendiadas. Posso ver mais casas queimadas?, pergunto.

— Não.

Isso não é promissor. O alemão quer provas da brutalidade judaica, e tudo que lhe oferecem são histórias e nenhuma comprovação. Os alemães, que hei de fazer, são buscadores naturais de provas.

Bem, isto aqui é o Oriente, e Alá não é bobo. Alá deu cérebros às pessoas, de modo que a dona da casa diz ter tirado fotografias do ocorrido com seu celular. Tudo pode ser provado!

Posso ver as imagens, caso a senhora esteja com seu celular?

Sim, ela está com o celular e posso ver as fotos.

Por favor.

A mulher se retira para buscar o telefone. E volta com ele.

Ótimo.

Posso ver as imagens?

Bem, não exatamente. As fotos sumiram. O celular, que pena, quebrou.

Percebo que melhor seria eu esperar aqui pelo profeta Mahdi do que pela FDI, então volto à caminhonete com Zakaria e seguimos adiante.

✧ ✧ ✧

O rabino Arik telefona. O telefone está no viva voz. Zakaria e o rabino conversam em hebraico, língua que Tobi, o Alemão, não entende. Sou um gói alemão. O rabino Arik diz a Zakaria que, se eu quiser demorar-me mais hoje, seja pelo tempo que for, ele deve levar-me e me mostrar os lugares. A Rabinos pelos Direitos Humanos pagará a despesa, afirma o rabino.

Bom.

Zakaria me diz que era o rabino Arik ao telefone, e que ele, Zakaria, vai dirigir por uma hora, depois me deixará com Abu Rami, que me levará de volta a Jerusalém.

Protesto. O rabino Arik pediu a este alemão que eu sou para vir aqui, e quero saber o que foi, exatamente, que o meu amigo judeu lhe disse. Zakaria não tem escolha, já que o rabino é meu amigo, e tem que ser franco comigo. Faz rodeios e mais rodeios, dizendo que o rabino ofereceu algumas opções diferentes, mas que ele, Zakaria, acha que mais uma hora circulando de carro seria suficiente.

Digo-lhe que quero circular pelo tempo que for necessário. É o que eu quero, e acho que o rabino ficaria muito satisfeito se isso acontecesse. Quero ver mais coisas, digo-lhe. Quero ver lugares, quero ver pessoas e quero ver casas. Sou maluco, eu lhe recordo, e quero ser levado de carro para ver todas as coisas terríveis que os judeus têm feito aqui. Vamos a essa montanha, àquele morro, a esta rua e àquela, sugiro.

Zakaria, ao perceber que está lidando com um homem realmente maluco, um alemão que é amigo de um judeu, continua a dirigir.

Vemos casas bonitas, e quero tirar fotografias. Zakaria não gosta da ideia, assim como Atef não queria que eu visse as belas casas dos pobres ricos, mas eu insisto. Ele tem que parar de dirigir por um minuto, digo-lhe, para que eu possa tirar fotografias.

Que aldeia é esta?, pergunto.

– Burin.

Sim. A mesma Burin de antes. Só que Zakaria, antes de eu lhe dizer aonde ir, levou-me à pior parte de Burin. E apenas a ela. Ele e o rabino queriam que eu visse a pobreza, e quase acreditei em sua história.

Tiro algumas fotos com meu iPhone, e continuamos rodando.

Enquanto circulamos, vejo duas bandeiras no alto de muitos postes de eletricidade e outras estruturas elevadas, e pergunto a Zakaria que bandeiras são essas.

– A verde é do Hamas, a amarela é do Fatah (a OLP).

Parece haver uma grande disputa entre as duas por aqui.

Continuamos a circular, entrando e saindo de aldeias. Noto uma placa que se repete em várias aldeias e ruas: USAID. Acho que os Estados Unidos estão gastando muito mais na Palestina do que jamais imaginei.

✧ ✧ ✧

Continuamos a rodar. De repente, numa das ruas por onde passamos, vemos um jipe do exército israelense à nossa frente. A garotada árabe vai jogar pedras nele, diz Zakaria, e os soldados vão "responder a bala".

Vamos seguir os soldados, eu lhe digo, para ver o que acontece. Quero ver os tiros! Naturalmente, é claro, este alemão quer ver os judeus atirando nos jovens árabes. Vamos seguindo o jipe, até que ele para de repente. Por que os judeus pararam?, fico pensando.

– Estão fazendo um posto de controle!

Assim, sem mais nem menos. O exército israelense leva as pessoas daqui à loucura. Quando estão entediados, os soldados israelenses se distraem torturando a população árabe – instalando postos de controle de repente, prendendo pessoas e sabe Deus o que mais.

Chegamos à posição em que está o jipe, mas não é um posto de controle rapidinho, como Zakaria disse que seria. Não há nenhum carro sendo parado, e passamos livremente. Dou uma olhada no jipe, que agora ficou para trás, e vejo um dos soldados se preparando para fazer xixi. O jipe/posto de controle de Zakaria é, na verdade, um jipe/mictório. O xixi é grátis, como me disse a prostituta russa.

Continuamos em frente.

Estou levando Zakaria à loucura, eu sei. Faço-o passar por muitos, muitos bairros e casas lindos na Palestina. Se o rabino Arik soubesse como estou gastando seu dinheiro, teria um infarto.

Ao passarmos pelas várias casas belíssimas e pelas ricas paisagens dos árabes, toca o telefone de Zakaria. Há um norte-americano na linha, e o homem está muito, muito, muito ansioso por ajudar a população palestina e salvá-la dos criminosos israelenses. Aonde deve ir, pergunta a Zakaria, para testemunhar os crimes horrendos dos israelenses?

Zakaria também fica muito ansioso por ajudar esse pobre americano.

O norte-americano que está ligando, para que fique registrado, é membro da organização cristã de direitos humanos chamada EAPPI, o Programa de Acompanhamento Ecumênico na Palestina e em Israel, com a qual já travei conhecimento. É um bom cristão e, entre uma prece e outra, quer ajudar os necessitados. A EAPPI, como estou vendo, anda muito atarefada na Terra Santa. Anna Maria, a beldade Suíça que conheci em Al-Quds, e Michèle, a francesa feia que conheci no ônibus, também são da EAPPI.

Zakaria lhe diz que foi mesmo ótimo ele ter ligado. Não trabalhamos aos sábados (os rabinos observam o sabá), diz ao norte-americano, e a sexta-feira é só meio dia útil (pela mesma razão), e, por isso, um bom cristão evangélico seria realmente útil. Seria ótimo, diz ainda Zakaria a esse cristão encantador, se ele também registrasse o que vê.

É incrível como funciona esse sistema! Há pessoas aterrissando com câmeras neste país para descobrir judeus ruins. Se esse sujeito dedicasse à South-Central LA[3] o volume de energia que está gastando aqui, encontraria um bom número de imagens terríveis para mostrar ao mundo; mas acho que ele deve ter muito medo de circular pelas ruas da zona centro-sul.

Zakaria vai dirigindo. Chegamos a Qalqilya, e não faço a menor ideia de onde mais pedir que ele me leve. Assim, digo-lhe que agora preciso de um *falafel*. A contragosto, Zakaria para junto a uma barraca que vende *falafel*. O Superagente está quebrando a cabeça para descobrir o próximo destino, enquanto mastiga o *falafel*, quando nota uma placa de trânsito: Rawabi.

Rawabi. Lembro-me desse nome. Um dia desses, alguém de que nem me lembro deu-me uma brochura sobre Rawabi, a "primeira cidade planejada palestina", uma cidade construída do zero pelos palestinos de nossa época – não os de quatorze mil anos atrás. As fotografias da brochura eram esplêndidas, e eu lembro que essa nova cidade ergueu a maior bandeira palestina que já existiu.

Eu adoraria vê-la!

Digo a Zakaria que acabei de decidir nosso próximo destino: Rawabi.

Rawabi? Por que Rawabi? Fica a setenta quilômetros daqui, mais setenta quilômetros de volta. De jeito nenhum!

---

3. A grande região a sudeste e a sudoeste do centro de Los Angeles, majoritariamente habitada por latino-americanos pobres e seus descendentes. [N. T.]

Insisto. Preciso conhecer a Palestina.

Zakaria faz tudo que pode para me dissuadir, mas fracassa. Não se discute lógica com alemães malucos, eu lhe digo. Ponto final.

✧ ✧ ✧

Rawabi. Você já foi a Rawabi ("colinas", em árabe)? Rawabi está sendo construída neste momento. Mais de um bilhão de dólares já foram gastos nesta cidade. E mais virão, *inshallah*.

Ela se ergue no alto de um monte, com uma vista que nos faz sentir como se estivéssemos no topo do mundo. E, embora a cidade ainda esteja em plena construção, seus primeiros moradores deverão tomar posse de suas residências no ano que vem.

Na entrada de Rawabi você verá a maior bandeira que seus olhos já contemplaram, uma verdadeira gigante, uma coisa assombrosa. Sim, é só uma bandeira, mas que bandeira! Uma bandeira cercada pela relva, por muitas outras bandeiras, estátuas e uma música que toca para ela, vinda de todos os cantos da terra.

Converso com uma das pessoas por perto e lhe pergunto por que uma bandeira tão grande. O homem me dá uma piscadela e diz: para esfregar na cara dos israelenses. Rimos disso.

Afasto-me alguns passos da bandeira e entro no escritório de vendas de Rawabi. Esse escritório é um salão de exposições de primeira grandeza, que mostra numa maquete a cidade prestes a ser concluída, com os edifícios, os vários centros urbanos, as ruas planejadas e tudo que você possa querer que exista numa cidade.

E muito, muito mais.

O projeto arquitetônico de Rawabi é simplesmente extraordinário: incorpora arte, tecnologia de ponta, comodidade, riqueza e beleza. Ao vê-lo, você terá dificuldade de comparar essa cidade com qualquer outra que já exista, mesmo nos países mais ricos. Rawabi brilha em seu assombro, é descontraída, cativante, magnífica.

Ramie, um rapaz bem-vestido, mostra-me o local. Usando uma ponteira a *laser* sobre a maquete de Rawabi à nossa frente, explica algumas estruturas e conteúdos da cidade. Um centro de convenções que inclui um teatro, um salão de exposições, um museu de ciências, um cinema, lojas diversas, cafés, butiques, um hipermercado, um estádio de futebol, um hotel cinco estrelas, um anfiteatro, uma mesquita, uma igreja, a prefeitura municipal.

Detenho esse homem, que fala depressa demais para meu gosto. Não estou vendo nenhuma igreja, e lhe peço para repetir suas últimas palavras, porque não consegui acompanhá-lo, e ele tem prazer em me atender. O *laser* vermelho de sua ponteira vai indicando as áreas enquanto ele fala:

– Aqui fica a mesquita; aqui é a igreja; aqui, a prefeitura.

Não vejo igreja. Onde está a igreja?

Ah, sim, diz ele, a igreja não está nesta maquete, mas logo eles a atualizarão.

Com ou sem igreja, gastei uma porção suficiente dos recursos do rabino Arik, a esta altura, e digo a Zakaria que estou pronto para ir embora.

Quando estamos voltando, o rabino Arik telefona. Zakaria está em outra linha e não tem tempo para o judeu. Grita com ele como quem gritasse com um cão raivoso:

– Desligue!

O rabino Arik, judeu sempre obediente, assim o faz.

Um judeu derrotado, um judeu desrespeitado, um judeu pequeno.

É nesta hora que me sinto realmente mal por ele. Arik faz tanto esforço para agradar os palestinos, à custa de seu próprio povo e de seu país, e, em troca, é desfeiteado. Não digo nada, já que não se espera que eu entenda o que é dito em hebraico.

Antes que meu cérebro fique totalmente entorpecido, talvez seja bom eu conversar com outra pessoa, nem árabe nem judeu. Um europeu cairia bem. Que tal Sua Alteza, Lars Faaborg-Andersen, o embaixador da União Europeia em Israel?

Portão 40

O embaixador da União Europeia gostaria de lhe explicar tudo

— Este é um momento muito importante, muito empolgante nas relações da União Europeia com Israel – é a primeira coisa que me diz Sua Alteza, que é chefe da delegação da UE em Israel.

Ao ouvir essas sábias palavras, sei que acabei de conhecer o homem mais inteligente da região.

– De que o senhor quer falar? – pergunta.

Por que a União Europeia se interessa tanto por um conflito regional que acontece do outro lado do oceano, entre dois povos de culturas totalmente diferentes das da UE, um conflito que não diz respeito à vida cotidiana do europeu médio? Por que a UE está envolvida nesse conflito, e por que o senhor foi enviado para lidar com ele aqui?

– Quero dizer que Israel é um parceiro importantíssimo da União Europeia. Israel desempenha um papel muito importante nesta região, um papel no qual, é claro, queremos ter influência. A questão da guerra árabe-israelense, do conflito entre israelenses e palestinos, é muito central na Europa. Não é surpresa. Recebe muita cobertura da mídia. E, quando a pessoa passa meras duas semanas neste país, percebe a centralidade desse problema.

Não faço ideia do que está dizendo esse prezado cavalheiro. Faz meses que estou aqui, e a "centralidade" que vejo é que há um excesso de europeus ocupando o centro do palco com suas câmeras. Mas opto por não confrontá-lo, e, em vez disso, faço à Sua Alteza a pergunta de duas palavras que os judeus vêm formulando há gerações: por quê?

— Porque, creio eu, muitos europeus se dão conta de que o conflito árabe-israelense é uma linha de fratura fundamental na região, que intersecta e interage com todos os outros conflitos que estão ocorrendo, e, portanto, solucionar esse conflito é absolutamente essencial para a tentativa de obter uma estabilidade geral na região, porque, enquanto existir o conflito entre israelenses e palestinos, tem-se um ponto central de convergência para os Estados árabes e também para o Irã contra Israel. Uma vez rompida essa lógica, poderíamos ver novos tipos de alianças se desenvolverem nesta região.

Pense na Síria, vizinha de Israel. Mais gente morreu na Síria nos últimos meses do que no conflito árabe-israelense nos últimos 65 anos, ou até cem anos. Os conflitos daqui, como se vê, não são apenas o pontinho no mapa que se chama Israel, mas estão em toda parte. Os conflitos na Líbia não têm nada a ver com Israel. Os conflitos no Egito não têm nada a ver com Israel. E a palavra de ordem na Síria, ou na Líbia, não é Israel. E há outros conflitos no mundo. Por que lhe parece que o conflito árabe-israelense é tão importante?

— Porque também estamos tentando trabalhar nos outros conflitos. Como o senhor sabe, vimos desempenhando um papel junto à Síria, e também junto ao Líbano... A razão de estarmos particularmente sintonizados na tentativa de ajudar a resolver o conflito entre israelenses e palestinos é que..., digo, uma das razões é que esse é um dos conflitos que se prestam a soluções diplomáticas, um conflito em que há um arcabouço bastante claro para as negociações, e no qual as partes não estão em pé de guerra entre si.

Os senhores investiram o mesmo volume de dinheiro, recursos, tempo e esforços diplomáticos para resolver os conflitos seculares, por exemplo, o que existe entre sunitas e xiitas, que é um dos principais conflitos – a menos que o senhor discorde – desta região, do Oriente Médio?

— O conflito entre sunitas e xiitas existe há séculos. O conflito entre palestinos e israelenses, de acordo com o primeiro-ministro Netanyahu, começou por volta de 1923, com a expulsão dos judeus de Jafa.

✧ ✧ ✧

Expulsão dos judeus de Jafa. De que esse homem está falando? Será que está engolindo tudo que diz Netanyahu?

— E creio que a nossa ambição é mais realista, em termos de solucionar conflitos que só campeiam há um tempo mais limitado que o do conflito entre sunitas e xiitas.

O senhor está-me dizendo que acredita na versão de Benjamin Netanyahu para as realidades políticas, a de que o conflito começou com a expulsão de judeus de Jafa? Nunca ouvi falar nisso, mas confio em que seu...

— Foi o que ele disse no discurso que fez na [Universidade] Bar-Ilan, no domingo passado. O que eu quero dizer é que esse é um conflito que se tem desenrolado nos... talvez nos últimos oitenta ou noventa anos. O outro conflito ocorre há séculos. Quer dizer, há uma diferença fundamental...

O senhor acha que resolver o conflito israelense-palestino também ajudará a solucionar o conflito sunita-xiita e todos os outros conflitos desta região?

— Eliminará um dentre vários conflitos da região. Não resolverá os outros problemas da noite para o dia.

Mas vai ajudar?

— Tornará menos complicado [o conflito sunita-xiita]...

Para acabar resolvendo...

— Sim. Tirará uma pedra do sapato da tentativa de solucionar os outros.

Então, isso ajudará a resolver os outros problemas?

— Sim.

Se entendi direito, ele está dizendo que as razões pelas quais a Europa está tão profundamente envolvida neste conflito são duas: (1) o desejo de eliminar o "ponto central de convergência para os Estados árabes e também para o Irã contra Israel"; (2) o desejo de vir a resolver, eventualmente, o conflito entre sunitas e xiitas.

Permita-me fazer-lhe uma outra pergunta. Há quem diga que o interesse da União Europeia no conflito regional daqui, em contraste com o interesse por outros conflitos, é a história milenar entre cristianismo e judaísmo, que transparece em abundância até nas filosofias ateias dos europeus, e que o tipo de animosidade que existe há dois mil anos é, no mínimo, parte da razão da obsessão da União Europeia e da mídia europeia, por assim dizer, com esse conflito. O senhor acha que isso tem alguma pertinência?

— Na verdade, não. Creio que, se isso tem algo a ver com a história, é mais por se tratar de um conflito que talvez lembre aos europeus seu próprio passado colonialista, por causa de alguns traços, talvez, no cenário, na situação, que poderiam ser assemelhados àquilo.

O que significa que Israel está colonizando terras palestinas, o que leva os europeus a se lembrarem de sua história, mas não da antiga história judaico-cristã... É isso que o senhor quer dizer?

– Sim. Há um governo israelense de um território... no mínimo disputado... como o que houve durante o período colonialista das nações europeias em países fora do continente europeu.

Então, o senhor está dizendo que, do ponto de vista europeu, os colonialistas...

– Estou dizendo que tem mais a ver com isso do que com qualquer tipo de antissemitismo.

Se entendi bem, há uma terceira razão para a Europa se envolver aqui: (3) a Europa está tentando expiar seu passado colonialista, expedindo diretrizes para um país não europeu.

O fato de a mesma boca enunciar essas três razões, sem usar uma burca, é um testemunho da genialidade da diplomacia europeia.

Volto para casa e conto aos gatos as três razões de a União Europeia estar patrocinando o ex-judeu Itamar. Eles são gatos vira-latas e já viram o que há de pior, mas, ao ouvirem o que acabo de lhes contar, miam tão alto que concluo, imediatamente, que nunca seriam diplomatas.

Talvez, depois de lhes dar seu leite *kosher*, eu deva ir ao encontro do pior mal para a União Europeia: os colonos.

Portão 41

*Ao ver os olivais de seu vizinho, você os deixa em paz
ou põe fogo neles?*

Os colonos são muito parecidos com os beduínos: adoram montanhas, morros e ar puro; mas há uma diferença: seus homens não podem ter mais de uma mulher.

A vida é um porre.

Há quem suponha que quase todas as pessoas que vivem na área capturada por Israel na guerra de 1967 são "colonos", pessoas que se mudaram para lá porque é muito mais fácil bancar uma casa nessa região do que em Israel propriamente dito. Mas há um núcleo de colonos que não se mudou para o outro lado da fronteira de 1967 por considerações financeiras, e sim por acreditar que os judeus devem instalar-se em todas as terras do Israel bíblico, especialmente na Cisjordânia e em Jerusalém, onde foi redigida a maior parte da Bíblia e onde se deu a maioria de suas histórias importantes.

Dos sete bilhões de pessoas que hoje vivem na Terra, há umas cinquenta mil almas que concordam com esses colonos. Praticamente todas as outras têm certeza de que eles são o maior obstáculo à paz. Pessoalmente, nunca entendi por quê. Digamos que as terras sejam divididas entre árabes e judeus, e digamos que os árabes fiquem com a totalidade da Cisjordânia. Por que, eu gostaria de saber, os judeus não poderiam continuar a morar lá? Há milhões de árabes vivendo em Israel propriamente dito, e por que um punhado de judeus de quipá não pode morar com os árabes? Em que livro de direito foi decretado que uma terra deve ficar livre de judeus?

Enfim, vou ao encontro dos colonos, os autênticos, os fiéis. Dentro desse grupo há alguns subgrupos. Há fiéis que vivem em assentamentos reconhecidos, e existem os outros, os Azizes e Salims judeus que não vivem em assentamentos, mas em "postos avançados", totalmente "não reconhecidos".

✧ ✧ ✧

É noite, e sou levado de carro ao posto avançado de meus desejos, bem distante de um aglomerado de lugarejos normais, um posto avançado de uma só família, sozinha na natureza agreste, onde o dono pediu a garantia de que sou judeu antes de me deixar visitar seu reino. "Ele não quer não judeus em sua propriedade", disse meu contato. Isso quer dizer que, infelizmente, hoje não poderei ser Tobi nem Abu Ali, e sim, em vez disso, o rabino Tuvia.

Chegar até esse homem e sua família não é fácil, ainda que você seja o mais *kosher* dos judeus. Não há endereço nem caixa postal, não há registros com ninguém e nenhum jornalista pode ir lá, porque góis e repórteres são proibidos.

Dirigimos por uma trilha que se adequaria a um tanque de guerra. Não temos tanque, apenas uma *van*, e prosseguimos com cautela. No caminho para esse Lugar Nenhum, somos saudados por toda sorte de animais, de alguns dos quais nem os zoólogos devem ter ouvido falar. Um desses animais, possivelmente pertencente à Agência Nacional de Segurança norte-americana, corre à nossa frente, como que para nos mostrar o caminho para nosso destino. É uma grande ajuda e uma experiência maravilhosa; adoro ser guiado por animais.

Uma vez chegando lá, vejo um par de cães, dos realmente grandes, depois um par de cavalos, algumas centenas de ovelhas e, por fim, um casal e seus filhos. Eles vivem em tendas e estruturas de madeira, obtêm eletricidade de geradores, e seu abastecimento de água vem de uma fonte que só anjos alados saberiam identificar.

Acabo de entrar na propriedade do patriarca Abraão e da matriarca Sara, creio. Árabes e judeus podem lutar até a morte pelo controle dos túmulos sagrados de Hebron, mas a realidade é que Abraão e sua família estão vivos e saudáveis, e moram aqui. Sim, há também computadores e telefones celulares por perto, testemunho de um mundo do futuro, mas é difícil avistá-los, porque eles são encobertos por fuzis e pistolas, sem os quais essa sagrada família residiria hoje em túmulos sagrados.

Eles são pastores judeus, lavradores judeus e guerreiros judeus. O homem desta casa tem cabelos compridos, assim como seus filhos, e sua mulher parece uma sedutora mórmon oitocentista do estado de Utah, séculos à frente, no futuro.

O homem, que chamarei de Moisés, relaciona-se comigo como se eu fosse de uma categoria inferior à de qualquer de seus animais, e ignora minha existência. Sua mulher, por outro lado, dá-me uma recepção calorosa, com um café preto pelando. Com o tempo, e depois de reconhecer que sou um homem muito charmoso, Moisés começa a me ser receptivo, e conversamos.

Ao contrário do que acontece na maioria dos outros assentamentos e postos avançados, não há cerca em volta da imensa propriedade de Moisés, não há portão nem guardas. Alguns de seus vizinhos nas outras montanhas e colinas desta terra são judeus, outros são árabes. Os árabes e ele são inimigos ferrenhos, e, se é que a história serve de prova, os árabes logo virão roubar suas ovelhas, balear seu rosto cabeludo, enterrar seus filhinhos e herdar sua encantadora mórmon. Nestas montanhas, é seguro presumir, as balas voadoras são parte tão integrante da natureza quanto anjos alados e camelos.

Você não tem medo de morar aqui?
– Deus me protegerá.
Este lugar é perigoso.
– Sim, é perigoso viver aqui, mas onde não é?

A resposta dele me faz lembrar de outra, semelhante – "que tal atravessar a rua, qualquer rua? Isso não dá medo?" –, como me disse a prostituta de Tel Aviv. Sim: prostitutas e patriarcas realmente pensam parecido.

Por que você está aqui?
– Por quê? Isto é meu!
Desde quando?
– Deus deu esta terra aos judeus. Cada centímetro desta terra é sagrado, e é vontade de Deus que os judeus vivam aqui, e, enquanto os judeus seguirem a vontade de Deus, eles serão protegidos.

Não se passa um minuto, de dia ou de noite, sem que vários voluntários, decididos a proteger essa sagrada família, vigiem este lugar. É claro, é Deus que fornece os voluntários, pondo em seus corações a vontade de vir para cá e passar noites inteiras em claro, para vigiar o rebanho e o casal adormecido.

A paisagem, feita de estrelas cintilantes sobre montanhas áridas e centenas de animais, é o que há de mais espetacular. O ar é límpido, e os ventos tocam como os mais refinados instrumentos. Tivessem Wagner ou Mozart vindo para cá e ouvido a música tão majestosamente tocada por estes ventos, enterrariam o rosto nas mãos, por vergonha de sua extrema incapacidade de escrever uma música sequer remotamente equiparável ao som puro destes ventos e ao sussurro baixo das cabras. Não admira que não haja televisão nas tendas ou na estrutura de madeira, já que as imagens da vida real são cem vezes mais cativantes.

O banheiro fica bem longe, e a trilha até ele é irregular, mas este posto avançado não é Beverly Hills. Quase todo o mobiliário e acessórios são de madeira, embora haja uma geladeira moderna na cozinha, que é também sala de estar, sala de estudos, escritório e sala de orações. O resto da casa é a areia nua e o céu no alto. Trata-se de uma residência de beduíno, tirando o interior suntuoso.

✧ ✧ ✧

Conforme a noite vai ficando ainda mais escura, vem o "Hummer". Trata-se de um veículo blindado da FDI, do qual descem quatro soldados. Estão em visita para verificar se a sagrada família ainda está viva.

Eles vêm de vez em quando, como sou informado, mostram sua presença e vão embora. Observo-os neste momento. A mórmon Sara os recebe com café preto e biscoitos, e os soldados judeus sentam-se com ela para tomar o café. Esta é também a hora de brincarem com seus *smartphones*, o que todos fazem.

Depois que os soldados se vão, a Sagrada Família se retira, e fico entregue à sorte.

E penso: esses judeus não estão aqui por terem sido forçados por Auschwitz a vir para cá. Não. Estão aqui porque esta terra é a expressão de sua alma. Eles e as montanhas são uma coisa só. Os cristãos acreditam numa Trindade, e essas pessoas também, só que a Trindade delas é diferente: Deus, Terra e Judeus. Para elas, esta terra é o seio do Senhor, no qual elas mamam seu leite. Em hebraico, elas dizem assim: *Torat Israel*, *Am Israel* e *Eretz Israel* – a Torá de Israel, a Nação de Israel e a Terra de Israel – são uma só.

Ao chegar a manhã, vejo uma criança pequena ordenhando as cabras. O menino, de longos cachos laterais e quipá grande, é um fazendeiro resistente. É paciente enquanto ordenha uma cabra, mas dá vários pulos antes de ordenhar a seguinte, numa impressionante exibição esportiva.

Penso em meus gatinhos. Eles adorariam estar aqui. Gostariam do leite de cabra fresquinho. *Superkosher*.

Na saída da propriedade de Moisés, vem a notícia: alguns homens árabes entraram num assentamento e abordaram um casal. Mataram o marido a machadadas; a mulher sobreviveu. É o quarto assassinato de um judeu por um árabe, só nas últimas três semanas. A B'Tselem, a Rabinos pelos Direitos Humanos, a Yesh Din e as diversas ONGs europeias não emitiram declarações condenando essas perdas de vidas humanas.

◇ ◇ ◇

Viajo pelas montanhas e colinas de Deus, pela Judeia e Samaria bíblicas, até chegar a Yitzhar, um assentamento cujos residentes lutam contra os árabes e contra a FDI. "Soldado judeu ajuda judeus", dizem os cartazes pendurados em postes dentro de Yitzhar. Seja qual for seu significado, parece claro que os judeus daqui e a FDI não são grandes amigos.

Para compreender melhor de que é feito Yitzhar, vou até sua *yeshivá*, sua academia religiosa. Para minha surpresa, só há um aluno presente. Tento falar com ele, mas o estudante se porta como se fosse surdo e mudo.

Olho os livros nas prateleiras. Esse não é o tipo de *yeshivá* que frequentei, anos atrás. É um bicho totalmente diverso. Nas prateleiras daqui é possível achar livros escritos por rabinos extremistas da atualidade, que, nas horas vagas, discutem questões intelectuais complexas, como a permissibilidade de matar crianças inimigas (árabes) na guerra.

Esse é Yitzhar, que se pode dizer que é o assentamento mais extremista do mundo, cujos moradores são os valentões maiores e mais esquentados da direita. Travo conhecimento com um deles, Benjamin, homem de barba comprida, cachos compridos e quipá grande.

Ele me diz:

– Não vou tentar ser "bonzinho" a esse respeito. Não estou interessado em ser politicamente correto nem em lhe dar essa impressão. Vou ser direto com você. Está vendo aquele campo de oliveiras ao pé do morro, lá adiante? Pusemos fogo nele. Pois é, nós fazemos essas coisas. Nem todos, mas alguns de nós. Por quê? Porque são essas as leis da guerra. Estamos em guerra com os árabes pelo controle desta terra.

"A terra é uma zona de guerra. Se não mostrarmos a eles que somos os senhores, nós nos tornaremos seus escravos. Em outros assentamentos, os árabes plantam oliveiras bem junto à fronteira dos assentamentos judaicos, porque querem impedir que eles cresçam. Conosco, sabem que isso não vai funcionar. Somos os senhores desta terra."

Se eu fechasse os olhos e trocasse "judeu" por "árabe", poderia facilmente confundir esse colono, Benjamin, com um Muhammad.

Mas ele é Benjamin, não Muhammad.

Já conheci outros agricultores na vida, agricultores não judeus, nos Estados Unidos e na Europa, e eles falam mais ou menos do mesmo jeito e protegem suas terras do mesmo modo. Mas é muito estranho, muito incomum, ouvir um judeu falar dessa maneira, como um "gói" normal. Esses judeus – como Moisés, suas cabras e sua senhora mórmon encantadora – não são os judeus normais.

Pessoalmente, é raro eu conhecer judeus movidos por convicções, judeus lavradores, judeus do tipo se-você-me-der-uma-bofetada-eu-lasco-uma-bofetada-nas-suas-duas-faces. Os judeus que conheço são judeus neuróticos, judeus fracos, judeus autodepreciadores, judeus narcisistas carregados de ódio, judeus que aceitam qualquer culpa, judeus que se curvam diante de não judeus, judeus sempre se sentindo culpados, judeus feios, judeus de narigão e costas recurvadas, judeus frios, judeus cerebrais, judeus tagarelas e judeus tipo aqui-estão-minhas-duas-faces-e-você-pode-lhes-dar-uma-bofetada.

Para mim, a maior prova de que Jesus era judeu é esta: quem senão um judeu se sairia com a afirmação "Se alguém lhe bater numa face, ofereça-lhe também a outra"?

Volto para Jerusalém, para meu pequeno rebanho de gatos vira-latas.

É sexta-feira, fim do dia, e a sessão de abertura do Knesset vai acontecer na segunda-feira. Devo ir lá para me misturar com os articuladores do poder de Israel? O que diriam vocês, meus gatos?

Portão 42

Uma sessão de abertura do Knesset

Benjamin Netanyahu e Shimon Peres discursam, e é maçante. Ah, como isso é chato! Eu gostaria de me misturar com uns MKs, um por um, mas não vejo muitos deles no salão principal. Terão dado uma fugida para comer atum? Vou à sala de jantar dos MKs, onde vejo vários deles. Peço uma Coca Zero e me aproximo de um centrista lendário, o MK Fuad Ben Eliezer, em sua mesa.

Se você perguntar a um direitista o que é Israel, é provável que escute a palavra "Deus" ou a palavra "Treblinka" em algum ponto de sua resposta. Se perguntar a um esquerdista, é provável que escute a palavra "ocupação", exatamente no mesmo ponto. Que acontecerá ao se fazer a mesma pergunta a um centrista? É o que experimento com o MK Ben Eliezer, e ele responde:

– Uma pátria. Para todos os judeus. Este é o lugar em que podemos fazer o que quisermos. É terrível mesmo ter oito milhões de judeus vivendo juntos, não é nada fácil, mas acho que temos nos saído bastante bem.

Gosto dessa imagem de oito milhões de *zekel beiners* judeus num saco só. Fuad continua:

– Toda nossa história, todas nossas tradições começaram aqui, não esqueça. Estou velho demais para esquecer o que nos aconteceu, há sessenta ou setenta anos. Temos de aprender nossa lição e compreender que só podemos contar com nós mesmos. Com todo o respeito às nações, europeias e outras, a única nação responsável por nós somos nós. Temos que ser.

Fuad, também conhecido por Benjamin, diz-me ter sido a primeira autoridade israelense "a procurar Arafat em Túnis, em 1993. O Rabin me mandou lá para descobrir uma coisa: eles [os palestinos] estavam dispostos a tirar a roupa de terroristas e a vestir um terno de estadistas? Passei quarenta e oito horas com Arafat, dia e noite, e o estudei. Voltei e dei uma resposta clara a Rabin".

O que o senhor lhe disse?

– Acho que eles estão prontos para trocar de roupa.

Dessa eu nunca soube. O que fez Yitzhak Rabin mudar sua visão dos palestinos não foi uma experiência pessoal do lado de lá, mas resultado da experiência e da recomendação de Fuad.

Por via das dúvidas, pergunto ao MK Ben Eliezer se ele conhece meu mais novo pai espiritual, Jibril Rajoub.

– Eu o conheci em 1978, quando ele estava na cadeia. Estava atarefado, traduzindo para o árabe o livro do [ex-primeiro-ministro israelense] Menachem Begin, *A revolta*. Depois, encontrei-o muitas vezes. Foi meu contato em minha viagem de 1993 a Túnis. É um homem corajoso, um homem forte, um bom homem. Eu o respeito.

De minha parte, e como faz algum tempo que não tenho notícias do Jibril, mando um *e-mail* para seu escritório, e lhe digo o que Fuad pensa dele. Jibril gostaria disso.

Converso mais um pouco com Fuad, e então reparo no MK David Rotem, presidente da Comissão de Constituição, Direito e Justiça do Knesset, do outro lado da sala, parecendo bastante entediado. Vou até lá. Hoje é meu destino, acho, fazer camaradagem com parlamentares entediados.

– Você me pergunta o que você quiser, eu lhe respondo o que eu quiser! – diz ele.

O que é Israel?

– Israel é o único país dado à nação judaica. Um império da informática (alta tecnologia), da ciência, da cultura; e é o único país, dentre os países que o cercam, que conseguiu ser democrático.

O que significa "país dado ao povo judeu"? Isso não quer dizer muita coisa.

– Se não significa muita coisa, é uma grande lástima. Em 1922, a Liga das Nações, que depois foi substituída pela ONU, aprovou um mandato britânico para a Palestina, com o objetivo de estabelecer um Estado judaico. De acordo com o parágrafo 80 do mandato da ONU, todas as decisões tomadas pela Liga das Nações têm validade jurídica e continuarão a ser legalmente vinculativas para a ONU. Os europeus não conhecem história nem direito internacional. Dizem que Israel está ocupando terras, mas não sabem que, segundo o direito internacional, isto não é ocupação.

Então, o senhor não é a favor de dar territórios aos palestinos?

– É claro que não! Antes da guerra de 1967, quando a Jordânia e o Egito eram detentores das terras hoje reclamadas pelos palestinos, eles não queriam essas terras. Não queriam por quê? Porque não querem ter um Estado!

Mas, então, o que querem os palestinos?

– Se quer a minha opinião, eu lhe digo: eles querem a guerra.

Uma guerra eterna?

– Eterna. Eles se sentem bem quando incitam o ódio contra nós, quando cometem atos terroristas contra nós. O verdadeiro pesadelo, para os palestinos, é, um dia, um primeiro-ministro israelense suicida lhes dizer: tomem, quero conceder-lhes um Estado!

Os europeus, ao que ele me diz, apoiam os palestinos por serem antissemitas, mas isso não continuará assim para sempre. Um dia, "os europeus se cansarão de seu antissemitismo" e mudarão. Quando?

– Não sou especialista em antissemitismo, mas, um dia, eles vão entender que esse ódio não pode continuar.

O partido do MK David Rotem, o direitista Israel Beyteinu, é parceiro da coalizão de Netanyahu, mas, se Netanyahu entregar territórios, "vamos sair da coalizão".

O senhor disse isso a Netanyahu?

– Disse.

O MK Yehiel Hilik Bar, vice-presidente do Knesset e secretário-geral do Partido Trabalhista, é centrista. É o parlamentar seguinte que salvo do tédio no dia de hoje. Conversamos um pouco, e ele me diz que Israel é o único lugar para os judeus, um povo que foi expulso de todos os lugares em que viveu.

O que há de especial em Israel?

– Hoje, na Europa inteira e na China, vendemos medicina e alta tecnologia. Isso não é normal para um país pequeno como Israel.

E quanto à situação política, ao conflito entre israelenses e palestinos? Ele não se mostra preocupado: "na próxima década", diz-me, "haverá paz entre árabes e judeus.

É bom saber.

✧ ✧ ✧

Deixo Jerusalém e vou a Tel Aviv. Preciso de uma folga. Sol e praia, café e cerveja podem ser bons amigos. Infelizmente, porém, não nasci para ser um cara de Tel Aviv. Eu me entedio muito depressa quando não faço nada. Não tenho meus gatos em Tel Aviv para me enturmar, e então vou visitar Aluf Benn, editor-chefe do *Haaretz* ("A Terra"), homem que era para eu ter conhecido pouco antes da morte do rabino Ovadia Yosef.

O *Haaretz*, como a maioria dos jornais do Ocidente com que estou familiarizado, tem mais propaganda que notícias. É no *Haaretz* que se leem todas as coisas nocivas que os judeus estão fazendo, ou até apenas pensando em fazer, e pouquíssimo das maldades feitas pelos árabes, sem falar no que eles estão pensando em fazer. É também no *Haaretz* que se encontram todas as desgraças e catástrofes que acontecerão com os judeus, se eles não derem aos árabes tudo que eles pedirem.

Peço a Aluf que defina "Israel", e ele o faz:

— Israel é nossa casa.

Aluf tem uma casa, e casa é coisa que você pode dividir: metade para seu inimigo, metade para você. Eu gostaria de saber onde é minha casa. Minha vida começou aqui, mas fui embora há muito tempo, e, desde então, tenho vivido em lugares diferentes.

Aluf e eu temos uma coisa em comum: a mídia. E é por isso que nos encontramos.

Faço-lhe uma pergunta que me tem incomodado há muito tempo: por que há tantos correspondentes estrangeiros em Israel?

— Pergunte a eles — diz Aluf.

Adoro suas respostas curtas!

O *Haaretz* é o único jornal israelense que serve de "Bíblia" para as hordas de jornalistas estrangeiros, que vivem a citá-lo como um judeu sefardi citaria o "Maran". Pergunto a Aluf qual é a circulação do jornal. Resposta: setenta mil exemplares. Quantos leitores na internet? Primeiro ele diz 110 mil, depois diz que teria de verificar. Seja qual for o número exato, percebo agora que quase ninguém nesta terra lê *A Terra*. O que me lembra: Gideon Levy continua a se esconder de mim.

O triste destino do *Haaretz* não parece incomodar Aluf:

— Não sou um grande sonhador — ele me diz.

✧ ✧ ✧

Agora, depois de haver perguntado às pessoas o que é Israel, está na hora de conhecer gente que põe a vida em risco para proteger o país. Espero que meu rebanho pessoal, os meigos gatos de rua, esteja passando bem em Jerusalém, porque vou para Haifa.

Portão 43

Experimentando a guerra: dentro de um navio de guerra israelense no meio do mar

Forças armadas: FDI. Arma: Marinha de Israel. Unidade: Sayeret Peres (Unidade de Reconhecimento Peres). Número de navios da unidade: quatro.

Vou embarcar no navio de guerra prefixo 816-TFD ("The Flying Dutchman"[1]).

Sim. Finalmente, a FDI acordou, reconhecendo a existência de um Superagente em seu meio, e se dispôs a paparicar minha honra. Perguntou-me onde, dentre suas diversas bases, eu gostaria de ver meu *zekel beiner*, e a marinha me pareceu atraente. Não sei nadar, e, se me acontecer alguma coisa, voarei para o paraíso, sentarei com Maran nos céus e compartilharei uma gargalhada sobre os que choram nosso falecimento.

A FDI concordou, e aqui estou eu, no portão da base de Haifa. Cruzo o portão e deparo com um problema. O comandante da unidade com que tenho um encontro marcado está muito aborrecido:

— Não foi isso que combinamos — diz para minha acompanhante, uma soldada de vinte e poucos anos. Não sei do que está falando, exceto que ele quer que eu saia. A soldada não sabe o que dizer e fica perdida, o que significa

---

1. "O holandês voador." [N. T.]

que tenho de assumir o comando. Na marinha israelense, como você pode imaginar, Tobi, o Alemão, e Abu Ali não significam lhufas. Preciso de outra identidade. Qual devo usar? Bem, que tal a do Judeu Durão Fulo da Vida? Encaro o comandante e lhe digo, em perfeito hebraico fulo: não vou embora!

O comandante olha para mim, o Judeu Durão Fulo da Vida, e sabe que não tem alternativa senão sucumbir à Sua Dureza. Eu.

Sou liberado para embarcar no navio. Um navio de guerra. Sim, um navio de guerra, mas, no começo, não se nota que é um navio de guerra, porque é mesmo um filhote bem pequeno de navio.

Embarco no filhote. Levo menos de um minuto para perceber que ele é um bichinho. Sob o convés há uma casa pequenina: sala, cozinha, banheiro, quartos, projéteis e balas para decorar, e uma sala de informações. Aqui, pessoas e explosivos vivem lado a lado, em completa harmonia, o que constitui uma casa realmente agradável para gente durona e fula da vida como eu.

O navio tem nome: *Dvorah* (abelha). Os carros têm nome, os navios também. Existe um Mercedes, e aqui temos uma Abelha. Por que abelha? Descubra você mesmo.

❖ ❖ ❖

Motores ligados, estamos prontos para zarpar. Mas, no segundo em que o filhote começa a se mexer, constato que esta abelha não é mesmo uma Mercedes. Não. A Mercedes é para seres humanos, esta abelha é para tudo, menos eles. Seja qual for a razão, o *Dvorah* detesta as palavras "amortecimento de impacto" e adora chacoalhar poderosamente nosso corpo. Como se não bastasse, também gosta de velocidade. Sabe o que acontece com seu corpo quando ele é sacudido para a esquerda e a direita, para cima e para baixo, tudo isso muito depressa?

Hoje as águas estão revoltas, com ondas altas, e esta abelha sacode muito mais, por conseguinte. Muito mais. Se você não se segurar firme numa metralhadora pesada, grudada no corpo deste filhote, ou em outra parte realmente impressionante e imóvel do navio, vai parar em Toronto em menos de um minuto.

Um soldado me explica o segredo do navio:

– Ele se chama "abelha" por uma razão. É pequeno o bastante, com seus 21 metros de comprimento, para não "ameaçar" o inimigo. É veloz, e pica.

É o tipo de filhote com quem não convém mexer.

Hoje estamos começando "a seco", sem munição de verdade, e acabaremos com fogo para valer. Duração: seis a sete horas. Ai, meu deusinho do céu!

Os soldados a bordo me perguntam quem sou, e eu lhes digo que sou um jornalista europeu.

– O que eles dizem sobre nós? – pergunta-me um soldado, referindo-se aos europeus.

Que vocês são assassinos implacáveis, que são uns animais, uns desgraçados.

– É isso que eles pensam, de verdade?

Desculpe, mas é. Por que você serve às forças armadas?

– Este é meu país, eu nasci aqui. É aqui que eu vivo.

Um segundo soldado, ao ouvir isso, comenta:

– Se o serviço militar não fosse obrigatório, agora eu estaria na universidade.

Primeiro soldado:

– Não lhe dê ouvidos, ele é meio romeno e meio curdo.

O que quer dizer isso?

– Que ele rouba, mas não sabe o quê.

Você serviria na FDI, se ela fosse uma força militar voluntária?

– Eu serviria de qualquer jeito. Nenhum de nós, neste navio, foi forçado a servir aqui. O cara só entra neste Sayeret se for escolhido para estar aqui, e se for considerado apto a estar aqui.

Você gosta muito deste navio, não é?

– Eu vivo aqui, nós vivemos aqui, dia e noite. Dormimos neste navio, treinamos nele, fazemos a manutenção dele. Ele é nossa casa, nosso lar.

Você desenvolveu uma relação pessoal com ele?

– Ah, sim!

Hoje eles estão treinando uma *grirah* (troca de rota) atrás da outra, cada uma de um ângulo diferente e apropriado para determinada circunstância. São exercícios fisicamente desgastantes, já que só os cabos pesam uma ou duas toneladas. A cada vez que terminam de alar o navio, eles formam uma roda e gritam bem alto "816-TFD, Ei!". Como sabemos, 816-TFD é o número desta abelha específica, que também é conhecida como O Holandês Voador. Daí 816-TFD. O "Ei" é só "Ei" mesmo.

Vez por outra, soa um alarme. Tsemakh, o comandante, liga a sirene, e esses soldados têm que correr de um lado para outro, puxando cabos e carregando objetos pesados. A certa altura, por exemplo, uma embarcação menor se aproxima, e um "soldado ferido" é transferido para a abelha.

Divertido.

✧ ✧ ✧

Ocasionalmente, há uma pausa para "cigarro e água".

– Um amigo meu – diz-me um dos bichos fumantes – está fazendo o serviço militar perto de cidades palestinas. Contou que ele e os palestinos tomam cafezinho juntos, comem juntos, e que os palestinos têm casas muito boas. Você já foi a cidades palestinas?

Já.

– É verdade o que meu amigo me contou?

Sim, seu amigo tem razão. Pelo menos, foi isso que eu vi.

– Nunca lemos isso nos jornais. O que você vai escrever?

Vou escrever o que eu vir.

– Você se importaria de me mandar o que tiver escrito, depois que for publicado?

Esses animais implacáveis são bebezinhos com medo dos jornalistas europeus. Passo um momento olhando esses garotos – sim, são só garotos. Mas o mundo se recusa a vê-los como são, garotos, preferindo, em vez disso, vê-los como o símbolo da maldade.

Hoje há um oficial extra conosco. É o de mais alta patente a bordo, fazendo seu serviço da reserva, e seu trabalho é conferir se o comandante desta abelha está tendo um bom desempenho.

Sua irmã, ele me conta enquanto manobra o navio, emigrou de Israel e está morando em Munique. As raízes da família ficam em Berlim, e ela voltou para suas raízes.

Hoje o mar está agitado demais para usarmos munição real, informa-nos o comandante do Sayeret, por isso vamos continuar "a seco".

Após seis horas navegando na abelha, quando estamos prestes a atracar, olho para a terra firme a minha volta. Ali é Haifa. Ali é Kiryat Shmonah. Ali é Akko. E lá é o Líbano.

Meses atrás, fiz uma refeição no Hotel American Colony, em Jerusalém, e um recepcionista me disse: "nossa Palestina é pequena. Muito pequena". Estava falando da "Palestina histórica", do rio (Jordão) até o mar (Mediterrâneo). E eu, no convés da abelha em pleno mar, olhando para fora, posso confirmar isso. A Palestina, toda ela, é mesmo pequena, muito pequena.

Portão 44

Os judeus são bárbaros

Para ter uma imagem melhor do tamanho desta terra, vou a Eilat, a cidade situada no extremo sul de Israel.

Bem-vindo ao Le Meridien Eilat, parte da cadeia dos Hotéis Fattal, de David Fattal, em Israel. David Fattal, que iniciou sua carreira na hotelaria como recepcionista, hoje possui 31 hotéis em Israel, 45 na Alemanha e alguns outros aqui e ali.

Gosto desse Le Meridien. Não é um dos hotéis mais gloriosos em que já me hospedei, mas tem certo jeito que nos faz pensar que estamos na casa de um amigo, e não num hotel. Tenho uma grande sacada voltada para a Jordânia, logo do lado de lá das águas (golfo de Ácaba/golfo de Eilat), o que obviamente contribui para o encanto do quarto. Do lado jordaniano, há um objeto que me chama a atenção: uma gigantesca bandeira árabe. Eu me pergunto por que os jordanianos sentem necessidade de desfraldar uma bandeira tão grande. Será pela mesma razão que os palestinos desfraldam a gigantesca bandeira deles em Rawabi, para esfregá-la na cara dos judeus? Não sei.

✧ ✧ ✧

Para sentir melhor o ambiente em que me encontro, saio do quarto e desço para o café do hotel. Peço um *caffe hafukh* (café expresso com espuma de leite), e a garçonete, uma jovem israelense cujos pais imigraram da Rússia quando ela era bebê, demora-se batendo papo comigo. Eu lhe pareço um europeu clássico, e ela gostaria de morar onde eu moro.

– Não sou sionista – explica-me com orgulho, e preferiria não morar aqui. Por que sente necessidade de me dizer isso ultrapassa minha capacidade de compreensão.

Olho para os turistas ao redor. Lembro-me de que, quando eu era adolescente, Eilat ficava abarrotada de turistas europeus, todos falando línguas estrangeiras. Quase todos os turistas que vejo aqui agora são israelenses. A língua internacional daqui é o hebraico.

Saio para dar um passeio pelas ruas de Eilat. Como no hotel, os turistas do lado de fora também são israelenses.

Quando eu era adolescente, os europeus que via em Israel ficavam deitados na praia, nus, sugando o sol em sua tez pálida. Os europeus que vejo ultimamente em Israel, embora não em Eilat, estão inteiramente vestidos e correm para lá e para cá numa busca obsessiva de judeus ruins.

Terá a Europa mudado? Mudaram os judeus?

Travo contato com alguns residentes locais, judeus, e eles me explicam Eilat: uma cidade imprensada entre a Jordânia, de um lado, e o Egito, do outro. Fica a uma corrida de poucos minutos de cada fronteira, cinco minutos para o Egito, dirigindo por ali, e cinco minutos para a Jordânia, dirigindo para lá. Num dia claro, olhando em frente, dizem eles, posso ver até a Arábia Saudita.

Não vejo a Arábia Saudita agora, mas vejo Zoltan. Zoltan é um comediante de rua que ganha a vida apostando vinte *shekels* contra cem que você não consegue vencê-lo em sua bicicleta. Dirige-a sem esforço diante de você e o desafia a fazer o mesmo. Funciona assim: você entrega vinte *shekels* a Zoltan, pega a bicicleta e tem que andar nela por quatro metros, do jeito que ele faz. E como é que ele faz? É simples: senta-se, põe as duas mãos no guidom e os dois pés nos pedais. Moleza, não é? Bem, se você conseguir fazer isso, ele lhe dará cem *shekels*; se não conseguir, diga adeus aos seus vinte.

Há um truquezinho, é claro: Zoltan construiu sua bicicleta com um guidom ao contrário. Se você o virar para a direita, a bicicleta vai para a esquerda, e, se virar para a esquerda, ela vai para a direita. Os passantes, especialmente os machões passeando com as namoradas, têm certeza de poder derrotar esse tal de Zoltan e ganhar uma graninha fácil. Montam na bicicleta, exibindo um grande sorriso, mas, no instante em que começam a andar, perdem o equilíbrio, e o sorriso evapora. Nem uma única pessoa evita o erro de virar o guidom na direção errada, apesar de todas serem informadas de antemão de que é assim que a bicicleta funciona. É um experimento incrível, que prova, sem sombra de dúvida, o poder do hábito sobre a lógica.

De minha parte, precisei desse Zoltan para me fazer compreender por que os europeus não estão mais vindo a Israel para frequentar suas praias. É muito mais excitante pegar um judeu do que pegar sol. Chama-se hábito. Você pode dar uma pausa em seu ódio por causa do incômodo momento de Auschwitz, como fizeram os europeus, algumas décadas atrás, mas apagar por completo o hábito do ódio é uma tarefa muito mais difícil.

Zoltan me conta que levou meses para se acostumar com o jeito de andar nessa bicicleta, e que, se acrescentar uma tarefa minúscula a esse hábito recém-adquirido, como segurar um cigarro entre os dedos, ele perde imediatamente o controle da bicicleta. Nossa!

Volto ao hotel, sento-me à beira da piscina, tomo café e fumo.

✧ ✧ ✧

Yehudah, com sua filha de dezesseis anos, Leah, e seu filho de treze, Avi, vem sentar-se à minha mesa. Leah me diz que logo estará de mudança para a Alemanha, e Avi me diz que gostaria de fazer a mesma coisa.

Leah, que obteve recentemente um passaporte alemão, está estudando alemão em sua escola secundária em Eilat. E me diz:

– Os israelenses não respeitam as outras pessoas. Os israelenses também são grosseiros. Por exemplo, com os garçons. Nunca dizem "obrigado". Quando um garçom vai servi-los, todos eles dizem: "não foi isso que eu pedi!". Nunca estão satisfeitos. Mas os alemães são diferentes. Os alemães sempre dizem "por favor" e "obrigado", são sempre pacientes e sempre gentis.

Yehudah:

– Os israelenses são uns bárbaros. Depois do verão, os hotéis de Eilat têm que consertar portas e janelas quebradas e todo o resto, porque os turistas israelenses quebram tudo. Antigamente, quando os turistas eram europeus, não havia problemas, mas agora os israelenses é que são os turistas, e não têm o menor respeito.

Sinto uma intensa ânsia, neste exato momento, de me separar dessas criaturas que odeiam a si mesmas. Saio, entro num táxi e, em poucos minutos, estou em Ácaba, na Jordânia.

Paro em Ácaba, de frente para Israel, e fito a paisagem defronte a mim, do outro lado do golfo. Sinto o coração bater forte. Lá, do outro lado, fica Israel. Agora já passei meses em Israel, falei com centenas de pessoas de sua população, se não milhares, e agora todas estão muito distantes.

De longe, ao olhar para o país, que agora é só um ponto pequenino, contemplo a ideia de que eu poderia colocá-lo inteiro na palma da mão. O que faria, eu me pergunto, se Israel viesse mesmo parar na palma de minha mão direita? Ficaria com ele na mão fechada, junto ao coração, ou o jogaria na água, enojado?

Tão pequena é minha Palestina, tão pequeno é meu Israel!

Olho para o paisinho em minha mão e sinto vontade de falar com ele, mas minha boca não se mexe. Apenas meus olhos falam com ele, meus olhos molhados. Afasto-me do Golfo.

E, passadas exatamente duas horas, estou de volta a Israel. Há umas pendências que ainda não resolvi, pedaços de um quebra-cabeça que não terminei de pôr no lugar e respostas que ainda não encontrei.

Meu tempo em Israel não acabou. Ainda não.

Portão 45

Um professor conhece os verdadeiros judeus: os árabes

O professor Shlomo Sand, da Universidade de Tel Aviv, cujo livro mais recente, *Como deixei de ser judeu*, foi publicado este ano, está diante de mim num café de Tel Aviv, o centro de estudos estratégicos natural de pessoas como ele.

Shlomo gosta de declarações imponentes.

– É provável que os verdadeiros descendentes dos judeus originais sejam os palestinos que hoje vivem aqui. Um palestino residente em Hebron tem mais probabilidade de ser descendente direto dos antigos judeus do que Tuvia.

Shlomo guarda na manga umas palavras ásperas com respeito a Israel:

– Israel não vai acabar antes de fazer um grande Auschwitz no Oriente Médio.

O que torna Israel tão cruel, tão estúpido?

– Vocês, alemães, são os responsáveis por isso.

Esqueci inteiramente que sou alemão, especialmente considerando que ele me conhece pelo nome de Tuvia. Foi bom ele ter-me lembrado.

Seja como for: nós, os alemães, apresentamos o "judaísmo" como uma raça, e depois umas pessoas esquisitas começaram a se chamar de "judias", e os verdadeiros judeus, os palestinos, agora estão sendo mortos pelos "judeus".

Adoro as frases curtas do Shlomo. Eis uma delas: judeus e árabes vivem em Jerusalém, israelenses vivem em Tel Aviv.

A poucos passos de nós fica o edifício Zavta, onde o ex-MK Uri Avnery está prestes a dar início à festa de comemoração de seus noventa anos. O tema da noite, composto por Uri, é este: "Existirá Israel daqui a noventa anos?".

Shlomo e eu vamos à festa.

Aproximo-me de Uri e lhe desejo outros noventa anos, "para terminar o trabalho".

– Espero que não demore tanto assim – diz ele.

Ocupo minha poltrona na plateia do teatro do Zavta, sentando-me numa das primeiras fileiras. À minha esquerda está a dra. Angelika Timm, diretora da Fundação Rosa Luxemburgo, e à minha frente encontra-se Gideon Levy. Pergunto-lhe o que aconteceu com sua promessa de me levar numa de suas incursões pelo mundo palestino.

– Ainda não foi possível – ele responde.

Qual é a grande dificuldade?, pergunto. É só me telefonar antes de ir, que eu me encontro com você.

– Farei isso – diz ele.

O palco está vazio, exceto por um *slide* que mostra Uri e outras pessoas deitados no chão, na aldeia árabe de Bil'in, obviamente se protegendo de um ataque da FDI com gás lacrimogêneo.

O pessoal daqui adora essa imagem: uma imagem da brutalidade e crueldade judaicas.

Será que estou numa fábrica judaica de autoabominação, ou este é um evento cultural palestino, estrelado por dois judeus rebeldes e trezentos árabes cheios de amor-próprio?

Olho para a plateia em volta e vejo uma senhora árabe. Entre os oradores desta noite: nenhum árabe. Em outras palavras, com uma exceção, todos aqui são judeus.

A noite avança devagar, como costuma acontecer em eventos intelectuais, e, em dado momento, Shlomo fica irritado e grita que é uma pena nenhum árabe ter sido convidado a discursar. Três fileiras atrás de mim, uma pessoa tenta acalmá-lo:

– Nós os convidamos, mas eles não quiseram vir.

Em termos psicológicos, entretanto, Shlomo não pode permitir-se nem mesmo contemplar a ideia de que os árabes se tenham recusado, simplesmente, a comparecer ao aniversário de um judeu, de modo que ele ignora totalmente a pessoa que falou.

A professora "judia" Asma, da Universidade de Al-Quds, que conheci em minha primeira semana em Israel, tinha razão: os alemães é que são apaixonados pelos palestinos, não os israelenses. Os esquerdistas israelenses intelectuais não aceitam minimamente os palestinos, apesar de suas declarações altivas de "eu amo os palestinos". Com exceção da única mulher árabe, ninguém aqui gosta de palestinos.

E como poderiam gostar? Se você se odeia, se não é capaz de amar nem a si mesmo, como poderia amar outra pessoa? Não há espaço para o amor em seu coração, cara, e é melhor você começar a conviver com isso.

Sentado aqui, observando esses autoabominadores, ouço uma voz em mim perguntar: haverá alguém fazendo uma lavagem cerebral nesses judeus para que eles se odeiem?

Boa pergunta.

Deixo os judeus do Zavta e vou procurar os possíveis manipuladores de judeus.

Portão 46

Dê um palpite: que país investe mais verbas em campanhas contra Israel?

Fico em Tel Aviv e vou encontrar-me com David Lipkind, do Fundo Israelense de Cinema, uma organização predominantemente comprometida com filmes de longa-metragem (de ficção). David deve poder mostrar-me um gráfico do dinheiro que flui para a produção de filmes israelenses de autodepreciação, que existem em abundância. Os artistas, lamento dizer, são um bando de crianças egoístas e egocêntricas, dispostas a vender a alma a quem der o lance maior. Se um cineasta souber que você é uma pessoa "antimadeira" endinheirada, disposta a financiar generosamente o seu próximo projeto, desde que ele passe uma mensagem forte contra a madeira, esse cineasta ficará mais do que satisfeito em transformar seu desejo num filme.

Torço para encontrar hoje os financiadores escondidos atrás dos filmes. O Fundo Israelense de Cinema, que é o maior patrocinador de filmes israelenses, com milhões e milhões de *shekels* à disposição, costuma fazer os filmes israelenses acontecerem com a ajuda de generosos investidores estrangeiros.

Conversamos, David e eu. Nos últimos dez anos, ele me informa, houve pelo menos 25 coproduções entre a Alemanha e Israel.

Quantos desses 25 filmes tiveram a ver com política?

— Acho que uns sessenta por cento.

Há filmes de inclinação direitista em coprodução?

– Não.

Em outras palavras, a Alemanha vem trabalhando com muito empenho para influenciar a mente dos israelenses, sem falar na mente dos espectadores estrangeiros. A Alemanha. De novo.

Ainda falta uma outra peça em meu quebra-cabeça cinematográfico: os documentários de curta-metragem. Terei que descobrir a organização encarregada deles e seu pessoal.

Mas, enquanto não os encontro, quero saber quem está por trás das atividades não cinematográficas anti-israelenses. Em outras palavras: quem está financiando as várias ONGs que atuam aqui?

❖ ❖ ❖

Deixo Tel Aviv e vou para Herzeliya Pituakh, a capital da alta tecnologia de Israel. Não, não planejo visitar a Google nem a Microsoft; tenho uma abundância delas nos Estados Unidos. Tenho outros planos. Num café à beira-mar, vou tomar café com um oficial do exército israelense que por acaso se encontra hoje em Herzeliya Pituakh. Esse encontro foi marcado pelo escritório do porta-voz da FDI, a meu pedido, e soldados desse escritório estarão presentes.

O tenente-coronel S., cuja área de especialização é a "comunicação entre a comunidade internacional e as áreas palestinas", revela-me o seguinte:

– A comunidade internacional tem 600 milhões de euros em investimentos na Área C (uma área sob controle total de Israel, onde vivem cerca de cinco por cento de palestinos).

O senhor está-me falando de todo o dinheiro investido aqui, desde 1967 até hoje?

– Não. Deste momento, na mesa.

Quanto dinheiro desde 1967?

– Bilhões.

Quais foram os países que mais investiram?

– Os dois de maior influência são os Estados Unidos e a Alemanha. E, é claro, a ONU, por meio de várias agências.

Por que esses dois países investem tanto?

– Essa é uma questão muito sensível.

S. tem uma teoria a esse respeito, mas pede que ela seja ouvida em caráter extraoficial.

Quando voltamos ao registro oficial, eu lhe pergunto: quantas ONGs estão operando no conflito entre israelenses e palestinos?

– Trezentas. Essa estimativa é só da Cisjordânia, excluindo a Faixa de Gaza.

Quantas são em Gaza?

– Cem.

Ao falar no efeito de ONGs específicas, ele acrescenta:

– A Cruz Vermelha, nas questões humanitárias, é a ONG de maior influência.

Como assim, de maior influência?

– Porque eles não correm para os jornais.

Funciona assim: eles não "correm para os jornais" porque usam a imprensa como uma ameaça. Entram em contato com os israelenses e exigem certas coisas, e, quando os israelenses não os atendem, o CICV vai à imprensa e acusa Israel.

Isto me lembra: o CICV e eu combinamos que eu os acompanharia numa de suas operações. Escrevo um lembrete para mim e retomo a conversa com o homem à minha frente.

Em termos de investimentos governamentais, os Estados Unidos ficam em primeiro lugar, e a Alemanha em segundo. Quem são os maiores agentes das ONGs?

– No mundo das ONGs, também são os Estados Unidos em primeiro lugar e a Alemanha em segundo.

Muitas das ONGs norte-americanas são financiadas por cidadãos privados, o que significa que cidadãos ricos derramam toneladas de dinheiro em seus projetinhos favoritos. George Soros, um bilionário judeu da extrema-esquerda, é um exemplo disso, assim como o magnata da extrema-direita Irving Moskowitz. Na Alemanha, entretanto, a história é outra. Em sua maioria, as ONGs alemãs são financiadas por partidos políticos – não me peça para explicar esse estranho fenômeno – ou por organizações ligadas à Igreja e financiadas pelo governo, o que significa que as ONGs alemãs são financiadas pelos contribuintes, milhões de contribuintes.

Por que o alemão médio prefere gastar seu dinheiro na interminável perseguição de um judeu, e não num fim de semana aprazível na Flórida ou em Bad Gastein? Pergunte a ele. Tudo que eu sei é isto: se ele ou ela não quisesse que seu dinheiro fosse gasto dessa maneira, estaria protestando nas ruas. Afinal, os alemães são famosos por seu amor por protestos. E, quando as passeatas não lhes agradam – digamos que esteja muito frio na rua, ou que haja um excesso de outras manifestações ocorrendo naquele exato momento –, por que eles não externam seu ressentimento em enormes campanhas pela internet e em petições *on-line*?

O tenente-coronel S. me fornece um dado muito interessante:

– Em valores *per capita*, um palestino recebe muito mais apoio financeiro do que qualquer cidadão de qualquer país, em qualquer lugar do mundo.

Qual é a razão subjacente para essa ajuda: será o antissemitismo? Será...

– Não quero falar disso.

Qual é o número de ONGs israelenses funcionando em áreas palestinas?

– Mais ou menos uma dúzia.

Quem as financia?

– O dinheiro vem principalmente do exterior.

✧ ✧ ✧

O envolvimento alemão aqui não é de hoje. Vários alemães se interessam por esta parte do mundo, desde muito antes de haver uma questão palestina. A Sociedade dos Templários Alemães (Tempelgesellschaft), por exemplo, esteve por aqui no século XIX. Minha casa atual em Jerusalém é uma casa desses templários, da qual meus gatos estão desfrutando imensamente. Não muito longe daqui, no centro de Tel Aviv, esses templários alemães também fundaram uma colônia chamada Sarona. Eles já não estão lá, tendo sido deportados pelos ingleses, como outros templários da região, e desde então Sarona transformou-se em HaKirya, onde se situam o cérebro e o centro nervoso das forças armadas e de segurança israelenses.

A história é mais imaginativa que a ficção.

Minha próxima parada é a antiga Sarona, que deve ser a construção com maior segurança do mundo. Sob sua base militar, dizem os boatos, há uma cidade enorme no ventre da terra, pisos acima de pisos e ruas acima de ruas. Será verdade? Pergunto a uma soldada, ao entrar na base, e ela me responde:

– Muito poucos sabem o que há sob nossos pés.

Ao andar por aqui, uma cidade dentro de uma cidade, no coração de Tel Aviv, a gente se impressiona. Um lugar enorme, estruturas fascinantes, vários tipos de prédios, ruas que parecem normais, embora não se possa dar um passo nelas sem receber uma permissão específica para isso.

Mais uma vez, o escritório do porta-voz da FDI providenciou esta visita para mim, a meu pedido. Só tenho permissão de entrar em um prédio, sem fotos, por favor, numa sala específica, na qual me espera o coronel D., da Procuradoria-Geral da Justiça Militar. D. é assessor jurídico das forças armadas israelenses na Cisjordânia, e estou aqui para me informar sobre a legalidade de tudo que concerne à "ocupação".

Obtenho uma introdução curta: em 1967, Israel impôs uma "ocupação beligerante", em legalês. O que significa isso? Bem, não é muito simples, mas o resumo breve e objetivo é este: Israel alega que a Convenção de Genebra não se aplica às áreas que o país conquistou em 1967, mas opera dentro dos parâmetros da convenção, como se aceitasse sua aplicabilidade.

Por quê? Essa é uma questão política, fora da alçada das responsabilidades desse oficial, diz ele.

O coronel D. fornece uma informação adicional: na Cisjordânia, cujo *status* Israel afirma estar em questão, sem admitir nem negar que ela esteja ocupada, Israel aplica os sistemas legais que existiam lá antes de 1967 e que remontam a um passado remoto. Isso significa que os sistemas legais dos otomanos, do mandato britânico e dos jordanianos são parte integrante do atual sistema legal da Cisjordânia, ao mesmo tempo que são aplicadas as regras do direito internacional, como se essa região fosse uma área ocupada. Nas colinas de Golan, Israel anexou o território, ao passo que, dentro de Jerusalém, impôs a lei israelense, o que, em termos jurídicos, não é o mesmo que "anexação".

É preciso ter um diploma de pós-graduação em Direito da Faculdade de Direito de Harvard para entender isso.

Gosto das coisas claras, e pergunto ao homem: a ocupação em si não é ilegal?

— Ela é legal, pelas leis internacionais. Caso contrário, não haveria leis referentes às terras ocupadas.

Esse homem age como se houvesse frequentado Harvard.

Qual é a história dos assentamentos? Isso não é ilegal, segundo o Artigo 49 da IV Convenção de Genebra? ("As transferências forçadas, individuais ou em massa [...] são proibidas. A força de ocupação não deve deportar nem transferir partes de sua própria população civil para o território que ocupar.")

— Em primeiro lugar, Israel afirma que não deslocou seus residentes para a área em disputa, uma vez que as pessoas se mudaram para lá sozinhas, o que contrasta com os assentamentos forçados. Segundo: Israel afirma que nunca definiu essa área como ocupada. Terceiro: Israel afirma que, desde que esteja negociando o *status* da terra com a outra parte, nenhum tribunal deve envolver-se.

"Além disso prossegue ele, Israel afirma que a área em disputa, qual seja, a Cisjordânia, nunca pertenceu à Jordânia, à Síria ou ao Egito. Existe uma decisão da ONU para dividir as terras sob o mandato britânico entre árabes e judeus, mas essa decisão não especificou quem são os 'árabes'."

Essas alegações, também sou informado, são constantemente questionadas nos tribunais israelenses, onde é processada a maioria dos casos contra o exército movidos por ONGs israelenses financiadas pelo exterior. No cômputo geral, porém, afirma D., "Israel opera dentro dos limites do direito internacional".

O que é direito internacional?

– Essa é a pergunta de um milhão de dólares.

Passamos a discutir essa questão nos mínimos detalhes, debatendo minudências como se fôssemos dois estudiosos talmúdicos, e terminamos com a fórmula mágica: "ninguém sabe".

Resta-me refletir sobre tudo isso por conta própria.

Quem decide o que é o direito internacional? Se você vasculhar a fundo e caminhar para onde seus olhos e sua mente o levarem, chegará aos assentos do Conselho de Segurança da ONU, em Nova York, no qual quatro brancos e um chinês esquentam a bunda. Desculpe-me por ser tão explícito. Representando os vencedores da Segunda Guerra Mundial, os caras que lançaram bombas de aviões velozes nos quartos escuros de civis adormecidos, são esses os mesmos sujeitos que dizem ao resto de nós o que é e o que não é legalmente permissível em áreas de conflito, e exigem que obedeçamos às suas ordens.

Sim, eu sei. O inimigo que eles estavam enfrentando na época não era o mais meigo dos homens. Mas será que eles agiriam diferente, hoje em dia, quando não estão enfrentando um homem como o Lobinho, também conhecido como Adolf Hitler?

Ou será que estão?

Os números referentes a outubro de 2013 no Iraque, o país que as nações ocidentais cumpridoras da lei bagunçaram em grande estilo, acabam de ser divulgados: 979 mortos em meros trinta dias. Esse número não inclui as mortes por acidentes de trânsito, doenças ou crimes comuns.

Preparo-me para deixar a base, e, ao pisar em seu chão pela última vez, uma palavra me vem à cabeça: Sarona. Eu gostaria de poder conhecer as pessoas de Sarona, perguntar-lhes o que as fez virem para cá. Infelizmente, não posso, porque os ingleses as expulsaram muito antes de eu nascer; mas talvez eu possa compensar essa impossibilidade, indo visitar o mosteiro de Tabgha, junto ao mar da Galileia; lá os alemães foram mais inteligentes que os ingleses.

Portão 47

Ali onde Jesus Cristo alimentou os pobres, um monge alemão alimenta os visitantes com suas reflexões mais profundas sobre os judeus

Estou no mosteiro de Tabgha, e o irmão Josef, um religioso animado, com um par de olhos assustados, que nasceu em 1971, em Düsseldorf, na Alemanha, recebe-me com um aperto de mão e um sorriso.

O mosteiro de Tabgha pertence à Deutscher Verein vom Heiligen Land[1], que remonta a aproximadamente 1890. Monges alemães de uma outra ordem tinham estado aqui ainda antes, mas foram mandados para a prisão pelos ingleses, depois que eclodiu a Segunda Guerra Mundial. Quando eles estavam presos, a Verein, situada em Colônia, pediu a monges não alemães que viessem para cá, em lugar daqueles, e cuidassem da propriedade. O padre Jerome, da Croácia, que já estava aqui em 1933, encarregou-se de permanecer e cuidar da propriedade.

Foi um gesto inteligente. Terminada a guerra, essa Verein alemã continuava dona da propriedade, ao contrário dos templários alemães de Sarona.

O padre Jerome, agora um senhor realmente idoso, ainda está por lá, e, quando lhe pergunto se não teria sido melhor ele ficar na Itália, onde estava na ocasião, ele não responde.

---

1. Sociedade Alemã da Terra Santa. [N. T.]

Sento-me com o monge mais moço, o irmão Josef, cujo nome verdadeiro é Tony, para uma conversinha franca.

Diga-me uma coisa, irmão Josef: o que faz aqui um alemão como você com os judeus?

O irmão Josef demora a responder à pergunta. Em sua juventude, ele me diz, nunca pensou em Israel:

– Tenho de admitir que levei anos para deixar que Jerusalém e Israel, e a realidade desta terra, entrassem em meu coração e minha mente.

O que aconteceu?

Ele me dá uma resposta complexa, que mais é um longo e sinuoso fluxo de consciência do que uma resposta, e depois volta a falar do exército israelense sitiando Belém, "no outono do ano 2000, o que me fez pensar".

Peço-lhe que me conte o que aconteceu e o que pensou na ocasião.

– Um grupo de milicianos palestinos invadiu a Igreja da Natividade e capturou civis que estavam lá dentro, e, em resposta, a FDI sitiou o lugar.

E foi então que a "realidade desta terra" chegou ao seu coração, como você disse. O que quer dizer com "realidade"?

– A realidade da vida sob uma ocupação.

Deixe-me entendê-lo, irmão. Quando os muçulmanos capturaram seus irmãos e irmãs cristãos, pondo em risco a vida deles num dos santuários mais sagrados de sua religião, você trocou sua fidelidade inicial, a fidelidade aos seus irmãos cristãos, pela fidelidade aos muçulmanos. Não só trocou sua fidelidade, como tomou uma decisão ainda maior a favor deles, ao vir para cá. Isso faz sentido para você? Para mim, é atordoante. Não tome isso como uma coisa pessoal, mas às vezes acho que, sempre que os alemães falam dos judeus, o bom senso e a lógica desaparecem, misteriosamente. Estou errado?

O irmão Josef me olha fixo, depois fita um ponto invisível adiante de mim, e, após alguns momentos de silêncio total, solta a frase:

– Sim, é de atordoar.

Acho melhor deixar de lado a questão de judeus e alemães e falar com ele sobre Tony, o que está sob o capuz do irmão Josef. Lembrando-me do monge que encontrei no Santo Sepulcro e de seus beijos ardentes, faço uma pergunta íntima a esse monge:

Diga-me, irmão: como monge, você não tem nenhum parceiro íntimo. O que faz quando sente desejos sexuais? Como lida com eles?

– Às vezes, eu choro.

Deixe-me fazer-lhe uma pergunta, que você não tem que responder, é claro. Você se masturba?

O irmão Josef responde em voz baixa:

– É o que os monges fazem.

Essa capacidade dos alemães de dar respostas francas até às perguntas mais íntimas, que já testemunhei várias vezes, faz-me gostar muito deles. Posso fazer-lhes inúmeras críticas, mas também os admiro com frequência.

Irmão Josef me leva à igreja, lugar diariamente visitado por quatro a cinco mil pessoas, exceto aos domingos. Ao entrarmos, graças a Deus, é domingo. Noto uma pedra com aparência de rocha, que parece totalmente deslocada nesta igreja. O que é? Bem, você jamais acreditará! Foi sobre essa pedra que Jesus Cristo sentou-se ou ficou de pé ao dividir cinco pães e dois peixes entre cinco mil pessoas famintas, e todas ficaram plenamente satisfeitas.

Existe Jesus Cristo e existem os cristãos. Em hebraico, não se diz "cristãos", mas *Notzrim* (os árabes muçulmanos dizem *Nasraniyyin*), o que significa nazarenos, e Jesus Cristo é chamado de Jesus Nazareno. Jesus viveu não muito longe daqui, em Nazaré, e, ao deixar este local da realização de seu milagre, vou visitar essa cidade.

Portão 48

Aqui viveu Jesus Nazareno, porém nenhum outro judeu tem permissão para morar neste local

Hospedo-me num quarto da Pousada Fauzi Azar, um hotel extravagante que é uma joia no meio da Cidade Velha de Nazaré. Os hóspedes fazem o estilo criaturas de espírito livre e é possível consumir bebidas e bolos e pastelaria em geral, na quantidade que a pessoa quiser, tudo de graça. As recepcionistas são duas moças cristãs, uma finlandesa e uma norte-americana, e as duas gostam mais dos árabes que dos judeus, que não são muito agradáveis. Como me diz uma delas, "Deus não escolheu os judeus por eles serem gentis".

Que recepção agradável. Acho que aqui é melhor eu ser cristão. Nem Abu Ali nem Tuvia. Apenas Tobi, Tobi, o cristão alemão.

Vou participar de uma missa com a população local. Momentos depois, vejo-me numa igreja enorme, com grandes pilastras de concreto. Nas paredes observo que os árabes daqui se referem a Jerusalém como Jerusalém, não como Al-Quds. Interessante. O ofício religioso é celebrado em árabe, e apenas uma palavra em hebraico é ouvida aqui: *hallelujah* ("aleluia" significa "louvado seja o Senhor", em hebraico).

Depois das orações, vou conhecer o padre, para saber o que ele pensa.

– Isto aqui é uma terra ocupada. Os judeus a ocuparam duas vezes: em 1948 e em 1967.

Beleza.

Circulo entre a população local, para saber o que as pessoas pensam, e descubro uma coisa muito interessante: nenhum judeu vive nesta cidade, e nenhum residente se dispõe a vender sua casa a um judeu.

Esta é Nazaré, dentro de Israel de pré-1967.

Volto ao hotel e pego no sono, o único judeu na cidade de Jesus.

Ao chegar a manhã, Lubna, cujo grande desejo é se casar, e muito depressa, *inshallah*, leva um grupo nosso, de hóspedes da Fauzi Azar, a um passeio pela Cidade Velha de Nazaré. Ao caminharmos, vejo grandes cartazes de apoio ao presidente egípcio deposto, Mohamed Morsi, da Irmandade Muçulmana. Durante seu breve reinado, ele foi um defensor inabalável do Hamas, porém hoje está na prisão. As pessoas daqui, que são cidadãos israelenses, querem que ele volte ao poder. O Hamas não reconhece Israel, não quer nada menos que a aniquilação de Israel, e essas pessoas apoiam o Hamas.

Beleza.

Paramos numa casa antiga, onde não mora ninguém, e examinamos sua arquitetura. Lubna nos explica que "ninguém mora aqui porque os donos foram forçados a sair pelos ocupantes". Ela aponta para o teto, onde vemos vigas de madeira queimadas, e explica que "isso era o que as pessoas faziam, séculos atrás".

Quando foi construída esta casa?

— Esta casa é do século I e pertenceu aos residentes palestinos originais, que viveram nesta cidade sob os governantes otomanos.

Os mesmos otomanos, suponho, que fundaram Alsra, no Negev, a aldeia de Halil tão bem protegida pela Adalah.

Os turcos estavam aqui no século I?

— Sim. Foram os primeiros ocupantes da Palestina. Depois, os ingleses a ocuparam, e agora é Israel.

É uma narrativa muito esclarecedora. Nem romanos nem cruzados jamais estiveram aqui, de acordo com esse relato. Os turcos, que, na realidade, apareceram aqui pela primeira vez em 1517, têm sua presença recuada em um milênio e meio, de acordo com essa narrativa.

Digo a Lubna que nenhum otomano sequer sonhou estar aqui no primeiro milênio, muito menos primeiro século, já que o Império Otomano teve início mais de doze séculos depois.

Alguns membros de nosso grupo, ocidentais instruídos que vieram à Terra Santa demonstrar suas simpatias pelos "pobres palestinos", como antes me disse um deles, gostariam que este alemão estranho parasse de falar.

Fazem perguntas a Lubna e aceitam tudo que ouvem. Engolem tudo, indiscriminadamente, e não precisam de mim para atrapalhar sua serena "pesquisa" matinal.

Quem são essas pessoas, gente ocidental em cujo meio vivi as últimas três décadas? Marco um horário para me encontrar com o chefe da KAS alemã em Jerusalém, Michael Mertes. Talvez ele possa explicar-me uma ou duas coisas. Seu escritório fica a minutos de minha casa em Jerusalém, para onde vou a seguir.

Quando meus gatos me veem na rua, do lado de fora, correm para o lugar onde costumo deixar o leite para eles, lançando-me olhares agradecidos. Nadia, a cantora famosa, não agradece àqueles que provêm seu sustento, mas meus gatos, sim.

Portão 49

Quem sou eu? Serei um direitista ofensivo ou um encrenqueiro esquerdista?

"Apoiamos o fortalecimento da democracia e do estado de direito em Israel", diz a KAS em sua literatura. Pessoalmente, acho bizarro que uma fundação alemã venha ensinar aos judeus o que é democracia, mas não creio que essas palavras sejam da lavra de Michael Mertes, diretor da filial da KAS em Jerusalém.

Já estive com Michael numa ocasião anterior, e ele me fez rir. Contou-me uma piada inteligente que não posso esquecer:

Um homem estava sentado na parte externa de um café em Tel Aviv, escrevendo, quando um transeunte parou para lhe perguntar sobre o que ele escrevia.

Escritor: Sou escritor e estou escrevendo um livro sobre Israel.

Transeunte: Que trabalho enorme! Quanto tempo o senhor planeja passar no país?

Escritor: Cheguei ontem e pego o avião de volta amanhã.

Transeunte: Vai escrever um livro sobre um país, depois de passar meros três dias nele?

Escritor: Sim.

Transeunte: Qual é o título de seu livro, se me permite perguntar?
Escritor: *Israel: Ontem, hoje e amanhã.*

Antes de ir ao encontro do Michael em seu escritório, tomei a decisão de ser tão franco quanto o irmão Josef foi comigo, e de dizer a Michael o que penso, sem rodeios. Será uma conversa de alemão para alemão.

Falo com ele do que vi e testemunhei ao participar de vários programas da KAS. Constatei, digo-lhe, que os judeus com que a KAS vem trabalhando são pessoas que acham que Israel está do lado errado da história e da justiça, e que os palestinos com que a KAS tem trabalhado concordam inteiramente com eles. Qual é o objetivo de a KAS gastar dinheiro para reunir especificamente esses árabes e judeus?

E, a propósito dos árabes patrocinados pela KAS, tenho outra pergunta: falei com alguns deles e descobri que não apenas se opõem vivamente a Israel, como são também antissemitas clássicos. Por que uma fundação alemã, especialmente dada a história delicada entre alemães e judeus, acha necessário apoiar essas pessoas?

Michael não gosta de minhas perguntas e me diz sentir-se ofendido por mim, decepcionado comigo, e diz que eu falo como um direitista.

A propósito, fui informado por uma fonte confidencial de que minha solicitação de uma entrevista com Benjamin Netanyahu e Avigdor Lieberman foi rejeitada, pois as equipes de ambos concluíram que sou um "encrenqueiro esquerdista".

De volta à minha casa dos templários com os gatos, levanto os olhos para o céu escuro e me pergunto: por que este país, e especialmente esta cidade, têm sido um ímã tão forte para tantas pessoas, durante tantos anos? Pessoalmente, sinto-me em conflito a respeito de Israel. Cresci aqui, mas fui embora. Naturalmente, como país de minha juventude, e em especial esta cidade de Jerusalém, onde passei muitos anos, ele me diz alguma coisa. Estranhamente, ele me diz mais na linguagem da Bíblia – embora eu não seja uma pessoa religiosa – do que nos sons atuais que escuto nas ruas.

Aqui em Jerusalém, sinto os personagens bíblicos da cidade andando, respirando, falando, dançando e fazendo amor. Acima dos muros desta cidade e nas profundezas de suas areias, eu os escuto e os vejo. Sim, é isso mesmo.

Vejo os antigos reis e suas cortes, seus eruditos e seus guerreiros, seus mercadores e seus profetas; toda sua população que um dia viveu aqui, mas que até hoje se recusa obstinadamente a morrer.

Nir Barkat, o prefeito marrento daqui, diz-me que devo dar um passeio pela Cidade de Davi, em Jerusalém, levar uma Bíblia e ver por mim mesmo como, ponto a ponto, página a página, as duas corroboram uma à outra. Gosto da ideia de estabelecer uma igualdade com a antiga Jerusalém, e vou. Gostaria que a dra. Hanan Ashrawi quisesse ir comigo, mas tenho uma forte intuição de que ela não iria.

Portão 50

Um encontro com a história: reis, professores e um banheiro

Não acho que Nir Barkat, que não é religioso, ande pela Cidade de Davi com uma Bíblia, mas, o que quer que ele faça, opto, em vez disso, por andar com um homem chamado Assaf, em vez de um livro chamado Bíblia.

Não gosto de mapas que não tenham sido impressos pelo governo japonês, como aquele de Jericó. Ponto final.

Ele é Assaf Avraham, da Superintendência Israelense de Parques e Conservação da Natureza, na Cidade de Davi, e é um arqueólogo que está fazendo doutorado nesse campo. Ele fala baixinho em meu ouvido:

– O nome de Jerusalém é Urushalem, cidade de Shalem, um deus cananeu do período da Idade do Bronze Média, por volta de 2000 a.C. Jerusalém foi uma invenção do rei Davi, construída mais ou menos em 1000 a.C. Anteriormente, no texto bíblico, toda pessoa tinha permissão para erigir um santuário a Deus onde bem entendesse, mas o rei Davi decretou que haveria um único lugar em que adorar a Deus. Foi uma decisão política.

– No ano de 722 a.C. – continua ele –, os assírios, ancestrais dos iranianos de hoje, derrotaram Israel e destruíram o reino de Israel. Supomos que, entre 722 e 701 a.C., Jerusalém tenha tido um enorme crescimento em termos de residentes, em função dos refugiados israelitas que se mudaram para o sul, para o reino de Judá, saindo do reino de Israel, que então se achava destruído. É essa a suposição do professor Israel Finkelstein, da Universidade de Tel Aviv.

– Agora, sobre a Cidade de Davi – diz ele ainda. – De 1000 a 586 a.C., esta cidade foi habitada pelos antigos israelitas, e supomos que a maior parte da Bíblia tenha sido escrita neste lugar. A maioria dos achados arqueológicos da Cidade de Davi data do século VIII ao século VI a.C. Mas, em alguns locais, encontramos evidências dos séculos X a VIII a.C., que incluem o reino de Davi. Achados anteriores foram descobertos na Área de Ophel, que é o norte da Cidade de Davi. A dra. Eilat Mazar, da Universidade Hebraica de Jerusalém, neta do professor Benjamin Mazar, descobriu fortificações do século X a.C., que ela chama de Muro de Salomão. Ela também descobriu as fundações de uma construção imensa no centro da Cidade de Davi, que data do século X a.C., e sua teoria é que aquele é o palácio do rei Davi.

A Cidade de Davi, perto do Muro Ocidental/al-Aqsa, é um tesouro para os judeus e uma grande chateação para os árabes. De fato, uma caminhada por esta área parece corroborar várias passagens da Bíblia, e pessoas como Hanan Ashrawi não ficam contentes. Mas, embora os árabes não possam fazer nada na Cidade de Davi, visto que ela é governada por Israel, podem fazer muita coisa na área do Muro Ocidental/al-Aqsa, uma vez que Israel transferiu toda a autoridade sobre ela ao Waqf, o Fundo Religioso Islâmico.

Antigas descobertas ali, como a pedra do Monte do Templo com a inscrição "Ao toque da trombeta", feitas há décadas por Benjamin Mazar, são problemáticas para os árabes, uma vez que eles afirmam que al-Aqsa não foi construída sobre as ruínas de um templo judaico, e, como me diz Assaf, toda vez que podem, eles destroem as provas da vida judaica antiga no Monte Sagrado.

Ele também cita as várias manobras feitas na área do Muro Ocidental/al-Aqsa: no fim da década de 1990, quando o Waqf construiu mais uma mesquita no complexo de al-Aqsa, foram feitas escavações na sensível área arqueológica do Monte do Templo/al-Aqsa sem supervisão de Israel. Eles carregaram toneladas da camada superficial do solo dessa área em quatrocentos caminhões e derrubaram o conteúdo em vários locais. Alguns israelenses seguiram os caminhões, para ver onde o solo estava sendo despejado, e, mais tarde, Israel recolheu esse solo despejado e o depositou num único local. Desde então, e até hoje, arqueólogos e seus auxiliares peneiram esse solo.

A dra. Eilat Mazar fez muitas descobertas não mencionadas aqui e que são parcialmente questionadas por colegas arqueólogos da Universidade de Tel Aviv. A razão da discordância entre eles, como tantas vezes acontece na ciência, é de natureza política e religiosa. Mazar é uma arqueóloga que se inspira na Bíblia, o que não acontece com os arqueólogos da Universidade de Tel Aviv.

Durante escavações ao pé do complexo do Muro Ocidental/al-Aqsa feitas no começo deste ano, ela descobriu trinta e seis moedas antigas, entre elas um medalhão de ouro com o símbolo da menorá (o candelabro do Templo), que os arqueólogos dataram do século VII a.C. Tratou-se de uma grande descoberta que, ao que eu saiba, os colegas de Tel Aviv ainda não questionaram.

Assaf se oferece para ir comigo numa excursão por al-Aqsa, pois gostaria de me revelar mais alguns fatos arqueológicos, e aceito. Ele me pede para chegar antes das 7h30, quando é aberta a entrada do complexo reservada aos "infiéis". Assaf não quer recitar a Fatiha, como tentei fazer, meses atrás.

⋄ ⋄ ⋄

Às 7h10 da manhã seguinte, Assaf já está parado junto à entrada de al-Aqsa e parece ansioso para entrar. Começa por me dizer que o Muro Ocidental tem quinhentos metros de comprimento, o que eu já ouvi há meses, e que foi construído pelo rei Herodes, como parte do Templo, no ano 20 a.C. Esse templo também é conhecido como o Segundo Templo, diz Assaf, já que o Primeiro Templo foi construído pelo rei Salomão.

— Não sabemos como era esta área enorme antes da construção de Herodes, e praticamente não podemos fazer nenhum trabalho arqueológico aqui. — Quanto ao Primeiro Templo —, ele foi construído, segundo o relato bíblico, aproximadamente no ano 1000 a.C.

Às 7h30, cerca de cinco mil turistas, dos quais apenas cinco são judeus, estão esperando na fila.

— Hoje a área está muito sensível — diz-nos um policial israelense, antes de entrarmos.

Uma vez lá dentro, vejo guardas do Waqf por toda parte. O que está havendo? Quando eles avistam judeus, Assaf me explica, um guarda os segue para se certificar de que eles não rezem aqui.

De um ponto situado não sei onde, ouço um grupo gritar *"Allahu Akbar!"*. Eu achava que somente infiéis estariam aqui a esta hora da manhã, mas é óbvio que me enganei.

Vejo mulheres árabes em algumas partes de al-Aqsa e da Cúpula de Pedra, apenas sentadas. Ao passarmos pela Cúpula, Assaf fala em tom apaixonado:

— O diâmetro da Cúpula é exatamente idêntico ao do Santo Sepulcro — diz; no mesmo instante, uma palestina se levanta de seu assento e vem bisbilhotar a conversa. Em outros lugares e em circunstâncias diferentes, isso não significaria nada, porém nada é normal neste lugar. Ela poderia ser empregada do Waqf, e, se ouvir alguma coisa que contradiga a religião islâmica, pode desenvolver-se imediatamente uma crise internacional. Essas coisas já aconteceram. Para acalmá-la, eu a cumprimento em árabe. Ela se abranda na mesma hora.

— De onde é o senhor? — pergunta.

— Da Alemanha — respondo.

— Bem-vindo a al-Aqsa — retruca ela, com um sorriso amável, e se afasta.

O Deus do islamismo adora alemães.

Já em segurança, Assaf continua:

— Em termos arquitetônicos, a Cúpula tem uma estrutura bizantina e octogonal, e parece que antes esta estrutura foi uma igreja. Outro fato importante é que cada lado do octógono mede vinte metros, exatamente como em outras igrejas da região. Durante o mandato britânico, os ingleses encontraram um mosaico bizantino sob al-Aqsa, o que sugeriu que teria existido uma igreja neste local, em alguma época. — O templo judaico — ele também me diz — era exatamente onde está a Cúpula agora, mas não foram feitas escavações científicas sob a Cúpula em nenhum período de que tenhamos conhecimento.

Ele para de falar ao ouvirmos outra rodada de gritos de *"Allahu Akbar!"*. Dessa vez, a gritaria é mais alta e parece envolver muito mais gente. A razão? Três senhoras judias idosas e um homem descalço, que parece ser seu guia, vão passando. Três passos atrás deles e seguindo-os aonde quer que vão, há um policial israelense e um guarda do Waqf. A razão? Se algum desses quatro abrir um livro judaico e rezar, haverá tumultos. E isso deve ser prevenido a todo custo.

Uma faxineira sai da Cúpula para limpar sua entrada. Para mim, é uma rara oportunidade de passar e dar uma espiada. Quando me aproximo da Cúpula, a mulher corre para dentro, ligeira, fecha e tranca a porta, para que eu não possa ver nada. Um guia de turismo que vai passando diz ao seu grupo que dentro da Cúpula há três fios da barba do profeta Maomé.

A uns dois passos da Cúpula fica uma estrutura que Assaf chama de "pia batismal", inclusive com o que parece ser o sinal da cruz.

– Por que isso está aqui – pergunta ele –, se aqui não havia uma igreja?

A verdade é que os cruzados que capturaram Jerusalém em 1099 d.C. usaram esta mesquita como igreja, e é possível que também tenham construído a pia. Não sei.

A atmosfera ao meu redor é muito tensa, como se todos esperassem uma explosão. É possível sentir a pressão no ar. Os gritos frequentes de *"Allahu Akbar"* significam que há um possível judeu passando.

O fato de isso estar acontecendo em Jerusalém, na era dos direitos humanos, é assustador.

Assaf se retira, e, quando me dirijo ao toalete público, alguns guardas do Waqf ficam imediatamente ocupadíssimos.

– Quem é ele? – pergunta um.

– Alemão – responde outro.

Tenho permissão para urinar no toalete de al-Aqsa. Até que enfim!

✧ ✧ ✧

Recém-aliviado, vou ao Instituto do Templo, no Bairro Judaico, uma organização "dedicada a todos os aspectos do Templo Sagrado em Jerusalém". O Instituto do Templo providencia excursões por seu prédio, no qual uma maquete do Templo, além de vários outros itens contidos nele, são exibidos aos indivíduos interessados. Poderia ser minha oportunidade de finalmente ver os querubins sobre os quais andei reclamando logo que cheguei a

Israel. Assim, entro numa excursão à exposição do Santo dos Santos e, sim!, vejo os dois querubins, inteiramente feitos de ouro. Tal como observo aqui, os querubins são duas criaturas de rosto humano, um masculino, outro feminino, e ficam de frente um para o outro. O resto de seus corpos parece uma combinação de animaizinhos e pássaros, e cada um tem asas imensas.

Hoje tive uma dupla vitória: o uso do toalete de al-Aqsa e a visão dos querubins. Levei quase meio ano!

Os querubins – espero não estar ofendendo árabes nem judeus – são bem parecidos com al-Buraq: metade de um animal, metade de outro. Antes de existir al-Aqsa, afirma o Assaf, havia uma igreja. Antes de haver al-Buraq, digo eu, houve um querubim.

Sou o único Superagente do planeta a ficar tão feliz por haver encontrado dois querubins de ouro!

Saio do Instituto e, mais tarde, torno a me encontrar com Assaf, desta vez na Cidade de Davi. Ele me mostra uma réplica da "Inscrição de Siloé", cujo original foi encontrado na Cidade de Davi. A inscrição, feita numa pedra, foi grafada em letras do hebraico antigo, datada de 701 a.C.

– Embora o hebraico moderno e o hebraico bíblico soem bem parecidos, as letras são muito diferentes. As letras hebraicas que usamos hoje – Assaf me diz – são assírias, de acordo com a escrita usada na Assíria, que é o Irã de hoje.

A Inscrição de Siloé descreve o ponto de encontro de dois grupos de escavadores de túneis, um escavando em direção ao outro. Um grupo escavou a partir da Fonte de Giom, e o outro, de Siloé, em Jerusalém. O rei Ezequias, que havia previsto que Jerusalém seria sitiada pelos assírios, construiu esse túnel para garantir o fluxo de água para a cidade. A Bíblia se refere a esse evento em 2 Reis, 20:20: "Quanto aos demais feitos do reino de Ezequias, a todas as suas realizações, e a como ele construiu o açude e o aqueduto, e o túnel pelo qual fez vir água à cidade, não estão eles escritos no livro das crônicas dos reis de Judá?".

Essa foi uma grande descoberta, que consubstancia a histórica reivindicação judaica desta terra, por confirmar a existência de um antigo reino judaico aqui. É um texto extremamente importante nos anais da história judaica, o que é raro, porque se escrevia pouquíssimo naquela época.

Os judeus ficaram contentes? Bem, não inteiramente: não possuem a pedra original.

Quem a possui? A Turquia. O Império Otomano, não nos esqueçamos, dominou este lugar em certa época.

O original dessa inscrição, diz-me Assaf, encontra-se no Museu Arqueológico de Istambul. Anos atrás, Israel tentou retirá-lo dos turcos, mas não conseguiu. É a Turquia, terra de muitos muçulmanos, que possui uma das maiores provas da história judaica em Israel.

Assaf é um homem de tez muito, muito escura. Parece o clichê do esquerdista, mas fala como o clichê do direitista. Às vezes, porém, ele me surpreende.

– Quando vejo os árabes – ele me diz –, às vezes fico com inveja. Vejo como todos dizem "olá" uns aos outros ao se encontrarem, como se abraçam, como se beijam. Às vezes os vemos de mãos dadas. São uma grande família. Assim é o Oriente. Essa é a cultura oriental. O Ocidente é diferente. O Ocidente é frio. Cada um por si. Há diferenças sociais muito marcantes entre as duas culturas, e elas não se misturam. Se Israel fosse um país oriental, em termos culturais, creio que poderíamos conviver uns com os outros como uma coisa só. Meus pais nasceram na Índia, mas eu sou ocidental. Entendo as diferenças.

Enquanto conversamos, há crianças árabes jogando futebol e fazendo outras brincadeiras à nossa volta, no terreno deste sitio arqueológico. Assaf olha para elas e diz que terá de chamar a polícia para tirá-las dali. Vejo um guarda na entrada e pergunto por que ele as deixou entrarem.

– Porque ele tem medo das crianças árabes – é a resposta. História parecida, que coisa estranha, com a de Hebron, onde crianças atirando pedras amedrontam os soldados israelenses.

Mais adiante fica Silwan, um bairro árabe dentro de Jerusalém. Silwan, cujo nome derivou do nome hebraico Siloé [Shiloah], é um lugar interessante. Com exceção das duas casas que são protegidas por guardas israelenses armados, 24 horas por dia, nenhum judeu põe os pés ali.

Entro. Sou recebido por uma grande bandeira palestina, pendurada no centro de Silwan, como que para dizer que aqui não é Israel. Vou andando, e, sem qualquer sinal de advertência, um grupo de adolescentes árabes se aproxima de mim, e um deles tira meu boné de beisebol. Quer saber, acho eu, se há um quipá embaixo do boné.

Ele olha, não encontra nada, mas, mesmo assim, não me devolve o boné e sai andando com ele. Olha para trás, para ver se vou correr atrás dele, mas não vou. Correr atrás dele seria traduzido por medo. Não é bom aqui. Em vez disso, eu o xingo e ao seu grupo em árabe.

Por essa os garotos não esperavam. Um árabe. Igual a eles. Um membro mais velho do grupo pede desculpas e me devolve o boné.

Silwan, no coração de Jerusalém, quer ser *Judenfrei*, assim como Nazaré, e várias ONGs ficam de seu lado. E, enquanto continuo a andar pelo bairro, penso ter finalmente entendido por que há tantas ONGs aqui. Onde mais alguém poderia pôr em prática o mais sinistro desejo de territórios *Judenfrei* e, ainda assim, ser considerado liberal?

Será que esta minha conclusão lhe parece exagerada, irreal demais, parcial demais? Eu gostaria de estar errado. Mas, se você me acompanhar num passeio por esse Silwan e por esta terra, e se andar comigo em alguns desses lugares, onde as ONGs mandam e nem o diabo se atreve a entrar, chegará à mesma conclusão. Desculpe.

Portão 51

Um encontro com os Bons Europeus: o quanto eles são bons?

Nes Ammim ("milagre das nações") é uma aldeia cristã próxima de Acre, cidade marítima que fica perto de Haifa e foi fundada há algumas décadas, com o objetivo explícito de levar os cristãos a aprenderem com os judeus, em vez de os criticarem. Devo encontrar alguns bons europeus, digo a mim mesmo, e vou até lá.

É noite de sexta-feira, início do sabá judaico, e esses cristãos, quase todos alemães e holandeses, vão exibir o que aprenderam com os judeus. Para começar, abençoam o sabá em hebraico. Bem, mais ou menos. Seu hebraico soa como uma outra língua, uma língua que ainda não existe, mas é preciso louvar a tentativa. Feitas as orações, chegam os alimentos. Comidos os alimentos, começa a fala.

Nes Ammim oferece suas instalações a grupos de "diálogo", pelo que eu soube. Que tipo de diálogos eles praticam? Diálogos entre árabes e judeus – por exemplo, "o conflito israelense-palestino é assunto meu", diz-me uma mulher.

– Como assim?
– Foi a ONU que criou Israel.
– E...?
– Nós criamos Israel e somos responsáveis pelo que ele faz.

O grupo concorda com essa afirmação.

Acho que o "aprender com os judeus" que se apresenta como declaração da finalidade desta aldeia é só uma declaração.

Converso com um jovem voluntário alemão. Ele está em Israel há três meses e aprendeu muito. O que aprendeu até agora?, eu lhe pergunto.

– Que Israel planta minas perto de escolas primárias dos drusos.

Que comovente.

✧ ✧ ✧

Na vizinha Cidade Velha de Acre, também dentro de Israel propriamente dito, não mora nenhum judeu. As placas de sincronização que apontam para essas casas judaicas históricas foram retiradas pelos residentes e substituídas por placas com versos do Alcorão. Esses residentes e a população de Nes Ammim são vizinhos bons e amistosos.

É nas ruas da bela Acre que encontro uma suíça-alemã:

– Temos que nos lembrar do que aconteceu na Segunda Guerra Mundial e assumir a responsabilidade. É por isso que estou aqui, para ajudar as pessoas – ela me diz.

Pelo poder de minha estupidez, deixo-me envolver numa conversa com ela. Que pessoas a senhora ajuda?

– Trabalho principalmente com judeus israelenses.

O que faz com eles?

– Protegemos as criancinhas árabes de Hebron, para que elas não sejam apedrejadas por colonos judeus.

Essa mulher deve ser do EAPPI. Se não for, devemos juntá-la a Michèle; elas fariam um par perfeito.

Portão 52

O sistema legal: o parlamento israelense em ação – ganha quem grita mais alto

Enquanto John Kerry, o secretário de Estado norte-americano, acelera sua ponte aérea diplomática nos últimos dias, volta e meia aterrissando em Israel para pressionar os ministros, opto por ir repetidas vezes ao Knesset, por minha vez. Nenhuma grande mudança política entrará em vigor sem a aprovação do parlamento; por que não me reunir com os MKs?

Hoje há uma reunião de uma comissão para discutir os beduínos, à qual quero comparecer. Vi os beduínos; agora, está na hora de ver os parlamentares decidirem o destino deles.

Uns dois anos atrás, a chamada Comissão Prawer, nomeada pelo governo israelense, emitiu suas recomendações sobre vários acampamentos não reconhecidos de beduínos no Negev. O Plano Prawer sugeriu a realocação de alguns beduínos em assentamentos reconhecidos. O governo nomeou o ex-ministro Benny Begin, filho do falecido primeiro-ministro Menachen Begin, para examinar o texto, o que resultou em algumas alterações do Plano Prawer original. O Plano Prawer-Begin, como ele é conhecido agora, foi expedido este ano, alguns meses atrás, e dentro em pouco o Knesset deverá decidir se o aprova ou não.

Em termos de população, esse plano concerne ao destino de uns trinta mil beduínos que seriam realocados. Em termos de dinheiro, o governo se oferece para gastar mais de dois bilhões de *shekels* no processo. Em termos de padrão de vida, isso resolveria as terríveis condições em que alguns beduínos estão vivendo, visto que, nos termos desse plano, todos passarão a desfrutar de uma infraestrutura apropriada em suas comunidades. Por outro lado, alguns acampamentos terão que ser transferidos, e, o que é ainda mais importante, se o plano for aprovado, ele porá fim à prática de construção de acampamentos no Negev, o que significa que, se alguém sentir um apego especial a uma montanha em algum lugar, já não poderá simplesmente montar um barraco ou uma tenda e dizer que a montanha é sua.

Como sei disso tudo? Não, não sou especialista em beduínos nem tampouco assessor jurídico de qualquer das partes dessa disputa. O que eu disse acima é um resumo da literatura que obtive com ambos os lados, principalmente com a Adalah e a Regavim. Verdade seja dita, as duas afirmam, sem meias-palavras, que o Plano e suas implicações são de enorme complexidade e complicação, mas, se você tirar da equação os vários advogados e ativistas e examinar calmamente a história, verá que a questão é bem simples, na verdade.

O que não é muito simples é a política que age poderosamente por trás dos prós e contras do assunto. Em outras palavras, a questão beduína bem poderia transformar-se no "Segundo Advento" da religião dos "Direitos Palestinos". Vários governos israelenses souberam disso e todos agiram de modo instável a respeito dela. Se a história pode servir de guia, nenhuma votação final do Knesset sobre o projeto acontecerá antes de Jesus e Maomé chegarem no mesmo camelo aos portões de Jerusalém. Mas não diga isso a ninguém daqui, porque as pessoas ficarão muito ofendidas.

Agora teve início a sessão da comissão. A MK Miri Regev a preside, e Benny Begin senta à sua esquerda. Os parlamentares sentam-se num círculo interno de mesas, e os não parlamentares, com cara de ONGs, no círculo externo. Qual desses círculos tem mais poder? Dado que estamos em Israel, é o círculo das ONGs.

– A história dos árabes depois do ataque da *Nakba*, em 1948 – são as primeiras palavras, enunciadas por um MK árabe-israelense. *Nakba*, como já mencionei, quer dizer "catástrofe", que é como os árabes chamam a criação do Estado de Israel. Esse MK acusa o governo israelense de destruir aldeias árabes, ao mesmo tempo que continua a construir assentamentos judaicos. O método pelo qual os judeus funcionam, na visão dele, é este: conquistaram a terra em 1948 pelo poder das armas, e agora vão conquistá-la ainda mais pelo poder da lei.

Quando ele termina, um homem de uma ONG israelense pede a palavra. Exige que os cidadãos israelenses sejam tratados igualmente, inclusive os árabes, e afirma que o Plano em discussão não faz isso. O terceiro orador diz basicamente a mesma coisa. Idem quanto à quarta oradora, uma judia israelense, membro desta ou daquela ONG.

À minha esquerda senta-se uma mulher da Anistia Internacional, ocupada com seu *smartphone* e parecendo muito entediada com os trâmites.

Pessoalmente, estou pensando em fazer um intervalo para o cigarro, mas, justo quando começo a me mexer, vejo entrar o rabino Arik, o rabino dos direitos humanos. Não quero perder a bênção de um rabino e permaneço sentado.

O quinto orador tem sua chance de falar e diz mais ou menos a mesma coisa que os anteriores: Israel é racista, afirma.

Sexto orador: idem.

Sétimo orador: idem.

O oitavo orador, um beduíno que diz ser de al-Araqeeb, tem sua oportunidade de falar. Seria bom se ele começasse pela música "Não, não, não seremos deslocados", mas, infelizmente, ele só grita.

Tem a palavra o nono orador, um MK judeu de quipá, Zvulun Kalfa, do partido de extrema-direita Lar Judaico. Diz estar surpreso por ver tantas ONGs presentes e se pergunta por que não apareceu nenhuma quando ele estava prestes a ser expulso de sua casa, na Faixa de Gaza, antes da retirada israelense de Gaza.

Uma saraivada de gritos o interrompe.

Quando a gritaria se acalma, ele diz que a lei em exame neste momento não tem importância, na realidade, porque Israel sempre tem medo de implantar suas leis na comunidade beduína, e cita como exemplo as múltiplas mulheres com quem os beduínos se casam. A poligamia é contra as leis israelenses, diz, e outra saraivada de gritos o interrompe. Cá entre nós, é engraçado mesmo ver feministas defenderem a poligamia com tamanha paixão.

A décima pessoa fala, repetindo o que foi dito oito vezes antes, mais ou menos.

Toma a palavra a décima primeira oradora, uma MK judia religiosa da direita. Mal consegue fazer-se ouvir. Os gritos a interrompem, depois mais e mais gritos.

Há nisso um padrão que posso discernir: quando um esquerdista fala, ele ou ela simplesmente usa a palavra. Quando um direitista fala, suas palavras não podem ser ouvidas.

Talvez os MKs gritões façam você se lembrar dos turbulentos parlamentares britânicos, mas há duas diferenças flagrantes: (a) na Grã-Bretanha, os dois lados gritam; (b) os britânicos têm senso de humor.

Saio para fumar um cigarro. Depois, preciso de café, e vou ao restaurante dos MKs, onde vejo o MK Ahmad Tibi sentado sozinho, precisando de companhia.

Portão 53

O sistema legal 2: pode um membro do Knesset responder às perguntas de alguém quebrando seu iPhone?

O MK Ahmad Tibi, ex-ginecologista, é um dos parlamentares mais famosos da casa. É um MK árabe admirado pelos liberais e profundamente odiado pelos conservadores, e seu nome volta e meia vem à tona. Gosto de ginecologistas e me sento perto dele para uma conversinha, um papo entre um médico e um alemão.

Peço ao MK Tibi que me explique o que acabei de ver e ouvir: pessoas da direita impedidas de falar pela gritaria da esquerda. Quero saber por que ele e seus amigos agiram de forma tão agressiva.

— Estamos do lado das vítimas cujas terras foram roubadas, e eles estão do lado dos ladrões que roubaram a terra dos árabes e palestinos. Segundo: um deles chamou os MKs árabes de "animais". É uma palavra muito não parlamentar, e ele deveria ter sido destituído da comissão, mas não ouviu nem mesmo um comentário.

Vocês poderiam ter respondido, digamos, por exemplo, com um "Epa!". Mas por que, em vez disso, a enxurrada de...

— Isto aqui é o parlamento.

Quando o senhor fala das terras que foram roubadas, refere-se às terras de 1948?

Em vez de responder à minha pergunta sobre as terras roubadas, em geral, o MK Tibi opta por falar dos diálogos da comissão:

— Quando eu falei com o MK Kalfa, falei da Faixa de Gaza. Ela foi roubada e ocupada em 1967.

Em geral, quando o senhor diz que "estamos do lado das vítimas cujas terras foram roubadas", está se referindo a 1967 ou a 1948?

— Aqui eu falo de 1967, mas, como vítima dentro de Israel, sim, a minoria árabe da população natural daqui sofreu um confisco de terras desde o início de 1948, da construção de Israel, e aquelas terras foram confiscadas dos árabes e entregues aos judeus. Isso é racismo.

O senhor acha que os judeus roubaram as terras dos árabes antes de 1967? Também chama 1948 de roubo?

— Foi um confisco de terras de seus donos, dos proprietários originais, dos proprietários árabes. Pelo menos quinhentas aldeias foram destruídas e desmanteladas.

O senhor acha que o território de Israel anterior a 1967 é legal, ou o vê como confiscado?

— Se sou membro do Knesset israelense, reconheço o Estado de Israel, mas objeto e me oponho totalmente à ocupação de 1967 e às formas racistas de lidar com os não judeus em Israel. Israel é um país racista!

Tento extrair do MK Tibi uma resposta clara, que ele está evitando, e pergunto, em termos mais específicos.

Minha pergunta é esta: o senhor acha que Israel dar aos árabes de Jafa, Acre e todas aquelas cidades (de 1948)...

Agora Tibi fica violento. Dá um soco em meu iPhone, que estou usando para gravar esta entrevista, como se estivesse prestes a jogá-lo longe, e diz, enraivecido:

— O senhor está fazendo a mesma pergunta desde o primeiro instante. Eu estou respondendo, mas o senhor insiste... Isso não é jornalismo! O senhor está fazendo a mesma pergunta pela quarta vez. Isso é ser bitolado ou o quê? O senhor está tentando forçar-me a dizer algo que não quero dizer!

O homem perdeu as estribeiras. Não está acostumado a ser questionado pela imprensa, e não estava preparado para que um alemão como eu insistisse em obter respostas de um árabe como ele.

Bem, alguém deveria ter-lhe dito que nem todos os alemães são iguais.

Para minha sorte, aliás, nosso amigo Steve Jobs fez seus telefones suficientemente parrudos para resistirem a árabes enfurecidos.

✧ ✧ ✧

Avisto a alguns passos de distância o MK Moshe Feiglin, o grande representante da extrema-direita e homem odiado pela maioria dos meios de comunicação.

Esses dois MKs, Ahmad Tibi e Moshe Feiglin, encontram-se nos dois polos extremos do mapa político, e conversar com os dois no mesmo dia pode resultar numa visita de emergência ao psiquiatra mais próximo. Para mim, porém, falar com os dois em sequência é a realização de um sonho.

Faço a Moshe a mesma pergunta que tinha feito a Ahmad. O MK Moshe, vice-presidente do Knesset e líder da facção Liderança Judaica no Likud, começa por um papo superficial sobre os judeus, o tipo de judeus que não o deixam falar.

— Os judeus têm um problema.

Qual?

— Alguém lhes diz: vamos incinerar vocês em Auschwitz, se vocês entrarem no trem, e, mesmo assim, eles entram. Os judeus fogem da verdade.

Seguro firme meu iPhone, para o caso de o MK Moshe querer terminar o trabalho que o MK Ahmad começou, mas ele não está com vontade de quebrar nada. Convida-me a visitá-lo em seu gabinete, e eu aceito a oferta.

Bem-vindo ao reino de Moshe Feiglin.

Atrás de seu trono fica a bandeira do Estado de Israel. À direita há uma pintura da Cidade Velha de Jerusalém, na qual al-Aqsa e a Cúpula de Pedra são substituídas pelo Templo judaico. Os palestinos não acreditam que os judeus tenham estado aqui, em qualquer época; Moshe não acredita que os palestinos estejam aqui agora.

Tento imaginar Ahmad Tibi entrando aqui e vendo isso. O que ele fez com meu iPhone é fichinha, comparado ao que faria com esta sala. Seria ótimo se eu pudesse inventar um jeito de tentá-lo a entrar aqui, mas não me ocorre nenhuma ideia brilhante.

Há coisas que ficam melhor imaginadas do que vistas.

Olho para o MK Moshe. Ele tem a aparência do intelectual branco médio, apenas com um quipá na cabeça. Olha atentamente para mim, mas fala baixo, se bem que de modo decidido. O homem conhecido por todos os consumidores dos veículos de comunicação israelenses como enojante, horroroso e repulsivo é, na realidade, qualquer coisa, menos isso.

O que ele representa e como veio a ter tantos inimigos? Está na hora de descobrir.

Primeiro, peço-lhe que me explique o que vi, mais cedo, na comissão do Knesset: aquela porção de ONGs de tendência esquerdista, por toda parte, e os gritos deles, toda vez que uma pessoa de tendência direitista abria a boca. Isso é normal?

— É normal no parlamento israelense. Os esquerdistas, que defendem em alto e bom som a democracia, uma cultura de discussões e debates imparciais, sempre se mostram exatamente o inverso na ação. Hoje você pôde ver isso, porque ficou bastante claro: toda vez que os árabes e a esquerda falavam, prevaleceu o silêncio do outro lado. Foi muito respeitoso. Não achei fácil escutar o que eles estavam dizendo, mas respeitei seu direito de dizer o que pensavam. Mas, quando começamos a falar, quando chegou nossa vez, você viu o que aconteceu. Aliás, comparado a outros dias, até que hoje não foi realmente tão ruim.

Espere aí. Como é que o senhor explica isso? Supõe-se que o mundo liberal, o mundo intelectual, valorize o debate...

— Ora, vamos. "Liberalismo" é só uma camuflagem. É só uma palavra que não tem significado real. A esquerda não representa o liberalismo nem o comunismo. Ao contrário, a esquerda, como descobri há muito tempo, é uma entidade que justifica a violência. Eles só são receptivos a novas ideias se você concordar com eles. Se você quiser ver gente que se senta junta e debate ideias opostas, onde todos têm a mesma oportunidade e liberdade de falar, terá que ir a uma *yeshivá haredi*.

O senhor está falando sério? Acha mesmo que se pode discutir tudo com os *haredim*? Não sabe que eles...

— Estou falando dos *haredim* que têm a cabeça no lugar. Experimente. Você pode discutir qualquer coisa com eles, até a questão da existência ou inexistência de Deus. Por outro lado, tente falar com um esquerdista sobre a ideia de que o Monte do Templo deve ser devolvido aos judeus. Tente argumentar com ele, dizendo que os Acordos de Oslo revelaram-se um fracasso. Acha que conseguiria sequer terminar sua frase? Não.

Como é que quase todas as ONGs de hoje eram de esquerda? Onde estão as ONGs direitistas deste país?

— A razão é simples: dinheiro. Para existirem ONGs, é preciso dinheiro, e quem apoia e sustenta as ONGs israelenses são os estrangeiros, na maioria europeus, e eles só apoiam a esquerda. A ONG direitista que você viu, a Regavim, vem sendo financiada apenas por israelenses, não por europeus. Não é o que acontece com as ONGs de esquerda, que recebem apoio não apenas de estrangeiros, mas também de governos estrangeiros, inclusive a Alemanha. Trata-se de um envolvimento direto de governos estrangeiros nos assuntos internos de Israel. Nos Estados Unidos, esse tipo de envolvimento é proibido, mas, de uma forma imprópria, não é proibido aqui.

Por que o mundo se interessa por este lugar tão minúsculo?

– Aí você está entrando na metafísica, e não sei se quer mesmo entrar nesse terreno.

Quero.

– Olhe: há mais correspondentes estrangeiros em Israel do que em qualquer outro país proporcionalmente ao número de pessoas que vivem no país. Há um imenso interesse mundial no que acontece aqui, algo que não é proporcional ao tamanho desta terra.

Por quê?

– A humanidade está entrando em colapso, em termos morais e éticos, e, como resultado, espera e deseja receber orientação de Israel, dos judeus.

Não faço ideia do que ele está dizendo, mas seu ponto de vista é diferente e quero ouvi-lo.

É neste momento que seu assistente entra no gabinete, trazendo duas porções de iogurte. Moshe não comeu nada e está roxo de fome.

✧ ✧ ✧

O MK Moshe Feiglin me olha enquanto vai comendo:

– Você quer que eu lhe dê respostas inteligentes, suponho, mas de um homem de estômago vazio não pode sair nenhuma resposta inteligente.

Ele come devagar, e, enquanto dá alegres lambidas em seu iogurte, fala de Ahmad Tibi, o amor de sua vida, mas isso eu vou deixar fora destas páginas. Quando termina o iogurte, eu lhe peço que me explique por que os estrangeiros se interessam por esta terra.

– Você não pode compreender o que acontece nesta terra, se não vir a paisagem daqui com uma lente de fé.

Fale-me.

– Olhe, aqui você não está sentado diante de um ser humano. O que está defronte de você é um dinossauro. Imagine-se de manhã, depois de tomar seu café, na hora em que vai levar o lixo para fora. Você vai descendo a escada, e, de repente, vê um dinossauro bonitinho, que usa uma bela gravata. Seria estranho, não? Esse dinossauro já não deveria existir, mas, adivinhe!

Ele existe, bem diante de seus olhos, e fala com você, o dinossauro está falando com você, um dinossauro que conviveu com assírios e filisteus, e muitos outros que você só conhece de antigos livros de história. Já não há nenhuma daquelas tribos aqui, mas eu, o judeu, estou aqui. Não é estranho?

Não sei se algum dia esse MK Moshe já esteve num museu e viu as pessoas olharem para um dinossauro. Se o tivesse feito, teria visto que elas olham para o bicho com amor, não ódio. Será que ele está sugerindo que o Ocidente ama Israel?

– Por falar em Ocidente, considere os Estados Unidos, por exemplo. Muitos norte-americanos, aqueles que construíram o país, tinham uma forte ligação com Israel.

Há quarenta ou cinquenta anos, os Estados Unidos eram bem antissemitas, e muitas boates tinham placas de "Proibidos negros e judeus" na porta de entrada.

– Há no mundo sentimentos ambivalentes em relação aos judeus. Pense na Inglaterra. Historicamente, existiu o que chamo de romantismo bíblico. A Declaração de Balfour, por exemplo, nunca poderia ter brotado da Alemanha.

O MK Moshe está-se referindo à carta enviada em novembro de 1917 por Arthur James Balfour, o ministro britânico das Relações Exteriores, a lorde Rothschild, cujo texto diz o seguinte, em parte: "É com grande prazer que lhe transmito, em nome do governo de Sua Majestade, a seguinte declaração de solidariedade às aspirações sionistas judaicas, que foi submetida ao gabinete ministerial e aprovada por ele: o governo de Sua Majestade vê com bons olhos a criação, na Palestina, de um lar nacional para o povo judaico". Foi essa declaração que acabou respondendo pelo estabelecimento de Israel, em 1948.

Em seguida, o MK Moshe me diz que o Ocidente, motivado por sua herança cristã, ajudou a criar Israel para criar "um equilíbrio entre o corpo e o espírito" das nações, na esperança de que o "Livro Sagrado voltasse a ser escrito", e de que a própria existência de Israel servisse para "redimir o resto do mundo". O Ocidente, segundo o MK Moshe, achou que Israel serviria de ponte entre "o cristianismo, que favorecia a abstenção do sexo, e o islamismo, que glorificava a sexualidade, a exemplo do paraíso islâmico, com suas noivas virgens". Mas Israel o decepcionou.

– Se houvéssemos dado uma resposta positiva à esperança que o mundo depositava em nós, o mundo nos teria apoiado.

Ele me faz lembrar Arieh King, o corretor de imóveis. Arieh afirma que a paz chegaria a esta terra se o Terceiro Templo fosse construído. O MK Moshe tem ideias similares, mas prefere alinhar-se justamente com os esquerdistas. Se Israel é apenas mais um Estado ocidental, diz ele, povoar esta terra com judeus, em detrimento dos árabes, é "colonização". Se Israel escolher desviar-se de suas obrigações em relação a esta terra, que se "fundamentam no futuro, e não no passado, o país perderá seu direito de existir".

Enquanto quase qualquer direitista falaria do direito judaico a esta terra com base na história judaica que se desenrolou aqui, o MK Moshe fala enfaticamente do futuro, não do passado. Para ele, o que dá aos judeus o direito de estarem nesta terra está enraizado no futuro, não em sua história.

O MK Moshe acrescenta:

– Em certo nível, até compreendo os antissemitas. Não que me disponha a lhes dar qualquer folga, especialmente não aos alemães. E a verdade é que, para mim, não é fácil conceder esta entrevista para os leitores alemães. Nunca pegarei um voo para a Alemanha. Nunca uso nenhum produto alemão. Não me entenda mal. Também não irei jamais à Polônia. E não, não fecho os olhos para o antissemitismo que há no mundo.

"Mas uma coisa eu digo: a humanidade em geral não é totalmente antissemita. Há uma relação de amor e ódio entre judeus e não judeus, e é nossa obrigação fazer o amor vencer. Isto cabe a nós. Se nos mantivermos firmes, sem ceder nenhum território – e vale lembrar que a maioria das histórias bíblicas se deu na Cisjordânia –, aumentaremos o amor que o mundo nutre por nós. O que é Israel sem o Monte do Templo, sem Jerusalém, sem Hebron?"

Solicitado a explicar seus sentimentos a respeito da Polônia e da Alemanha, ele diz:

– O polonês mama antissemitismo no seio materno, e seu antissemitismo é do tipo mais vulgar, mas, com o alemão, a história é diferente, e muito mais perigosa. O antissemitismo do alemão é a essência de sua cultura. O alemão tem um nível espiritual elevadíssimo, e nisso se parece muito com o judeu, só que é no sentido inverso.

Se existe antissemitismo no mundo em geral, a culpa é dos judeus:

– Quando, na guerra de 1967, Israel matou dezenas de milhares de soldados egípcios e se apossou das colinas de Golan e da Cisjordânia, o que aconteceu? Um amor enorme por Israel na Europa! Verifique o que acabei de lhe dizer. É incrível! Quando os judeus voltaram para sua terra e se portaram como senhores da terra, o antissemitismo desapareceu. Mas, quando os judeus se dispuseram a dar o coração de sua terra aos árabes, o antissemitismo aumentou. Os Acordos de Oslo trouxeram consigo os homens-bomba muçulmanos suicidas. E, não fosse o aperto de mãos entre Rabin e Arafat, as Torres Gêmeas ainda estariam de pé até hoje. Está escutando o que eu lhe digo?

✧ ✧ ✧

Estou, e dirijo até Tel Aviv para me encontrar com a filha de Yitzhak Rabin, a ex-MK Dalia Rabin, e ouvir o que ela tem a dizer. Faço-lhe uma pergunta geral, pedindo-lhe que me defina o que é "Israel", e ela me atende com prazer.

– É o mesmo que as outras nações, onde as pessoas se matam por causa de uma vaga de estacionamento, só que temos um país pequeno, onde a população é muito condensada, em termos geográficos e sociais, e onde todos se conhecem. Isso, a meu ver, na verdade é o que nos torna diferentes, únicos. Israel não é como os Estados Unidos, onde um garoto de Atlanta atira nos colegas de turma e não sabemos quem ele é. Aqui em Israel, o que você comeu no café da manhã é da conta de todo mundo.

– Aqui há outra coisa que nos singulariza – ela prossegue. – Não somos de *mefarganim*. Bem, esta palavra nos é tão singular que nem se pode traduzi-la. [Enraíza-se no iídiche *farginen*[1], que, por sua vez, vem do alemão.] Quando um de nós se sai bem em alguma coisa, imediatamente falamos mal dele. Nosso raciocínio é assim: se você está indo bem, temos certeza de que fez alguma coisa terrível.

Por que vocês são assim?

– Não sei. Está em nosso DNA.

Francamente. Explique-me por que os israelenses são assim...

– Tenho que pensar nisso. Na verdade, não sei. Mas o fato é que só gostamos dos fracassados. Se você fracassa, nós o achamos uma pessoa maravilhosa.

Por quê?

– Somos assim. Outra coisa "israelense" é esta: o que eu faço é da conta de todo mundo. Você anda na rua, e as pessoas lhe dizem coisas como "seu cabelo não está bonito". Seus olhos são assim, seu traseiro é assado. Aqui, as pessoas entram nas veias das outras, como se fosse o lugar natural para esta-

---

1. *Farginen* significa desejar o bem do outro, comprazer-se com a alegria de terceiros, em contraste com o prazer pela desgraça alheia [*Schadenfreude*]. [N. T.]

rem. Os israelenses têm essa ideia e esse sentimento de união; somos todos de uma só nação, uma só família, e é de minha conta se você está saindo com alguém. Aqui não existe distância.

✧ ✧ ✧

Já que estou em Tel Aviv, aproveito a oportunidade para verificar um item que está em minha lista: descobrir quem financia os filmes israelenses de não ficção.

O NFCT – Novo Fundo de Cinema e Televisão –, voltado para cineastas criadores de documentários, está realizando um evento na cidade hoje, e vou ao encontro dos participantes. Os caras do NFCT são as pessoas que financiaram, junto com os amigos da União Europeia, o documentário *5 Broken Cameras* ["Cinco câmeras quebradas"], que retrata a violência da FDI em Bil'in e que viria a receber uma indicação para o Oscar.

E é isso que me diz a pessoa responsável:

– Minha estimativa: oitenta por cento dos documentários políticos feitos em Israel são coproduzidos com europeus, e, quando digo "europeus", refiro-me principalmente aos alemães, que financiam, em média, quarenta por cento do custo de cada filme.

De novo os alemães.

Eles simplesmente não conseguem parar de recrutar judeus que falam mal de si mesmos. Se os produtores alemães de televisão ou cinema apresentassem filmes assim, eles próprios, haveria uma gritaria enorme contra eles, que seriam acusados – com acerto – de antissemitismo. Para contornar esse obstáculo, os produtores alemães, espertos, financiam judeus para que estes façam seu trabalho sujo. Triste.

Portão 54

Hora do show: jornalistas juntam-se a ativistas dos direitos humanos num protesto organizado que envolve bombas incendiárias e gritos reiterados de morte aos judeus

Quando menos espero, recebo um *e-mail* de Lina, a fiel assistente de Jibril Rajoub. Ela me escreve para dizer que Jibril gostaria que eu o acompanhasse, na próxima sexta-feira, para celebrar com ele o Dia da Independência da Palestina. Parece-me estranho que os palestinos convidem estrangeiros para comemorar com eles um Dia da Independência, já que vivem dizendo a todos os estrangeiros que não possuem um Estado, ainda que, entre eles, afirmem ter um Estado. Mas, se Jibril me está convidando, eu vou.

As pessoas que me conhecem dizem que não devo ir. A esta altura, Jibril deve saber quem você é, argumentam, e esse convite para comemorar com ele é uma armadilha.

É lógico que elas têm razão, por isso resolvo não seguir seu conselho.

Chega a sexta-feira, e lá vou eu. Não sei qual é a programação das festividades que logo terão início, e Lina também não. Tudo que sei é isto: Lina vai buscar-me no posto de controle de Qalandiya, de onde iremos para o Hotel Mövenpick, em Ramallah.

Ao chegar ao posto de controle de Qalandiya, vejo duas pessoas jovens, brancas, com a aparência clássica dos tipos europeus dos direitos humanos.

Lamento dizer isto, que é muito racista, mas os caras dos direitos humanos têm um brilho nos olhos que os faz parecerem idiotas brilhantes. Não, é sério.

Enfim. Deixe para lá. Aproximo-me deles. Adoro gente jovem branca.

Eles são Hannah e Andy, da Noruega e da Inglaterra, respectivamente, e estão parados neste posto de controle para se certificar de que os árabes não sejam maltratados pelos judeus. São membros de uma organização ligada à Igreja, o EAPPI, segundo me dizem, e passam quatro dias por semana aqui, horas e horas por dia. Têm uns pequenos contadores mecânicos, chamados *clickers*, e os clicam toda vez que entra uma pessoa. Por que têm que saber quantos árabes entram em Israel é algo que talvez a Virgem Maria saiba, mas não eu.

Quantas pessoas estão fazendo a travessia, realmente?

– O número médio das pessoas que estão entrando hoje em Israel é de duzentas por hora – dizem eles.

Os dois se mantêm eretos como soberanos e se portam como os senhores do castelo. Certificam-se de que os judeus se comportem como seres humanos, caso contrário, prometem entrar em ação. Quem foi que ungiu esses garotos como guardiães da justiça está fora de minha compreensão, mas ninguém pode questionar os europeus, seja qual for sua idade, porque são eles os Senhores.

Apenas me ocorre, não ria, que os ativistas dos direitos humanos são os piores racistas que existem. É verdade, não estou brincando. O racista normal luta em seu próprio território, querendo expurgar sua terra daqueles a quem odeia. É equivocado e suas ideias e atos são deploráveis, porém ao menos ele tem um motivo egoísta: quer que sua terra seja apenas sua. Nenhum membro da Ku Klux Klan, por exemplo, dedica sua vida a livrar a Turquia dos turcos.

Os caras das ONGs europeias são diferentes. Os judeus que eles combatem não residem em seu território, já que eles moram a milhares de quilômetros de distância; no entanto, esses europeus viajam esses milhares de quilômetros para pegar os judeus – onde quer que os encontrem. Tento escavar um pouco mais fundo o íntimo desses garotos adoráveis.

O que fez vocês virem para a Terra Santa, para começo de conversa? Foi algum tipo de vocação religiosa, alguma revelação?

A resposta é, bem, sim e não. Andy é um fiel praticante, e isso faz parte de seu serviço religioso, segundo me diz, com um sorriso santificado. Israel maltrata os beduínos, e ele está aqui para ajudá-los.

Não vejo nenhum beduíno por aqui, mas, para que me dar o trabalho de procurar? Somos todos beduínos.

O garoto nem sabe que misturou a questão dos beduínos com a questão palestina. No que lhe diz respeito, há um judeu por aí, e ele quer caçá-lo.

Os pescadores adoram peixes, os europeus adoram judeus, e ambos gostam do objeto do seu amor bem fritinho.

Hannah é agnóstica, segundo me diz, mas passou a frequentar as atividades de direitos humanos da igreja e foi assim que se envolveu com o EAPPI. Ela me conta que teve um namorado judeu, mas eles romperam, e agora ela ajuda os árabes.

Será interessante descobrir o que acontecerá com as garotas europeias que romperem com seus namorados palestinos. Será que se tornarão judias chassídicas?

Até certo ponto, ela me lembra a alemã que conheci na Universidade de Al-Quds. Aquela garota estava ajudando os palestinos porque "me apaixonei pelos judeus".

De qualquer modo, quatro dias por semana na vida de nossos brancos bonitinhos não somam sete dias por semana. Será que eles fazem outras coisas com seu precioso tempo, além de clicarem seus *clickers*?

Sim, fazem. Quando não estão montando guarda aqui, eles vão a aldeias árabes, distribuem cartões de visita e dizem aos árabes: se vocês tiverem qualquer problema com os israelenses, liguem para nós, por favor.

Uau.

Eu passaria o dia inteiro com esses jovens, mas chega Lina, a "beduína", e tenho que lhes dizer adeus.

A beduína e o alemão seguem de carro para o Mövenpick.

Chegamos a tempo de tomar o café da manhã. Não estou com fome, mas me sirvo de bolo e café. O café é uma delícia. Mal posso esperar o começo dos festejos!

⋄ ⋄ ⋄

Chega meu caro amigo Jibril Rajoub. Nós nos abraçamos. Gosto mesmo desse cara. Torno a lhe dizer o que lhe disse antes: você deveria ser o presidente da Palestina!

– Se quisesse, eu o teria sido – ele me diz. – Mas não quero. Prefiro que o Abu Mazen [Mahmoud Abbas] seja presidente. Para mim, basta ser o Criador de Reis.

Esse Jibril é um sujeito interessante e, pouco a pouco, vou-me apercebendo de que pode ser um agente quase tão bom quanto eu. Olhando ao meu redor, noto que os hóspedes deste Mövenpick, pelo menos hoje, não são os hóspedes típicos de um hotel. Procuro as pessoas com malas e mapas, marcas habituais dos turistas, mas não vejo nenhuma. Este Mövenpick, faz-se o estranho registro em minha cabeça, poderia ser o lugar em que Jibril tem seu quartel-general. Todo mundo que circula por aqui, que engraçado, tem uma ou outra ligação com "Abu Rami", outro nome de Jibril Rajoub.

Vou pegar uma Coca Zero. O homem atrás do balcão do bar me pede o número de meu quarto, e eu respondo: Jibril Rajoub. Ele corre para me entregar minha Coca-Cola, como se "Jibril Rajoub" fosse o número de uma suíte.

Quero examinar melhor esse QG em forma de hotel, mas Lina me diz que temos de sair agora, porque vamos a Jericó. Jericó? Bem, por que não? Talvez eu venha finalmente a ver Rahav. Uma prostituta é melhor do que cem Coca-Colas.

Cerca de um minuto depois, Lina é informada de que iremos a Ni'lin, não a Jericó. Sabe Deus onde fica isso, mas espero que lá eles também tenham um Mövenpick, ou uma prostituta.

Saímos do Mövenpick, e Lina me diz que os ônibus estão à nossa espera. Ônibus? Posso caber num carro, por que preciso de ônibus?

Bem, não há tempo para perguntas. No estacionamento do hotel, vejo alguns ônibus, todos lotados. Começo a conversar com algumas dessas pessoas. Jibril, como fico sabendo, convidou cidadãos estrangeiros, em nome de seu gabinete de esportes olímpicos, para passarem algumas horas esplêndidas em hotéis luxuosos da Palestina. A conta fica com ele.

Quem são essas pessoas? Com quem vou comemorar o Dia da Independência da Palestina? Bem, aqui está um africano da Tanzânia, educado na Alemanha e que fala bem o alemão. Será jogador de futebol? Na verdade, não. Trabalha no Ministério das Relações Exteriores da Tanzânia. E aqui temos outro sujeito da África do Sul. De que tipo de esporte ele gosta? Bem, seu pai é diplomata. Ao lado deles está uma mulher do México; sua especialidade esportiva é ser membro de um partido esquerdista em sua terra natal. E há ainda outros, os suspeitos de praxe: europeus. Nenhuma das pessoas aqui reunidas é atleta, mas e daí?

Lina e eu entramos num dos ônibus, e eles começam a andar, um atrás do outro.

– Abu Ali – diz Lina, uns dez minutos depois da partida –, nós não estamos indo a Ni'lin, vamos a Bil'in.

Bil'in. Será a mesma do filme de Yoav, com aquele tal de Jonathan Shapira e o gás lacrimogêneo? O lugar que aparece no filme *Cinco câmeras quebradas*? O lugar do qual Uri Avnery tinha uma fotografia, no telão de sua festa de aniversário?

Sim, é.

Eu queria ver os "Protestos de Bil'in", as manifestações semanais contra o muro de separação em Bil'in, depois que assisti ao filme de Yoav. Procurei informações sobre eles e sobre maneiras de chegar lá, e então achei um artigo do *New York Times*, datado de junho de 2011, que dizia que a FDI havia retirado o muro de sua localização original, e que os protestos semanais haviam cessado.

O que há em Bil'in?, pergunto a Nina.

– Protesto.

Protesto? Não era para irmos todos a uma festa pelo Dia da Independência?

Levo alguns segundos para compreender. Essa *é* a festa.

O *New York Times* pode ter decidido, há bem mais de dois anos, que as manifestações em Bil'in haviam acabado, só que, obviamente, os manifestantes daqui não leem o *New York Times*.

O clima em meu ônibus é mesmo de comemoração. Havendo-se juntado a nós, um participante palestino da festa me pergunta de onde sou. Eu, Abu Ali, sou da Alemanha, respondo. E, como de praxe, ele passa a gostar imediatamente de mim:

– Hitler devia ter-nos ensinado o que fazer com os judeus, como ser rigorosos – diz ele em tom passional. Estou habituado a ouvir referências a Hitler, quase todas as vezes que digo a um palestino que sou alemão, mas essa é uma nova maneira de unir os pontinhos entre Hitler e a Alemanha.

As paisagens que se vão revelando a nós ao longo da viagem são extasiantes: morros e estradas que se entremeiam, lindas casas de pedra branca, cercadas por oliveiras castanho-esverdeadas, e uma arquitetura impressionantemente imaginativa. Que riqueza de terras, que beleza de colinas, que esplendor das areias! Gostaria que esta viagem nunca terminasse, mas, quando entregam a cada um de nós uma bandeira palestina para carregar, sei que ela acabará logo. Para que as bandeiras? Bem, devemos andar com bandeiras da Palestina pelas colinas estéreis de Bil'in, para que todos vejam.

Jamais carreguei bandeiras de qualquer país, mas é bom começar em algum lugar.

✧ ✧ ✧

Nossos ônibus param, e nós saltamos; mais carros e caminhonetes chegam a Bil'in, e seus passageiros também descem. Vejo muitos brancos entre eles: "veteranos de guerra" dos Estados Unidos, além de franceses, irlandeses e, é claro, anjos de ONGs norueguesas e alemãs. Deus abençoe o Ocidente. Alguns desses brancos vestem roupas Hermès misturadas com as palestinas, como os *keffiyehs*, que eles usam com um carinho especial.

Será que viverei para ver ativistas europeus dos direitos humanos usando roupas chassídicas e se orgulhando para caramba disso? Seria supermaneiro ver um ativista norueguês de *shtreimel* e *tsitsis* e um ativista alemão com o uniforme especial dos Escolhidos Dourados de Meah Shearim. O mais provável, creio, é eu montar o al-Buraq antes que meus olhos vejam ativistas europeus de *shtreimel*.

Devagar e sempre, vai-se formando um espetáculo aqui, e os vários atores assumem suas posições. Primeiro há o pessoal da imprensa, jornalistas de meios de comunicação europeus e árabes. Carregando câmeras grandes ou pequenas, microfones e outras peças do equipamento, eles se deslocam para suas posições no "palco". Um dos veículos de notícias que reconheço facilmente é a Sky News britânica. Eu achava que os noticiários seguiam os acontecimentos, mas parece que é o contrário. Pelo que posso ver aqui, os jornalistas são, na verdade, os atores principais, e só depois de eles se posicionarem é que as demais pessoas fazem o mesmo. De um jeito engraçado, "feito para a televisão" adquire aqui um novo significado.

Bem ao meu lado, vejo uns garotos vendendo uns produtos interessantes: máscaras para o nariz.

O quê?

Sim. A máscara nasal, explica-me um dos garotos, que está tentando convencer-me a me separar de meus *shekels* em seu favor, vai proteger-me das latas de gás que os judeus logo vão atirar em nossa direção.

Os "protestos", como fico sabendo, são um negócio aqui. Vejo ao meu redor vários produtos que são vendidos pelos aldeões de Bil'in: protetores nasais, *keffiyehs*, mais bandeiras, cebolas para proteger do gás lacrimogêneo e outros artigos.

Cada pessoa aqui, como se revela aos poucos, tem um papel singular a desempenhar no espetáculo. Em outras palavras, todos aqui são atores. E tudo funciona por etapas: os jornalistas tomam posição, a garotada vende mercadorias, e o coro – os anciãos que rezam – vai agora tomando seu lugar. O último grupo vai-se posicionando sobre os tapetes usados para as orações, que foram estendidos sob uma árvore no morro, antes de chegarmos.

O palco da encenação é a terra nua, um palco imenso.

Bem interessante.

E são estas as localizações: os jornalistas ficam posicionados na frente, com grandes trajes de "Imprensa" no corpo; ao seu lado ficam os "*shabab*", os jovens árabes; e atrás deles se colocam os turistas e o coro. O coral de orações, todo árabe, fica sob a copa da árvore, com os turistas à sua direita.

O Prólogo da peça começa neste instante, com turistas tirando fotografias de si mesmos e uns dos outros, inclusive com bandeiras e *keffiyehs*, enquanto os árabes escutam um sermão de sexta-feira, feito por um imame. O imame segura um microfone, ligado a enormes alto-falantes montados numa *van* ali perto, e grita:

– Esta é nossa terra, uma terra sagrada, que pertence somente aos muçulmanos árabes. Ninguém mais deve ficar aqui. Esta é uma terra árabe. Esta é uma terra muçulmana. Esta é a terra do Profeta!

É bom ter esse efeito sonoro, porque um *show* deve ter bons instrumentos de som.

Os brancos esquerdistas à direita seguram grandes faixas contrárias ao racismo judaico, no mesmo exato momento em que o imame grita saborosas pérolas racistas em árabe. Os dois grupos, os árabes que rezam e os estrangeiros que usam o *keffiyeh*, formam uma combinação muito interessante.

Continua o prólogo. Os homens do coral árabe que reza permanecem onde estão, enquanto os estrangeiros começam a se movimentar. Quase todos os estrangeiros são jovens, mas alguns são bem idosos e mal conseguem andar nas trilhas irregulares das colinas. Um deles, de cadeira de rodas, vai manobrando entre as pedras, numa desoladora demonstração de desafio aos terríveis judeus, descendo uma elevação próxima.

Sim, há judeus aqui. Soldados. Mais ou menos dez, ao todo.

Os jornalistas fazem a última checagem de som e iluminação, e logo estarão prontos para a Cortina.

✧ ✧ ✧

Hora de iniciar a cena um.

Carregando uma bandeira palestina, chego mais perto dos soldados, para ter uma boa visão da situação.

Sobe a cortina.

Os jovens, *shabab*, iniciam seu *show* com as atiradeiras, lançando todas as pedras possíveis contra os soldados.

Nada acontece.

Pedras maiores são então atiradas nos soldados, desta vez da maneira mais antiga e mais simples de atirar pedras: os *shabab* as pegam no chão, tão pesadas quanto conseguem, e as lançam.

Ainda nenhuma reação dos judeus.

Ato 1, cena 2:

Os *shabab* jogam bombas incendiárias nos soldados.

Um soldado responde jogando uma lata de gás lacrimogêneo para o alto. Acho que é um tiro de advertência.

Termina a cena 2; a cena 3 está prestes a começar.

As câmeras de TV gravam imagens. Os *shabab* prosseguem com mais arremessos, e os soldados respondem com uma saraivada de latas de gás lacrimogêneo.

O idiota que eu sou, como é que não pensei nisso?, recebe a primeira parte. Afasto-me depressa, mas estou no meio da saraiva. Respiro com mais e mais dificuldade, e meus olhos lacrimejam muito. Eu nunca tinha pensado nisso, que estupidez a minha, mas há uma razão para chamarem isso de gás lacrimogêneo.

Bem à minha frente há uma ambulância palestina, doada à Palestina pelo povo suíço, a famosa população neutra do planeta. Entro nela e sinto ânsia de vômito. Espalho cusparadas por toda a ambulância suíça. Graças a Deus aqui não é al-Quds, senão os Waqf atirariam em mim por blasfêmia.

Penso na ambulância que vi em Zfat, doada por judeus norte-americanos, que ajuda a salvar sírios feridos, em comparação com esta ambulância, presente dos suíços, que ajuda a atirar em israelenses.

Como quer que seja, pego um pedacinho de pano previamente embebido em álcool e me mandam colocá-lo perto do nariz. Que milagre esse álcool! Em segundos, os efeitos do gás desaparecem. A equipe desta ambulância é muito dedicada a idiotas europeus ingênuos como eu; fico sinceramente grato aos paramédicos por me ajudarem, e desço da ambulância logo depois.

Passo pelos atores que rezam, os quais se mantêm longe da ação, e me dou conta de como são espertos. Por que haveriam de se machucar? Os estrangeiros que se machuquem, é a melhor coisa para a Causa! E, de fato, essa fórmula funciona magicamente. O funcionário do Ministério das Relações Exteriores da Tanzânia que foi educado na Alemanha diz:

— Quando a pessoa critica os judeus, dizem que ela é antissemita, mas agora estou vendo que é verdade o que dizem sobre os judeus!

Não sei bem que ato ou cena está passando, pois perdi a conta dentro da ambulância, mas a troca de pedras e bombas incendiárias por bombas de gás envolve quantidades maiores de objetos voadores de ambos os lados, e presumo que talvez tenhamos chegado ao clímax do espetáculo. Devemos estar em algum ponto do Ato II.

Vou sentar-me com os árabes, longe dos turistas e dos *shabab*, e converso um pouco com Jibril.

— Hitler poderia aprender com eles — comenta Jibril, referindo-se aos judeus. Ouvi-o dizer isso antes, mas aqui o comentário tem um peso extra.

Agora toca uma música alegre, que vem dos alto-falantes móveis em volume cada vez mais alto, e o *show* de tiros transforma-se num musical.

A filha da Lina telefona para a mãe e pergunta:

— Por que você não me disse que ia a Bil'in? Eu queria tanto estar aí!

É engraçado ouvir isso. De um lado, os palestinos reclamam da FDI por seus soldados jogarem bombas de gás lacrimogêneo neles, e, de outro, ficam tristes quando perdem as bombas de gás.

A música para por alguns segundos. Devemos estar no fim do Ato II.

– Alá está com vocês. Matem eles! – ouve-se agora a ordem que vem dos alto-falantes, num volume que teria potencial para despertar Rahav e trazê-la de volta à vida, se a manifestação fosse em Jericó. Os alto-falantes, virados para os *shabab*, repetem vez após outra, o mais alto possível: – Alá está com vocês. Matem eles! Alá está com vocês. Matem eles! Alá está com vocês. Matem eles! Alá está com vocês. Matem eles!

"Vocês" significa os árabes, "eles" significa os judeus.

Allahu Akbar.

Acendo um cigarro. Depois, outro. E mais outro.

Um dos Árabes Rezadores, sentadinho embaixo de uma árvore, insiste em que eu corra até os estrangeiros e jogue pedras nos judeus. Eu lhe digo o que aprendi há muito tempo com os *haredim* de Israel: a oração é mais forte que os mísseis. Não sou bobo. Sou Abu Ali.

Ato III, cena 4.

A Sky News está deixando o palco.

Ato III, cena 5.

Aos poucos, os outros jornalistas e equipes de vídeo começam a se retirar.

Cinco câmeras quebradas, o filme indicado ao Oscar sobre os protestos de Bil'in, "mostra a vida numa aldeia palestina", escreveu o *New York Times* numa crítica enaltecedora ao filme. Se você estiver sentado em Nova York, assistindo a um documentário, talvez acredite que o que vê é real. Se estiver aqui em Bil'in e entender árabe, verá que não é bem assim. "Os protestos de Bil'in" são um *show*, um *show* do "Alá está com vocês. Matem eles!". Pessoalmente, não sou adepto de "Morte aos árabes" nem de "Morte aos judeus", ainda que este último tenha sido indicado a um Oscar.

Está na hora de ir para casa e deixar para trás os judeus rezadores, os judeus de Schlomo Sand.

Que maravilha de Dia da Independência.

Nosso ônibus nos leva de volta ao Mövenpick e eu me despeço de Jibril. Sei que, provavelmente, esta será a última vez que nos encontramos. É fatal que ele descubra, mais dia, menos dia, que não sou o ariano por quem ele veio a me tomar, e, nesse dia, nossa breve amizade estará completamente encerrada. Ainda assim, gosto dele, e me é difícil saber que não tornarei a abraçar esse homem. Sentirei saudade dele, um homem feito de orgulho e carisma. Ele manda que um carro me leve de volta a Jerusalém, e nós nos despedimos. No trajeto, paro numa loja palestina para comprar um bom azeite palestino. Olho para minha nova garrafa e reparo nesta frase: "Este produto não foi fabricado pelos ocupantes".

◇ ◇ ◇

De novo em Jerusalém, subo no VLT, a linha que atravessa o coração da cidade, desde os bairros judaicos do oeste até os bairros árabes do leste. Em todas as paradas ouvem-se anúncios em três línguas: hebraico, árabe e inglês. Essas três línguas, que doce milagre, vivem em completa harmonia no interior deste trem. Fico profundamente comovido.

Há outro milagre a que presto atenção, de repente, tantos meses após o início de minha jornada: o hebraico. Milhões de pessoas falam da ressurreição de Cristo, mas quase ninguém atenta para outra ressurreição, a da língua hebraica. Inúmeras pessoas daqui, judias e não judias, falam hebraico, uma língua que praticamente morrera há dois mil anos.

O trem está repleto de árabes, judeus e turistas, uns por cima dos outros. Gosto dessa densidade. Quando nos empurramos, de leve ou com força, notamos e sentimos que todos somos feitos da mesma matéria: carne, ossos, sangue e nervos.

    Este VLT deveria ser o sonho, o símbolo de qualquer pessoa que se importe de verdade com os direitos humanos, já que este pequeno milagre sobre trilhos de ferro une as pessoas da maneira mais imaginável que é humanamente possível. Mas não, os defensores dos direitos humanos opõem-se ferrenhamente a este trem. O Conselho de Direitos Humanos da ONU, numa resolução aprovada por 46 votos a um (sendo o um os Estados Unidos), declarou: "Considerando que Israel faz parte da Quarta Convenção de Genebra [...], [a ONU] expressa sua grave preocupação [com] a decisão israelense de estabelecer e operar uma linha ferroviária entre Jerusalém ocidental e o assentamento israelense de Pisgat Zeev, o que é uma clara violação do direito internacional e das resoluções pertinentes da Organização das Nações Unidas".

    Exatamente de que modo a Quarta Convenção de Genebra entra em conflito com uma linha de veículos leves sobre trilhos? O CICV, Comitê Internacional da Cruz Vermelha, que afirma "agir como guardião do Direito Humanitário Internacional", sendo autor de todas as Convenções de Genebra, é uma organização que eu deveria conhecer melhor. Trata-se da "mais influente das ONGs", como me disse o tenente-coronel S., naquela ocasião, e gosto da palavra *influente*.

    Desço do VLT e volto a pé para meus gatos vira-latas.

Portão 55

Fim: Cruz Vermelha versus Estado judaico. Como vans brancas com cruzinhas vermelhas circulam por estas terras numa cruzada para fazer com que todos os seus judeus caiam fora

Vem a manhã e apareço nos escritórios do Comitê Internacional da Cruz Vermelha em Sheikh Jarrah, Jerusalém. O CICV também tem um escritório em Tel Aviv, mas "só por razões políticas, para mostrar que não reconhecemos a soberania israelense em Jerusalém", como me informa um funcionário.

Sheikh Jarrah. Conheço este lugar da época em que morava em Jerusalém, um bairro sobre o qual também continuei a ouvir falar, muito depois de ir embora. Sheikh Jarrah fica bem ao lado da fronteira que dividia Jerusalém em 1967. Durante anos, mesmo depois de Israel se apossar de Jerusalém oriental, na Guerra de 1967, Sheikh Jarrah continuou a ser um bairro exclusivo de árabes. Entretanto, muitos anos atrás, uma organização da Comunidade Sefardi Israelense reivindicou a posse de dezessete propriedades neste bairro, e apresentou documentos de propriedade que remontavam ao período otomano. Sua reivindicação foi contestada em vários tribunais israelenses, num processo que levou anos, e, em 2009, após uma decisão do Supremo Tribunal que reconheceu seu direito de posse, alguns judeus se mudaram para três dessas casas.

A presença de judeus no bairro foi seguida por condenações internacionais e manifestações semanais, feitas por árabes e judeus esquerdistas. A comunidade internacional e os manifestantes exigiam que os judeus não tivessem permissão para viver em nenhuma parte de Sheikh Jarrah. Por que a comunidade internacional haveria de se interessar por três casinhas é uma questão que deveria ter sido tratada por Franz Kafka, não por mim.

Um funcionário da organização aparece para me cumprimentar, e, juntos, dirigimo-nos à *van* que nos levará a Jenin, onde o CICV atua desde 1975.

Enquanto rodamos, o homem fala:

– Quando eles demolem casas, nós nos juntamos ao CVP [Crescente Vermelho da Palestina], e fornecemos *kits* de higiene e tendas às pessoas que acabaram de perder suas casas. Todas as construções de Sheikh Jarrah [exceto as três casas mencionadas acima] têm ordens de "despejo", e Israel pretende pôr colonos nelas.

Não conheço esse homem, mas, por seu tom de voz, percebo que ele realmente não gosta dos judeus. Graças a Deus, sou alemão.

– Eles [Israel] vão demolir sua casa se você não conseguir comprovar a posse, mas comprovar a posse é muito difícil, porque os documentos originais podem ter sido arquivados junto a autoridades otomanas, britânicas ou até israelenses, mas esses papéis estão em algum canto do mesmo cofre. Se você não conseguir comprovar a propriedade nos últimos trinta anos, eles o forçarão a sair. E não é só: se você acrescentar uma varanda à sua casa, eles o despejarão e derrubarão sua casa.

Isso é ruim mesmo. Quantas casas foram demolidas em Sheikh Jarrah até hoje?

Ele tenta somar todas, mentalmente, e, ao cabo desse processo, apresenta a soma exata: zero.

Um de nós deve ter tomado uma dose de conhaque a mais. Torço para não ter sido ele, porque ele está ao volante.

✧ ✧ ✧

Passamos por paisagens deslumbrantes, que me enchem o coração de alegria, e meu novo amigo me fornece mais informações:

— Para ser membro pleno do CICV, Israel tem que retirar todas suas bases de ambulâncias das áreas em disputa.

O que acontece se uma pessoa adoecer nas áreas em disputa?

— Nos casos de emergência, Israel teria de coordenar conosco a entrada nessas áreas.

Em outras palavras, se um colono judeu tiver um infarto em alguma montanha da Cisjordânia, terá de esperar até que o CICV aprove a ida de uma ambulância israelense até lá, saindo, digamos, de Tel Aviv.

Neutralidade suíça.

Meu novo amigo continua a falar:

— Israel também não tem permissão para usar seu emblema, a Estrela de Davi, fora de seu país, porque esse é um símbolo religioso, é um signo judaico.

O emblema da meia lua, usado pelo CVP, não é um símbolo islâmico?

— É, sim.

O CVP não vem usando esse emblema?

— Sim.

Mas a meia lua pode ser usada em qualquer lugar?

— Sim.

Deixe-me entender: o CICV não é contra o uso de símbolos religiosos?

— Não, isso é diferente.

Por quê?

Isso ele não consegue me explicar, mas acho que é muito simples: islamismo começa com "I", e judaísmo, com "J".

Há muitos anos, em Nova York, compareci a um evento com líderes israelitas nova-iorquinos e com a então senadora Hillary Rodham Clinton, no qual ela manifestou sua satisfação com a aceitação da Estrela Vermelha de

Davi como membro pleno do CICV (a Estrela Vermelha de Davi chama-se MDA, em hebraico, *Magen David Adom*). Na época, pareceu-me que isso era só mais uma tentativa de um político nova-iorquino tornar-se benquisto entre os judeus residentes em seu estado, mas, agora que estou andando nesta caminhonete do CICV, sinto mais curiosidade sobre a questão dos membros do CICV. Faço uma nota comigo mesmo para investigar melhor esse assunto.

Na continuação do trajeto, falamos da Quarta Convenção de Genebra e de outras questões delicadas e alegres.

A Quarta Convenção de Genebra, criada em 1949, foi, como as outras Convenções de Genebra, uma invenção e criação do CICV, e se tornou parte do direito internacional. Aqui, nesta região do mundo, ela dita o que Israel pode ou não pode fazer nas áreas que capturou em 1967. O CICV, diz o homem, é o "guardião do Direito Humanitário Internacional". As decisões desse Conselho, embora não tenham força de lei, ainda acabam por ser parte integrante do que se conhece como "direito internacional".

Curiosamente, meu novo amigo me diz que o CICV também declarou que Gaza, de onde Israel se retirou em 2005, ainda é um território ocupado. Isso significa, é claro, que Israel é responsável por ele e seus cidadãos. Se você morar em Gaza e quiser passar cinco anos estudando música, como Nadia, Israel terá que pagar a conta.

Israel retirou-se de Gaza. Por que o território ainda está ocupado?

– Porque Israel fechou sua fronteira com Gaza.

A Síria fechou a fronteira com Israel. Será que a Síria, em termos legais, está ocupando Israel?

– Isso é diferente.

Por quê?

– Israel bloqueia o acesso a Gaza por águas internacionais.

Qual é a diferença entre as águas e a terra firme?

Meu amigo fica com dor de cabeça por minha causa e não faz ideia de como lidar comigo.

O CICV também declarou que o Tibete e o Chipre, para citar dois exemplos, são "territórios ocupados"?

– Terei de responder a você depois, sobre esse assunto. Entre em contato comigo amanhã.

Farei isso.

Ocorre, e isto acontece a cada nova montanha de que nos aproximamos durante a viagem, que um novo fato relativo ao CICV vai-me sendo revelado.

Por exemplo: se você quiser entrar na diretoria do CICV, tem que ser suíço, caso contrário, pode esquecer. Além disso, as reuniões da diretoria do CICV, nas quais são decididas as grandes questões, são um assunto privado dos membros da diretoria, e as atas dessas reuniões não são divulgadas para o público.

– Pode ser que eu esteja enganado a esse respeito. Ponha isso na lista de perguntas – ele me diz.

Combinado.

Há algum órgão supervisor que verifique e examine as decisões da diretoria?

Bem, não realmente. Nas terras da democracia e das leis internacionais, onde as verificações e balanços devem ser parte integrante do jogo, existem exceções. Nos níveis mais altos dos órgãos decisórios, no cerne das sociedades democráticas, os ditadores são os líderes supremos.

Seguimos adiante, mais e mais, por paisagens cada vez mais lindas, sem um único judeu visível em parte alguma, até chegarmos ao Campo de Refugiados de Jenin, que fica dentro da cidade maior, Jenin. O acampamento conta com a assistência primordial da UNRWA (Agência das Nações Unidas para Assistência aos Refugiados da Palestina), ao que sou informado, e o CICV uniu-se ao esforço da UNRWA.

⋄ ⋄ ⋄

Israel saiu de Jenin há muito tempo, com todos seus soldados. Por que manter um campo de refugiados, agora que o governo palestino controla esta área?

Um senhor idoso, residente no campo, responde:

– Porque queremos voltar para o lugar de onde viemos!

Que lugar é esse?

– Haifa.

O senhor nasceu em Haifa?

– Não, eu nasci aqui. Mas minha pátria é Haifa, que foi tomada pelos terroristas sionistas.

Haifa situa-se no interior do Israel de 1948. E, sem Haifa, podemos dizer adeus a Israel. É o que esse homem quer?

É claro.

Eu deveria ter trazido conosco o MK Ahmad Tibi. Seria interessante ver se ele tentaria fazer alguma coisa com o telefone celular desse homem.

Em vez do MK Tibi, passa uma criança.
– De onde você é? – pergunta-lhe o velho.
– Jenin.
– Não! *De onde* você é?
– De Haifa!

Trata-se de um espetáculo, generosamente financiado pela ONU. Os empregados da ONU e do CICV aqui, palestinos ou europeus, meneiam afirmativamente a cabeça a cada menção de "Haifa", o que contraria rigorosamente tudo que essas organizações dizem em público, mas prefiro não levantar essa questão. Em vez disso, pergunto ao idoso: o senhor acredita que voltará para lá, para Haifa?

– Tanto quanto acredito em Alá!

Aparecem outras pessoas, inclusive empregados locais do CICV, e todos conversamos. Um grupo de homens de Jenin, jovens e velhos, diz-me que todos eles são "refugiados de Haifa". É bom saber.

Sentado do lado de fora de um prédio do acampamento pertencente à UNRWA, uma funcionária local do CICV me explica o que o Comitê está fazendo em Jenin:

– Nós apoiamos as atividades da UNRWA em seu centro comunitário no Campo de Refugiados de Jenin. Hoje estamos pintando o Centro e seus muros externos, e vamos dar uniformes de futebol aos jovens, com bolas e vários outros materiais esportivos necessários ao futebol. Em geral, dizemos às pessoas daqui quem somos e o que fazemos, a exemplo de nossa proteção da população civil contra violações das leis internacionais pelos israelenses. Nós dizemos, para lhe dar um exemplo, que, se algum deles apanhar num posto de controle, deve procurar-nos e relatar o incidente. Também dizemos para nos procurarem caso qualquer pessoa seja agredida pelas forças israelenses.

O tenente-coronel S., que me disse que o CICV não corre para a imprensa, tem razão, mas só até certo ponto. O CICV corre para os Refugiados de Haifa e os incita contra as "forças israelenses". Não lhes diz que, de acordo com o "direito internacional", Haifa pertence às "forças israelenses".

Não. O que as pessoas aprendem aqui é que se devem precaver contra as forças, como o casal que carregava o equipamento de vídeo na parte judaica de Hebron, onde crianças jogavam pedras nas jovens judias. Se as "forças" tentarem impedi-las de jogar pedras, elas devem tirar fotos e procurar as boas almas do CICV. Além disso, sim, o CICV não corre para a imprensa. O que ele faz, em vez disso, é organizar eventos para a imprensa, como estão organizando este "evento" para mim, neste momento.

Como de praxe, os judeus se revelam criaturas bastante ingênuas.

Imprensa ou não, eu me faço uma pergunta: o CICV protege os palestinos ou os instiga? E o que são, exatamente, as "atividades da UNRWA" apoiadas por ele? Tanto quanto posso ver aqui, pela maneira como os dois interagem, a UNRWA e o CICV são irmãos siameses.

UNRWA. Eles dirigem escolas para esses Refugiados de Haifa, mas o que ensinam nessas escolas?

O Centro Comunitário da UNRWA poderia dar-me uma ou duas dicas.

✧ ✧ ✧

Entro no salão principal do Centro da UNRWA, recém-pintado pelo CICV. Na entrada, há uma placa com o nome deste lugar: Salão dos Mártires. Dou alguns passos e vejo outro salão, novamente dos mártires. "Mártires", na cultura palestina, significa aqueles que morrem em choques com soldados israelenses, ou os que morrem enquanto matam cidadãos civis judeus, como nas missões suicidas. Sigo para a biblioteca – sim, eles têm uma – e vejo nas prateleiras um livro que comprei em Aman, um bom tempo atrás, e que sei ser antissemita.

A UNRWA, que afirma "fornecer assistência e proteção a cerca de cinco milhões de refugiados palestinos", é um dos bichos mais bonitinhos no zoológico dos direitos humanos. Estende a definição de "refugiado" aos netos e bisnetos dos árabes que um dia viveram aqui.

Para compreender melhor esse processo, entrevisto um alto funcionário da UNRWA, a fim de que ele me explique o processo, e ele me diz que a ONU vem estendendo o *status* de refugiado também a outros refugiados internacionais, não apenas aos palestinos, só que ele está com poucos detalhes e me encaminha ao Google para pesquisar sozinho. Quando lhe pergunto se os alemães e os húngaros que fugiram de certas áreas geográficas durante a Segunda Guerra Mundial, ou aqueles que receberam ordem de deixar suas casas ao término da guerra, também são refugiados, incluindo seus bisnetos, ele me olha como se eu tivesse acabado de perder o juízo. Ao ser solicitado a me dizer quantos são os refugiados palestinos, não apenas os registrados na UNRWA, ele calcula que hoje estejam vivos uns onze milhões desses refugiados.

E então lhe faço a pergunta mais importante que alguém poderia formular a esse homem: quantos refugiados árabes havia em 1948? Em outras palavras, quantos refugiados "originais" – dos quais o pessoal da UNRWA extrai a cifra atual de cinco ou onze milhões – realmente existiam na época? Bem, responder não é muito fácil para a UNRWA. Sou imediatamente solicitado a manter nossas conversas fora do registro, o que significa que não posso fornecer o nome do funcionário que estou entrevistando nem citá-lo diretamente.

E assim, sem o citar diretamente, eis a resposta: a UNRWA não existia em 1948, por isso não dispõe dos números. Pois é. Simples assim. Muito interessante, e muito esclarecedor. O fato de alguém poder determinar que existem cinco (ou onze) milhões de bisnetos, sem ter a mais vaga ideia de como prová-lo – além de ser uma impossibilidade matemática, já que os números originais são desconhecidos –, mostra que a UNRWA emprega gênios matemáticos muito mais inteligentes que Albert Einstein. É claro que, se a Agência continuar a conceder o *status* de refugiado a cada neto de cada palestino que ela suponha ter vivido – e tudo indica que a turma de lá vai fazer isso –, logo teremos mais refugiados palestinos no mundo que a soma dos norte-americanos com os europeus.

Mas chega de UNRWA, ao menos por enquanto.

Um homem do CICV se aproxima para me dizer que haverá uma sessão de grupo, mais tarde, e que o pessoal de lá espera que eu compareça. Digo que será um prazer.

Antes de se iniciar a sessão de grupo, encontro-me com um bando de pessoas, todas moradoras locais. Todos, como logo fica claro, visitaram ou têm um membro da família vivendo num certo país: a Alemanha. Pois é. Na verdade, há até um bairro em Jenin oriental chamado "Alemanha", como me diz um orgulhoso Refugiado de Haifa. Uma das mulheres presentes também me diz, empolgada, que "há um monumento, no centro de Jenin, a um avião alemão que caiu durante a Segunda Guerra Mundial. O senhor precisa vê-lo!".

Vez após outra, como em tantos outros casos na Palestina, esses Refugiados de Haifa me dizem quanto gostam da Alemanha, único país que soube lidar com seus judeus. Aqui em Jenin, caso eu já não soubesse, os refugiados do sexo masculino me confidenciam gostar muito das alemãs.

Uma porção de adolescentes joga futebol, usando equipamento esportivo que lhe foi dado pelo CICV, e, terminado o jogo, em poucos minutos, a turma do Comitê diz que gostaria que eu conversasse com esses adolescentes. Por que um jogo de futebol tão curto? Bem, era só um espetáculo para eu ver e apreciar.

Você tem namorada?, pergunto a um dos adolescentes.

– Não – diz ele.

Gostaria de ter?

– Sim.

Gostaria que sua namorada fosse de Jenin?

– Não. Queria ter uma namorada da Alemanha.

Quando me sento com os adolescentes, o pessoal do CICV entra para ver e ouvir o que estou fazendo com a garotada. Apenas sigo em frente. Pergunto ao resto dos adolescentes: vocês também gostariam de ter namoradas alemãs? Quem disser que sim, levante a mão!

Todos o fazem.

– As alemãs passaram por duas guerras mundiais, mas, ainda assim, cuidaram bem de seus filhos – diz um homem mais velho, sentado perto de mim.

E a mim, Abu Ali, não resta nada a dizer senão: é, nós, alemães, somos o máximo.

✧ ✧ ✧

Enquanto isso prossegue, algumas pessoas do CICV mantêm uma conversa paralela entre si. Não sei qual é o assunto, e então uma delas se aproxima e diz:

– A sessão de grupo foi adiada para o mês que vem. Desculpe.

Um deles, posso perceber, ficou esperto e disse aos outros que eles estavam fazendo papel de bobos. Haifa. Alemanha. Nazistas. É isso que o CICV gostaria de ver divulgado? Seria melhor para eles, muito melhor, parar imediatamente com esse espetáculo.

A UNRWA é encarregada da educação aqui. O CICV se encarrega de dizer às crianças educadas pela UNRWA quais são os direitos delas. Em pouco tempo, essas crianças e suas famílias estarão morando em Haifa e em Jafa, em Jerusalém e Tel Aviv.

Quarta Convenção de Genebra.

Direito internacional.

Sozinho com meu iPad, passo algum tempo tentando aprender sobre o CICV, mas, não é tão fácil. O modo de operação do CICV mais se assemelha ao que se esperaria de regimes autoritários que de uma organização que se afirma defensora dos direitos humanos e da democracia. Ao examinar o material que eles disponibilizam em seu portal na internet, eu me dou conta de que essa organização, auxiliada por grandes advogados e linguistas sofisticados incluídos em sua folha de pagamentos, usa uma linguagem mais destinada a esconder do que a revelar. No entanto, milagrosamente, é tida na mais alta estima e suas decisões são cegamente aceitas.

Exemplos:

- Em 1990, a Assembleia Geral da ONU concedeu ao CICV o *"status* de observador" na Organização das Nações Unidas.
- A Resolução 446 do Conselho de Segurança dispõe, em parte, que: "Afirmando, mais uma vez, que a Quarta Convenção de Genebra [...] é aplicável aos territórios árabes ocupados por Israel desde 1967, inclusive Jerusalém". Essa interpretação da Convenção só pode provir de uma fonte: o CICV, as pessoas que criaram a Convenção, tempos atrás, e que continuam a interpretar seus vários artigos ao longo do tempo, e da maneira que lhes apraz.

Cruz Poderosa.

Esses caras são grandes protagonistas, não meros motoristas de *vans* bonitinhas, e mostram sua força. Se não me engano, o CICV, que se define (Artigo 2, sobre o *status* jurídico) como "pessoa jurídica", foi o primeiro a definir a Cisjordânia, a Faixa de Gaza e a região leste de Jerusalém como "Territórios Ocupados".

Faço uma nota para mim mesmo para pedir esclarecimentos sobre essa questão por *e-mail*, amanhã.

Ao ser levado de volta a Jerusalém, na mesma caminhonete da Cruz Vermelha que me trouxe aqui, sinto a força que ela exibe nas ruas. Todos os judeus têm medo de nós. Todos os árabes nos enaltecem. Deus está morto, o CICV está vivo.

Eu não deveria orgulhar-me disto, mas também começo a entrar nessa vibração do poder. Quando você dirige um veículo da Cruz Vermelha em Israel, sente-se poderoso. Ninguém para um veículo da Cruz Vermelha. Isto aqui não é ambulância, meu bem; é uma máquina suíça que transforma a gente em um rei Herodes. Quando você está num veículo da Cruz Vermelha, olha para os soldados israelenses com má vontade, como quem olhasse para um escravo. Aqui é você quem manda, não eles.

O que posso dizer? Se, porventura, você for um maníaco egoísta ou um maquinador implacável, e se quiser ver realizado seu sonho de ver nascerem países sem judeus, venha para Israel e entre na Cruz Vermelha. Se, por alguma razão, você não gostar de cruzinhas vermelhas, mas, ainda assim, tiver uma ânsia de poder, poderá realizar todos seus mais sádicos desejos íntimos tornando-se ativista dos direitos humanos do EAPPI, munido de um *clicker*. Não importa de qual dos dois você venha a participar, da Cruz Vermelha ou do EAPPI, será visto por todas as nações e por toda a população nacional como a mais bondosa, mais amável e mais humana de todas as pessoas do mundo.

◇ ◇ ◇

Após minha excursão com o CICV, sento-me para conversar com o vice-ministro das Relações Exteriores de Israel, Zev Elkin. Durante nossa conversa, ele me diz que a Estrela de Davi Vermelha, que é uma organização privada, é membro pleno do CICV, conforme um acordo firmado pelo MDA com o PRC, anos atrás, para não operar na Cisjordânia e na zona leste de Jerusalém.

Zev me diz que muitos árabes de Jerusalém oriental ficam aborrecidíssimos com isso, já que as ambulâncias do CVP só transferem pacientes para hospitais árabes, não para os judaicos, que são sabidamente superiores. Zev também me diz, aliás, que o secretário de Estado norte-americano, John Kerry, que vive aparecendo em Israel a cada meia dúzia de dias, é um homem influenciado pelo pensamento europeu, e que por isso está determinado a solucionar o conflito árabe-israelense, custe o que custar. Interessante.

✧ ✧ ✧

De minha morada com os gatos em Jerusalém, submeto perguntas por escrito ao CICV, como disse que faria. A princípio, eles tentam evitar responder em detalhes, mas, após uma intensa conversa cara a cara com o chefe da delegação do CICV em "Israel e Territórios Ocupados", Juan Pedro Schaerer, e com o chefe de Departamento Jurídico do CICV, Anton Camen, recebo a promessa de que o Comitê será explícito e direto e responderá a todas minhas perguntas. Como não é de surpreender, sua promessa é apenas parcialmente cumprida. Vão abaixo alguns excertos da minha correspondência com o Comitê:

Pode haver não suíços na diretoria do CICV?

"Não."

De acordo com o CICV, o Chipre ou o Tibete, para citar dois exemplos, são territórios ocupados?

"Em princípio, antes e acima de tudo, o CICV revela sua interpretação jurídica, em termos bilaterais e confidenciais, às partes em conflito. [...] Posteriormente, o CICV pode fazer uma divulgação pública de sua classificação."

Seria correto dizer que o CICV declarou publicamente como "ocupadas" as áreas capturadas por Israel em 1967, ao passo que não fez o mesmo com o Chipre e o Tibete?

"Não tenho nada a acrescentar."

O CICV foi o primeiro a determinar que os territórios capturados por Israel em 1967 são "territórios ocupados"?

"Não. A primeira a considerar que esses territórios eram territórios ocupados foi a FDI, provavelmente."

Em conversas com as forças armadas israelenses, a FDI contestou essa afirmação. Todavia, deixando isso de lado por um momento, o CICV foi o segundo a declarar que as áreas em questão eram "ocupadas"?

"Infelizmente para suas contínuas solicitações, agora tenho que dar prioridade a outros assuntos."

Sem incluir os gastos emergenciais (como inundações, terremotos etc.), os senhores podem fazer a gentileza de fornecer uma lista dos dez principais países em que o CICV tem operado nos últimos dez anos, em termos de valores despendidos?

Como resposta, sou orientado a descobrir sozinho.

Num dos *e-mails* do CICV, também sou informado de que ele relata suas análises "aos Estados que fazem parte da Convenção de Genebra, e eles seguem nossa interpretação da lei, com exceção de Israel".

Não é preciso ser advogado para entender o que isso significa. A China e o CICV concordam plenamente quanto ao Tibete. A Rússia e o CICV concordam plenamente quanto à guerra na Tchetchênia. O CICV e todas as nações, de fato, estão de pleno acordo em seja qual for a questão, "com exceção de Israel".

Malditos judeus.

Não sei por que um bando de indivíduos exclusivamente naturais da Suíça, que nunca foram eleitos em nenhum processo democrático e cujas reuniões são secretas, tem tanto poder. Isso é tão absurdo que já nem chega a ser engraçado. O fato de uma coisa assinada por um país com o CICV não ser tratada da mesma forma que um documento assinado por um país com a Google ou a Apple, e de um acordo assinado com o CICV ter que ficar sujeito a várias resoluções ou ações da ONU é, a meu ver, absurdo.

Todavia, diga eu o que disser, o CICV tem um poder ímpar. E o que faz com seu poder? Investe grandes somas e esforços em encontrar defeitos nos israelenses, nos judeus. Seus agentes atravessam e esquadrinham esta terra de uma ponta à outra, numa busca interminável de relatos que pintem Israel como um fomentador de guerras e um criminoso de guerra; suas "ambulâncias" circulam pelas montanhas e vales desta terra para proteger Refugiados de Haifa que ardem de desejo por jovens alemãs; e seus estudiosos esquentam os assentos de seus escritórios sonhando com terras *Judenfrei* e compondo histórias sofisticadas, disfarçadas de reportagens, que ocultam brilhantemente seu ódio.

Em si mesma, a história do CICV não é extremamente importante. Afinal, por que haveríamos de desperdiçar tempo com alguns banqueiros do chocolate suíço? No entanto, nada é mais simbólico de nosso *Zeitgeist* do que a imagem que nossa cultura faz do CICV e de Israel. É nesta era da internet, quando as pessoas acreditam que todas as informações lhes estão disponíveis, que elas optam por ver a Cruz Vermelha como uma sociedade de anjos humanos e Israel como um bando de demônios animalescos.

Nós, a raça humana, temos um histórico perfeito de mentir para nós mesmos, com ou sem internet.

O Comitê Internacional da Cruz Vermelha não está sozinho, é claro.

A UNRWA e as várias ONGs europeias que atuam aqui são suas aliadas naturais. A antiquíssima história do ódio que a Europa nutre pelos judeus continua até hoje, apenas com um pequenino ajuste: antigamente, os europeus não tinham que pegar aviões para combater os judeus, que na época viviam como hóspedes em seus países e estavam à mercê deles, mas hoje precisam fazer um esforço extra para satisfazer sua sede de ferir os judeus. Seria de se esperar que, em nossa era "esclarecida", os europeus já não alimentassem tanto ódio, e que a Alemanha, com sua história de líder da aniquilação dos judeus, não chefiasse essa horda europeia de execradores do povo judeu – mas o ódio inexplicável aos judeus recusa-se a morrer.

Acrescente a esse caldeirão de ódio disparatado os judeus autoabominadores desta terra, e você saberá por que Michael, o arquiteto católico casado com uma judia israelense, quer uma passagem de avião para ir embora. Minha única pergunta a ele, caso pretenda levar consigo sua esposa judia, é esta: onde você planeja escondê-la?

Os israelenses raramente admitem que têm temores, sobretudo o temor por sua própria existência. Para saber o que eles realmente sentem, no fundo do coração, no nível subconsciente, você terá que flagrá-los em sua nudez. Ran Rahav, o guru das relações públicas dos ricos, proporciona-me justamente essa oportunidade, dias antes de eu deixar Israel. Gentilmente, consegue para mim uma poltrona para assistir ao *show* de ingressos esgotados do superastro israelense Eyal Golan, na mais importante sala de espetáculos de Israel, o Palácio da Cultura, no centro de Tel Aviv.

Ultimamente, Eyal tem estado enredado em várias investigações policiais, mas os israelenses endinheirados, os que podem pagar os preços astronomicamente altos dos ingressos para seus *shows*, sentem necessidade de estar com ele, haja o que houver. Isso se evidencia com clareza durante uma de suas músicas, a última que ele apresenta esta noite, quando os milhares de espectadores na plateia ficam de pé e o acompanham em uníssono, cantando estas palavras: "O mais importante é não ter medo [...]. O Rei do Universo nos protegerá de todos os outros [...] A nação de Israel jamais desistirá; permaneceremos no mapa. Sempre!".

O que está havendo com esse povo?, pergunto a mim mesmo. Este ano marca o sexagésimo sexto aniversário do estabelecimento do Estado de Israel, então, por que acham necessário declarar, em conjunto, que "permanecerão no mapa"? É neste momento, no momento em que a parcela mais rica da sociedade praticamente jura não ser riscada do mapa, que o medo subconsciente dos israelenses se revela em toda sua nudez. As plateias dos espetáculos apresentados em Nova York e Berlim, Moscou e Tóquio não juram que não serão riscadas do mapa. Os judeus de Tel Aviv, sim.

Epílogo

Com o *Lederhosen* de volta na mala – não foi de grande ajuda –, estou pronto para a partida. Comecei minha viagem na mais deslumbrante das arquiteturas de Jerusalém, e a encerro no mais devastado dos locais, Jenin. Comecei com reis, Davi e Herodes, e termino com os Refugiados de Haifa. Quando iniciei a viagem, estava deslumbrado, e, ao encerrá-la, sinto-me consternado; ao começar a viagem, o riso era meu companheiro; ao terminá-la, uma lágrima me acompanha; quando comecei esta viagem, minha vizinha era a esperança; ao terminá-la, é com o desespero que me vejo cara a cara.

Testemunhar os fabulosos investimentos e as intermináveis tentativas dos europeus, sem falar nos alemães, todos voltados para solapar os judeus nesta terra, em Israel, foi uma experiência extremamente inquietante. Ser cumulado de amor pelos árabes, simplesmente por eles acharem que eu era ariano, alemão, foi muito incômodo. Observar os judeus e ver como são impotentes, mesmo agora que possuem seu próprio Estado, foi aflitivo.

Se a lógica pode servir de guia, Israel não sobreviverá. Sitiada pelo ódio que vem de fora e de dentro, nenhuma terra pode sobreviver por muito tempo.

Milagrosamente, os judeus construíram um dos países mais sofisticados, vibrantes e belos de nossa época, mas o que estão fazendo para preservá-lo? Eles odeiam a si mesmos, desmentem a si mesmos, são cheios de temores, e muitos correm para arranjar outro passaporte; querem voltar para a Polônia, para a Áustria, para a Alemanha – terras em que seus antepassados foram perseguidos e mortos.

E o que estou fazendo eu? Exatamente a mesma coisa: voltando para a Alemanha.

Serei um judeu igualzinho a eles? Será que não sou Tobi, o Alemão? Não sou Abu Ali? Meu nome, desculpe, é Tuvia. Bondade divina. Que piada! Uma piada, receio, que só o Povo Escolhido realmente compreenderá.

Adios, meus doces gatos. Vocês, dentre todas as criaturas desta terra, têm uma meta clara e sensata: leite e atum. Sou grato por nos termos conhecido, por vocês me haverem feito companhia numa terra em que eu me sentia muito só. Estou deixando esta terra e deixando vocês. Vocês ficarão melhor aqui. São gatos judeus, fiquem junto dos seus. Desfrutem essa terra, meus gatos vadios, enquanto ela durar. Sentirei uma saudade terrível de vocês. *Shalom*.

Tuvia Tenenbom
Israel, 2014

Nota do autor

Este livro não é uma obra de ficção; as pessoas aqui mencionadas e as histórias aqui relatadas são reais. Salvo informação em contrário, todos os nomes de pessoas e lugares são reais.

As várias narrações mencionadas nestas páginas, históricas ou não, aparecem tal como me foram contadas pelas pessoas que conheci, e nem sempre refletem minha opinião. Mas as descobertas deste livro, tais como a probabilidade do eventual desaparecimento de Israel ou as campanhas brutais das diversas ONGs contra Israel, dentro das fronteiras do país, são minhas. As principais descobertas deste livro, em nenhuma das quais eu sequer havia pensado antes de iniciar minha viagem, basearam-se em inúmeros encontros em todos os locais possíveis, às vezes com sério risco para minha vida.

Estou bem cônscio de que estas descobertas diferem enormemente de muitas outras, feitas por outras pessoas sobre esse mesmíssimo assunto – e é correto que seja assim. As descobertas destas páginas, permita-me recordar-lhe, não se basearam em teorias abstratas e em histórias refinadas, boladas no conforto de laboratórios longínquos ou de salões de conferência regados a comes e bebes.

A viagem aqui narrada levou muitos meses para ser concluída, iniciando-se em 2013 e terminando em 2014.

Meu profundo agradecimento a todos os entrevistados, aos que tentaram ajudar-me e aos que tentaram manipular-me, aos que foram francos comigo e aos que mentiram para mim, aos que me conheceram por meu verdadeiro nome e aos que me conheceram pelos outros: "Tobi, o Alemão", e "Abu Ali".

Tuvia Tenenbom

1ª edição outubro de 2018 | **Fonte** Garamond Premier Pro
Papel Holmen Vintage 70 g/m² | **Impressão e acabamento** Orgrafic